**시험에 잘 나오는 한국사**
ⓒ송창용 2017

**1판1쇄** 2017년 2월 14일
**지은이** 송창용
**펴낸이** 강민철
**펴낸곳** ㈜컬처플러스
**기획** 강민철
**편집** 고혜란
**디자인** 조정화
**제작** 한기홍
**홍보** 음소형
**출판등록** 2003년 7월 12일 제2-3811호
**ISBN** 979-11-85848-02-0(13900)

**주소** 04557 서울시 중구 퇴계로 39길 7, 5층(필동2가, 윤미빌딩)
**전화번호** 02-2272-5835
**전자메일** cultureplus@hanmail.net
**홈페이지** www.cultureplus.com

「이 도서의 국립중앙도서관 출판예정도서목록(CIP)은 서지정보유통지원시스템 홈페이지(http://seoji.nl.go.
kr)와 국가자료공동목록시스템(http://www.nl.go.kr/kolisnet)에서 이용하실 수 있습니다.(CIP제어번호:
CIP2017001787)」

**값 18,000원**

# 시험에 잘 나오는 한국사

송창용 지음

컬처플러스

# 목차

수험생들에게 띄우는 편지     : 09

## 한국사 원포인트 레슨

❶ 중화 사상과 소중화 사상     : 14
❷ 천간과 지지     : 14
❸ 동서남북과 사상     : 16
❹ 무덤 양식     : 17
❺ 한사군     : 20
❻ 불교     : 20
❼ 도교     : 28
❽ 동학과 천도교     : 30
❾ 서학과 천주교     : 31
❿ 수렴청정     : 33
⓫ 유학     : 33
⓬ 중국의 왕조 변천     : 34
⓭ 독도     : 34
⓮ 친일 단체     : 35
⓯ 백두산 정계비와 간도협약     : 35
⓰ 20세기 한일 외교 관계     : 36
⓱ 유네스코 지정 세계유산     : 37

## PART 1
## 고대국가 이전의 모습

❶ 구석기 시대     : 40
❷ 신석기 시대     : 41
❸ 청동기 시대     : 42
❹ 철기 시대     : 45
❺ 단군 왕검과 고조선     : 46
❻ 부여     : 48
❼ 옥저와 동예     : 50
❽ 삼한     : 52
❾ 가야     : 53

## PART 2
## 고대국가의 성립과 성장

❶ 고대국가의 특징     : 56
❷ 삼국의 통치 조직     : 56
❸ 고구려     : 58
❹ 백제     : 64
❺ 신라     : 67
❻ 삼국의 문화     : 80
❼ 발해     : 82

## PART **3**
## 중세

❶ 신라 하대의 혼란과 후삼국 : 90
❷ 태조 왕건의 정책 : 91
❸ 고려의 대외 항쟁 : 94
❹ 고려 광종 : 104
❺ 고려 성종 : 106
❻ 고려의 각종 제도 : 108
　① 군사 제도와 지방 제도 : 108
　② 고려의 관제 : 110
　③ 신분 제도 : 112
　④ 토지 제도 : 117
　⑤ 법률 제도 : 120
　⑥ 가족 제도 : 121
　⑦ 과거 제도 : 122

❼ 무신 집권기 : 124
❽ 원 간섭기와 권문세족 : 127
❾ 공민왕의 개혁 정치 : 130
❿ 고려의 경제 : 131
　① 농업 : 131
　② 수공업 : 133
　③ 상업 : 133

④ 고려의 대외 무역 : 134

⓫ 고려의 문화 : 135

## PART **4**
## 근세

❶ 조선의 건국 : 142
❷ 조선의 각종 제도 : 144
　① 토지 제도 : 144
　② 신분 제도 : 147
　③ 가족 제도 : 150
　④ 과거 제도 : 151
　⑤ 교육 제도 : 153
　⑥ 법률 제도 : 155
　⑦ 통치 기구 : 156
　⑧ 군역 제도 : 156
　⑨ 군사 제도 : 157

❸ 조선 전기 : 161
　① 훈구와 사림 : 161

# 목차

② 조선 전기 농업 ː 165

③ 조선 전기 수취 체제 ː 166

④ 조선 전기 향촌 사회 ː 168

⑤ 조선 전기 주요 임금 ː 171

⑥ 조광조의 개혁 정치 ː 173

⑦ 이황과 이이 ː 175

⑧ 사림의 대두와 붕당 정치 ː 176

❹ 임진왜란과 병자호란 ː 178

① 임진왜란 ː 178

② 광해군과 중립 외교 ː 182

③ 인조반정과 두 번의 호란 ː 184

❺ 붕당 정치의 전개와 예송 논쟁 ː 186

① 동인의 분화 ː 186

② 예송 논쟁 ː 188

③ 서인의 분화 ː 190

❻ 조선 후기 ː 193

① 수취 제도의 변화 ː 193

② 향촌 사회의 변화 ː 196

③ 영조와 정조 ː 197

④ 조선 후기의 사상 ː 200

⑤ 상업의 성장 ː 204

⑥ 광업과 수공업 ː 206

⑦ 농업 ː 206

⑧ 세도정치와 농민 봉기 ː 208

## PART 5
## 근대

❶ 개항 ː 212

① 개항 과정 ː 212

② 흥선대원군의 쇄국정책 ː 217

③ 개화 사상과 위정척사 운동 ː 218

④ 갑신정변 ː 219

⑤ 동학농민운동 ː 221

⑥ 갑오개혁 ː 223

⑦ 삼국간섭과 을미개혁 ː 224

⑧ 아관파천 ː 225

⑨ 독립협회 ː 226

⑩ 대한제국과 광무개혁 ː 227

⑪ 열강의 이권 침략 ː 229

⑫ 화폐 정리 사업 ː 230

⑬ 국채보상운동 : 230
⑭ 애국계몽운동과 신민회 : 231

❷ 일제 강점기 : 232
① 1910년대 주요 사건 : 233
② 1920년대 주요 사건 : 236
③ 1930년대 주요 사건(중일 전쟁 이전) : 240
④ 중일 전쟁 이후 민족 말살 정책 : 242
⑤ 대한민국 임시정부 : 245

❹ 대한민국의 경제 발전 : 272
❺ 대한민국 현대사 연표 : 273

기출 응용 문제 정답과 해설 : 275

**한국사 모의고사** : 293
모의고사 정답과 해설 : 300

PART **6**
**현대**

❶ 광복 전후의 역사 : 252
❷ 대한민국 성립과 제헌의회 : 258
❸ 헌법 개정과 각 공화국의 특징 : 259
① 제1공화국과 한국전쟁 : 260
② 제2공화국과 '5·16' : 263
③ 제3공화국 : 264
④ 제4공화국 : 266
⑤ 제5공화국 : 268
⑥ 제6공화국 : 269

**일러두기**

수험생들이 낯설어할 만한 개념이나 다른 책에서 잘 설명하지 않는 내용은 삼족오(三足烏) 문양을 넣어 설명했습니다.

이것만은 **꼭!**

시험에 자주 출제되는 내용은 '이것만은 꼭!'에서 다시 한번 요약 정리했습니다.

# 수험생들에게 띄우는 편지

최근 들어 수험생들 사이에서 한국사에 대한 관심이 눈에 띄게 커지고 있습니다. 한국사를 필수 과목으로 지정하는 시험들이 늘어나면서 한국사를 모르고서는 원하는 대학에 진학하거나 원하는 직업을 얻기 힘든 현실에 직면하게 되었기 때문입니다.

한국사를 필수 과목으로 채택한 시험으로 대학수학능력시험과 공무원 임용시험을 꼽을 수 있습니다. 또한 국가공무원 5급 공개경쟁채용시험에서는 한국사능력검정시험 2급 이상을 응시 자격으로 요구하는 등 각종 고시나 자격증 취득을 위한 시험에서도 한국사에 대한 수준 높은 이해를 요구하고 있습니다. 뿐만 아니라 기업에서 인문학적 소양을 가진 직원을 선호하는 경향이 두드러지면서 한국사는 원하는 직업을 갖기 위해서라도 반드시 공부해야 하는 과목이 되었습니다.

우리 역사에 대한 관심이 증가하고 한국사에 대한 기본 소양을 가진 사람을 우대하는 현상은 환영할만한 일이지만 한국사는 인문학의 한 범주인 관계로 견해가 갈리는 부분이 많고 제도사, 정치사, 경제사 등 학문적 스펙트럼 또한 꽤 넓어 공부하기에 만만치 않은 학문입니다. 이런 이유로 시험에 합격하기 위해서 한국사를 공부하는 수험생들은 도대체 어디까지 학습 범위를 넓혀야 하는지를 고민하게 되었습니다.

과거에는 대학수학능력시험이나 공무원 임용시험, 한국사능력검정시험 등에서 출제되는 문제 난이도에 차이가 있었지만 최근에는 각 시험의 난이도가 상향 평준화되어 가는 경향을 보이고 있습니다. 한국사를 공부하는 수험생이 많아지고 수험생들의 수준이 높아지면서 출제되는 문제의 난이도 역시 시험의 종류를 막론하고 높아졌기 때문이죠.

그렇다면 난이도 높은 문제에 적응하기 위해서는 학습 범위를 넓혀야 할까요? 한국사 한 과목만 치르는 한국사능력검정시험이라면 지엽적인 내용까지 범위를 넓혀 공부하는 것이 옳을지도 모릅니다.

하지만, 대부분의 시험은 한국사 외에도 학습해야 할 과목들이 많습니다. 때문에 오히려 공부하는 범위를 줄이는 것이 중요합니다.

필자 역시 수차례 한국사 시험을 치러본 경험을 갖고 있습니다. 그래서 동병상련의 마음으로 학습 범위를 줄여 수험생의 부담을 조금이라도 덜어주고 싶었습니다. 그런 바람에서 『시험에 잘 나오는 한국사』를 썼습니다. 학습 범위는 줄였지만 한국사 이해의 폭은 결코 좁히지 않았습니다. 각종 한국사 시험의 난이도가 상향 평준화될수록 범위를 넓히는 학습법보다 뼈대를 튼튼하게 다지는 학습법이 훨씬 능률적이기 마련이거든요.

역사를 관통하는 큰 흐름과 틀을 알고 있으면 대학수학능력시험이나 공무원 임용시험, 한국사능력검정시험 등 시험의 종류와 관계없이 일정하게 고득점을 올릴 수 있습니다.

『시험에 잘 나오는 한국사』는 한국사의 기초 지식을 다지고 싶은 수험생들, 그리고 짧은 시간에 한국사를 알고 싶은 독자를 위해 만들었습니다. 대학에서 한국사를 전공한 필자가 다수의 한국사 수험생들에게 개인지도를 하며 이들이 겪는 고충이 무엇인지 파악할 수 있었기 때문에 가능한 작업이었다고 자부합니다.

필자는 각종 한국사 기출 문제들을 분석한 후 실제로 시험에 출제된 내용들과 출제가 예상되는 내용을 기반으로 수험생들이 꼭 알아야 할 중요 내용을 추려내었습니다. 출제 빈도가 높은 내용들로만 구성되어 있기 때문에 상대적으로 적은 분량으로도 고득점 획득에 필요한 내용을 담을 수 있었습니다.

특히, 한국사의 뿌리와 흐름을 파악할 수 있는 17가지 기본 내용들을 모아 한국사 원포인트 레슨으로 정리했습니다.

수험생들이 낯설어할 만한 개념이나 다른 책에서 잘 설명하지 않는 내용은 삼족오(三足鳥) 문양을 넣어 설명했습니다. 삼족오는 태양 속에 산다는 세 발 달린 신성한 동물로 우리 민족의 기상을 나타냅니다. 삼족오의 기상이 수험생 여러분의 어깨 위에 내려앉아 뜻하는 바를 모두 이루시길 소망하는 마음을 담았습니다. 필자가 서투른 솜씨이지만 직접 손으로 작성한 표와 지도, 그림 또한 꼭 익혀두실 것을 권합니다. 한국사를 더욱 쉽게 이해할 수 있도록 길라잡이 역할을 해줄 것이라 확신합니다.

또한 시험에 자주 출제되는 내용은 이것만은 **확!** 에서 다시 한번 요약 정리했습니다. 별이 1개부터 3개까지 있는데 별이 많을수록 출제 빈도가 높은 내용이라 보시면 됩니다.

일주일 만에 가볍게 읽은 후 대학수학능력시험, 공무원 임용시험, 한국사능력검정시험 등 어떠한 한국사 시험에도 고득점을 올릴 수 있는 마스터 키(master key) 같은 책을 만들어 보자는 것은 도서출판 컬처플러스 강민철 대표님의 생각이었습니다. 집필할 기회를 주신 대표님께 감사의 뜻을 표하며 1년 8개월 동안 원고 검토와 편집교열, 디자인에 신경 써주신 고혜란 편집자님과 음소형 주임님, 조정화 실장님께도 머리 숙여 감사드립니다. 아울러 필자의 든든한 버팀목이 되어주신 사랑하는 부모님과 소중한 친구에게도 고마움을 전합니다.

마지막으로 푸른 꿈을 향해 날아가는 여러분에게 『시험에 잘 나오는 한국사』가 삼족오의 날개처럼 웅혼한 힘과 용기를 불어넣어 주기를 간절히 빌어봅니다.

지은이 송 창 용 드림

# 한국사 원포인트 레슨

1 중화 사상과 소중화 사상
2 천간과 지지
3 동서남북과 사상
4 무덤 양식
5 한사군
6 불교
7 도교
8 동학과 천도교
9 서학과 천주교
10 수렴청정
11 유학
12 중국의 왕조 변천
13 독도
14 친일 단체
15 백두산 정계비와 간도협약
16 20세기 한일 외교 관계
17 유네스코 지정 세계유산

# ❶ 중화 사상과 소중화 사상

예부터 중국인들은 자신들이 세상의 중심이라 여기는 중화 사상을 갖고 있었으며 중국을 둘러싼 동·서·남·북에 살고 있는 다른 민족을 모두 오랑캐(동이, 서융, 남만, 북적)라 부르며 얕보았다. 이 중에서 동이족(東夷族)은 우리 민족을 포함해 거란족, 여진족 등 중국 동쪽에서 활동하는 민족들을 일컫는 말이다.

그런데 성리학을 숭상한 양반 사림들은 그 오랑캐들마저도 귀함과 천함으로 나눴다. 다른 오랑캐와 달리 조선은 중국에 버금가는 문화를 가진 '작은 중국'이라고 생각했던 것이다. 이를 가리켜 소중화(小中華, 작은 중국) 사상이라고 한다. 중화 사상과 소중화 사상은 추후 사림(士林)과 북진 정책을 이해하는 중요한 열쇠가 될 것이다.

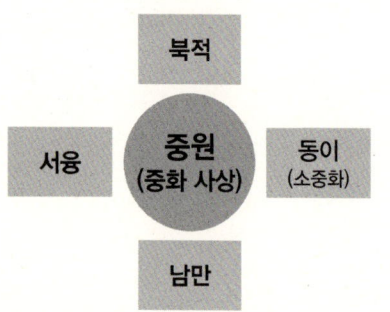

🔥 올림픽에서 한국은 세계에서 으뜸가는 양궁 강국으로 꼽히고 있다. 그도 그럴 것이 우리 민족은 예부터 활을 잘 쏘았다. 조선을 건국한 이성계는 고려 말 왜

구와의 황산대첩에서 적장 아지바투의 투구끈을 화살로 맞출 정도로 활솜씨가 빼어났다. 이성계뿐만 아니라 고구려를 건국한 주몽 역시 빼어난 활솜씨를 가진 것으로 전해진다.

동이족의 이(夷)라는 글자는 우리 민족의 빼어난 활솜씨에서 유래한 것으로서 큰 활이란 뜻을 갖고 있다.

夷

**이(夷: 오랑캐 이) = 큰 대(大) + 활 궁(弓)**

# ❷ 천간과 지지

최근 들어 TV 뉴스를 시청하다 보면 '갑질'이라는 용어가 종종 나온다. 갑질은 사회적으로 우월한 지위를 가진 인물이 그 지위를 이용해 다른 인물을 괴롭히는 것을 뜻한다. 일반적으로 갑은 지위가 높은 인물, 을은 지위가 낮은 인물을 나타내는데 갑과 을이라는 표현은 어디에서 비롯된 것일까?

중국인들은 오래전부터 음양 사상을 일상 생활에 접목시켜 왔다. 이를테면 하늘이 양이면 땅은 음, 남자가 양이면 여자는 음이었다. 음과 양이 조화를 이루는 것을 가장 이상적인 형태로 보았는데 이런 음양 사상을 연도와 날짜 표현에 접목시킨 것이 바로 천간(天

干)과 지지(地支)이다. 천간은 하늘로서 양을 상징하며, 지지는 땅으로서 음을 상징한다. 중국의 영향을 받은 우리나라와 일본 등에서도 10개의 천간과 12개의 지지를 하나씩 조합해 날짜를 표현했다. 이런 방식은 을미개혁 때 일제에 의해 서양식 태양력이 도입되기 전까지 널리 사용되었다.

| 천간 | 갑 | 을 | 병 | 정 | 무 | 기 | 경 | 신 | 임 | 계 | (갑) | (을) |
|------|----|----|----|----|----|----|----|----|----|----|------|------|
| 지지 | 자 | 축 | 인 | 묘 | 진 | 사 | 오 | 미 | 신 | 유 | 술 | 해 |

갑자, 을축, 병인…임신, 계유, 갑술, 을해와 같은 방식으로 천간에서 한 글자, 지지에서 한 글자씩 가져와 순서대로 조합하면 모두 60가지의 연도 표현이 가능해진다. 이것을 흔히 60갑자라고 부른다. 인간의 평균 수명이 지금보다 턱없이 짧던 시절에는 60갑자를 채우는 사람이 드물었다. 그런 이유로 60갑자 한 바퀴를 다 돌고 61살이 되는 해(예를 들어 병인년에 태어난 사람이 다시 병인년에 이르는 해)의 생일을 회갑 또는 환갑이라 부르며 잔치를 열어 축하하기도 했다.

천간과 지지를 이용한 연도 표현법을 이해하면 한국사 이해의 폭이 얼마나 넓어지는지 하나의 예를 들어 알아보자. 임진왜란은 1592년에 일어났다. 그렇다면 이순신 장군이 12척의 배를 이끌고 왜군을 무찌른 명량해전이 있었던 정유재란은 몇 년에 일어났을까?

| 1592년 | 1593년 | 1594년 | 1595년 | 1596년 | 1597년 |
|--------|--------|--------|--------|--------|--------|
| 임진년 | 계사년 | 갑오년 | 을미년 | 병신년 | **정유년** |

천간에서 한 글자, 지지에서 한 글자씩 순서대로 가져와 조합하면 정유년은 1597년이라는 사실을 쉽게 알 수 있다. 임진왜란(1592)이 일어난 연도만 기억한다면 정유재란이 일어난 연도는 손쉽게 조합해낼 수 있다.

🔥 근현대사 지식이 있는 독자들의 깊은 이해를 위해 한가지 예를 더 들어보자. 근대사에서 상세히 다룰 예정이니 한국사 초심자는 건너뛰어도 좋다.

임오군란, 갑신정변, 갑오개혁 등은 중요한 사건으로 시기를 순서대로 알고 있어야 하는데 모든 사건의 발생 연도를 암기하기는 것은 쉽지 않다. 그렇다면 암기할 양을 줄이는 것이 필요하다. 꼭 암기해야만 한다면 필자는 근현대사에서 가장 중요한 해 중의 하나인 1894년을 암기할 것을 권하고 싶다.

1894년은 동학농민운동, 청일 전쟁이 일어난 해이다. 그리고 무엇보다 양인과 천민으로 구분하던 신분제가 폐지된 갑오개혁이 일어난 해이다. 갑오개혁이라는 단어에서 쉽게 알 수 있듯이 1894년은 갑오년이다. 60갑자를 이용해 표를 만들어 보았다.

| 1882년 | 1883년 | 1884년 | 1885년 | 1886년 |
|--------|--------|--------|--------|--------|
| 임오 | 계미 | 갑신 | 을유 | 병술 |
| 1887년 | 1888년 | 1889년 | 1890년 | 1891년 |
| 정해 | 무자 | 기축 | 경인 | 신묘 |
| 1892년 | 1893년 | 1894년 | 1895년 | |
| 임진 | 계사 | 갑오 | 을미 | |

표에서 붉은 글씨로 표시된 임오년, 갑신년, 갑오년, 을미년은 임오군란, 갑신정변, 갑오개혁, 을미개혁이 일어난 중요한 해이다. 1894년 갑오개혁 하나만 암기하면 나머지 중요한 사건들의 발생 연도는 자연스럽게 추론할 수 있을 것이다.

서쪽에는 의(義)를 뜻하는 돈의문, 남쪽에는 예(禮)를 뜻하는 숭례문, 북쪽에는 지(智)와 대체할 수 있는 정(靖)을 사용해 숙정문을 만들었다. 일제 강점기 이후 흥인지문은 동대문, 숭례문은 남대문이란 이름으로 불렸다.

| 동 | 인 | 흥인지문 |
|---|---|---|
| 서 | 의 | 돈의문 |
| 남 | 예 | 숭례문 |
| 북 | 지(정) | 숙정문 |

# ❸ 동서남북과 사상

맹자는 사람의 본성을 이루는 4가지 요소와 군자가 꼭 갖추어야 할 4가지 덕목을 언급했다.

| | 4단(四端) | 4덕(四德) |
|---|---|---|
| 측은하게 여기는 마음이 없으면 사람이 아니다. | 측은지심 | 인(仁) |
| 부끄러워하는 마음이 없으면 사람이 아니다. | 수오지심 | 의(義) |
| 사양하는 마음이 없으면 사람이 아니다. | 사양지심 | 예(禮) |
| 옳고 그름을 구분할 줄 모르면 사람이 아니다. | 시비지심 | 지(智) |

이는 유교에서 인간의 본성을 이해하는 가장 근원적인 접근 방법이다. 유교 문화가 강했던 조선 시대에는 인·의·예·지(4덕)를 이용해 동·서·남·북(4방향)을 표시하기도 했다. 한양의 동쪽에는 인(仁)을 뜻하는 흥인지문,

나중에 조선 후기 상업을 공부할 때 위에서 설명한 4대문 안에서 활동한 시전 상인과 4대문 밖에서 활동한 사상(私商)을 구분해야 한다. 이현(동대문시장)과 칠패(남대문시장) 등의 옛 지명을 익혀 두는 것이 큰 도움이 될 것이다.

이렇게 사상과 방향을 연결시키는 모습은 유교뿐만 아니라 도교에서도 찾아볼 수 있다. 도교에서는 4개의 방향을 지키는 신이 있다고 믿었다. 동쪽의 신을 청룡, 서쪽의 신을 백호, 남쪽의 신을 주작, 북쪽의 신을 현무라고 부른다. 이들은 용, 호랑이, 봉황, 거북이와 비슷한 모습을 한 상상 속의 동물로 이 그림을 사신도(四神圖)라고 한다.

사신도는 뒤에서 설명할 무덤의 벽화에서 많이 찾아볼 수 있으며, 발해의 수도인 상경에도 '주작대로'라는 큰 길이 남쪽 방향으로 뻗어 있어 도교 문화를 엿볼 수 있다.

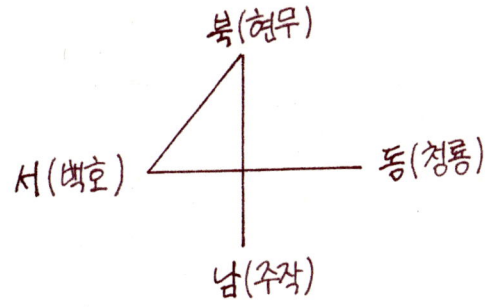

북(현무)

서(백호)

동(청룡)

남(주작)

 현무를 거북이와 뱀이 결합된 상상 속의 동물로 보는 견해도 존재한다.

## ❹ 무덤 양식

**이것만은 꼭!**

무덤의 형태나 무덤에서 출토되는 물건 등을 통해서 우리는 그 무덤이 만들어진 시대의 모습을 추론해볼 수 있다. 그것이 우리가 무덤 양식을 공부하는 이유이다.
대학수학능력시험에서는 직접적인 출제 논점이 아니므로 가볍게 참고하는 수준으로 읽으면 된다. 하지만 한국사능력검정시험과 공무원시험에서는 자주 출제되는 부분이므로 꼼꼼히 읽어 정리해야 한다.

무덤은 한자로 묘 또는 분묘라고 한다. 우리가 일반적으로 알고 있는 동그란 무덤을 떠올려 보자. 시신을 관에 넣은 뒤 땅을 깊게 파서 묻고 그곳이 무덤이라는 표식을 하기 위해 흙을 쌓아 동그랗게 다듬는다. 이렇게 흙을 쌓아 올리는 것을 봉토라고 부른다. 현대 사회는 이런 무덤이 일반적이지만 과연 옛날에는 무덤의 모양이 어떠했을까?

무덤이나 묘와 비슷한 표현으로 오래된 무덤을 뜻하는 고분이 있다. 고분은 크게 죽은 이의 신원을 알 수 있는 것과 신원을 알 수 없는 것으로 나눌 수 있다. 신원을 알 수 있는 고분은 기본적으로 ○○○의 묘라고 부르지만, 죽은 자의 신원을 알 수 없는 것은 총(塚)이라고 부른다.
천마총은 천마도가 그려진 마구가 발견되어서 천마총이고, 호우총은 고구려 광개토대왕을 제사 지내기 위한 호우명 그릇이 발견되어서 호우총이라 불린다.
이렇게 천마총과 호우총은 무덤에 묻힌 사람이 누구인지는 정확하게 알 수 없다는 뜻이다. 그리고 왕과 왕비의 무덤은 릉(陵)이라 부른다.

무덤 양식에 대해 좀 더 자세히 알아보자.
먼저 청동기 시대의 무덤 양식인 돌무지 무덤이다. 돌무지 무덤은 아주 기초적인 형태로 그냥 돌을 쌓았다는 뜻이다. 그래서 쌓을 적(積), 돌 석(石), 무덤 총(塚)이라는 한자를 써서 적석총이라고 부른다.
고구려의 장군총이 가장 대표적이다. 고구려의 영향을 강하게 받은 초기 백제의 석촌동(지금의 잠실 롯데월드 부근)고분도 돌무지 무덤의 형태를 띤다.

이런 맥락에서 조개를 먹고 남은 껍데기로 쌓은 무덤은 조개무지 무덤이 될 것이다. 조개 패(貝), 무덤 총(塚)이라는 한자를 써서 패총이라 부른다.

다음으로 철기 시대 대표적 무덤 양식인 널 무덤을 살펴보자. 얇은 나무 널빤지를 이용해 관을 만든 것이 목관(나무널)이다. 땅을 파서 목관을 묻으면 목관묘, 즉 널 무덤(나무널 무덤)이라 부른다. 땅을 파서 묻었다는 의미로 토광묘라고도 부른다. 우리가 흔히 볼 수 있는 나무로 만든 관에 시신을 넣어 땅에 묻는 형태이다.

### 🕊 널 무덤 = 목관묘 = 토광묘

목관(나무널)을 그냥 묻지 않고 또 하나의 널빤지를 덧대어 덧널(목곽)을 만든 후 목관을 덧널(목곽) 속에 담는 형태의 무덤을 덧널 무덤 또는 목곽묘라고 부른다.

### 🕊 덧널 무덤 = 목곽묘

이상의 무덤 양식을 이해했으면 돌무지 무덤과 덧널 무덤이 결합된 형태인 돌무지 덧널 무덤을 생각해볼 수 있다. 삼국통일을 이루기 전 신라의 독자적인 무덤 양식이었던 돌무지 덧널 무덤은 이름 그대로 덧널 무덤에 돌을 쌓아올린 형태이다. 한자로 적석목곽분이라 부른다.

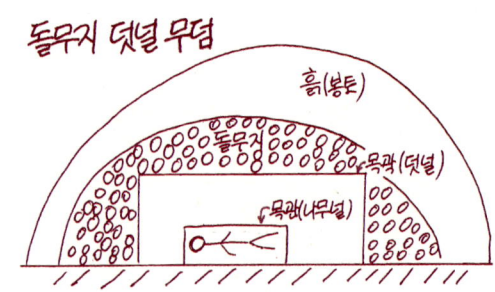

**돌무지 덧널 무덤**

흙(봉토)

돌무지

목곽(덧널)

목관(나무널)

시신이 잠들어 있는 목관과 그 목관을 싸고 있는 목곽 위에 돌을 쌓았기 때문에 무덤을 파헤쳐 진귀한 부장품을 훔쳐가는 것이 쉽지 않았다. 그리고 한번 시체를 묻으면 돌을 파내 다시 시체를 묻는 것이 힘들었다. 그래서 돌무지 덧널 무덤은 부부의 시신을 함께 묻는 합장이 아닌 단장(한 명의 시신만 묻음)을 하고 있는 경우가 많다. 아울러 벽화를 그릴 만한 반듯한 벽면이 없기 때문에 벽화가 발견되지 않는다.

**이것만은 꼭!** ★★

대표적인 돌무지 덧널 무덤으로 천마총이 있다. 천마총에서 발견된 천마도는 벽화가 아니라는 점에 주의해야 한다. 말을 탈 때는 흙먼지가 튀어 신발이나 옷이 더럽혀지기 때문에 말 등에 가리개(마구)를 씌워 진흙이 튀는 것을 방지했는데 그 가리개(마구)에 그려진 그림이 바로 천마도였다.

경주 대릉원에는 천마총보다 더 큰 위용을 자랑하는 고분이 있는데 바로 황남대총이다. 황남대총 또한 돌무지 덧널 무덤 양식을 갖고 있다.

### 🐦 돌무지 덧널 무덤 = 적석목곽분

다음으로 살펴볼 무덤 양식은 굴식 돌방 무덤이다. 돌로 방을 만들고 그 석실을 통로로 연결한 후 봉토를 덮은 형태이다. 한자로는 횡혈식 석실(石室:돌 석, 방 실)분이라 부르는데 가로 횡, 구멍 혈을 쓴 횡혈이 바로 통로를 뜻한다.

### 🐦 굴식 돌방 무덤 = 횡혈식 석실분

벽에 그림을 그릴 수 있었기 때문에 벽화가 발견된다. 하지만 통로가 있어 도굴이 쉬웠던 탓에 부장품이 많이 남아있지 않다.

### 🐦 벽화는 일상적인 생활 모습을 담은 풍속도가 많았으나 시간이 흐를수록 도교 문화의 영향을 받아 사신도를 많이 그렸다.

굴식 돌방 무덤은 고구려 후기와 웅진 천도 이후의 백제, 그리고 신라에서 공통적으로 나타나는 무덤 양식으로 고구려의 강서대묘, 쌍영총 그리고 백제의 공주 송산리 고분군이 대표적이다. 굴식 돌방 무덤은 통일신라 고분의 대다수를 이루기도 했는데 동그랗게 쌓아올린 봉분(봉토) 주위에 둘레돌을 두르고 12지신(자 축 인 묘 진 사 오 미 신 유 술 해)상을 조각한 것이 특징이다. 고구려 강서대묘의 영향을 받은 발해의 정혜공주 묘 또한 대표적 굴식 돌방 무덤이다.

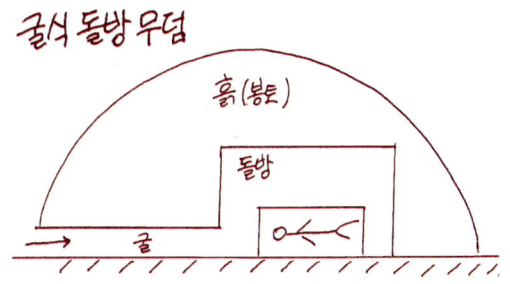

또 중요한 무덤 양식으로 벽돌 무덤이 있다. 일단 돌과 벽돌을 구분해야 한다. 벽돌은 돌과 달리 진흙을 네모반듯한 형태로 구워낸 것이다. 한자로는 벽돌 전(塼), 쌓을 축(築)을 써서 전축분이라고 부른다.

### 🐦 벽돌 무덤 = 전축분

가장 대표적인 전축분은 역시 공주 송산리 고분 중의 하나인 무령왕릉이다. 배수로 공사를 하는 과정에서 우연히 발견된 무령왕릉은 벽돌 하나하나에 연꽃 무늬가 새겨져 있다. 양쯔강을 기준으로 중국을 북조와 남조로 나누는데 무령왕릉은 중국 남조의 영향을 받았다. 아울러 무령왕릉에서는 땅을 관장하는 신에게서 땅을 매입해 무덤을 만들었다는 매지권(買地權: 살 매, 땅 지, 권리 권)이 적힌 지석이 발견되었다. 매지권은 도교 문화가 반영된 것이다.

무령왕릉 외에 대표적인 벽돌 무덤으로 송산리 6호분을 들 수 있다. 대부분의 송산리 고분이 굴식 돌방 무덤 양식을 띠고 있는 것과 대조적으로 6호분은 벽돌 무덤 양식으로 만들어졌다. 또한 해와 달을 그린 일월도, 도교 문화의 영향을 받은 사신도 등의 벽화가 발견되기도 했다.

발해의 무덤으로 가장 대표적인 것이 정혜공주 묘와 정효공주 묘다. 모줄임 천장으로 유명한 정혜공주 묘가 고구려 무덤 양식을 계승해 굴식 돌방 무덤 양식으로 지어진 데 반해 정효공주 묘는 당나라에서 기원한 벽돌 무덤 양식을 따르고 있다. 이 두 무덤의 차이점을 꼭 알아두자.

# ❺ 한사군

한나라는 고조선(위만조선)을 멸망시킨 후 그 영토를 통제하기 위해 한사군을 설치했다. 낙랑, 임둔, 진번, 현도 이렇게 4곳이다. 일제가 조선에 총독을 파견해 통치한 것과 유사한 개념이라고 생각하면 된다. 중국 역사서 『한서』에 따르면 기원전 82년 임둔과 진번은 폐지된다. 나머지 낙랑과 현도는 후한 때에 낙랑과 대방으로 재편된다. 이후 낙랑과 대방은 각각 313년과 314년에 고구려에 의해 정복당한다.

🌺 한국사 시험에는 '위만조선이 임둔과 진번을 복속시켰다'는 내용이 종종 나오는데 어떻게 멸망한 위만조선이 한사군을 복속시킬 수 있는지 헷갈릴 수 있다. 이럴 때는 위만조선이 강성할 때 영토를 확장하며 복속시킨 지역이 있는데 이 지역이 나중에 고조선이 멸망하고 한사군이 설치되면서 임둔과 진번으로 불렸다고 이해하면 빠르다.

# ❻ 불교

## ① 삼국의 불교 수용

고대와 중세의 문화를 이야기할 때 가장 핵심적인 단어를 꼽자면 바로 불교이다. 처음에는 고구려·백제·신라 등 삼국이 귀족 세력을 억누르고 왕권을 강화하기 위해 불교를 수용했다.

중국 전진으로부터 순도라는 승려가 삼론종을 들여온 것이 고구려 불교의 시작이다. 백제는 중국 동진으로부터 마라난타가 율종을 들여온 것이 시초이다. 신라는 눌지왕 때 중국이 아닌 고구려로부터 묵호자라는 승려에 의해 전해졌다.

| 고구려 | 중국 전진으로부터 들여옴 |
| --- | --- |
| 백제 | 중국 동진으로부터 들여옴 |
| 신라 | 고구려로부터 들여옴 |

신라의 경우 초기에는 불교가 귀족들의 거센 반대에 가로막혀 인정받지 못했다. 법흥왕

때 왕권 강화를 위해 불교를 공인하려 하였으나 귀족들의 거센 반대에 부딪혔다. 이때 이차돈이 순교를 자청했다. 이차돈은 "부처가 만일 신통력이 있다면 내가 죽은 후에 이상한 일들이 일어날 것이다"라는 말을 남기고 죽었다. 그러자 잘린 이차돈의 목에서 젖이 흘러나오고, 머리는 날아가 경주 인근의 산에 떨어지고, 컴컴해진 하늘에서는 꽃비가 내리는 신비로운 일이 일어났다. 귀족들이 두려움에 떨며 그때부터 불교를 인정하게 되었다.

신라의 불교는 법흥왕 때에 이차돈의 순교(종교를 위해 거룩하게 목숨을 바치는 일)가 있은 후에 공인받을 수 있었다.

## ② 교종과 선종

불교는 크게 교종과 선종으로 나누어 볼 수 있다. 교종은 가르칠 교(敎)라는 한자에서도 알 수 있듯이 부처의 가르침인 경전을 읽고 이해하는 것을 중시하는 종파이다. 교종은 왕권을 강화하는 사상이 되었다.

반면 선종은 참선을 통한 깨달음을 중시하는 종파이다. 참선이란 오늘날 템플 스테이(temple stay)에서 체험해볼 수 있는데 두 다리를 양반다리와 비슷하게 가부좌를 틀고 앉아 깨달음을 얻기 위해 수행하는 것을 말한다. 선종 불교에서는 스스로 깨닫기만 하면 누구나 부처가 될 수 있다고 생각했다. 누구나 부처가 될 수 있다는 이런 사상은 왕이 되고 싶어 했던 지방 호족들의 구미에 맞았다. 그래서 선종은 신라 하대에 호족들의 지원을 받아 번성했다. 또한 참선을 통한 깨달음을 중시하는 선종이 유행하기 시작하면서 탑을 만들거나 절을 짓는 불교의 조형 미술은 쇠퇴했다.

| 교종 | 불교 경전을 읽고 이해하는 것을 강조 | 천태종으로 이어짐 |
|---|---|---|
| 선종 | 참선을 통해 스스로 깨달음을 얻는 것을 강조 | 조계종으로 이어짐 |

## ③ 신라와 고려의 승려

이것만은 꼭! ★★

승려들의 활동과 특징은 모든 시험에서 자주 출제된다.

거의 대부분이 신라 시대와 고려 시대 승려들에 대한 문제이므로 한꺼번에 정리해둘 필요가 있다. 불교 사상은 역사 전공자들도 어려워하는 부분으로 그 내용을 모두 이해하는 것보다는 특징들만 명쾌하게 정리해 기억하기를 권한다.

가장 중요한 것은 고려 시대 대각국사 의천과 보조국사 지눌의 사상을 비교하는 것이다.
의천은 교종 승려로서 선종을 통합하려 했고, 지눌은 선종 승려로서 교종을 통합하려 했다. 의천과 지눌을 비교하고, 나머지 승려들은 핵심만 암기하면 족하다. 한편 신라 시대 의상과 원효를 비교하는 문제도 자주 출제된다.

| | | 신라와 고려 승려의 활동 | |
|---|---|---|---|
| 신라 | 혜량 | • 고구려에서 신라로 귀화 | • 신라 불교의 교단을 정비 |
| | 원광 | • 세속오계(새로운 사회 윤리와 국가 정신)<br>• 수 양제에게 걸사표를 보내 고구려를 정벌해 달라고 요청함 | |
| | 자장 | • 분황사 주지<br>• 양산 통도사 창건 | • 황룡사탑 건립을 선덕여왕에게 건의 |
| | 원측 | • 지식을 강조하는 유식불교 | • 산스크리트어에 능통 → 경전 번역 |
| | 원효 | • 『십문화쟁론』 – 다른 종파와의 사상 대립 조화<br>    ∟ 일심(一心) 사상<br>• 『금강삼매경론』 저술 | • 『대승기신론소』 저술<br><br>• 불교 대중화 – 아미타 신앙 |
| | 의상 | • 통일신라 문무왕의 전제 왕권 강화(일즉다 다즉일)<br>• 안동 봉정사 창건 (극락전: 현존 최고(最古) 목조 건물)<br>• 화엄종 창설 – 중국과는 다른 불교<br>• 화엄사상(부석사 창건) | • 관음사상 – 불교의 대중화 |
| | 혜초 | • 교종 5교 성행 시기<br>• 『왕오천축국전』 저술<br>  ① 혜초가 당나라 유학 도중 천축국(인도)의 다섯 나라를 둘러보고 옴<br>  ② 바닷길로 갔다가 비단길로 돌아옴<br>  ③ 프랑스 학자 폴 펠리오가 둔황 천불동 동굴에서 발견<br>  ④ 현재 파리 국립도서관에 소장 | |
| | 심상 | • 통일신라 때 일본에 건너가 화엄종 강의 | |
| | 진표 | • 법상종 | |
| | 도의 | • 선종 9산 제창 | |
| 고려 | 의통 | • 천태학을 남중국에 전함(고려 광종) | |
| | 의천 | • 고려 문종의 아들<br>• 화엄종을 중심으로 교종을 통합<br>• 고려 중기 교선통합을 시도(교관겸수)<br>  ⇒ "관도 배우지 않을 수 없고, 경도 배우지 않을 수 없다"<br>• 국청사(國淸寺)라는 절을 중심으로 천태종 창시<br>  ⇒ 교종 승려인 의천은 선종을 통합하기 위해 천태종을 창시했다.<br>• 경전을 모아 『신편제종교장총록』 간행<br>• 교장도감을 설치하고 『속장경』 간행<br><br>★ 부처의 말씀을 기록한 것을 경전이라고 한다. 그리고 그 경전을 해설한 책을 주석서 또는 장서라고 한다. 이때 시험 출제의 논점은 『속장경』이 경전을 모은 책이 아니라 장서를 모아 만든 책이라는 점이다. | |
| | 지눌 | • 일심(一心)을 깨닫지 못하고 번뇌를 일으키는 중생에 반해 부처는 일심(一心)을 깨달았다. 깨닫고 아니 깨달음은 오직 일심(一心)에 달려있다.<br>• 무신 집권기 최우의 지원<br>• 수선사 결사 제1대 교조 – 송광사 중심의 불교 정화 운동<br>• 권수정혜결사문(산림에 은둔해 모임을 맺자. 선정을 익히고…경전을 읽으며) | • 선교일치(돈오점수, 정혜쌍수) |
| | 혜심 | • 수선사 결사 제2대 교조 | • 유불일치설 – 성리학 수용의 토대 |

| 고려 | 요세 | • 백련결사(13세기 초) : 법화 신앙 – 참회 수행 강조 |  |
|---|---|---|---|
|  |  | • 천태종 승려 | • 정토 신앙 |
|  | 각훈 | • 사서 『해동고승전』 편찬 – 자주적, 교종 입장에서 불교사 정리 |  |
|  | 보우 | • 공민왕 때 9산 선문의 통합 시도 | • 원으로부터 임제종을 들여와 전파 |
|  | 신돈 | • 전민변정도감 – 불법으로 빼앗은 땅을 돌려주고, 억울하게 노비가 된 양인을 환원⇒ 권문세족 기반 약화 ⇒ 국가 재정 수입의 기반 확대 |  |

신라의 불교는 원효와 의상을 빼놓고는 이야기할 수 없다. 원효는 당나라로 유학을 떠나던 도중에 동굴에서 잠을 자게 되었다. 목이 심하게 말라 일어나보니 곁에 있는 바가지에 물이 담겨있어서 꿀꺽꿀꺽 맛있게 마신 후에 잠이 들었다. 그런데 날이 밝은 후 일어나보니 그 바가지는 해골이었고 맛있게 마셨던 물은 해골에 고여있던 물이었음을 알게 되었다.

이에 원효는 세상 모든 것은 인간이 마음먹기에 따라 달렸다는 '일체유심조'라는 진리를 깨달았다. 중국 유학이 필요없어진 원효는 신라에 돌아와 어려운 불교 교리를 쉽게 풀어 대중들에게 가르치며 불교 대중화에 앞장섰다. 우리가 흔히 들을 수 있는 '나무아미타불 관세음보살'이라는 말 속에 숨어있는 아미타 신앙을 중생들에게 널리 알렸다. 나무아미타불이라는 말을 계속해서 반복하면 극락인 서방정토에 갈 수 있다는 신앙이 바로 아미타 신앙이다.

🕊️ 기독교에서 말하는 천당과 유사한 개념이 불교의 서방정토이다. 아미타불은 서방정토에 살면서 중생들을 극락으로 이끄는 부처이다. 서방정토라는 말에서 정토를 따와 아미타 신앙을 정토종이라고도 한다.

원효는 또한 여러 갈래로 갈라져 있던 교종 불교의 통합과 융합을 위해 노력했는데 『십문화쟁론』이라는 책을 지어 통합을 뜻하는 화쟁 사상을 강조했다. 화쟁 사상과 통하는 것이 오직 하나의 마음먹기에 달렸다는 일심(一心) 사상이다. 원효의 주요 저서로는 『대승기신론소』와 『금강삼매경론』이 있다.

이때 주의해야 할 것은 원효는 교종 불교의 스님으로서 교종 내의 분파들을 통합하기 위해 노력했다는 점이다. 교종과 선종의 통합을 시도한 것은 아니다.

원효와 함께 당나라 유학길에 올랐으나 원효가 해골물을 마신 후 깨달음을 얻고 신라로 돌아온 것과 반대로 당나라에 가서 화엄(불교 경전 중의 하나)을 공부한 인물이 바로 의상이다. 의상 대사(큰 스님)는 화엄학을 공부하고 신라에서 화엄종을 열었다.

그의 '일즉다 다즉일(하나는 곧 여럿이며 여럿은 곧 하나이다)' 사상은 한 명의 전제 군주를 옹호하는 사상과 연결되어 통일신라 문무왕이 전제 왕권을 강화하는데 힘을 보탰다. 이는 의상의 신분 자체가 진골 귀족 출신이었다는 점에서 더욱 도드라진다.

'나무아미타불 관세음보살'이라는 말 속에 숨어있는 관세음보살이 현세에 고통받는 인물들을 서방정토로 이끌어준다는 현세 구복적인 관음 사상을 널리 설파해 원효와 마찬가지로 불교 대중화에도 기여했다.

의상 대사는 공중에 떠 있는 돌로 유명한 영주 부석사(浮石寺: 뜰 부, 돌 석, 절 사), 동해안 일출 명소인 양양 낙산사, 현재 존재하는 가장 오래된 목조 건물인 극락전이 있는 안동 봉정사 등 많은 절을 창건한 인물로도 유명하다.

신라 시대에 원효와 의상이 라이벌이었던 것처럼 고려 시대에도 유명한 라이벌 스님이 있었다. 바로 대각국사 의천과 보조국사 지눌이다. 원효와 의상은 모두 교종 스님이었지만 의천과 지눌은 서로 달랐다. 의천은 교종에서 이어지는 천태종 승려였고, 지눌은 선종에서 이어져 대한민국 불교의 대다수를 차지하고 있는 조계종 승려였다.

---

교종 → 천태종으로 이어짐

선종 → 조계종으로 이어짐

---

대각국사 의천은 고려 임금이었던 문종의 아들이다. 신분 자체가 남달랐던 의천은 흥왕사라는 절에서 교종 5교를 화엄종을 중심으로 통합했다. 교종 통합 이후에는 선종까지 통합하기 위해 국청사라는 절을 중심으로 천태종을 창시했다. 신라 시대 의상 대사가 말한 '일즉다 다즉일'이라는 말이 한 명의 전제 군주를 뜻하는 사상과 이어져 문무왕의 왕권 강화를 뒷받침했던 것처럼 고려 문왕의 아들로 태어나 갈라져 있던 불교를 통합해 하나로 만들기 위해 노력했다.

의천은 송나라·요나라·일본 등의 불교 경전을 모아서 『신편제종교장총록』을 간행했고, 경전을 해설한 주석서인 장서를 모아서 『속장경』을 간행했다. 『속장경』 간행을 위해 교장도감을 설치했다. 아울러 화폐 사용의 필요성을 느껴 주전도감의 설치를 건의해 고려 숙종의 승낙을 받기도 했다.

의천의 사상 중에서 절대 잊지 말아야 할 것이 있다. "관(觀: 볼 관)도 배우지 않을 수 없고, 경(經: 불경 경)도 배우지 않을 수 없다"는 말인데 여기서 관은 직관이라는 말로서 참선을 통해 직관적으로 깨닫는 선종의 가르침을 말하고, 경은 말 그대로 불교 경전을 의미한다. 관과 경을 함께 배워서 수양해야 한다는 뜻으로 교관겸수라는 단어로 정리할 수 있다. 교와 관은 겸수(兼修:함께 겸, 닦을 수)해야 한다는 교관겸수는 의천 사상의 핵심이다.

| 경(經) | 교 | 경전 | 교종 |
|---|---|---|---|
| 관(觀) | 선 | 참선 | 선종 |

겸(兼)이라는 말은 겸직이란 단어를 떠올리면 쉽게 이해할 수 있다. '국회의원이 국무위원을 겸직했다'라는 말에서 겸이란 '함께 아울러'라는 의미이다.

다음으로 조계종 승려인 보조국사 지눌에 대해 알아보자. 지눌은 무신 집권기 최우의 전폭적인 지원을 받았다. 참선을 통해 누구나 부처가 될 수 있다는 선종(조계종) 사상은 신라 하대 호족들에게 환영받았고, 문신에 비해 차별을 받아왔던 고려 무신들에게도 환영받을 수밖에 없었다.

일심(一心)을 깨닫지 못하고 번뇌를 일으키는 중생에 반해 부처는 일심(一心)을 깨달았다. 깨닫고 아니 깨달음은 오직 일심(一心)에 달려있다.

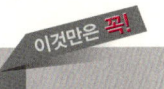
**이것만은 꼭!**

지눌은 선종에서 이어진 조계종 승려답게 깨달음을 강조했는데 일심(一心)이란 표현은 지눌뿐만 아니라 교종 승려였던 원효 역시 강조한 단어였음을 주의해야 한다.

시험 문제에서 일심(一心)이라는 표현을 접하게 되면 섣불리 판단하지 말고 원효에 대한 설명인지 지눌에 대한 설명인지 구분해야 한다.

지눌 사상은 선교일치로 정리할 수 있다. 선교일치와 관련된 표현으로 '돈오점수'와 '정혜쌍수'가 있다. 돈오점수란 어느 순간 갑작스럽게 깨달음을 얻고(돈오) 그 후에도 꾸준히 점진적인 수행을 계속해야 함(점수)을 뜻한다. 한편 정혜쌍수는 참선을 뜻하는 선정과 지혜의 말씀을 담은 경전 공부는 함께 수행해야 함을 뜻한다.

한편 지눌은 수선 결사(참선을 같이 하는 일종의 스터디 모임)의 제1대 교조(종교의 시조)로서 전라남도 송광사라는 절을 중심으로 불교 정화 운동을 펼쳤다.
"산림에 은둔해 모임을 맺자. 선정을 익히고…경전을 읽으며…" 라는 '권수정혜결사문'을 작성해 깊은 산속에서 참선도 하고 경전 공부도 할 것을 주장했다.

의천과 지눌 모두 경전 공부와 참선을 통한 깨달음이 둘 다 중요하다고 이야기한다. 하지만 의천은 교종 스님답게 경전 공부(교)를 먼저 언급했고, 지눌은 선종 스님답게 참선을 먼저 언급했다.

(가)는 교종의 입장에서 선종을 통합하려 했고, (나)는 선종을 중심으로 교종을 포용했다. 이처럼 괄호속의 인물을 맞추는 문제가 종종 출제된다.
답: (가)의천 (나)지눌

### ④ 불교 미술
이번에는 불교 문화가 낳은 조형 미술에 대해 이야기해보자. 앞에서 언급했듯이 참선을 중시하는 선종 불교에서는 깨달음만 얻으면 그 사람이 곧 부처이므로 굳이 부처님의 모습을 만들어서 불당에 앉혀놓을 필요가 없었다. 따라서 선종을 강조하면 불교의 조형 미술은 발전할 수가 없었다. 불교의 조형 미술은 교종 불교의 비호 아래 조성된 문화라 할 수 있다.

🔥 조형(造型: 만들 조, 거푸집 형): 형태나 형상을 만드는 것

ⓒ 탑

신라의 경우 통일 이전에는 황룡사 9층 목탑이나 분황사 모전 석탑 등을 만들었지만 통일 이후에는 2중 기단 3층 석탑이 전형적인 통일신라 탑의 모델로 정립되었다.

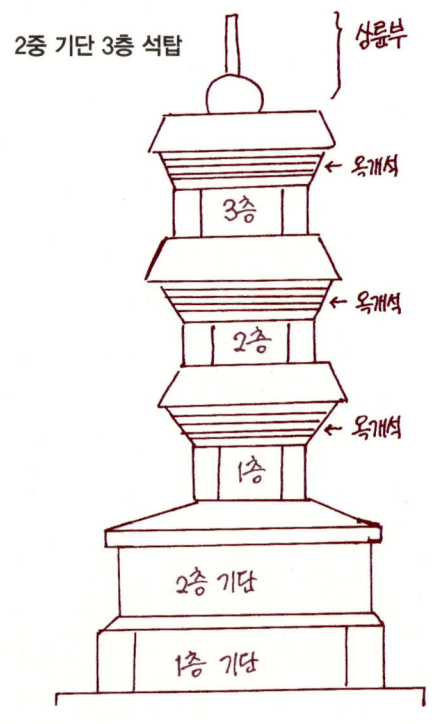

그림의 구조가 바로 2중 기단 3층 석탑의 전

형적인 예이다. 통일신라 시대의 탑은 대부분 이런 형태를 띠고 있다고 생각하면 된다.

★

**분황사 모전 석탑**
탑은 만드는 재료에 따라 명칭이 달라진다. 나무를 사용하면 목탑, 돌을 깎아 사용하면 석탑, 그리고 벽돌을 구워서 쌓아올리면 전탑이라 부른다.

그렇다면 모전 석탑은 무슨 뜻일까? 모전 즉, 전탑을 모방했다는 뜻이다. 다시 말해 모전 석탑도 석탑이긴 하지만 석탑 특유의 형태를 띠고 있는 것이 아니라 전탑의 형식을 모방한 석탑이란 뜻이다.

🔥 황룡사 9층 목탑은 선덕여왕 때 자장 스님의 건의로 만들어졌다. 신라를 둘러싸고 있던 아홉 나라의 침략을 부처의 힘으로 물리치고자 하는 염원이 담긴 탑이다. 나무로 만들어져 화재에 취약해 몽골군이 침입했을 때 불타 없어지고 현재는 전해지지 않는다.

경주시는 지금의 보문관광단지 주변에 황룡사 9층 목탑과 비슷한 크기로 경주 타워를 만들어 놓았다. 야경이 아름다워 관광 명소로 꼽힌다.

탑이란 부처님의 몸에서 나온 진신사리(작은 구슬 비슷하게 생긴 것)나 법신사리(이를 대체하는 불경·옷·보석 등)를 모셔놓은 조형물이다. 즉 탑 안에는 부처의 몸에서 나온

진신사리나 법신사리가 들어있다고 생각하면 된다.

이것만은 꼭!

★★

아래에 나오는 탑은 시험에 자주 출제되므로 비교해 정리해 두는 게 좋다.

| | | |
|---|---|---|
| **헌화사 7층 석탑** | 고려 전기 | 고려만의 독특한 형태 |
| **월정사 8각 9층 석탑 (평창)** | 고려 전기 | 송의 영향을 받음 |
| **경천사 10층 석탑 (개경)** | 고려 후기 | 원의 영향을 받음 |
| **원각사 10층 석탑** | 조선 세조 | 경천사 탑의 영향을 받음 |

### ㉡ 부도(승탑)

탑과 비교해야 할 것으로 부도(승탑)가 있다. 부처의 진신사리나 법신사리를 모신 것이 탑이라면 부도는 스님들이 입적(사망)한 후 화장을 통해서 얻은 사리를 모신 것이다. 상대적으로 탑에 비해 크기가 작다.

고려 시대에 부도는 팔각 원당형에서 평면 사각형으로 변화했다. 대표적인 팔각 원당형의 부도로는 연곡사지 북부도, 공주 갑사 부도, 고달사지 승탑이 있으며 평면 사각형은 법천사 지광국사 현묘탑이 대표적이다.

| | 팔각 원당형 ⇒ | 평면 사각형 |
|---|---|---|
| **고려 승탑** | • (구례)연곡사지 북부도<br>• 공주 갑사 부도<br>• (여주)고달사지 승탑 | • 법천사 지광국사 현묘탑 |

### ㉢ 사찰 건축 양식

고려 전기와 후기에 나타나는 사찰(절) 건축 양식에 대해 살펴보자.

| 고려 전기 | 구분 | 고려 후기 |
|---|---|---|
| 주심포<br>(공포가 기둥 위에만) | 공포양식 | 다포(공포가 기둥 위+<br>기둥 사이) |
| 2방향 | 공포방향 | 4방향 |
| 맞배지붕 | 지붕 | 팔작지붕 |

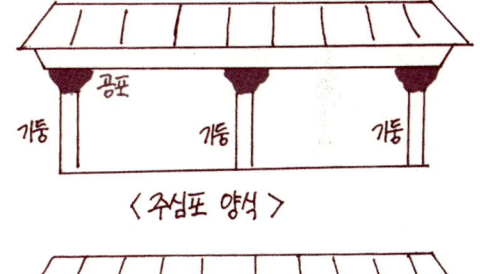

〈 주심포 양식 〉

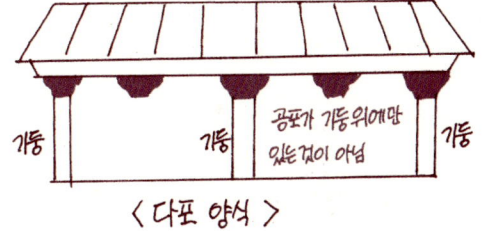

〈 다포 양식 〉

유의해야 할 사찰 세 곳이 있다. 영주 부석사와 안동 봉정사는 통일신라 시대, 예산 수덕사는 백제 시대에 창건된 사찰이다. 하지만 부석사 무량수전과 봉정사 극락전, 수덕사 대웅전은 고려 중기 이후의 건축물이다. 이처럼 고려 중기 이후의 건축물임에도 다포 양식이 아닌 주심포 양식으로 지어져 있다는 점에 주목하자. 특히 봉정사는 우리나라에서 현존하는 가장 오래된 목조 건물인 극락전으로 유명하다.

부석사는 고려 후기의 사찰로 무량수전에 고려 시대의 대표적인 불상이 모셔져 있다.

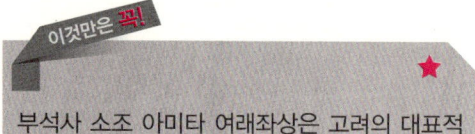

부석사 소조 아미타 여래좌상은 고려의 대표적인 불상이지만 신라의 양식을 계승하고 있다

아울러 부석사 무량수전의 기둥은 가운데가 통통한 배흘림 양식으로 유명하다.

( 배흘림 기둥 ) ( 일반적인 민흘림 기둥 )

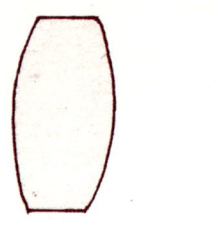

#### ㄹ 향도

향도는 매향을 하는 무리라는 뜻을 가진 불교 신앙 조직으로서 사찰 측에서 강제적으로 조직한 것이 아니라 신도들이 자발적으로 결성한 조직이었다. 매향이란 향나무를 바닷물에 담가두었다가 꺼내 땅에 묻는 불교 의식이었는데 미륵보살을 만나 구원을 얻고자 하는 염원이 강하게 배어있는 의식이었다. 향도는 우리나라 장례 풍습에도 영향을 미쳤는데 장례식에서 상여를 메고 관을 운반하는 상두꾼 역시 향도에서 유래한 풍습이다. 이처럼 향도는 집단적 활동이나 행사를 해왔는데 일부 학자는 그 뿌리가 신라 김유신을 따르는 화랑도 무리를 조직해 만든 용화 향도라고 주장한다.

## ❼ 도교

도교는 조금 복잡한 종교이다. 공자, 맹자와 함께 중국의 대표적 사상가로 꼽히는 노자의 무위자연 사상을 바탕으로 한 도가 사상에 우리나라 민간에서 자생적으로 자라난 현세 구복의 민간 신앙이 결합하고 여기에 불교가 결합된 종교라고 할 수 있다.

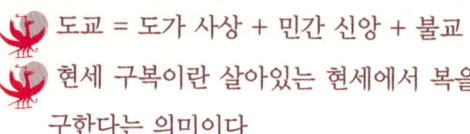 도교 = 도가 사상 + 민간 신앙 + 불교
현세 구복이란 살아있는 현세에서 복을 구한다는 의미이다.

나무꾼이 나무를 하다가 도끼를 연못에 빠뜨리자 신선이 나타나서 "이 도끼가 네 도끼냐?"라고 물은 후 금도끼를 보고도 욕심을 내지 않는 착한 나무꾼에게 선물을 주었다는 금도끼 은도끼 이야기를 알 것이다. 이야기 속 신선이라는 존재가 바로 도교에서 유래한 것이다. 워낙 오래전부터 우리 민간 신앙으로 자리 잡았기 때문에 종교라는 느낌조차 희박하다. 도교가 우리 역사에서 어떠한 형태로 등장하는지 살펴보자.

우선 고구려의 굴식 돌방 무덤 양식을 보여주는 강서대묘 등에 그려진 사신도는 4명의 신선을 그린 그림으로 도교의 영향을 받은 것이다.

이 밖에도 국보인 백제금동대향로(금동으로 만들어진 향을 피우는 향로)에서도 신선들의 모습을 찾을 수 있어 도교의 영향을 받았다고 할 수 있다.

부여에서 발견된 백제 산수무늬벽돌 역시 마찬가지이다.

백제금동대향로          산수무늬벽돌

아울러 단군이 하늘에 제사를 지낸 강화도 마니산의 초제 역시 무(武)를 중시하고 하늘에 대한 제사를 중시하는 도교의 영향을 받은 것으로 평가된다.

🔥 주의할 것은 강화도 마니산은 단군이 하늘에 제사를 지낸 곳이지 우리 후손들이 단군 왕검에 대한 제사를 지낸 곳이 아니라는 점이다. 단군에 대한 제사는 단군 사당에서 이루어졌다.

고구려의 국운이 기울어갈 때 고구려 최고의 권력자였던 연개소문은 도교를 장려했다. 귀족 세력들이 불교를 신봉했기 때문에 반대로 도교를 장려해 귀족 세력을 견제한 것이다.

신라 청소년들의 수련 모임인 화랑도에도 도교 문화가 녹아있다. 노래와 춤을 즐기고, 명산고적을 답사하는 모습이 도교에서 영향을 받은 것이다.

아울러 신라 하대 유학자인 최치원이 작성한 『난랑비서』에도 유·불·선 3교의 사상이 모두 녹아있는 것으로 평가된다. 선(仙:신선 선)이 바로 도교를 뜻한다.

발해의 주작대로 역시 남쪽 방향을 나타내는 도교적인 상상의 동물 주작을 형상화한 것이고, 당나라의 벽돌 무덤의 영향을 받은 발해 정효공주 묘의 벽화에서도 도교의 흔적을 찾아볼 수 있다.

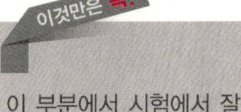

이 부분에서 시험에서 잘 속이는 부분은 발해의 돌사자상이다. 돌로 만든 사자의 형상인 돌사자상은 발해가 고구려를 이었다는 중요한 증거이지만 도교의 영향을 받은 것은 아니다. 오히려 돌사자상은 불교의 영향을 받은 것이므로 주의하기 바란다.

고려 시대 예종은 도교 사원인 복원궁을 건립해 하늘과 별에 제사를 지냈다. 마지막으로 조선 중종 때 개혁 정치를 펼친 조광조가 폐지해버린 소격서 역시 제천 행사를 주관하는 곳으로 도교의 영향을 받은 기구이다.

**도교의 영향**

- 소격서(제천 행사 주관)
- 사신도(강서대묘)
- 산수무늬벽돌
- 백제금동대향로
- 마니산 초제 – 武를 존중하고 제천 중시
  (단군이 하늘에 제사했다는 전설적 믿음)
- 연개소문 – 도교 진흥책
- 발해 – 주작대로(돌사자상X / 돌사자상은 불교)
- 고려 예종(문종X) – 도교 사원(복원궁)건립
  → 하늘과 별에 제사
- 신라 화랑도
- 발해 정효공주 묘의 벽화
- 최치원 『난랑비서』(유·불·선 3교)

# ⑧ 동학과 천도교

동학은 경상북도 경주의 몰락 양반인 최제우가 19세기 후반에 창시한 종교이다.(1860) 최제우가 경주 인물이었기에 동학은 경상도에서 시작해 삼남지방(경상도, 전라도, 충청도)으로 번졌다.

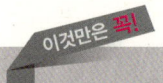

동학농민운동이 전라도 지역을 중심으로 발생했기 때문에 동학의 기원지가 전라도인 것처럼 속이기도 하니 주의를 요한다.

동학은 유·불·선 3교의 주요 내용을 바탕으로 민간 신앙을 접목하고 천주교의 교리까지 일부 수용해 형성되었다. 이때 민간 신앙이란 궁궁을을(弓弓乙乙)이라고 적힌 부적을 말하며 천주교의 교리라 함은 인간 평등 사상이다. 천주교의 평등 사상은 최제우가 말한 시천주 사상이나 3대 교주 손병희가 역설한 인내천(사람이 곧 하늘) 사상에 영향을 준 것으로 평가된다.

불교에는 불경이 있고, 천주교와 기독교에는 성경이 있는 것처럼 동학 또한 최제우의 가르침을 적은 경전이 있었다. 제2대 교주 최시형은 『동경대전』이라는 경전을 간행했다.

"서도(서양의 도리)로써 사람을 가르쳐야 하겠는가" 하니, "아니다. 부적을 받아 사람들의 병을 고치며 내 주문을 받아 모든 사람으로 하여금 나를 위하게 하라"

『동경대전』에 보이는 이런 표현은 서양에서 들어온 서학(천주교)을 의식하고 있음을 역설적으로 보여준다. 제2대 교주 최시형은 『동경대전』 이외에도 『용담유사』라는 경전도 남겼는데 『용담유사』는 동학농민운동의 세력들이 군가처럼 부르기도 했다.

🌸 동학은 포와 접을 중심으로 한 포접제 조직이었다. 전도에 성공해 많은 사람들을 끌어모으면 접주가 되었고 접주 위에

는 대접주가 있었다. 동학농민운동 시기에는 포라는 이름을 가진 조직도 발견되지만 포와 접의 명확한 관계에 대해서는 추정만 할 수 있을 뿐이다.

제3대 교주인 손병희는 조직 내부의 친일 세력을 몰아낸 뒤에 동학을 천도교라는 이름으로 바꾸었다.(1906) 손병희는 사람이 곧 하늘이라는 '인내천(人乃天)' 사상을 주장하며 인간 평등을 강조했고, 1919년에 일어난 3·1 운동에 민족대표 33인으로 참가하기도 했다.

동학(천도교)이 민족 종교이고 20세기 초 나철이 만든 대종교 역시 민족 종교라는 사실을 이용해 두 종교가 같은 종교인 것처럼 나오는 지문이 간혹 등장하는데 속아서는 안 된다. 대종교는 단군을 섬기는 종교로서 일제 강점기에 중광단을 조직해 무장 항일 투쟁을 전개하기도 했다.

천도교는 일제 강점기인 1922년에 "우리 대한은 자주 독립국"이라는 자주 독립 선언문을 선포하기도 했다.

이는 1919년 3·1 운동 당시에 육당 최남선이 작성한 기미독립선언서와 비교해야 할 것이다.

일제 강점기 천도교는 언론과 출판을 통한 사회 운동과 소년 운동에 공을 들였다. 손병희 교주의 사위인 소파 방정환 선생은 어린이날 선언문을 발표하고 어린이날을 만들었다.

# ❾ 서학과 천주교

서양에서 들어온 학문이란 뜻을 가진 서학은 17세기에 청나라에 다녀온 사신들에 의해 전파되었다. 가톨릭(Catholic) 신부나 수녀가 아니라 우리나라 사신들이 들여왔다는 점이 특징이다.

서학은 18세기 후반 권력 다툼에서 밀려난 남인 계열의 양반들에 의해 수용되었다. 인간 평등을 강조한 천주교를 양반들이 먼저 수용했다는 점이 아이러니하기도 하지만 그들이 권력 다툼에서 밀려난 몰락 양반이었음을 감안하면 양반들이 평등 사상을 받아들인 것이 전혀 이해되지 않는 것은 아니다.

천주교가 평등한 사회를 바라는 하층민들의 신앙이었다는 문장에 속지 않기를 바란다. 아울러 남인 계열의 양반들이 천주교를 받아들였다고 해서 그들이 적극적인 인간 평등 운동을 전개했다거나 신분 철폐를 주장한 것은 아니었다.

조선 후기 성리학자 안정복은 발해 역사를 기록한 『동사강목』이란 저서로 유명하다. 그는 성리학자의 입장에서 천주교를 비판하는 글을 남겼는데 바로 천학문답이다. 천학문답은 천주학에 대해 묻고 답한다는 뜻을 가지고 있다.

인간 평등을 전제로 한 천주교는 집권층의 탄압을 받았다. 엄격한 신분 질서를 파괴하는 사상으로 생각했기 때문이다.

| | | |
|---|---|---|
| 정조 | **신해박해**<br>(1791) | 부모에 대한 제사를 거부한 윤지충·권상연을 강상죄로 사형시킴 |
| 순조 | **신유박해**<br>(1801) | 노론 벽파가 노론 시파와 남인을 공격 |
| 헌종 | **기해박해**<br>(1839) | 벽파인 풍양 조씨가 시파인 안동 김씨를 공격 |
| 고종 | **병인박해**<br>(1866~) | 흥선대원군에 의한 병인년부터 시작된 6년 간의 4차례 박해 |

표를 만들어 천주교 탄압에 대한 역사를 살펴보았다. 정조부터 고종 때까지 왕이 교체될 때마다 천주교에 대한 박해(탄압)가 이루어진 것은 이를 빌미로 반대 세력을 몰아내려는 정권 다툼으로 보는 것이 좀 더 현실적이다.

조선 후기의 천주교 박해는 노론 벽파가 노론 시파를 공격하는 형태로 나타났기 때문이다. 천주교에 대해 부정적이었던 노론 벽파는 뒤주에 갇혀 죽은 사도세자의 죽음에 대해 엄격한 태도를 고수하며 영조의 편에 섰다. 반면 천주교 수용에 너그러웠던 노론 시파는 사도세자의 죽음을 동정한 인물들로 사도세자의 아들인 정조의 편에 섰다.

신해박해는 정조가 왕으로 있던 시기에 부모에 대한 제사를 거부하고 위패를 불태운 윤지충과 권상연을 처형한 사건이다. 부모에 대한 제사를 거부하는 것으로도 모자라 위패까지 불태웠으니 당시에 가장 중한 형벌인 강상죄로 다스려졌다.

노론 벽파는 순조 때 정순왕후가 수렴청정을 하면서 집권했다. 그들이 노론 시파와 남인들을 정계에서 몰아내기 위해 일으킨 신유박해 때 실학자 정약용이 전라남도 강진으로 유배되었고, 정약용의 형이었던 정약전 또한 흑산도로 유배되었다. 한편 황사영은 신유박해의 상황을 기록한 밀서를 베이징에 있던 천주교 주교에게 보내려다 발각되어 처형되었다.

🔥 정약전은 흑산도 유배 기간 동안 흑산도에서 잡히는 다양한 어류를 관찰하여 『자산어보』라는 책을 남겼다.

이렇게 탄압받던 천주교는 1886년 조선이 불란서(프랑스의 한자어 표현)와 조불통상조약을 맺은 후에야 비로소 종교를 전파할 수 있는 포교권을 인정받았다.

🌺 서울시 합정역 인근 한강변에는 천주교 박해 현장인 절두산 공원이 있다. '머리를 자른다는 뜻'을 가진 절두산 성지에는 우리나라 최초의 신부인 김대건 신부 동상이 세워져 있다. 그 바로 옆에는 아이러니하게도 흥선대원군이 쇄국 정책을 위해 세운 척화비가 나란히 세워져 있다.

## ⑪ 유학

공자의 가르침에서 시작한 유학은 시대에 따라 유행한 모습이 달랐다. 고려 후기 충렬왕 때 안향이 원나라에서 들여온 성리학은 신진 사대부들에 의해 적극적으로 수용되었다. 이는 조선 시대로 자연스럽게 이어져 사림은 성리학의 가치를 일상 생활에까지 끌어들였다.

이것만은 꼭!

★ 일반적인 유학을 지칭하는지 아니면 성리학만을 지칭하는지 구별해야 한다.

유학의 종류

유학 (공자)
- 한나라 : 훈고학
- 송나라 : 성리학 (= 주자학)
- 명나라 : 양명학
- 청나라 : 고증학

※ 자(子)는 위대한 성현에게 붙이는 존칭
공구 → 공자
주희 → 주자
성리학은 주희가 만들어 주자학이라 부름

## ⑩ 수렴청정

TV 사극에서 어린 왕을 대신해 어머니인 대비 마마가 희미하게 비치는 발 뒤에 앉아 정치에 간섭하는 장면을 보았을 것이다. 이것을 수렴청정이라 하는데 왕이 너무 어리거나 아파서 나랏일을 돌볼 수 없을 때 실시했다. 수렴청정과 비슷하지만 구별해야 할 개념으로 대리청정과 섭정이 있다.

🌺 왕이 아프거나 너무 어려서 통치를 할 수 없는 상태

엄마 or 할머니 가 대신 통치 : 수렴청정 (ex. 순조 - 정순왕후)
↪ 여자들이므로 앞에 발(커튼)을 쳐서 얼굴을 가림

세자 가 대신 통치 : 대리청정 (ex. 순조 - 효명 세자)

그 외 다른 사람 이 대신 통치 : 섭정 (ex. 고종 - 흥선대원군)

## ⑫ 중국의 왕조 변천

한국사를 공부하다 보면 중국의 왕조를 언급하면서 우리 역사와의 관계를 설명하는 부분이 심심찮게 등장한다. 같은 동북 아시아에 속하는 우리나라의 역사와 중국의 역사는 떼려야 뗄 수 없는 밀접한 관계에 있었기 때문에 중국의 왕조 순서 정도는 알아두는 것이 좋다.

| 우리나라 | | | 중국 | |
|---|---|---|---|---|
| 고조선 | | | 은 | |
| | | | 주 | |
| | | | 춘추전국 | |
| | | | 진 | |
| 고구려 | 백제 | 신라 | 한(전한) | |
| | | | 신 | |
| | | | 한(후한) | |
| | | | 삼국 시대(위·촉·오) – 조조·유비·손권 | |
| | | | 위 | |
| | | | 진(서진) | |
| | | | 남북조 | 5호 16국 |
| | | | | 동진 |
| | | | 수 | |
| | | | 당 | |
| | | | 5대 10국 | |
| 고려 | | | 송 | |
| | | | 원 | |
| 조선 | | | 명 | |
| | | | 청 | |

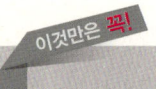

정통 한족(漢族)이 세운 국가 – 한나라, 송나라, 명나라

이 밖에도 한족(漢族)이 세운 국가는 더 있지만 중원이라 불리는 황하 유역과 양쯔강 유역을 지배한 국가는 이 세 나라가 대표적이다. 당나라의 경우 한족이라고 보는 견해와 북방 유목 민족이라고 보는 견해로 갈린다.

오른쪽에 표로 만들긴 했지만 기계적으로 중국과 우리나라의 시기를 대응시키는 것은 좋지 않다. 우리나라 각각의 시대를 공부하면서 자연스럽게 중국의 역사와 대응시키는 방향으로 학습할 것을 권한다.

## ⑬ 독도

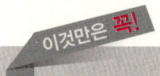

독도는 일본과의 외교적 문제와 맞물려 종종 출제가 되는 부분이다. 하지만 출제 논점은 한정되어 있으니 다음 사항만 잘 정리하면 충분하다

- 신라 지증왕 때 이사부가 우산국(울릉도) 정벌
- 조선 태종의 공도 정책 – 역(役)을 피해 섬으로 도망치는 사람들에 대한 관리 등의 이유로 섬을 비우는 정책. 하지만 독도를 포기한 것은 아님

- 세종실록지리지 – 우산(울릉도), 무릉(독도) 두 섬이 울진현에 속함

- 팔도총도 – 독도를 별개의 섬으로 그린 최초의 지도

- 조선 숙종 때 안용복의 활동 – 일본에 건너가 독도가 조선 영토임을 확인 받음

- 태정관 지령 – 울릉도(죽도)와 독도(송도)가 자국 영토와 무관하다는 일본 메이지 정부의 문서

- 프랑스 함정 콩스탕틴느(Constantine)는 독도를 로세 리앙쿠르라고 이름 붙임

- 대한제국은 울릉도를 군으로 승격시키고 독도(석도)를 관할에 포함시킴

- 일제는 러일 전쟁 직후 독도를 일본에 편입시킴

# ⑭ 친일 단체

조선사편수회와 청구학회를 제외하고는 직접적으로 객관식 시험에 출제되는 부분은 아니지만 알고 있으면 근현대사를 읽을 때 이해도를 높여줄 수 있다.

| 친일 단체 | |
|---|---|
| 조선사편수회 | 식민사관에 입각해 『조선사』 편찬 |
| 청구학회 | 조선사편수회 간부들의 극동문화 연구단체 (← 대항: 진단학회(실증사학)) |
| 대동학회 | 친일 유교 단체 (이완용 등) |
| 일진회 | 한일합방 청원 |
| 고적조사위원회 | 총독부 산하 |
| 대한신문 | 이인직이 만세보라는 신문을 인수한 후 친일 성격으로 바꿈 |

# ⑮ 백두산 정계비와 간도협약

근대 이전에는 실측(실제 측량) 기술이 발달하지 않아 큰 산, 큰 강으로 국가의 경계를 정하는 경우가 많았다. 여진족이 세운 청나라는 그들 민족의 발상지로 백두산에 대한 관심이 많아 조선 숙종 때 백두산 일대에 대한 실지 답사를 하자고 요구한다.

이때 조선에서 파견한 관리들의 나이가 많음을 핑계로 청나라 관리만 백두산에 올라 백두산 정계비(영토의 경계를 정하는 비)를 설치해버렸다. 이 정계비에 적힌 문장이 모호해 조선과 청 간에 분쟁이 야기됐다.

백두산 정계비 비문 중에 '서위압록 동위토문'이라는 부분이 있다. '서쪽 경계는 압록강으로 하고 동쪽 경계는 토문으로 한다'는 뜻이다. 이때 토문(土門)이 어디인가를 놓고 해석이 갈렸다. 청나라는 토문이 두만강이라 했고, 조선은 토문이 송화강 상류라고 주장했다.

🦅 토문을 송화강 상류로 보지 않고 목단강이라고 보기도 한다.

토문이 어느 강이냐에 따라 간도라는 광활한 영토가 조선 땅이 될 수도 있고 청나라 땅이 될 수도 있는 중요한 문제였다. 다음 지도를 통해 살펴보자.

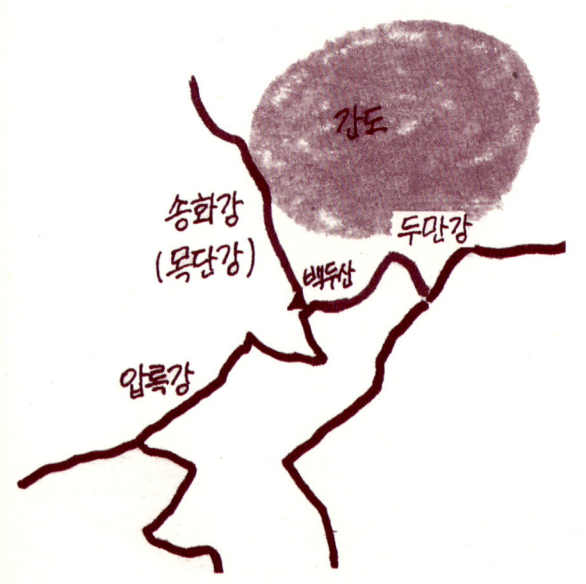

간도

송화강
(목단강)

두만강

백두산

압록강

토문이 송화강 또는 목단강이라면 간도는 조선의 영토가 된다. 하지만 토문이 두만강이라면 간도는 청나라의 땅이 되는 상황이었던 것이다.

이렇게 조선과 청이 토문의 해석을 놓고 다툴 때 일본이 끼어들었다.

1905년 일본은 을사조약(을사늑약)으로 조선의 외교권을 박탈한 이후 청나라와 간도협약(1909)을 맺었다. 이는 간도가 청나라 땅임을 인정하는 대신 일본이 남만주 철도 부설권을 획득하는 조건이었다.

일본이 철도를 건설할 수 있는 공사권을 획득하는 대가로 우리는 간도라는 광활한 영토를 잃게 되었다.

# ⑯ 20세기 한일 외교 관계

근현대사에서 띄엄띄엄 등장하는 일본과의 각종 조약들을 표로 정리해보았다. 한꺼번에 정리해 놓지 않으면 매번 헷갈리는 부분이다. 일본이 어떻게 우리나라를 식민지로 만들었는지 그 흐름을 이해한 후 을사조약(을사늑약), 정미 7조약, 한일병합조약을 중심으로 정리한다.

| 경원철도 차관조약 | • 1903년 경원선(서울–원산) 철도 부설권 강탈 |
|---|---|
| 한일의정서 | • 1904년 2월 러일 전쟁 직후<br>• 대한제국의 중립 선언을 무시하고 강제로 체결<br>• 조선 내 군사 기지 이용권을 획득해 일본이 전략상 요지를 마음대로 사용할 수 있게 됨 |
| 제1차 한일협약 | • 1904년 8월. 일제는 이 조약 직후 독도를 시마네현으로 편입시킴<br>• 일본인 메가다를 재정 고문에 초빙해 재무에 관한 사항은 모두 그의 의견을 들어 시행 → 1905년 금본위 화폐 정리 사업을 단행<br>• 미국인 스티븐스를 외교 고문으로 둠 |
| 제2차 한일협약 (을사조약/ 을사늑약) | • 한국 정부는 금후 일본의 중계를 거치지 않고는 국제적 성질을 가진 어떠한 조약도 맺지 않을 것을 약속한다.<br>• 1905년 조선의 외교권 강탈, 통감부 설치 |

| | |
|---|---|
| | • 나철, 오기호는 을사조약(을사늑약)을 도운 오적(이완용, 이지용 등 5명)을 처단하기 위해 오적 암살단 조직<br>• 시일야방성대곡(장지연 / 황성신문) – 이 날을 맞아 목 놓아 운다<br>• 을사조약(을사늑약)의 부당함을 외국에 알리기 위해 고종은 헐버트의 건의를 받아들여 헤이그특사 파견(1907) – 이준, 이상설, 이위종<br>• 민영환, 홍만식, 조병세 자결 |
| **한일신협약**<br>**(정미 7조약)** | • 1907년 헤이그특사 사건을 계기로 고종을 강제 퇴위 시킨 후 이완용과 이토 히로부미가 체결<br>• 육군1대대만 존치해 황궁 수위 담당하고 기타 조선 군대는 해체<br>• 일본인을 한국 관리로 임명<br>• 조선 관리의 임명과 해임에 일본 통감의 동의를 얻게 함<br>• 안중근 의사, 이토 히로부미 저격(232쪽 참고) |
| **한일병합조약** | • 1910년 대한제국은 완전히 국권을 빼앗김<br>• 경술년에 벌어진 국가적 치욕이란 뜻으로 경술국치라고도 부름<br>• 황현 자결 |
| **한일협정**<br>**(한일기본조약)** | • 1965년에 있었던 4가지 협정을 통칭<br>• 4가지 협정 중 〈청구권·경제 협력에 관한 협정〉을 통해 일제 강점기 손해 배상 문제를 타결<br>• 일본으로부터 무상 자금과 정부 차관을 받음<br>• 광복 이후 단절되었던 일본과의 관계 회복<br>• 한일협정 체결에 불만을 가진 학생들을 중심으로 6·3 사태 발생 |

# ⑰ 유네스코 지정 세계유산

최근 객관식 시험에서 유네스코 지정 유산이 아닌 것을 고르는 문제가 가끔씩 출제된다.

| | |
|---|---|
| **유네스코**<br>**세계유산**<br><br>**(문화유산**<br>**+**<br>**자연유산**<br>**+**<br>**복합유산)** | • 석굴암·불국사(1995년)<br>• 해인사 장경판전(1995년)<br>• 종묘(1995년)<br>• 창덕궁(1997년)<br>• 수원 화성(1997년)<br>• 경주 역사 지구(2000년)<br>• 고창/화순/강화 고인돌 유적(2000년)<br>• 제주 화산섬과 용암동굴(2007년)<br>• 조선 왕릉(2009년)<br>• 안동 하회마을·경주 양동마을(2010년)<br>• 남한산성(2014년)<br>• 백제 역사유적 지구(2015년) |
| **유네스코**<br>**세계기록유산** | • 훈민정음(해례본)(1997년)<br>• 조선왕조실록(태조~철종/편년체) – 실록청에서 작성(1997년)<br>• 직지심체요절 – 프랑스와 수교 후 프랑스 공사가 가져감(2001년)<br>• 승정원일기 – 조선 시대 왕명의 출납을 담당했기에 오늘날의 대통령 비서실이라 할 수 있는 승정원의 업무를 기록(2001년)<br>• 조선왕조 의궤 – 병인양요 때 박탈되어 최근 프랑스에서 빌려 오는 형식으로 국립중앙박물관에 보관 (2007년)<br>• 해인사 대장경판 및 제경판(2007년)<br>• 동의보감 – 광해군 때 허준이 작성(2009년)<br>• 일성록 – 영조28년부터 1910년까지의 국정을 기록한 일기(2011년)<br>• 5·18 광주민주화운동 기록물(2011년)<br>• 난중일기 – 임진왜란 중 이순신 장군이 기록(2013년)<br>• 새마을운동 기록물(2013년)<br>• 한국의 유교책판(2015년)<br>• KBS 특별생방송 '이산가족을 찾습니다' 기록물(2015년) |

# 고대국가 이전의 모습

1 구석기 시대
2 신석기 시대
3 청동기 시대
4 철기 시대
5 단군 왕검과 고조선
6 부여
7 옥저와 동예
8 삼한
9 가야

약 70여만 년 전에 불과 언어를 사용하기 시작한 구석기 시대 사람들은 뗀석기를 도구로 이용해 수렵과 채집 활동을 했으며 자연 동굴이나 막집에서 잠을 잤다.

기온이 오르고 해수면이 상승하는 커다란 기후 변화를 겪으면서 수렵과 채집이 어려워진 사람들은 강이나 바닷가에 정착해 농작물을 재배하기 시작했으니 이를 신석기 혁명이라 부른다. 신석기 시대 사람들은 재배한 농작물을 보관하기 위해 빗살무늬 토기를 만들었고, 둥글게 땅을 판 후 중앙에 화덕을 설치한 움집을 지었다. 구석기 시대보다는 발전된 형태의 간석기를 도구로 이용해 원시적 수공업 활동을 영위했고, 조개껍데기를 이용해 가면을 만들어 원시적 형태의 신앙 활동에 이용하기도 했다.

청동기 시대 사람들은 거푸집을 이용해 거친무늬 거울 등의 청동 제품을 만들었고, 쌀을 재배하여 민무늬 토기에 보관했다. 원형 움집은 사각형 모양의 움집으로 변했고, 화덕의 위치도 중앙에서 가장자리로 옮겨졌다. 계급의 분화를 통해 권력을 갖게 된 군장은 자신의 권위를 과시하기 위해 고인돌 등을 조성했고, 선돌이라는 거석을 숭배하기도 했다.

철기 시대에는 철제 농기구가 사용되었다. 창원 다호리 유적에서 발견된 붓은 문자가 사용되었음을 보여주며 명도전 등의 청동 화폐는 철기 시대 중국과의 교류가 있었음을 증명한다.

처음으로 고조선을 언급한 역사서는 『삼국유사』이다. 요령 지방에서 발생해 한반도로 세력을 넓혀간 고조선의 세력 범위는 미송리식 토기와 비파형 동검의 출토 지역을 통해 알 수 있다. 제정 일치 사회였던 단군조선은 위만이 철기 문화를 앞세워 준왕을 축출한 이후 위만조선이라 불리며 중계 무역을 통해 번성했다. 상, 대부, 장군 등의 관리가 8조금법을 통해 다스린 고조선은 한나라로부터 왕검성을 공격받고 내분이 일어나 2천여 년의 긴 역사를 마감하고 말았다.

만주 송화강 유역 평야 지대에서 번성한 부여는 왕 아래 마가, 우가, 저가, 구가의 제가들이 4출도를 통치했다. 12월에 영고라는 제천 행사를 열어 우제점법으로 나라의 길흉을 점친 부여는 대사자와 사자 등의 관리가 1책 12법을 통해 하호 등을 다스렸다.

옥저에는 뼈를 가족 공동묘에 안치하는 골장제와 어린 여자를 남자의 집으로 데려간 후 성장하면 처가에 예물을 주고 결혼하는 민며느리 제도가 있었다. 후, 읍군, 삼로가 통치한 동예는 책화의 풍습이 있어 각 부족의 영역을 중시했고, 10월에는 무천이란 제천 행사를 열었다. 옥저와 동예는 연맹 왕국을 이루지 못하고 군장 국가 단계에서 멸망했다.

제정 분리 사회였던 삼한은 천군이 제사를 주관하는 소도를 중시했다. 우경을 통해 벼농사를 지었고, 5월과 10월에 제천 행사를 열었다. 삼한 중 철 생산량이 많던 변한은 가야로 이어져 철 수출로 번성했지만 금관가야는 법흥왕에 의해, 대가야는 진흥왕에 의해 병합되었다.

# 1 구석기 시대

 일제 강점기인 1930년대 함경북도 동관진에서 구석기 유물인 흑요석 등이 발견되었다. 하지만 일본인 사학자 나오라 노부오는 이를 부정하고, 한반도의 역사는 신석기 시대부터 시작되었다고 주장했다. 인류 역사의 대부분을 차지하는 구석기 시대를 부정함으로써 우리 민족의 유구한 역사를 깎아내리려는 의도라고 볼 수 있다. 하지만 1960년대 충남 공주 석장리와 함북 웅기 굴포리에서 구석기 유적이 발견되면서 한반도에서도 구석기 시대가 존재했음이 증명되었다. 이처럼 일제에 의해 왜곡된 역사를 바로 잡는다는 의미에서 구석기 유적지는 중요한 의미를 가지며 시험에 자주 출제된다.

한반도의 구석기 시대는 약 70만 년 전에 시작되었다. 이 시기에는 주먹도끼와 찍개, 찌르개 등 비교적 용도가 뚜렷한 석기를 사용했다. 던지거나 타격을 가해 만들었다는 의미에서 이 시기의 석기를 뗀석기라고 부른다.

구석기 시대에는 불과 언어를 사용하기 시작했다. 구석기인들은 자연 동굴이나 막집에 살면서 수렵(사냥)과 채집을 통해 생활을 영위했다. 무리 중에서 경험이 많고 지혜로운 자가 리더가 되었지만 권력을 가졌다고 말할 수 있을 정도는 아니었다.

대표적인 구석기 유적지는 다음과 같다.

| 남한 | 충청남도 공주 석장리 |
|---|---|
| | 충청북도 단양 수양개 |
| | 경기도 연천 전곡리 |
| 북한 | 평안남도 상원 검은모루 동굴 |
| | 함경북도 웅기 굴포리 |

이밖에 충청북도 청원 두루봉 동굴, 충청북도 제천 점말 동굴, 평안남도 덕천 승리산 동굴 등이 있다.

 간혹 유럽 역사 체계를 받아들여 중석기 시대를 독자적으로 논하는 이도 있

## 1 기｜출｜응｜용｜문｜제

다음 유적이 만들어진 시기에 대한 설명으로 옳은 것은?

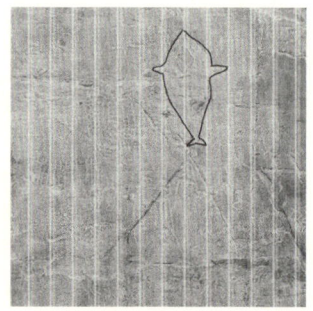

① 무리 중에서 경험이 많고 지혜로운 자가 리더가 되었다.
② 자연 동굴이나 막집에 살았다.
③ 여주 흔암리에서 탄화미가 발견되어 이 시기 문화를 엿볼 수 있다.
④ 불과 언어를 사용하기 시작했다.
⑤ 주먹도끼, 찍개, 찌르개 등 뗀석기를 이용하여 사냥했다.

다. 하지만 중석기 시대를 동북 아시아에 그대로 적용하는 것은 무리라는 견해가 일반적이다. 따라서 각종 시험에서 중석기 문제가 출제된다면 구석기와 신석기의 중간 단계라 생각하면 된다. 빙하가 녹고 해수면이 상승하기 시작한 중석기 시대에는 몸집이 작고 움직임이 빠른 동물을 잡기 위해 석기를 나무나 뼈에 꽂아 활과 창 등의 이음 도구를 만들었는데 이를 잔석기(가늘 세(細)자를 써서 세석기라고도 부름)라고 한다. 한려해상국립공원의 수많은 섬 가운데 통영상(上)노대도를 대표적인 중석기 유적으로 꼽는다.

# 2 신석기 시대

기온이 오르고 빙하가 녹으면서 인류의 생활은 커다란 변화를 맞이하게 되었다. 추운 기후에서 살던 몸집이 큰 짐승들이 북쪽으로 이동해버려 수렵 활동이 어려워진 것이다. 그래서 인간은 강가나 바닷가로 이동해 조·수수·기장 등의 농작물을 재배하며 정착 생활을 시작하게 되었다. 수렵·채집에 의존해 생활하던 인간이 농작물을 재배하게 된 이 커다란 변화를 신석기 혁명이라고 한다. 황해도 봉산 지탑리, 평안남도 평양 등에서 발견된 불에 탄 좁쌀은 농경이 이루어졌음을 증명한다.

신석기 시대에는 구석기 시대보다 발전된 형태의 간석기(마제석기)를 사용했다. 가락바퀴와 뼈바늘을 이용해 옷감을 짜는 직조 활동을 하기도 했다. 이는 원시적 형태의 수공업으로 평가된다. 조개껍데기를 이용해 가면을 만들어 원시 신앙 활동(의례)에 이용하기도 했다.

| 석기의 용도 | |
|---|---|
| 주먹도끼, 찍개, 찌르개 | 사냥 |
| 가락바퀴, 뼈바늘 | 옷감을 만드는 작업 (직조) |
| 긁개, 밀개 | 음식을 만드는 작업 (조리) |
| 반달돌칼, 바퀴날도끼 | 농기구 |

서울 암사동이나 부산 동삼동 유적 등에서 확인할 수 있듯이 이들은 땅을 파서 둥근 모양의 움집(원형 움집)을 지었다. 효율적인 난방을 위해 화덕은 움집 중앙부에 설치했다. 같은 핏줄(혈연)을 가진 사람들끼리 집단을 이루었는데 이를 씨족이라 한다. 씨족 구성원들은 같은 조상을 섬겼고 때론 자신의 조상을 동물에 비유하며 숭배했다. 이를 토테미즘이라 한다. 토테미즘은 다른 동물을 숭배하는 집단과 자신들을 구별하는 역할을 했다.

크게 유행했던 휴대폰 게임 클래시 오브 클랜(clash of clan)에서 클랜(clan)은 바로 씨족을 뜻한다.

단군신화에는 곰과 호랑이가 사람이 되기 위해 동굴에서 백일동안 쑥과 마늘만 먹는 이야기가 나온다. 곰은 이에 성공해 사람(웅녀)으로 변했지만 호랑이는 도중에 포기하고 동굴을 뛰쳐나갔다. 이는 곰을 숭배하는 집단과 호랑이를 숭배하는 집단 간의 경쟁에서 곰 토템을 가진 집단이 승리했음을 뜻하는 것으로 해석된다.

씨족은 돌보습 등의 도구를 이용해 함께 일하고, 생산물은 함께 나누었으며(공동 노동, 공동 분배) 같은 씨족끼리는 결혼하지 않고 다른 씨족 구성원과 결혼(족외혼)했다.

또한 씨족들은 서로 결합해 부족을 이루었다. 대개는 자신을 낳고 기른 어머니를 중심으로 결합이 이루어졌으므로 신석기를 모계 사회로 본다. 함경북도 청진 농포동에서 발견된 여인상은 다산을 상징하는 것으로 모계 중심인 신석기 시대의 대표적인 유물이다.

농경 생활이 보편화되면서 수확한 농작물을 보관할 도구가 필요해졌기 때문에 다양한 토기(흙으로 만든 그릇)를 제작했다. 겉면에 머리 빗는 빗 모양의 사선이 새겨진 빗살무늬 토기가 신석기 시대를 대표하는 토기이다. 빗살무늬 토기는 밑바닥이 뾰족해서 강가나 바닷가 모래에 꽂아서 사용했다. 그 밖에도 덧무늬 토기와 이른 민무늬 토기, 무늬를 눌러 찍은 압인문(文) 토기 등이 있다.

🔴 이른 민무늬 토기는 청동기 시대에 유행한 민무늬 토기(무늬가 없는 토기)의 이전 형태로서 신석기 시대의 유물이다.

# ③ 청동기 시대

신석기 시대부터 농사를 짓기 시작한 인류는 또 한 번의 큰 변화에 직면한다. 공동으로 생산하고, 공동으로 분배하면서 평등하게 생활했던 신석기 시대와는 달리 청동기 시대에는 소비하고 남는 농작물을 축적하는 사유재산의 개념이 등장한 것이다. 재산의 차이는 계급의 분화를 가져와 지배와 피지배라는 개념이 생겨나기 시작했다.

인간이 구리를 사용하기 시작하면서 청동기 시대가 열렸지만 청동제 농기구를 사용했던 것은 아니었다. 청동기 시대에도 농사를 지을 때는 여전히 반달돌칼, 바퀴날도끼 등의 석기를 사용했다.

---

## ② 기│출│응│용│문│제

(가), (나) 토기에 대한 설명으로 옳은 것은?

(가)

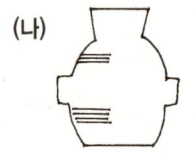
(나)

① (가)가 출토되는 지역은 고조선의 세력 범위와 일치한다.
② (가)가 만들어진 시기는 함경북도 청진 농포동 여인상이 발견된 시기와 일치한다.
③ (가)가 만들어진 시기는 고인돌이 만들어진 시기와 일치한다.
④ (나)는 뗀석기와 함께 발견되는 경우가 많다.
⑤ (가)와 (나)가 만들어진 시기에는 계급이 등장했다.

바퀴날도끼는 한자로 환상석부(環狀石斧: 고리 환, 형상 상, 돌 석, 도끼 부)이다. 고리 모양의 둥근 돌도끼로 농사를 짓기 힘든 거친 땅을 파헤쳐 농업에 적합한 땅으로 만드는 농지 개간 작업에 사용되었다. 청동기 시대의 유물이다.

청동기 시대부터는 쌀을 재배하기 시작했다. 경기도 여주 흔암리, 충남 부여 송국리, 충남 서천 화금리 등에서 불에 탄 쌀(탄화미)이 발견되어 벼농사가 시작되었음을 증명한다. 하지만 주요 농작물은 여전히 조·피·기장·수수 등이었다.

청동 제품은 구리를 녹인 물을 틀에 부은 후 식혀서 만들었는데 이때 사용하는 틀을 거푸집이라고 부른다. 그렇게 만들어진 대표적인 청동기 시대 유물이 거친무늬 거울이다.

틀 속에 밀가루를 붓고 팥 앙금을 넣은 후 구워내는 붕어빵을 떠올리면 거푸집을 이해하기 쉬울 것이다.

이것만은 꼭!

청동기는 북방식과 중국식으로 나뉘는데 한반도의 청동기는 구리에 아연이 첨가된 형태의 북방식 청동기이다. 여기까지가 시험에 출제되는 부분이다.

참고로 비파형 동검으로 상징되는 1차 청동기 시대는 북방식, 세형 동검으로

상징되는 2차 청동기 시대는 중국식으로 보는 견해도 있지만 2차 청동기 시대를 초기 철기 시대로 분류하는 통설에 의하면 우리나라의 청동기는 북방식으로 보는 것이 옳다.

청동기 시대를 대표하는 토기는 민무늬 토기이다. 민무늬 토기는 무늬가 없다는 뜻에서 무문 토기라고도 불린다.

문(文)은 무늬를 뜻하는 한자이다.

청동기 시대에는 구릉 등의 산간에서 직사각형 모양(방형)의 움집을 짓고 집단 취락을 이루었다. 신석기 시대와는 달리 움집은 지상으로 올라왔고, 주춧돌이 사용되었으며 화덕의 위치도 중앙에서 가장자리로 이동했다.

| 신석기 시대 움집 | 땅을 파서 만든 원형 움집 | 중앙에 화덕이 위치 |
|---|---|---|
| 청동기 시대 움집 | 지상에 만든 직사각형 움집 | 화덕이 가장자리로 이동 |

앞에서도 설명했듯이 청동기 시대에도 돌은 다양하게 사용되었다. 계급 분화를 통해 권력을 취득한 군장 세력은 자신들의 권위를 과시하기 위해 고인돌, 돌널 무덤, 돌무지 무덤을 조성했다. 큰 돌을 세운 선돌(standing stone)은 숭배의 대상으로 여겨졌다.

자신이 속한 집단만이 신에게 선택된 우월한 집단이라고 믿는 선민(選民: 가려뽑을 선, 백성 민) 사상이 청동기 시대에 유행했다.

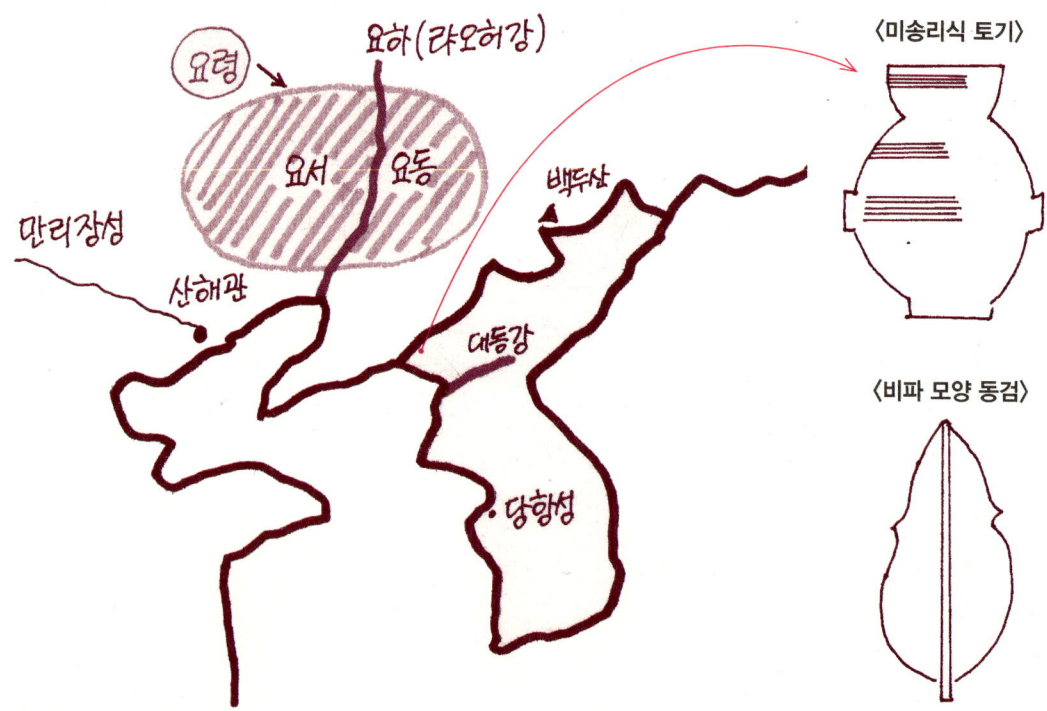

〈미송리식 토기〉

요령

요하(랴오허강)

요서 요동

만리장성

산해관

백두산

대동강

당항성

〈비파 모양 동검〉

 이것만은 꼭

★★★

한편 고조선의 세력 범위를 나타내는 중요한 청동기 유물이 있다. 바로 미송리식 토기와 비파형 동검이다. 미송리식 토기는 평안북도 의주 미송리 동굴에서 발견되었다. 위와 아래 양쪽 꼭지를 잘라낸 표주박 모양으로 표면에 선이 밀집한 집선(集線)무늬가 새겨져 있다. 한편 중국 악기인 비파를 닮은 구리칼이란 뜻을 가진 비파형 동검은 중국 요령성 지방에서 흔히 나타나므로 요령식 동검이라고도 불린다.

미송리식 토기와 비파형 동검이 출토되는 영역이 고조선의 세력 범위와 겹친다는 논점은 모든 객관식 시험의 출제 0순위이다.

**3** 기|출|응|용|문|제

다음 중 청동기 시대의 모습으로 적절한 것은?

① 철제로 무기를 만들어 정복 전쟁을 수행했다.
② 계급이 분화되고, 선민 사상이 유행했다.
③ 빗살무늬 토기를 만들어 사용했다.
④ 불과 언어가 사용되기 시작했다.
⑤ 황해도 봉산 지탑리에서 불에 탄 좁쌀이 발견된 시기이다.

# 4 철기 시대

청동기 시대와 철기 시대의 특징을 명확하게 구분하기는 어렵다. 철기 시대에도 여전히 청동기는 의례 활동에 널리 사용되었고, 철기 시대 대표 유물인 명도전, 반량전, 오수전 또한 청동으로 주조된 화폐이기 때문이다. 철기 시대에는 철제 농기구가 반달돌칼, 환상석부를 대신해 농사에 실제로 사용되었다는 점이 가장 큰 특징이라고 할 수 있다.

청동기 시대에 유행했던 거친무늬 거울은 철기 시대에 이르러 잔무늬 거울로 발전했다. 한편 고조선의 세력 범위를 보여주는 비파형 동검은 초기 철기 시대에 이르러 날씬한 세형(細形: 가늘 세, 모양 형) 동검으로 발전했다. 토기는 민무늬 토기에서 검은 간토기로 발전했다.

직사각형 모양의 방형 주거는 두 개의 방형을 이어붙인 형태인 呂(여)자형 주거로 이어졌다. 아울러 청동기 시대의 돌널 무덤, 돌무지 무덤은 철기 시대에 이르러 나무널 무덤, 움 무덤, 독 무덤의 형태로 변화했다.

| 신석기 시대 주거 | 원형 움집 |
|---|---|
| 청동기 시대 주거 | 방형(직사각형) 움집, 움집의 지상화 |
| 철기 시대 주거 | 여(呂)형 주거 |

철기 시대에는 중국과의 교류가 이루어졌음을 증명하는 유물이 많이 발견되는 것도 특징이다. 철기 시대에서 가장 중요한 출제 논점이기도 하다. 경상남도 창원 다호리 유적에서 발견된 붓은 문자가 사용되었음을 보여준다. 칼(刀: 칼 도)모양으로 생긴 청동 화폐에 밝을 명(明)이라는 글자가 새겨진 명도전, 반량(半兩)이라는 글자가 청동 화폐에 새겨진 반량전, 오수(五銖)라는 글자가 새겨진 오수전 등은 한반도와 중국의 교류가 활발했음을 보여주는 중요한 유물이다.

 오수전의 오수는 무게를 의미한다. 1수의 무게는 대략 0.65그램으로 5수는 약 3.25그램으로 추정된다.

| 철기 보급의 영향 |
|---|
| ① 농기구의 변화 – 금속제 농기구의 사용 |
| ② 무덤 양식의 변화 – 독 무덤, 움 무덤 등 |

## 4 기|출|응|용|문|제

다음 유적이 만들어진 시대에 대한 설명으로 옳은 것은?

① 가락바퀴와 뼈바늘을 이용해 직조 활동을 했다.
② 자연 동굴 등에 살면서 수렵과 채집을 통해 생활했다.
③ 바퀴날도끼를 사용해 농사를 지었다.
④ 조개껍데기를 이용해 가면을 만들었다.
⑤ 오수전 등의 청동 화폐를 주조했다.

## ⑤ 단군 왕검과 고조선

단군이 고조선을 건국한 사실을 가장 먼저 기록한 역사서는 승려 일연이 지은 『삼국유사』이다. 곰과 호랑이가 하늘에서 내려온 환인을 찾아가 사람이 되는 방법을 물었다. 환인은 동굴에서 백일동안 쑥과 마늘만 먹으면 사람이 될 수 있다고 대답했다. 호랑이는 도중에 포기했지만 곰은 백일을 채워 여자로 변했고, 환인은 그 여자(곰이 변해서 웅녀라고 함)와 결혼해 단군을 낳았다. 단군 신화는 하늘의 자손임을 자처하는 부족과 곰 토테미즘을 가진 부족의 결합을 의미한다.

단군 왕검은 단군과 왕검이 합쳐진 말이다. 단군은 하늘에 제사를 지내는 인물이고 왕검은 정치적 권력자를 뜻한다. 예부터 정치와 종교는 거대한 권력이었는데 정치와 종교가 서로 거리를 두고 견제하는 사회를 제정(제사와 정치) 분리 사회라 하고, 정치와 종교가 하나의 권력 집단에게로 일원화되어있는 사회를 제정 일치 사회라고 한다. 단군 왕검이라는 이름에서도 알 수 있듯이 고조선은 제사장인 단군과 정치 권력자인 왕검이 하나로 합쳐진 제정 일치 사회였다. 이와 반대로 지금의 대한민국은 대통령을 비롯한 정치 권력이 종교에 관여하지 않는 제정 분리 사회라고 할 수 있다.

단군은 '널리 인간을 이롭게 한다'라는 뜻을

가진 홍익인간 사상을 기반으로 인간의 생명을 중시했다. 하지만 계급의 분화가 시작되는 청동기 시대였던 고조선이 평등한 사회는 아니었다. 여자의 정절을 중시하는 가부장적인 사회였고, 남의 물건을 훔친 자는 그 물건 주인의 노비로 삼는 엄격한 계급 사회였다.

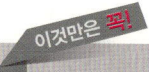

고조선은 중국 요령 지방을 중심으로 세력이 발생했고, 차츰 그 중심이 한반도 방향으로 확대되었다.

한반도에서 발생해 중국으로 세력을 넓혀간 국가가 아니었음에 주의하자

고조선은 요령 지방을 관통하는 랴오허강(요하) 주변의 평야 지역에서 농업을 주된 산업으로 성장했다. 이는 척박한 지형 탓에 농업보다는 동물을 기르는 목축업 위주로 생활했던 고구려와 비교되는 부분이다.

중국이 춘추전국 시대의 혼란을 겪고 있는 틈을 타 고조선은 외세의 억압으로부터 자유롭게 세력을 키웠다. 중국 연나라와 대립할 만큼 성장한 고조선은 연을 공격할 계획을 세웠다. 하지만 연나라가 먼저 진개라는 장수를 앞세워 공격을 해왔고 고조선은 2천 리를 빼앗긴 후 만번한까지 국경이 밀려나는 아픔을 겪어야 했다.

고조선은 기원전 3세기 이전부터 왕위세습제

가 확립되었다. 부왕은 자신의 아들인 준왕에게 왕위를 물려주었다. 호시탐탐 왕위를 노리는 세력이 많았음에도 자신의 아들에게 왕위를 물려줄 수 있었다는 것은 왕위를 빼앗기 위해 피비린내 나는 싸움을 하지 않아도 될 만큼 왕권이 안정되어 있었음을 의미한다.

 **왕위세습제** 왕이 자신의 지위를 자신이 원하는 인물에게 물려주는 제도. 아들에게 물려주는 것을 부자상속이라 하고, 형이나 동생에게 물려주는 것을 형제상속이라고 한다.

고조선에는 상·대부·장군 등의 관직이 있었고, 도위라는 지방 관리를 파견하기도 했다. 오늘날처럼 교통과 통신이 발달하지 못한 근대 이전의 국가들은 왕권을 지방 구석구석까지 전달하게 할 방법을 끊임없이 고민했다. 그런 맥락에서 고조선의 지방관 파견은 왕권이 지방을 돌볼 수 있을 만큼 일정 수준 이상으로 견고했음을 보여준다.

고조선에는 절도·상해·살인 등의 행위를 금지하는 8개 조항의 법(8조법 또는 금지하는 법이라는 의미로 8조금법)이 존재했다. 8개 조항 중에서 현재까지 전해지는 조항은 3개뿐이며 1개 조항은 추정이 가능하다.

고조선은 철기 문화를 앞세운 위만이 왕검성에 들어가 준왕을 쫓아내면서 큰 변화를 맞는다. 준왕 이전의 고조선을 단군조선이라 부르고, 위만이 준왕을 축출한 이후의 고조선을 위만조선이라 부른다.

 위만은 진나라와 한나라의 교체기에 세력 다툼에서 밀려난 연나라 사람이었다.

위만조선은 철기 문화를 바탕으로 임둔과 진번을 무력으로 복속시켰다. 임둔과 진번은 한사군에 해당하는 지역이다.

한편 중계 무역을 통해 경제적으로 번성했지만 이는 한나라와의 관계를 악화시키는 빌미가 되었다. 고조선의 중계 무역에 불만을 가진 한나라 무제는 왕검성을 공격했다. 고조선은 약 1년간 이에 맞서 싸웠지만 지배층의 내분으로 인해 고대국가로 성장하지 못한 채 2천여 년의 긴 역사를 마감하고 말았다.

**5** 기|출|응|용|문|제

(가)와 (나) 사이의 사실로 옳은 것은?

(가) 준왕은 조선으로 망명한 위만에게 서쪽 변경을 지키게 했다.
(나) 한나라에 의해 왕검성이 함락되었다.

A. 연나라와 대립할 만큼 강성했다.
B. 주변국들이 중국과 직접 교류하는 것을 막았다.
C. 임둔과 진번을 무력으로 복속시켰다.
D. 풍속은 각박해지고, 생활을 규제하는 법률은 증가했다.

① B, D  ② A, B  ③ A, D  ④ C, D  ⑤ B, C

# 6 부여

부여는 만주 송화강 유역의 평야 지대인 송눈 평원에서 일어났다. 고대 이전의 국가에서 흔히 볼 수 있듯이 부여 또한 건국 신화를 갖고 있다. 이 무렵의 건국 신화는 대개 자신들의 시조를 천제(天帝:하늘 천, 임금 제)의 아들로 여기는 세력이 토착 세력과 결합하는 내용으로 이루어져 있다. 부여의 동명신화 역시 신라의 박혁거세 설화, 가야의 수로왕 설화처럼 이런 구조에서 크게 벗어나지 않는다. 동명신화의 내용은 다음과 같다.

송화강 북쪽의 고리국이란 나라에서 왕을 모시는 시녀가 알 수 없는 기운을 받아 임신을 했다. 이를 불경하게 여긴 고리국의 왕은 시녀가 낳은 아들을 돼지우리에 던져버린다. 그러자 돼지들이 아이에게 입김을 불어넣으며 돌봐주었다. 이어 마구간에 던져버리자 말들이 입김을 불어넣어 아이를 돌보았다. 이를 기이하게 여긴 왕은 아이가 천제의 자손일지도 모른다고 생각해 동명(東明)이라는 이름을 붙여주고 그 시녀가 자신의 아이를 돌볼 수 있게 허락했다. 동명은 자라면서 활을 잘 쏘는 것으로 유명했다. 그러자 동명에게 두려움을 느낀 왕은 동명을 죽이려 했다. 하지만 마구간에서 말을 돌보는 임무를 맡고 있던 동명은 이런 낌새를 채고 말을 타고 고리국을 떠났다.
자신을 뒤쫓는 고리국의 무사들을 피해 남쪽으로 달아나던 동명은 엄표수라는 강을 만나 도주로가 끊길 위기에 처했다. 그때 동명이 들고 있던 활로 물을 탁 치니 물고기와 자라 등이 물 위로 떠올라 다리를 만들어 주었다. 이 다리를 이용해 동명은 무사히 엄표수를 건넜고, 동명이 건넌 후 다리는 다시 사라져 동명을 쫓던 무사들도 따돌릴 수 있었다. 엄표수를 건넌 동명은 송화강 유역에 자리를 잡고 부여를 건국했다.

알 수 없는 하늘의 기운을 받아 태어났다는 대목에서 동명은 천제의 아들을 자처하는 세력이라 유추할 수 있고, 송화강 유역으로 이동해 그 지역의 토착 세력과 결합해 부여를 건국하는 구조를 엿볼 수 있다.

부여에는 왕 아래에 동물 이름을 따서 만든 마가(馬加), 우가(牛加), 저가(豬加), 구가(狗加)라는 제가들이 있었다. 마가는 말, 우가는 소, 저가는 돼지, 구가는 개를 상징하는 명칭이다. 부여는 영토를 동서남북으로 나누어 중앙은 왕이 통치했고 사출도(왕으로부터 나오는 4방향의 길)는 마가, 우가, 저가, 구가의 제가들이 통치했다. 즉 부여는 관리를 파견해서 지방을 통제한 것이 아니라 제가가 직접 사출도를 주관하는 형태로 지방을 다스렸다.

'가(加)'는 부족의 족장 세력이었으나 부족이 발전함에 따라 점차 귀족의 성질을 가지게 되었다. 한편 왕은 큰 힘을 갖기 보단 제가회의라는 귀족 합의 기구에 의해 제약을 받는 귀족 대표자로서의 성격이 강했다. 그래서 부여는 고대국가로 발전하지 못하고 연맹 왕국 단계에서 멸망했다고 평가한다.

한편 왕은 대사자, 사자라는 조세와 공납을 담당하는 행정 관리를 거느렸다. 마가, 우가, 저가, 구가의 제가들도 대사자와 사자 등의 관리를 독자적으로 거느렸다.

부여의 일반민은 호민과 하호로 나뉜다. 호민은 중국 역사서 『삼국지』에 '전작(佃作)하지 않고 좌식(坐食)하는 자'라고 기록되어 있다. 즉 평소에는 하호가 바치는 생산물을 앉아서 받아먹는 계층이라는 속된 의미에서 좌식(坐食: 앉을 좌, 먹을 식)층이라 불렸지만, 전쟁이 일어나면 경제력을 바탕으로 무기를 갖추고 전투를 담당했다. 귀족 계급인 가(加)와 호민을 묶어 상호라고 부른다. 이와 반대로 하호는 평상시에 생산을 담당했다. 전시에는 직접 나서지 않고 식량을 공급하는 역할을 담당했다.

호민과 하호 아래에는 노예가 존재했다. 『삼국지』에 따르면 부여에는 주인이 죽었을 경우 그를 따르던 노예도 함께 묻는 순장이란 풍습이 존재했다.

| 왕 | | |
|---|---|---|
| 상호 | 가 | |
| | 호민 (좌식층) | |
| 하호 | | |
| 노예 | | |

부여는 매년 12월에 영고라는 국중 대회를 열었다. 이는 고구려의 동맹, 동예의 무천, 마한의 10월 계절제 등의 제천 행사가 매년 10월에 열렸던 것과 차이를 보인다. 10월에 열린 제천 행사는 추수감사(thanksgiving)의 의미를 가진 농경 문화의 전통이다. 하지만 12월에 열린 부여의 영고는 수렵(사냥) 문화가 반영된 것으로 판단된다.

요즘도 사냥은 주로 눈이 내린 겨울철에 주로 많이 하는 점을 생각해보면 이해가 쉬울 것이다.

부여의 법률은 살인, 절도, 간음(간통), 투기(질투)를 금지하는 4대금법이다. 살인자는 처형하고 그 가족은 노예로 삼았다. 절도를 했을 때는 훔친 물건의 12배의 가액으로 배상하게 했기 때문에 1책 12법이라고도 불린다.

부여는 한 명의 남자가 다수의 부인을 거느리는 일부다처제가 일반적이었으므로 부인들끼리의 다툼을 방지하는 차원에서 투기(질투)를 절대적으로 금했다. 투기를 한 부인은 처형해 그 시신을 산에 내다 버렸고, 여자의 집안에서 그 시신을 찾아가려면 남편에게 말이나 소를 바쳐야만 했다. 처형되지 않은 범죄자들을 가두기 위해서 감옥이 존재했으며 12월 영고 행사가 벌어질 때 제가들의 합의에 의해 그들의 처형 여부가 결정되었다.

부여에서는 소를 죽여 그 발굽의 모양으로 한 해의 길흉을 점치곤 했다. 이를 우제점법이라고 한다. 소 발굽이 붙어있으면 길한 것으로 생각했고, 소 발굽이 벌어지면 흉(불길)한 것이라 여겼다.

송화강 유역 평야 지대에 위치한 부여의 주된 산업은 농업이었다. 하지만 동물 이름을 딴 마가, 우가, 저가, 구가에서도 알 수 있듯이 목축업도 꽤 발달했던 것으로 보인다. 아울러 얼음을 저장해 사용하는 기술도 갖고 있었다.

부여에서는 형이 죽으면 형수를 다른 곳으로 보내지 않고 동생이 데리고 사는 형사취수제가 있었다. 이는 종족의 혈통을 순수하게 보존하려는 의미로 해석된다.

# 7 옥저와 동예

옥저와 동예는 지금의 함경남도 원산 일대에 위치했다. 옥저가 북쪽 지역, 동예가 남쪽 지역을 차지하고 있었다. 두 나라는 일찍이 고구려의 강력한 영향권 아래 있어서 연맹 왕국으로 성장하지 못한 채 군장 국가 단계에서 멸망하고 말았다. 옥저와 동예는 바다에 인접해있었던 덕분에 해산물이 풍부하게 생산되었다.

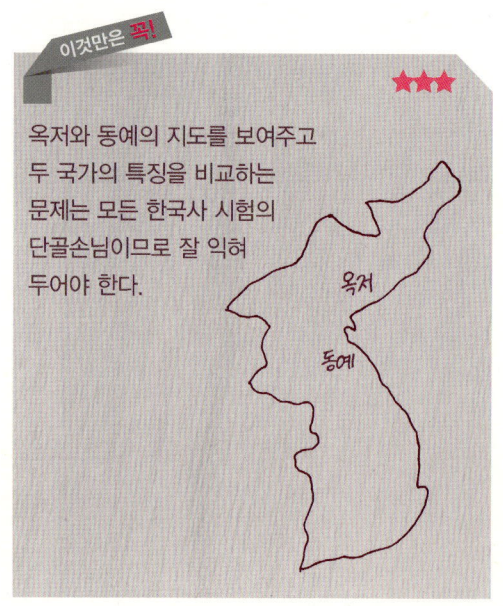

이것만은 꼭!

★★★

옥저와 동예의 지도를 보여주고 두 국가의 특징을 비교하는 문제는 모든 한국사 시험의 단골손님이므로 잘 익혀 두어야 한다.

옥저

동예

부여족은 고대 이전 국가들의 줄기라고 할 수 있는데 옥저 역시 부여족의 한 갈래이다.

 고구려의 주몽 집단이 부여족에서 빠져나와 지금의 압록강 부근 졸본 지방으로 이동하자 원래 졸본 지역에서 살던 부족은 한강 유역으로 이동해 백제를 세웠다. 백제의 왕족의 성은 부여씨이다.

옥저에는 여자가 어렸을 때 남자의 집으로 데리고 간 후 성장하면 일정한 예물을 주고 결혼하는 민며느리 제도가 존재했다. 한편 가족 중에 누군가가 죽으면 임시로 묻어 두었다가 시간이 지난 후에 뼈만 다시 파내서 가족 공동 무덤인 커다란 목곽(나무널)에 안치했다. 이를 골장제라고 한다. 사람이 죽으면 시체를 깨끗이 닦아 수의를 입힌 후 입에다 쌀을 한 움큼 넣어주는 것처럼 옥저의 목곽 입구에는 쌀 항아리를 매달아서 죽은 자의 식량으로 삼았다.

옥저는 고구려 태조왕의 공격으로 멸망했다.

다음으로 동예에 대해 살펴보자. 동예는 매년 10월 무천이라는 제천 행사를 열었다. 부여편에서 언급했듯이 10월 제천 행사는 추수 감사의 의미가 강한 농경 사회의 전통이다.

동예 역시 군장 국가에서 연맹 왕국으로 발전하지 못하고 멸망한 만큼 부족은 폐쇄성이 강했던 것으로 보인다. 그래서 다른 부족의 생활권을 침범하면 소나 말로 변상을 해주는 책화라는 풍습이 있었다. 이를 어기면 노예로 삼기도 했다. 같은 부족끼리는 결혼하지 않는 족외혼을 엄격하게 지켰다.

동예에서는 세력이 큰 대군장 없이 후, 읍군, 삼로라고 불리는 군장이 자기 부족의 하호를 통치했다.

동예 지역에서는 철(凸)자 모양의 집터가 발견되고 있다.
동예의 주요 생산물은 단궁(짧은 활), 과하마(체구가 작아서 과일나무 밑을 지날 수 있는 말), 반어피(바다표범 가죽)이다.

## 7 기|출|응|용|문|제

다음 나라에 대한 설명으로 옳은 것은?

이 나라는 함경도 동해안에 위치했다. 이 나라 사람들은 장사를 지낼 때 큰 나무 곽을 만드는데 한쪽 끝을 열어 놓아 문을 만들었다. 사람이 죽으면 시체는 모두 가매장을 했다가 살이 다 썩은 후에 뼈만 추려 나무 곽 속에 안치했다.

① 동맹이라는 제천 행사를 거행했다.
② 고구려 태조왕의 공격으로 멸망했다.
③ 신지, 견지라는 지배 세력이 있었다.
④ 우경이 행해졌다.
⑤ 다른 부족의 생활권을 침범하면 소나 말로 변상했다.

# 8 삼한

한반도 남쪽에 존재했던 마한, 진한, 변한을 합쳐 삼한이라 부른다. 대략 충청도와 전라도 일대를 마한, 경상북도 일대를 진한, 경상남도 일대를 변한이라 생각하면 된다. 가장 규모가 컸던 마한에는 목지국을 비롯한 54개의 소국이 있었고, 진한과 변한에는 각각 12개의 소국이 있었다. 목지국을 대신해 마한의 맹주로 떠오른 백제국은 백제로 발전하였고 진한의 사로국은 신라로, 변한의 구야국은 가야로 각각 발전했다.

삼한은 정치를 담당하는 군장과 제사를 담당하는 천군이 서로의 영역을 존중하며 통치한 제정 분리 사회였다. 세력이 큰 군장으로 신지, 견지가 있었고 세력이 상대적으로 작은 군장은 부례, 읍차로 불렀다. 삼한에는 중심이 되는 지역인 국읍 이외에 나라가 성장하면서 병합한 지역인 별읍(소도)이 있었는데 각각의 국읍마다 천군을 두었다. 천군은 신성한 지역인 소도에서 제사를 주관했다. 한편 범죄자가 소도로 도망치면 잡지 못할 정도로 군장은 천군이 머무는 소도를 존중했다. 이를 통해 우리는 삼한이 제정 분리 사회였음을 알 수 있다.

비교적 기후가 온화하고 땅이 비옥했던 삼한 지역에선 일찍이 소를 이용한 벼농사(우경: 소 우, 밭갈 경)가 행해졌다. 밭농사와는 달리 벼농사는 논에 물을 대는 것이 관건이었으므로 저수지를 축조하기도 했다. 철제 농기구를 사용했으며 일손이 많이 드는 벼농사의 특성 때문에 공동 작업을 위한 두레를 조직했다. 이렇게 농경 문화의 특징이 강했던 삼한에선 5월과 10월 두 번의 제천 행사를 열었는데 각각 수릿날과 계절제라 부른다. 하늘에 제사를 지내는 제천 행사에는 음악이 빠질 수 없었을 것이다. 제천 행사에 사용된 것으로 추정되는 현악기(줄을 튕겨 소리를 내는 악기)가 광주광역시 신창동에서 출토되기도 했다.

삼한의 사람들은 반움집이나 귀틀집에서 살았다. 한편 삼한 중 변한에서는 철이 많이 생산되어 낙랑과 왜에 철을 수출했다.

기|출|응|용|문|제

다음 (A)에 대한 설명으로 옳지 않은 것은?

(A)에서는 국읍에 각 한사람씩 세워서 천신의 제사를 주관하게 하는데 이를 천군이라 부른다. 또한 소도라고 불리는 별읍이 있는데 큰 나무를 세우고 방울과 북을 매달아 놓고 귀신을 섬긴다. – 『삼국지』

① 일찍이 우경을 실시했다.
② 변한에서는 철이 생산되어 낙랑과 왜에 수출했다.
③ 반움집이나 귀틀집을 짓고 살았다.
④ 천군은 신성한 지역인 소도에서 제사를 주관했다.
⑤ 단궁과 과하마 등이 생산되었다.

# 9 가야

지금의 경상남도 일대인 변한 지역에는 12개 소국(작은 나라)이 있었으나 구야국을 중심으로 가야가 성립되었다.

가야는 고대국가로 발전하지 못하고 연맹 왕국에 머물렀다. 그래서 이를 6가야 연맹이라고 부른다.

전기에는 금관가야(경남 김해)가 중심이었으나 후기에는 대가야(경북 고령)가 중심이 되었다.

★★

변한 지역은 원래 철의 생산이 많았던 곳으로 낙랑과 왜(일본)의 규슈 지방에 철을 수출했다. 이때 가야의 토기 문화도 일본에 전해져 일본 스에키 토기에 영향을 주기도 했다. 가야는 낙랑과 왜 사이에서 철을 거래하는 중계 무역으로 번성했다. 철 수출은 객관식 시험에 자주 출제되는 주제이다. 철을 중국 본토인 산둥 지역으로 수출하지는 않았다.

가야는 백제나 왜와 외교 관계를 맺어 신라에 맞서기도 했다.
대가야 전성기에는 법흥왕과 결혼 동맹을 맺을 정도로 신라와 대등한 위치였다.
하지만 광개토대왕비문에 따르면 전기 가야 연맹의 맹주였던 금관가야는 고구려와 신라

의 압력을 받아 크게 세력이 약화되었고 결국 6세기 초 법흥왕에게 정복당하고 만다. 뒤를 이어 가야 연맹의 중심이 된 대가야 역시 6세기 신라의 정복 군주였던 진흥왕에게 멸망하고 말았다.

| 전기 | 후기 |
|------|------|
| 금관가야(경남 김해) 중심 | 대가야(경북 고령) 중심 |
| 6세기 법흥왕에게 병합 | 6세기 진흥왕에게 병합 |

## 9 기 | 출 | 응 | 용 | 문 | 제

다음 밑줄 친 이 나라에 대한 설명으로 옳은 것은?

시조는 이진아시왕이고, 그로부터 도설지왕까지 대략 16대 520년이다. 최치원이 지은 『석이정전』에는 "가야산신 정견모주가 천신 이비가지에게 감응되어 뇌질주일과 뇌질청예 두 사람을 낳았다. 뇌질주일은 곧 이 나라의 시조인 이진아시왕의 별칭이고, 뇌질청예는 금관국의 시조인 수로왕의 별칭이다." – 『신증동국여지승람』

A. 진흥왕의 공격을 받아 멸망했다.
B. 법흥왕의 공격을 받아 멸망했다.
C. 법흥왕과 결혼 동맹을 맺었다.
D. 바다를 끼고 있어 낙랑과 왜 사이에서 중계 무역을 했다.

① A, C ② A, B ③ B, C ④ C, D ⑤ A, D

# 2 고대국가의 성립과 성장

1 고대국가의 특징
2 삼국의 통치 조직
3 고구려
4 백제
5 신라
6 삼국의 문화
7 발해

고대국가를 이룬 고구려, 백제, 신라 삼국은 한강 유역을 놓고 대립했다. 4세기에는 백제 근초고왕, 5세기에는 고구려 장수왕, 6세기에는 신라 진흥왕이 한강 유역을 차지하며 전성기를 누렸다. 고구려에는 제가 회의, 백제에는 정사암 회의, 신라에는 화백 회의라는 귀족 회의 기구가 있어 국가 중대사를 논의했다. 이런 귀족 세력에 대항해 왕은 불교를 수용하고, 율령을 반포하면서 왕권을 강화했다. 고구려, 백제, 신라 삼국은 각각 5부, 5부, 6부로 중앙 행정 조직을 정비하고, 지방 통치 조직인 5부, 5방, 5주에 지방관인 욕살, 방령, 군주를 파견했다.

삼국은 각국의 문화를 일본에 전해주었고 일본의 고대 문화 형성에 많은 영향을 끼쳤다. 고구려는 호류사 금당 벽화와 다카마쓰 고분 벽화에 영향을 끼쳤고, 삼국 중 왜와 가장 친했던 백제는 한자, 논어, 천자문 등을 전파했다. 한편 신라는 조선술과 제방 축제술을 전파했다.

삼국 중 가장 늦게 성장한 신라는 골품제라는 신분 제도가 있어 관직 진출에 한계가 있었지만 화랑도를 통해 계급간의 대립과 갈등을 완화했다. 문무왕은 당나라와 연합해 삼국 통일의 대업을 완성했고, 문무왕의 뒤를 이은 신문왕은 관료전을 지급하고, 녹읍을 폐지했다. 녹읍은 조세 이외에도 요역(노동력)까지 징발이 가능해 귀족들이 가장 강력한 지배력을 행사할 수 있던 토지 제도이다. 신라 중대에 왕권이 강화되면서 귀족 회의 수장인 상대등은 세력이 약해지고 대신 왕을 보좌하는 집사부 시중의 역할이 강해졌다.

통일신라 시대의 구체적인 생활 모습은 민정문서(신라장적)를 통해 살펴볼 수 있다. 촌주가 3년에 한 번 작성한 민정문서에는 논밭과 나무의 수량과 종류까지 모두 기록되어 있다. 백성들은 민전인 연수유전답을 경작하는 대가로 공전인 관모답과 내시령답을 공동 경작해야 했다.

신라 하대에는 왕권이 약화되면서 다시 귀족 세력이 강해졌고, 원종과 애노의 난, 적고적의 난 등 농민들의 봉기가 일어났다. 한편 참선을 통해 누구나 부처가 될 수 있다는 선종 불교의 영향을 받은 지방 호족들이 신라 왕실에 반기를 들고 일어났다. 완산주에 후백제를 건국한 견훤, 철원을 중심으로 후고구려를 건국한 궁예가 대표적이다. 송악 지방의 호족 왕건이 궁예를 몰아낸 후 건국한 고려에 신라 경순왕이 항복하면서 신라의 천년 역사는 끝나고 만다.

발해는 고구려 유민 대조영이 세운 나라이다. 발해는 8세기 무왕 때에는 당과 적대적이었지만, 뒤를 이은 문왕 때에는 당과 교류하며 당의 제도를 수용했다. 하지만 문왕은 일본과의 외교 문서에서 스스로를 '고려국왕 대흠무'라 칭하며 발해가 고구려를 계승했음을 분명히 밝혔다. 이 밖에도 발해가 고구려를 계승했다는 사실은 정혜공주 묘의 모줄임 천장, 연꽃무늬 기와, 온돌, 돌사자상, 이불병좌상을 통해 살펴볼 수 있다. 9세기 선왕 때 해동성국이라 불리며 번성한 발해는 거란족에 의해 926년 멸망했다.

# 1 고대국가의 특징

군장 국가에서 시작해 각 부족들이 연맹을 맺은 형태의 연맹 왕국을 거쳐 고대국가라고 칭할 수 있을 정도로 발달한 나라들이 속속 생겨났는데, 바로 고구려, 백제, 신라이다.

군장 국가 ➡ 연맹 왕국 ➡ 고대국가

옥저나 동예, 삼한 등의 경우엔 군장 국가에 머물렀고, 고조선, 부여, 가야 등은 한때 강성했지만 고대국가로 발전하지 못한 채 연맹 왕국 단계에서 멸망하고 말았다.

그렇다면 어떤 특징을 갖고 있어야 고대국가라고 부를 수 있을까? 부여 또한 3세기 무렵까지 동북 아시아에서 무시할 수 없는 세력이었는데 왜 부여는 고대국가라 부르지 않고, 부여에 뿌리를 둔 고구려는 고대국가라고 부르는 것일까?

고대국가를 규정짓는 가장 큰 특징은 강력한 왕권이다. 강력한 힘을 가진 왕이 등장해서 정치력을 한 곳에 모아 중국과 대항할 수 있는 국가로 발전시켰다는 점이 연맹 왕국과의 가장 큰 차이점이다. 또 왕권을 강화하기 위한 수단으로 불교를 수용한 것 역시 고대국가의 특징이다.

또 하나 고대국가를 규정할 때 빼놓을 수 없는 것이 바로 율령이다. 율령이란 오늘날의 법률이나 명령 등을 뜻한다. 율령을 반포했다는 것은 하나의 통일된 제도와 규범이 등장했음을 의미한다.

# 2 삼국의 통치 조직

흔히 고구려의 특징을 얘기할 때 패기라는 단어를 빼놓지 않는다. 백제는 상무적 기풍이라 표현한다. 무예를 숭상한다는 뜻을 가진 상무는 백제를 특징짓는 중요한 표현이다. 신라는 고구려나 백제에 비해 두드러진

| | 구분 | 고구려 | 백제 | 신라 | 통일신라 |
|---|---|---|---|---|---|
| 고대<br>국가의<br>통치<br>체계 | 최고 관직 | 대대로<br>(3년마다 선거) | 상좌평 | 상대등 | 시중 |
| | 중앙 행정 조직 | 5부 | 5부 | 6부 | – |
| | 지방 (군사)조직 | 5부 | 5방 | 5주(6정) | 9주(10정) |
| | 지방관 | 욕살 | 방령 | 군주 | |
| | 특수 행정구역 | 3경 | 22담로 | 2소경 | 5소경(장관으로 사신파견) |
| | 최고 회의 기구 | 제가 회의<br>(다수결) | 정사암 회의<br>(다수결) | 화백 회의(만장일치)<br>• 진골 출신 대등으로 구성된 합의체<br>• 왕위 계승, 선전 포고, 불교 수용(법 제정X) | |

특징이 없었기 때문에 통일을 이룬 점에 주목해 조화미를 가졌다고 평한다. 그렇다면 이들 삼국의 통치 조직에 대해 살펴보자.

고구려의 최고 관직인 대대로는 3년마다 선거를 통해 선출되었다.

🔴 고구려 후기의 최고 관직은 막리지이다. 연개소문이 맡은 관직이 대막리지였다.

백제의 최고 관직은 정사암 회의를 주재했던 6명의 좌평들 중의 우두머리인 상좌평(내신좌평)이었다. 한편 신라의 최고 관직은 화백 회의에 참석하는 진골 출신 대등 중의 우두머리인 상대등이었다.

고구려와 백제는 중앙을 5부로 나누어 통치했고, 신라는 이와 다르게 중앙을 6부로 나누었다. 전쟁이 빈번하게 일어났던 고대 사회에서는 지방 통치 조직이 곧 군사 조직이었다. 즉 평상시에는 지방 조직으로서의 기능을 하다가 전쟁이 일어나면 군사 조직의 기능을 수행한 것이다. 그렇다면 삼국의 지방 통치 조직은 어떠했을까?

고구려는 중앙과 마찬가지로 지방 역시 5부로 나누었고 각 부에 욕살이라는 지방관을 파견했다. 백제는 지방을 5방으로 나누어 방령이라 불리는 관리를 파견했다. 한편 신라는 지방을 5주로 나누어 군주를 파견했다. 삼국은 지방관을 파견했으며, 지방 통치 조직

과 군사 조직은 긴밀하게 관련되어 있었다. 삼국에는 특수 행정구역이 존재하기도 했다. 이들 특수 행정구역은 군사적인 성격보다 정치·문화적인 성격이 강했다. 고구려는 수도였던 국내성과 평양성 외에 한성을 두어 3경(三京)제를 실시했고, 백제는 웅진(충남 공주)으로 수도를 옮긴 이후에 22담로를 두어 왕족을 파견했다. 신라는 동원경(강원도 강릉)과 중원경(충북 충주)에 2소경이라는 특수 행정구역을 두었다.

연맹 왕국에 비해 왕권이 강화되기는 했지만 삼국은 여전히 귀족 성향이 강했다. 그런 모습은 각 나라의 회의 기구에 잘 나타난다. 지금의 대한민국에는 국무회의가 존재해서 국가의 중대사를 심의하는 것처럼 삼국 시대에도 귀족 회의 기구가 있었다. 고구려는 제가 회의, 백제는 정사암 회의, 신라는 화백 회의라고 부른다. 이들 귀족 회의 기구는 왕권을 견제하는 기능을 수행했다.

고구려의 제가 회의는 상가(후기에는 국상)가 주재했고 다수결 방식으로 운용되었다.

백제 사비(충남 부여)의 호암사라는 절에는 정사암이라는 바위가 있었다. 백제에서는 좌평을 뽑을 때 후보자 3~4명의 이름이 적힌 함을 정사암 위에 올려두었다가 일정 시간이 지난 후에 확인했다. 확인 후 도장이 찍힌 흔적(인적,印蹟)이 있는 인물을 좌평으로 뽑았다. 이 정사암은 귀족 회의의 공간으로 추정

된다. 백제의 정사암 회의 역시 고구려 제가 회의와 마찬가지로 다수결 방식으로 운용되었다.

고구려와 백제는 부여족에 뿌리를 둔 나라였던 만큼 문화적으로나 제도적으로 비슷한 부분이 많았다. 하지만 신라는 귀족 회의 역시 이들 두 나라와 다른 모습을 보인다. 다수결을 채택했던 두 나라와 달리 신라의 화백 회의는 만장일치제를 채택했던 것이다. 화백 회의는 왕위 계승 문제나 다른 나라에 선전포고를 하는 문제 혹은 불교를 수용하는 문제 등 국가 중대사를 다루었다.

화백 회의에서 법을 제정하지는 않았다. 하지만 화백 회의의 힘은 아주 강력해서 회의를 통해 진지왕을 왕위에서 쫓아내기도 했다.

**기|출|응|용|문|제**

다음은 어느 왕의 업적을 기술한 것이다. 보기 중 다음에서 설명하는 왕과는 국적이 다른 왕에 대한 기술을 고르시오.

1. 율령을 반포했다.
2. 불교식 왕명을 사용했다.
3. 금관가야를 병합했다.
4. 건원이라는 연호를 사용했다.

① 우산국을 정벌했다.
② 영토를 확장하고 순수비를 세웠다.
③ 자장 율사의 건의로 황룡사 9층 목탑을 건립했다.
④ 국학을 설립하고 유학 교육을 강조했다.
⑤ 특수 행정구역인 22담로에 왕족을 파견했다.

# **3** 고구려

고구려는 주몽 집단이 부여에서 갈라져 나와 졸본(압록강 유역의 국내성 일대) 지방에 세운 국가인 만큼 부여와 비슷한 부분이 많다. 부여와 마찬가지로 고구려 또한 5부족 연맹체를 이루었고, 제가가 중요한 결정을 담당했다. 도둑질을 했을 때 12배로 배상하는 1책 12법이나 물건을 저장하는 창고의 존재 역시 부여와 고구려에서 모두 찾아볼 수 있다. 아울러 형이 죽으면 동생이 형수를 거두는 형사취수제, 여자의 투기(질투)를 엄격하게 금지하는 모습, 일반민을 호민과 하호로 나누고 하호 아래 노예가 있었던 계급 구조 또한 부여와 고구려의 공통적인 부분이라 할 수 있다. 하지만 부여와 달리 고구려에는 감옥이 없었다.

🔥 고국천왕이 죽은 후에 왕비 우씨가 고국천왕의 동생 산상왕과 결혼한 예에서 고구려의 형사취수제를 엿볼 수 있다.

🔥 관나부인은 중천왕의 총애를 받던 긴 머리의 미인이었다. 이를 질투한 왕비가 그녀를 죽이려하자 관나부인은 역으로 왕비를 모함하기 위해 중천왕 앞에서 연기를 했다.
관나부인은 왕비가 자신을 가죽 주머니에 넣어 바다에 빠뜨리려 했다며 그 가죽 주머니를 왕에게 보여주었지만 거짓

말임이 들통났다. 그러자 왕은 관나부인이 투기(질투)를 했다 하여 그 가죽 주머니에 관나부인을 집어넣어 바다에 던져 버렸다.

부여뿐만 아니라 고구려에서도 이렇게 투기(질투)를 하는 것을 엄격히 금했다.

고구려에는 데릴사위의 풍습이 있었다. 데릴사위제는 딸만 있던 집안에서 노동력을 확보하기 위해 사위를 들인 풍습이다. 처갓집 뒤편에 집을 짓고 살면서 처갓집 일을 돌봐준 후 자식이 태어나 장성하면 신부를 데리고 남자집으로 돌아가는 방식이었다. 사위 서(壻), 집 옥(屋) 자를 써서 서옥제라고도 부른다.

 김유정의 소설 『봄봄』에서 점순이와 결혼하기 위해 장인어른 집에서 죽어라 일만 한 주인공이 바로 데릴사위제의 피해자였다.

데릴사위는 노동력을 제공했으므로 결혼할 때 처갓집에 별도의 예물을 주지는 않았던 것으로 보인다. 옥저의 민며느리제는 예물을 주고 결혼했다는 점에서 차이를 보인다.

고구려는 왕 아래에 상가, 고추가라 불리던 대가가 있었다. 대가는 각기 사자, 조의, 선인이라 불리는 관료를 거느리면서 그 명단을 왕에게 보고했다.

고구려에는 매년 10월에 국동대혈(나라의 동쪽에 있는 큰 동굴)에 모여 하늘에 제사 지내는 동맹이라는 풍습이 있었다.

고구려의 주요 왕들을 살펴보자.

태조왕은 중앙집권을 이룩해 고대국가의 기틀을 다졌다. 그리고 옥저를 정복했다. 태조왕은 119살 때까지 살았던 왕으로 유명하나 사실인지에 대해서는 논란이 있다.

2세기 고국천왕은 왕위를 자신의 아들에게 물려주는 부자(父子)상속 체계를 확립했다. 옛날에는 가을에 수확해서 겨울 동안 먹고 봄에 끼니를 굶는 경우가 많았는데 이를 춘궁기(봄에 찾아오는 궁핍한 시기)라 불렀다. 춘궁기에 부족한 곡식을 나라에서 빌려주고 가을에 수확한 후에 갚는 제도를 바로 진대법이라고 한다. 백성들의 민생을 살핀 진대법은 고국천왕의 업적이다.

4세기에는 미천왕이 한사군에 속해있던 낙랑과 대방을 축출하고 대동강 유역을 확보함으로써 고구려가 남쪽으로 진출할 수 있는 교두보를 마련했다. 당시 중국이 5호 16국으로 분열되어 혼란했던 시기를 잘 이용한 결과였다.

**이것만은 꼭!**

**오답 유형**
• 동천왕이(X) 낙랑과 대방을 축출했다.
• 미천왕이 낙랑과 대방을 축출할 당시 중국은 5대 10국(X) 이었다.
**암기 방법**: 오호(5호)~(소금장수였던) 미천한 왕이 한사군을 축출했네

한강 유역을 둘러싸고 삼국은 치열한 다툼을 거듭했다. 삼국이 한강 유역을 점령한 시기는 고대사에서 가장 중요한 주제이다. 한강 하류지역 즉 오늘날의 서울을 점령한 시기는 곧 삼국의 전성기를 뜻한다.

처음으로 한강 하류를 점령한 나라는 백제였다. 백제의 수도였던 위례성 자체가 한강 유역에 위치하고 있었다. 평양성을 습격하는 등 한강 이북까지 진출한 4세기 근초고왕 때 백제는 전성기를 맞는다.

다음으로 한강의 주인이 된 나라는 5세기 고구려였다. 고구려 장수왕은 백제 개로왕을 죽이고 한강을 확보하여 고구려의 최전성기를 이끌었다. 삼국 중 가장 힘이 미약했던 신라는 6세기에 진흥왕이 한강 유역을 점령하면서 전성기를 맞는다.

| 한강 유역 점령 (= 전성기) | 4세기 | 백제 |
|---|---|---|
| | 5세기 | 고구려 |
| | 6세기 | 신라 |

 세기(century)는 역사를 백 년 단위로 끊은 것이다. 1세기는 서기 1년부터 100년까지를 말하고, 2세기는 서기 101년부터 200년까지를 뜻한다. 지금 우리는 21세기를 살아가고 있다.

4세기에 미천왕의 뒤를 이은 고국원왕은 한강 유역으로의 진출을 모색했다. 하지만 백제 전성기를 이끈 근초고왕이 평양성을 습격했을 때 화살에 맞아 전사하고 말았다.

 고국원왕이란 이름은 죽어서 왕이 묻힌 고국원이라는 곳의 지명에서 따왔다.

**오답 유형**
고국천왕은(X) 근초고왕의 습격을 받아 전사했다.

**암기 방법** 근초고왕에게 당해서 원통한 고국원

고국원왕의 뒤를 이어 왕위에 오른 소수림왕은 4세기 고구려 왕 중 가장 많은 업적을 남겼다. 소수림왕은 중국 전진에서 들어온 불교를 공인했고 율령을 반포했다. 아울러 교육의 중요성을 깨달아 국립 교육 기관인 태학을 설립했다.

지방에 사립 교육 기관인 경당이 생긴 것은 장수왕 때의 일이다.

어릴 때 위인전에서 한 번쯤은 읽어보았을 광개토대왕 역시 4세기의 왕이다. 큰 대(大)가 아닌 클 태(太)를 써서 광개토태왕이라고도 하며, 광개토대왕릉비의 표현에 따르면 '국강상 광개토경 평안 호태왕(줄여서 호태왕)'이라고도 한다. 광개토대왕은 만주 일대를 개척한 정복 군주이다. 그에 대한 기록은 아들인 장수왕이 세운 광개토대왕릉비를 통해 알 수 있다.

광개토대왕릉비는 조선 시대 세종대왕

이 만든 용비어천가에도 언급되어 있다.

광개토대왕릉비의 내용은 크게 세 부분으로 나눌 수 있다. 첫 번째에는 주몽에 관한 고구려 건국 설화(이는 부여의 동명설화와 아주 흡사하다)가 적혀있고, 두 번째로 후연(전연의 뒤를 이어 세워진 연나라)을 격파하고 영토를 확장한 업적이 기록되어있다.

광개토대왕은 고국원왕에 대한 복수를 하기 위해 백제를 공격해 백제 아신왕을 굴복시켰다. 아울러 신라에 침입한 왜구를 격퇴하기 위해 군사를 보내 도와주었다.
광개토대왕은 왜구를 격퇴하는 과정에서 당시 왜구의 근거지로 추정되던 금관가야(경남 김해) 일대를 공격했고 이는 금관가야가 가야 연맹의 주도권을 상실하는 계기가 되었다. 1946년 경주시에서 청동 그릇이 발견되었는데 이 그릇이 호우명 그릇이다. 제사에 사용했던 것으로 추정되는데 고구려와 신라의 외교 관계를 잘 보여준다. 그릇이 출토된 무덤을 호우총이라고 한다.

세 번째로 정복민인 고구려인과 정복당한 피정복민이 서로 힘을 합해 광개토대왕 자신의 무덤을 잘 지키라는 내용이 새겨져있다. 무덤을 지킬 인물을 왕이 직접 지정해준 셈인데 지킬 수(守), 무덤 묘(墓)를 써서 수묘인이

라는 표현을 쓴다.

광개토대왕은 영락이라는 연호를 사용했다. 연호란 치세(각각의 왕이 통치하는 세상)에 붙이는 이름을 말한다. 중국 한나라에서 건원이라는 연호가 처음 사용된 후 연호는 황제만이 누릴 수 있는 특권으로 인식되어 제후국에서는 사용하지 않는 것이 일반적이었다. 하지만 독자적인 국가의 정통성을 내세우고 싶은 왕은 광개토대왕처럼 독자적인 연호를 사용하기도 했다.

5세기를 대표하는 고구려의 왕은 광개토대왕의 아들인 장수왕이다. 장수왕은 아버지 광개토대왕이 만주 벌판을 호령한 것과는 대조적으로 한강 유역에 관심을 두었다. 일단 광개토대왕릉비를 세워 아버지의 업적을 기린 장수왕은 압록강 유역의 국내성에서 평양으로 도읍을 옮겼다. 장수왕의 남진(남쪽으로 진격함)에 겁을 먹은 백제와 신라는 이에 대항하기 위해 손을 잡았다. 이를 신라의 라(羅), 백제의 제(濟)를 따서 나제동맹이라고 부른다.(433년) 장수왕은 백제 개로왕을 죽이고 한강 유역을 점령해 5세기 고구려 최전성기를 이뤄냈다. 그때의 영토는 죽령(부석사가 있는 경북 영주 일대)에서 남양만에 이르렀다. 충북 충주에 있는 중원고구려비를 통해 고구려 남진의 흔적을 찾을 수 있다. 장수왕의 남진에 밀려 백제는 웅진(충남 공주)으로 천도를 했다.

🐦 백제 개로왕은 바둑을 좋아해 나랏일을 소홀히 했다. 또 도미라는 백성의 아내에게도 욕심을 품었다. 개로왕은 도미부인을 자신의 여자로 만들고 싶어 도미의 눈을 멀게 해 백제 밖으로 내쫓았다고 전해진다.

🐦 참고로 중국 상하이에 흐르는 양쯔강을 기준으로 북쪽의 국가들을 북조, 남쪽의 국가들을 남조라 한다.

한반도의 북쪽에 위치해있어 지리적으로 북조와 가까웠던 고구려는 육로로 북조의 국가들과 외교 관계를 맺었고, 반대로 백제는 일찍이 배를 타고 바다를 건너 왜뿐만 아니라 중국의 남조와 외교 관계를 맺었다.

하지만 장수왕의 경우는 중국의 남조, 북조와 모두 교류한 점이 특징이다.

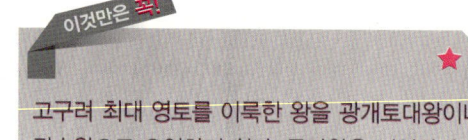

이것만은 꼭!

고구려 최대 영토를 이룩한 왕을 광개토대왕이나 장수왕으로 오인하기 쉽다. 문자왕을 기억하자.

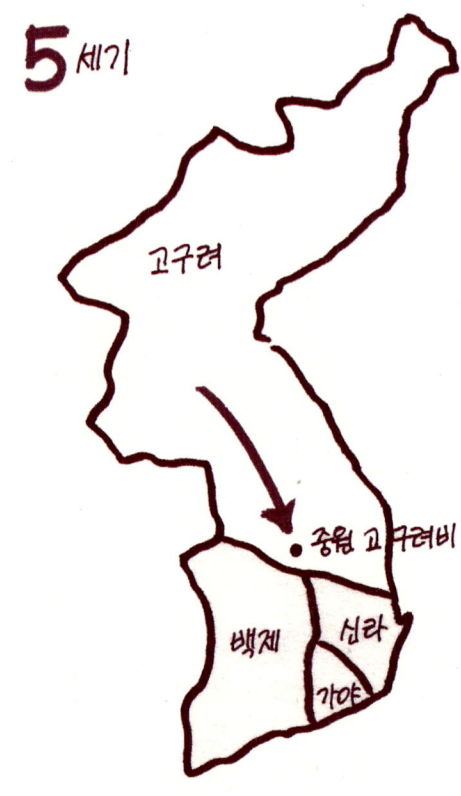

**5세기**

고구려

중원 고구려비

백제  신라

가야

장수왕은 한강 유역이 안정되자 방향을 바꿔 북쪽 내몽골 지역으로 진격했다. 대흥안령산맥까지 내달린 장수왕은 유목 민족인 유연과 동맹을 맺었다. 그리고 지두우 부족을 유연과 분할해서 점령하기도 했다.

장수왕의 손자인 문자왕은 할아버지의 유업을 이어받아 고구려 역사상 가장 넓은 영토를 다스렸던 왕이다.

마지막으로 6세기 영양왕에 대해 살펴보자. 영양왕은 신라 진흥왕에게 빼앗긴 한강 상류 유역을 수복하기 위해 전쟁을 감행했다.

🐦 이때 선봉에 섰던 인물이 바보 온달이다. 비록 낮은 신분이었음에도 불구하고 평강왕의 딸인 평강공주를 아내로 맞은 온달은 여러 전투에 참가해 입지를 다져나갔다. 요동(요하, 즉 랴오허 강의 동

쪽)에서 전공을 올리기도 했지만 장인이었던 평강왕이 죽고 영양왕이 즉위하자 출신 성분이 미천했던 온달의 입지는 약해졌다. 그래서 온달은 새로운 전공을 세우기 위해 스스로 한강 상류 수복 전쟁에 참가한다. 하지만 온달은 그 전투 중에 충청북도 단양에 위치한 온달산성에서 전사한다. 온달 장군이 죽은 후 사람들이 시신을 수습하려 했으나 이상하게도 시신은 꿈쩍도 하지 않았다. 하지만 평강공주가 직접 찾아와 그 넋을 달래자 그제야 시신이 움직였다는 이야기가 전해진다.

아울러 영양왕은 수나라와의 전쟁에서 승리한 임금이다. 수나라가 남조와 북조로 분열돼 혼란했던 남북조를 통일한 후 급격히 성장하자 불안해진 영양왕은 수나라를 먼저 공격한다.

**수나라가 먼저 고구려를 공격했다(X)**

이에 수나라 황제였던 문제와 그의 아들 양제가 고구려에 반격을 가하지만 을지문덕 장군이 청천강 유역인 살수에서 수나라 군대를 궤멸시켜 승리한다. 이를 살수대첩이라 부른다. 을지문덕 장군이 수나라 장수였던 우중문에게 보낸 '여수장우중문시'는 적장인 우중문을

찬양하는 척하면서 실제로는 조롱한 시로 유명하다.

 을지문덕 장군의 살수대첩은 강감찬 장군의 귀주대첩, 이순신 장군의 한산도대첩과 함께 우리나라 3대 대첩으로 꼽힌다.

한편 고구려에는 연대를 정확히 알 수 없는 유기라는 역사서가 있었다. 영양왕 때 이를 참고해 이문진이 『신집』이란 역사서를 편찬했지만 아쉽게도 현재 전해지지 않는다.

**11** 기|출|응|용|문|제

다음 나라에 대한 설명으로 옳은 것은?

나라 동쪽에 큰 동굴이 있는데 국동대혈이라고 한다. 매년 10월에 온 나라 사람들이 그 굴에서 제사를 지낸다.

① 12월에 영고라는 제천 행사를 열었다.
② 부례, 읍차 등의 군장이 지배했다.
③ 철(凸)자 모양의 집터가 발견된다.
④ 서옥제라는 결혼 풍습이 있었다.
⑤ 다른 부족의 생활권을 침범하면 소나 말로 변상했다.

# ④ 백제

백제를 세운 시조는 온조왕이다. 고구려를 건국한 주몽에게는 세 아들이 있었는데 첫째가 유리, 둘째가 비류, 셋째가 온조이다. 유리가 고구려의 태자로 책봉되자 유리와 어머니가 달랐던 비류와 온조는 남쪽으로 내려갔다. 비류는 미추홀(지금의 인천)에, 온조는 한강 유역인 위례성(서울지하철 8호선 몽촌토성역 일대로 추정)에 자리를 잡았다가 비류 세력이 다시 온조에게 합류한 것이 백제의 시작이었다.

백제는 삼국 중 가장 빠르게 성장했다. 바다 건너 요서(요하의 서쪽) 지방까지 진출했고, 왜(일본)와도 교류했다.

백제에는 무예를 숭상하는 상무적인 기풍이 있어 말타기와 활쏘기를 즐겼다. 또한 병 속에 화살을 던져 넣는 투호나 바둑, 장기 등의 오락 또한 즐겼던 것으로 전해진다. 부여, 고구려와 마찬가지로 결혼을 한 사람이 간통죄를 범한 경우 여자만 처벌해 그 남편 집안의 종으로 삼았다고 전해진다.

백제는 3세기 고이왕 때 목지국을 군사력으로 병합해 마한의 중심 세력이 되었다. 고대 국가로서의 기틀을 다진 고이왕은 율령을 반포했다. 또한 6명의 좌평을 중심으로 16개 관등으로 관직의 등급을 나누었다. 가장 높은 좌평 관등과 솔 관등은 자색(붉은 계열의 자

주색) 옷을 입게 했고, 그 아래 덕 관등은 비색(진분홍, 요즘 말하는 hot pink와 유사한 색) 옷을 입게 했으며, 그 아래 관등은 청색 옷을 입게 했다. (자색→비색→청색)

| 좌평, 솔 | 자색 |
|---|---|
| 덕 | 비색 |
| 기타 | 청색 |

4세기 근초고왕은 백제의 전성기를 이룬 왕이다. 부자상속의 왕위 계승을 확립한 근초고왕은 마한 일대를 정복했다. 백제는 일찍이 왜와 가까웠던 탓에 근초고왕이 마한을 정복할 당시 왜병까지 동원되었다. 왕권의 높아진 위상을 보여주기 위해 역사서를 편찬하기도 했다. 고흥이라는 박사가 저술한 『서기』가 바로 그것이다.

아울러 근초고왕은 한나라 멸망 이후 양쯔강 이남에 들어섰던 동진과 외교 관계를 맺고 중국 남조 문화를 받아들였다. 중국의 북방이 혼란한 틈을 이용해 요서 지역으로 진출하기도 했다. 백제는 삼국 중에서 왜와 가장 친밀한 관계를 유지했으며 근초고왕은 왜왕에게 7개의 나뭇가지 모양을 한 칠지도라는 칼을 하사했다. 한편 고구려 평양성까지 진격해 고국원왕을 죽음에 이르게 했다.

여기서 포인트는 중국 북조가 아닌 남조와 교류했다는 부분, 요동 지역이 아닌 요서 지역으로 진출했다는 부분이다.

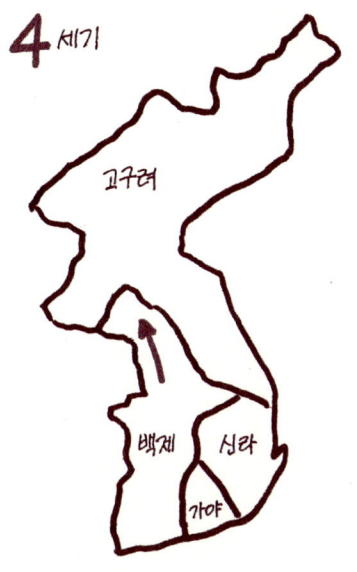

**4**세기

고구려

백제  신라

가야

침류왕은 동진의 마라난타가 들여온 불교를 공인해 왕권 강화를 위한 사상적 기반을 다진 왕이다.

5세기에 장수왕이 평양으로 도읍을 옮기자 위기감을 느낀 백제와 신라가 나제동맹(433)을 체결했다. 이때 백제의 왕은 비유왕, 신라의 왕은 눌지왕이었다. 백제가 웅진으로 천도한 475년 이후 양국 간의 결합은 더욱 굳건해졌다. 백제 동성왕은 신라 소지왕의 친척과 결혼해 신라와 힘을 합쳐 고구려에 대항했다. 이를 결혼 동맹(493)이라 부른다.

도미부인을 탐해 도미의 눈을 멀게 하고 내쫓은 개로왕은 바둑을 좋아한 왕으로도 유명하다. 이에 고구려 장수왕은 도림이라는 스님을 스파이로 백제에 파견해 바둑으로 개로왕의 환심을 사게 했다. 궁궐을 크고 멋있게 다시 지으라는 도림의 말을 듣고 무리하게

국력을 낭비한 개로왕은 결국 장수왕에게 한강 하류를 내어주고 만다.

아버지 개로왕의 뒤를 이어 왕위에 오른 문주왕은 고구려의 압박을 피해 금강 중류에 있는 웅진(충청남도 공주)으로 도읍을 옮기고 다시 백제를 살리기 위해 노력했다. 하지만 웅진 지역 토착 세력의 반발이 만만치 않았다. 문주왕은 자객에 의해 암살되었다.

백제의 힘이 많이 기울고 신라가 강력하게 성장했던 6세기에 즉위한 무령왕은 22담로를 설치하고 왕족을 파견해 지방 세력을 견제했다.

🕊 무령왕릉은 송산리 고분군의 배수로를 정비하는 과정에서 우연하게 발견되었다. 무령왕릉은 중국 남조의 영향을 받았다. 백제는 당시 남조의 국가였던 양나라와 교류가 활발했는데 이를 보여주는 그림이 '양직공도'이다. 양직공도는 양나라를 방문한 여러 나라 사신들의 모습을 그린 그림이다. 이 그림에 백제 사신의 모습이 그려져 있어 6세기 웅진 시대 백제인의 모습을 엿볼 수 있다.

무령왕의 아들인 성왕은 기울어가는 백제를 다시 살리고 왕권 강화를 꾀한 6세기 임금으로 평가받는다. 성왕은 일단 수도를 웅진에서 금강 하류 유역인 사비(충청남도 부여군)로 옮기고, 나라의 이름(국호)을 백제에서 남

부여로 바꾸었다.

성왕은 중앙을 5부로, 지방을 5방으로 정비했다. 그리고 중앙에는 22부의 관청을 두었다. 그는 6세기 신라의 정복 군주로 떠오른 어린 진흥왕과 밀약을 맺고 고구려를 공격했다. 한강 상류 지역은 신라가 차지하고, 한강 하류 지역은 백제가 차지했으나 한강 하류를 탐낸 신라 진흥왕의 배신으로 한강 하류 지역을 빼앗기고 말았다. 이에 120여 년간 유지되던 나제동맹은 결렬되었다. 분노한 성왕은 신라의 관산성(충북 옥천)을 공격했다가 도리어 신라의 역습을 받아 비참한 죽음을 맞이했다.

백제 무왕은 우리가 잘 아는 서동이다. 서동은 마를 캐는 아이를 뜻한다. 백제 총각 서동은 절세 미녀로 소문난 신라 선덕여왕의 둘째 동생 선화공주를 아내로 맞기 위해 선정적인 노래를 만들었다. 아이들의 입을 통해 널리 퍼진 그 노래는 선화공주의 명예를 실추시키기에 충분했다. 서동은 신라 궁궐에서 내쳐진 선화공주를 아내로 맞아들였다. 그 노래가 바로 국어 교과서에도 나오는 '서동요'이고, 서동이 바로 무왕이다.

무왕은 자신의 세력 기반이 있던 전라북도 익산으로 도읍을 옮길 계획을 세웠다. 익산 왕궁리 유적이 바로 무왕이 천도를 계획했던 곳이다. 아울러 미륵사를 만들고 왕권을 강화하기 위해 노력했다.

## 미륵사탑

나무로 만든 목탑과 돌로 만든 석탑 중에 어떤 것이 만들기 쉬울까? 당연히 목탑일 것이다. 목탑과 석탑은 가공 양식이 다르다. 하지만 미륵사탑은 석탑임에도 불구하고 특이하게 목탑의 양식을 띠고 있는 것으로 유명하다.

미륵사탑 해체 과정 중에 탑 속에서 천년 넘게 잠자던 보물이 발견되었다. 바로 부처님의 사리를 보관하는 사리장엄구와 그 내용을 기록한 사리봉안기이다.

삼천 명의 궁녀를 거느렸다고 알려진 백제의 마지막 임금 의자왕은 대야성(경남 합천) 등 40여 개의 신라 성을 공격했다. 아울러 오랜 시간 갈등 관계에 있던 백제와 고구려 관계를 회복했다. 의자왕은 이를 통해 신라를 압박하며 강한 백제를 만들기 위해 힘쓴 왕이다.

## 삼천 궁녀 이야기

백제의 계백 장군이 황산벌에서 신라 김유신 장군에게 패배했다는 소식을 접한 후 삼천 궁녀는 낙화암에서 백마강으로 뛰어내려 자결했다고 전해진다. 그런데 부여 부소산성에 위치한 낙화암은 삼천 명이 아니라 삼백 명도 뛰어내리기 힘든 좁은 장소이다. 의자왕이 삼천 명의 궁녀를 거느렸다는 이야기에 의구심이 든다. 아울러 중국인들은 효자라고 하면 증자를 떠올렸는데 의자왕은 해동증자라 불릴 정도로 효심이 깊었다. 아무래도 승자인 신라의 입장에서 역사를 기술하다 보니 의자왕을 깎아내릴 수밖에 없었던 것으로 생각된다.

부여족에 기원을 두고 왕족의 성씨마저 부여씨라 칭한 백제는 부여씨 외에 8개의 성씨를 가진 귀족들이 권력층을 이루었다.

🐦 오늘날의 김씨, 이씨, 박씨처럼 단순히 성일뿐이니 부여씨라는 말을 낯설다 생각하지 말자.

# 12 기|출|응|용|문|제

다음 (A)왕에 대한 설명으로 옳지 않은 것은?

(A)왕은 마한을 정복했다. 그리고 왜왕에게 칠지도를 하사했다.

① 정복 활동을 통해 고구려와 대결했다.
② 불교를 공인하고 율령을 반포했다.
③ 낙동강 유역의 가야에 대해 지배권을 행사했다.
④ 왕권의 높아진 위상을 보여주기 위해 역사서를 편찬했다.
⑤ 부자상속에 의한 왕위 계승 원칙을 세웠다.

# 5 신라

신라는 삼국 중 가장 뒤늦게 성장해 삼국통일을 이뤄냈다. 신라를 설명할 때 가장 중요한 것이 바로 골품제도이다. 골품제도는 뼈 골(骨)이라는 글자에서 알 수 있듯이 뼈 자체에도 품계가 있다는 뜻이다. 즉 신라인들은 태어날 때부터 정해진 품계가 있어서 그 틀 안에 활동이 제약되었다. 신라의 골품은 성골과 진골, 그 아래로 6두품부터 1두품까지 존재했다.

🐦 골품은 타고난 뼈, 즉 신분의 차이를 말하는 것이므로 관직의 등급을 말하는 관등과 구분해야 한다.

🐦 성골과 진골을 나누는 기준은 몇 가지 견해가 대립하고 있다. 그중 왕족과 왕족간의 결합으로 태어난 인물만이 성골이며, 왕족과 귀족 사이에서 태어난 인물은 진골이라 보는 견해가 가장 대표적이다. 하지만 왕위를 계승할 수 있는 직계 라인만을 성골이라 부르고 나머지 방계 라인은 진골이라 보는 견해도 있다.

직계는 증조할아버지 – 할아버지 – 아버지 – 나로 이어지는 라인을 뜻하고 방계는 그 사이에 형제자매가 끼어드는 관계를 말한다. 예를 들어 삼촌은 아버지의 형제로서 같은 할아버지 밑에서 태어났지만 나를 기준으로 볼 때 삼촌은 직계 혈족이 아닌 방계 혈족이다.

따라서 성골과 진골의 정확한 구별 기준은 역사학자에게 맡기자. 신라의 시조인 박혁거세부터 진덕여왕에 이르기까지의 내물왕 직계 왕족을 성골이라 부르고, 무열왕 김춘추 이후부터의 왕족을 진골이라 부르는 일반적 분류를 따라 이해하면 되겠다.

신라 귀족 회의인 화백 회의에서 진지왕을 폐위한 적이 있을 정도로 고대사회에서 왕의 권위는 다른 귀족들과 별 차이가 없을 정도로 미미했다. 왕족과 귀족을 구분하는 것에 너무 집착하지 않아도 좋다.

진골 아래 신분으로 6두품이 있었다. 얻기 힘들다는 뜻으로 얻을 득(得), 어려운 난(難)을 써서 득난(得難)이라고도 불린다. 이들은 신라 통일 이후 뛰어난 유교 지식을 바탕으로 정치에 의욕적으로 뛰어들었다. 유교를 기반으로 한 정치가 꽃피운 시기에 물 만난 고기처럼 자신들의 뜻을 펼쳤다. 유학의 본고장인 중국 당나라에 유학을 다녀온 인물도 있었고, 당나라의 과거에 급제한 인물도 있었다. 하지만 이들은 태생적으로 6번째 관등인 아찬 이상으로는 올라가지 못하는 골품의 한계가 있었다. 첫 번째부터 다섯 번째 관등까지는 진골 귀족의 몫이었기 때문이다. 이들은 능력에 따라 승진할 수 없는 자신들의 신분에 불만이 많을 수밖에 없었다. 그래서 신라

하대로 갈수록 6두품 세력들은 지방에서 세력을 확장시킨 호족들과 결탁해 신라에 반기를 드는 반(反)신라적인 모습을 보였다.

대표적인 6두품 학자로는 문무왕 때 외교 문서를 작성하는데 빼어난 소질을 보인 강수를 꼽을 수 있다. 당나라는 멸망한 고구려와 백제의 부흥군에 의해 공격을 받았다. 이때 신라는 당나라 군대를 도와주지 않았는데 이에 분노한 당나라는 설인귀를 신라로 보내 공격하려 했다. 이때 문무왕은 강수를 시켜 신라는 지속적으로 고구려와 백제 지역 잔당 토벌을 해왔으며 그렇게 생각하는 것은 오해라는 답설인귀서(설인귀에게 답하는 문서)를 작성했다. 강수의 '답설인귀서'는 당나라의 공격을 중지시켜줄 것을 요청한 문서였다.

또 대표적인 6두품 인물로 설총이 있다. 문무왕의 아들인 신문왕은 원효 대사의 아들인 설총을 가까이 두고 국정에 대한 조언을 구했다. 설총은 장미꽃과 할미꽃에 빗대어 왕도정치를 역설한 '화왕계'를 지었다. 왕도정치란 힘으로 억압하는 패도정치의 반대 개념으로 성인을 본받아 행하는 유교적 정치 형태를 말한다.

마지막으로 6두품을 언급할 때 절대 빼놓아선 안 될 인물이 바로 최치원이다. 신라 최고의 학자로 손꼽히는 최치원은 당나라에 건너가 외국인들이 응시하는 과거시험인 빈공과

에 급제했다. 당나라 후기 황소의 난이 일어나자 황소를 토벌하는 '토황소격문'이라는 빼어난 글을 지어 유명해졌다.

신라로 돌아온 최치원은 『계원필경』이라는 시문집을 남겼다. 한편 신라 하대 백성들의 궁핍한 삶과 각지에서 일어나는 농민 봉기를 보며 '당토(唐土)에서 벌어진 병(兵)·흉(凶) 두 가지 재앙이 서쪽 당에서는 멈추었으나 동쪽 신라로 옮겨와 굶어서 죽고 전쟁으로 죽은 시체가 들판에 별처럼 흩어져 있었다'라는 내용의 '묘길상탑기'를 합천 해인사에 남기기도 했다. 즉 황소의 난과 같은 재앙이 서쪽 당나라에서 일어나 끝나고 나니 동쪽 신라로 옮겨온 것 같다는 의미이다. '묘길상탑기'를 통해 최치원은 신라 하대 각종 전란에서 사망한 자들의 명복을 빌었다.

🔥 최치원의 호는 고운과 해운이 있는데 그중 바다 구름이란 뜻을 가진 호가 해운이다. 부산 해운대가 바로 최치원의 호에서 따온 지명이다.

6두품의 아래에는 5두품이 있었다. 이들은 10번째 관등인 대나마까지 진급할 수 있었다. 한편 그 아래 4두품은 12번째 관등인 대사까지 진급할 수 있었다. 3두품 이하는 평민과 거의 동등한 계층이라 생각하면 된다.

| 6두품의 한계 | 아찬 (6번째 관등) |
|---|---|
| 5두품의 한계 | 대나마 (10번째 관등) |
| 4두품의 한계 | 대사 (12번째 관등) |

지금까지 신라의 골품제도를 살펴보았는데 골품제는 일상생활뿐만 아니라 집의 크기까지 규제할 정도로 생활 깊숙이 들어와 있던 제도였다. 한편 신라가 삼국을 통일한 전후로 6두품 이하의 신분에서 공을 세우면 특진하는 제도도 있었으니 이를 중위 제도라고 한다.

신분 제도인 골품제와 구별해야 할 개념이 관등이다. 관등은 관직의 등급을 의미하며 6세기 법흥왕 때 이르러 완성되었다. 신라 수도인 경주에서 활동하는 직위인 경위와 지방에서 활동하는 직위인 외위로 구분해 경위는 17관등으로, 외위는 11관등으로 나누었다.

🔥 신라의 모든 관등을 외우는 것은 사실상 불가능한 일이다. 각 신분의 한계로 언급한 아찬, 대나마, 대사 세 가지 관등만이라도 확실하게 외우는 것이 중요하다.

관등은 옷의 색깔 즉 복색을 구분하는 기준이 되었다. 백제의 관등을 구분하는 복색이 자색→ 비색→ 청색으로 이루어졌다면 신라는 자색→ 비색→ 청색→ 황색의 4가지 색깔로 구분되었다.

이런 구분은 통일신라까지 이어지다가 고려 광종 때에 이르러서야 자색(붉은 계열의 자주색 옷)→단색(붉은색의 일종이다. 붉은색을 숭상해 아주 섬세하게 구분하는 중국의 영향을 받았다고 생각하면 된다.)→ 비색(hot pink 계열의 붉은색)→ 녹색으로 바뀌었다.

| 백제의 복색 | 자색 ➡ 비색 ➡ 청색 |
| 신라의 복색 | 자색 ➡ 비색 ➡ 청색 ➡ 황색 |
| 고려의 복색 | 자색 ➡ 단색 ➡ 비색 ➡ 녹색 |

흔히 경주를 천년고도라고 한다. 천여 년 동안 이어져 내려온 신라의 수도란 뜻이다. 이렇게 오랜 역사를 가진 신라는 그 시대를 크게 3등분해서 상대, 중대, 하대로 나눈다. 이는 고려 시대 문벌 귀족이었던 김부식이 편찬한 『삼국사기』에 따른 시대 구분 방법이다.

상대는 박혁거세부터 진덕여왕까지 내물왕 직계 성골이 왕위에 오르던 시기를 말하고, 중대는 무열왕 김춘추부터 혜공왕에 이르기까지 무열왕 직계 진골이 왕위를 차지한 시기를 말한다. 하대는 선덕왕부터 신라의 마지막 왕인 경순왕까지 내물왕 방계 진골이 왕위에 오른 시기를 뜻한다.

🕊 하대의 선덕왕은 드라마 등을 통해 잘 알려진 선덕여왕과 다른 왕이다.

흔히 김부식의 시대 구분 방법을 따라 신라를 상대, 중대, 하대로 나누지만 승려였던 일연 스님이 쓴 『삼국유사』에 따라 신라 시대를 구분하는 방법도 있다. 일연은 승려였기에 시대를 구분할 때 불교식 왕명을 사용했는지를 기준으로 상고, 중고, 하고로 나누었다.
신라의 시대 구분 방법을 김부식과 일연 두 가지 방법으로 알아보았다.

그렇다면 일상생활 깊숙이 침투한 골품제 때문에 신분 상승이 불가능했던 인물들의 불만이 많았음에도 신라가 삼국을 통일할 수 있었던 원동력은 무엇일까?
그것은 바로 신라가 가지고 있던 독특한 화랑도 때문이었다. 단재 신채호 선생이 낭가 사상이라고도 부른 화랑도는 진골 출신의 화랑과 6두품 이하부터 평민까지 포함하는 낭도가 합쳐진 개념이다. 화랑도는 계급간의 대립과 갈등을 완화하고 계급을 넘어 젊은 청년들의 조화로운 협동심을 기르는데 큰 도움을 주었다. 경주에서 발견된 임신서기석이란 비석에는 두 명의 화랑이 시경(국학에서 가르치는 유교 경전 중 하나)을 열심히 공부하자는 다짐이 기록되어있다.

| 김부식의<br>시대 구분 | 상대 | | 박혁거세 ~ 진덕여왕 | 내물왕 직계(성골) |
| | 중대 | | 무열왕 ~ 혜공왕 | 무열왕 직계(진골) |
| | 하대 | | 선덕왕 ~ 경순왕 | 내물왕 방계(진골) |
| 일연의<br>시대 구분 | 상고 | 상대에<br>해당 | 박혁거세 ~ 지증왕 | |
| | 중고 | | 법흥왕 ~ 진덕여왕 | 불교식 왕명을 사용. 왕이 곧 부처라는 왕즉불 사상 |
| | 하고 | | 무열왕 이후 | |

| 화랑도 | 화랑 | 진골 출신 | 계급간의 대립과 |
|--------|------|-----------|----------------|
|        | 낭도 | 6두품 ~ 평민 | 갈등 완화 |

신라의 주요 왕들을 살펴보도록 하자.

신라에서 왕을 부르는 호칭은 거서간 → 차차웅 → 이사금 → 마립간 → 왕의 순서로 변했다. 거서간은 군장을 뜻하며, 차차웅은 제사를 주재하는 인물을 뜻한다. 이사금은 이(치아)가 많다는데서 기원한 말로써 연장자를 뜻한다. 이때까지만 해도 박혁거세를 시조로 하는 박씨, 석탈해를 시조로 하는 석씨, 김알지를 시조로 하는 김씨가 번갈아가면서 왕위에 올랐는데 마립간 이후로는 김씨가 왕위를 독점 세습했다. 마립간은 대군장을 뜻한다. 왕(王)이라는 중국식 호칭은 지증왕 때부터 사용되었다.

4세기 내물 마립간은 고대국가의 기틀을 마련했다. 충청북도 충주에 있는 중원고구려비를 보면 동이 매금이라는 용어가 등장한다. 동이(東夷)는 고구려인들이 신라를 낮춰 부르는 용어이고, 매금은 고구려에서 신라 임금을 낮춰 부르는 용어이다. 신라에 왜구가 들끓자 고구려에 도움을 청하고 왜를 물리치는 과정에서 고구려 군대를 신라 영토 내에 머무르게 한 매금이 바로 내물 마립간(내물왕)이다.

6세기 지증왕은 신라 상대에 많은 업적을 이룩한 임금이다. 지증왕은 중국 문화를 적극적으로 수용했다. 이전까지 서라벌, 사로국 또는 계림 등으로 불리던 나라의 이름을 신라로 변경했고, 마립간을 왕(王)이라는 중국식 호칭으로 바꾸었다. 중국 문화를 적극적으로 수용한 지증왕의 정책을 한화 정책이라 부른다.

한(漢)은 중국을 뜻하고, 한(韓)은 우리나라를 뜻한다. 우리나라가 고려의 이름이 어원이 되어 코리아로 불리듯이 중국 역사의 수많은 나라들 중 중국을 대표하는 나라는 한나라이다.

'독도는 우리 땅'이란 노래에서도 등장하는 지증왕은 우산국(울릉도)을 정벌했다. 또한 수도와 지방의 행정구역을 정비하고, 소를 이용해 농사를 짓는 우경을 실시했다. 아울러 상업이 발달하면서 도시 지역에 형성되었던 시장을 감독하기 위해 감독 관청인 동시전을 설치했다.

삼국통일 이후 효소왕 때 서쪽과 남쪽에 서시전과 남시전을 추가로 설치했다.

지증왕의 뒤를 이은 법흥왕은 불교식 왕명을 최초로 사용한 왕이었다. 법흥왕은 율령을 반포했다. 또한 눌지왕 때 고구려의 묵호자가 전해준 불교를 공인했으며, 금관가야를 병합하는 등 업적이 많다. 법흥왕은 건원이라는 연호를 사용했다.

법흥왕의 뒤를 이어 진흥왕이 즉위한다. 6세기 신라의 전성기를 이끈 진흥왕은 백제 성왕과 손을 잡고 한강 상류 유역을 정복했다. 이후 성왕을 배신하고 한강 하류 지역까지 차지함으로써 신라의 오랜 꿈이었던 당나라와의 해상 교역로를 확보했다. 진흥왕은 영토를 확장하는 과정에서 직접 돌아다니며 자신이 밟았던 땅에 순수비를 세운 것으로 유명하다. 순수란 돌 순(巡), 사냥할 수(狩) 한 자의 의미처럼 직접 돌아다니며 사냥이나 군사 조련을 하는 것을 말한다. 자신의 손으로 영토를 확장해가면서 그 땅을 밟는 기쁨이 어찌 뭉클하지 않을 수 있겠는가. 그런 가슴 뭉클함을 담아 쓴 비석이 바로 순수비이다.

한강 하류인 서울 땅을 밟은 진흥왕은 북한산에 올라 최초의 순수비인 북한산비를 세웠다. 비가 있는 봉우리라는 의미에서 그 봉우리를 비봉이라 부르기 시작했고 비봉이란 명칭은 오늘날까지 유지되고 있다. 한강 유역 차지를 위해 북으로 내달리던 진흥왕은 후방을 든든하게 하기 위해 잠깐 남쪽으로 다시

눈을 돌렸다. 대가야를 병합시키고 경남 창녕비를 세운다. 그리고 다시 북으로 올라가 오늘날의 함경도 지역에 황초령비와 마운령비를 건립한 후 진격의 발걸음을 멈추었다. 북한산비와 황초령비는 조선 후기 대표적인 명필로 알려진 추사 김정희에 의해 고증되었고, 마운령비는 육당 최남선이 고증한 것으로 알려진다.

| ① 단양 적성비 | 직접 진흥왕이 돌아본 순수비가 아님, 야이차의 공로를 치하 |
|---|---|
| ② 북한산비 | 추사 김정희가 고증 |
| ③ 창녕비 | 대가야를 병합 |
| ④ 황초령비 | 추사 김정희가 고증 |
| ⑤ 마운령비 | 육당 최남선이 고증 |

진흥왕은 거칠부로 하여금 『국사』라는 역사서를 편찬하게 했는데 아쉽게도 현재 전해지지 않는다.

6세기

7세기 진평왕이 아들 없이 죽자 화백 회의에서 진평왕의 딸인 덕만공주를 왕으로 세웠으니 그녀가 그 유명한 선덕여왕이다. 선덕여왕은 당나라에서 보내온 병풍에 그려진 그림에 꽃만 있고 나비가 없으니 그 꽃은 분명 향기가 없는 꽃일 것이라는 말을 해 당나라 사신들을 놀라게 만들 정도로 영특했다. 선덕여왕은 천문관측을 위해 첨성대를 만들었다. 한편 진흥왕이 만든 황룡사에 황룡사 9층탑을 건립해 부처의 힘을 빌려 당시 신라를 괴롭히던 아홉 개의 적국으로부터 나라를 지키고자 했다. 아울러 분황사를 건립하는 등 불교 진흥에도 힘썼다.

선덕여왕과 진덕여왕의 뒤를 이어 무열왕이 즉위했다. 무열왕 김춘추는 최초의 진골 출신 왕이었다. 김춘추는 구 귀족 세력인 비담이 선덕여왕 즉위에 앙심을 품고 일으킨 반란을 김유신 장군의 도움을 받아 진압했다. 선덕여왕의 마음에 든 김춘추는 그 후 진덕여왕 때에 정치적 입지를 다져 왕위에 오를 수 있었다.

김춘추는 자신의 사위인 김품석을 죽인 백제를 치고자 했다. 백제를 치기 위해 고구려의 힘을 빌리려 했으나 고구려와의 연합은 실패로 돌아갔다. 그래서 김춘추는 당나라와 손을 잡았다. 이전까지 독자적인 연호를 사용해오던 신라는 김춘추가 실권을 잡은 진덕여왕 때부터 독자적인 연호를 버리고 당나라의 연호를 사용하기 시작했다.

진덕여왕이 죽은 후 왕위를 계승할 성골이 없자 화백 회의에서는 김춘추를 왕으로 추대했다. 김춘추의 할아버지인 진지왕이 화백 회의를 통해 폐위되었던 것과 비교해보면 재미있는 일이 아닐 수 없다. 무열왕은 왕위에 오른 후 오랜 친구인 김유신을 귀족의 리더인 상대등으로 임명했다. 귀족의 힘을 약화시키고 왕권을 강화하려 한 의도였다.

한편 김유신 장군은 황산벌에서 백제 계백 장군이 이끄는 5천 결사대를 격파한 후 백제를 정복하고 삼국통일의 기틀을 다졌다.

무열왕의 뒤를 이은 문무왕은 아버지가 닦아놓은 기반 위에서 삼국통일의 대업을 완수했다. 660년 신라와 당나라의 나당 연합군이 백제의 수도 사비성을 점령하면서 평양을 가로지르는 대동강 이남은 신라가 갖고, 대동강 이북은 당나라가 갖는다는 밀약이 있었음에도 불구하고 당나라는 웅진(공주)에 웅진도독부를 설치해 백제 땅을 당나라의 영토처럼 지배하려 들었다. 또한 662년에는 신라의 금성(경주)에도 신라의 옛 이름인 계림을 딴 계림도독부를 설치했다. 당나라는 문무왕을 계림주의 도독으로 임명하는 등 한반도에 대한 야욕을 노골적으로 드러냈다.

백제 멸망 후 주류성(금강 하구)에서는 복신과 도침이 의자왕의 아들인 부여풍을 왕으로 추대하고 왜의 군사 지원을 받아 백제 부흥운동을 일으켰다. 또 임존성(충남 예산)에서는 흑치상지와 지수신이 백제 부흥 운동을 일으키니 신라는 백제 세력과 당 모두를 견제해야 하는 상황이었다.

🔥 백제 왕족의 성씨는 부여였다. 부여풍은 성이 부여이고, 이름이 풍이다.

주류성에서는 복신이 도침을 죽이고, 복신은 부여풍에 의해 죽임을 당하는 지도층의 내분이 일어나 나당 연합군이 주류성을 점령했다. 임존성 역시 흑치상지가 당에 항복을 하고 지수신은 고구려로 도망가면서 백제 부흥 운동은 종식 되었다.

신라와 당나라의 나당 연합군은 고구려 정벌에 나섰다. 고구려는 격렬하게 저항했지만 최고 권력자 연개소문이 죽은 후 연개소문의 아들들 간에 분열이 일어나면서 668년 고구려의 마지막 보장왕은 결국 나당 연합군에 항복하고 말았다.

🔥 원래 고구려의 최고 관직은 대대로였지만 후기에 연개소문이 등장하면서 막리지가 최고 권력자가 되었다.
연개소문은 원래 고구려가 천리장성을 축조할 당시 공사를 주관하던 인물이었지만 정변을 일으켜 권력을 잡았다. 신라에 대한 공격을 중지하라는 당의 요구를 거부할 정도로 당에 강하게 맞섰다. 한편으로는 당으로부터 도교를 들여오

기도 했는데 이는 귀족들이 신봉하던 종교인 불교를 약화시키기 위한 노림수였다. 이에 보덕이란 승려는 백제 땅으로 건너가 열반종을 창시하기도 했다.

고구려 멸망 이후 한성(황해도 재령)에서는 검모잠이 안승을 왕으로 추대하고 고구려 부흥 운동을 일으켰다. 하지만 안승은 검모잠을 죽인 후 신라에 투항했다. 문무왕은 그를 보덕왕(덕에 보답하는 왕이란 의미)으로 봉해 금마저(전북 익산)에 머물게 하면서 고구려 부흥 운동은 막을 내렸다.

당나라는 백제 땅에 웅진도독부, 신라 땅에 계림도독부를 설치했던 것과 마찬가지로 평양에도 안동도호부를 설치해 지배 야욕을 드러냈다. 위기감을 느낀 신라는 고구려 부흥 운동 세력을 몰래 후원해 당나라에 맞서게 했다.

한반도에 대한 노골적인 욕심을 드러낸 당나라에 맞서 신라는 7년 동안의 긴 전쟁을 치렀다. 매소성(경기도 연천군 전곡리)과 기벌포(금강 하구에 위치한 충남 서천군 장항읍 인근)에서 당나라 군대에 승리를 거두면서 신라는 당의 야욕을 꺾고 마침내 삼국통일을 이뤄냈다. 이때가 676년이다.

🔥 당시 서쪽 실크로드 지역에서 토번(티베트)이 성장하면서 이를 견제해야만 했던 당나라는 한반도에 모든 역량을 쏟을 수 없던 상황이기도 했다. 신라의 승리에는 이런 시대 배경이 깔려있다.

평양을 가로지르는 대동강과 함경남도 원산을 잇는 국경 아래에 그친 통일이라는 뚜렷한 한계가 있기는 했지만 문무왕은 삼국통일의 대업을 이뤄냈다.

문무왕은 죽은 후 바다의 용이 되어 당시 신라를 괴롭히던 왜구를 막겠다는 뜻으로 경주시 양북면 동해 바다에 묻혔다. 이를 문무왕 수중릉이라 부른다.

이런 문무왕의 은혜에 감사하고자 아들인 신문왕은 수중릉 근처에 감은사(은혜에 감사하는 절)라는 절을 세웠다.

이외에도 문무왕은 지방 관리들이 행정 통치를 잘하고 있는지 살피기 위해 외사정이란 관리를 파견했다.

옛날에도 백성들보다는 자신의 안위를 위해 강력한 힘을 사용한 관리들이 있었다. 그래서 이들의 비행을 감시할 기관 또한 필요했음을 알 수 있다. 오늘날 감사원처럼 행정 각부의 잘함과 잘못함을 가려내는 기관을 사정 기관 혹은 감찰 기관이라 한다.

통일신라의 사정 기관은 사정대와 외사정이 있었으며 발해는 중정대, 고려에는 어사대, 조선 시대에는 사헌부, 대한제국 시기에는 도찰원이 이러한 감찰 역할을 담당했다.

| | | |
|---|---|---|
| | 통일신라 | 사정대, 외사정 |
| | 발해 | 중정대 |
| 감찰 기관 | 고려 | 어사대 |
| | 조선 | 사헌부 |
| | 대한제국 | 도찰원 |

문무왕의 뒤를 이은 신문왕은 통일된 신라의 전제 왕권을 굳건하게 다진 왕이다. 자신의 장인이었던 김흠돌이 일으킨 반란을 제압한 후 신문왕은 귀족 세력을 약화시키고 왕권을 강화하기 위한 정책을 펼쳐나갔다.

먼저 관료들에게 조세만을 수취할 수 있는 관료전을 지급했다. 이어서 녹읍을 폐지했다.

녹읍은 귀족과 관료들에게 지급되던 토지로서 조세뿐만 아니라 역(노동력)까지 징발할 수 있어서 농민들에게 가장 강력한 지배력을 행사할 수 있는 토지였다. 녹읍을 빼앗긴 귀족들은 세력 기반이 약화될 수밖에 없었다.

🦅 국가가 농민들에게 거둬가는 수취 제도는 크게 세 가지로 나뉜다. 조세·역·공납이라 부르기도 하고 한자로 조·용·조 제도라고 부르기도 한다.
조세는 토지 생산물의 일정량을 거둬가는 것이고, 역은 16세에서 60세 사이의 남자(정남)의 노동력을 동원하는 것이다. 공납은 그 지역에서 나는 특산물을 그 상태 그대로 현물 납부하는 것을 말한다.

🦅 녹읍과 비교할 개념으로 식읍이 있다. 왕족과 공을 세운 공신에게 지급했던 식읍은 신라가 멸망한 후 고려 시대까지도 존속되었다.

| 녹읍 | 관료와 귀족에게 지급 |
|------|----------------------|
| 식읍 | 왕족과 공신에게 지급, 고려 이후에도 존속 |

신문왕은 김흠운의 딸을 왕비로 맞는 과정에서 중국식 혼인 제도를 수용했고, 통치 이념으로서 유학을 강조했다. 국학을 설립해 교육에도 신경을 썼다.

🕊 국학은 12번째 관등이었던 대사 이하의 하급 관리 자제에게 입학 자격을 부여했다. 국학이란 명칭은 경덕왕 때 태학감으로 바뀌었다가 혜공왕 때 다시 국학으로 환원되었다. 성덕왕은 국학에 공자의 화상(초상화)을 안치했다.

| 성덕왕 | 국학에 공자의 화상(초상화)을 안치 |
|--------|-----------------------------------|
| 경덕왕 | 태학감으로 변경 |
| 혜공왕 | 국학으로 환원 |

아울러 신문왕은 국가의 수도가 경주라는 남동쪽에 치우쳐있는 것을 걱정했다. 통일 이전에 작은 수도 역할을 하던 중원경(충북 충주), 동원경(강원도 강릉)의 2소경을 5소경으로 정비하고 장관을 파견했다.

| 5소경 | 중원경 | 충청북도 충주 |
|-------|--------|---------------|
|       | 서원경 | 충청북도 청주 |
|       | 남원경 | 전라북도 남원 |
|       | 북원경 | 강원도 원주 |
|       | 금관경 | 경상남도 김해 |

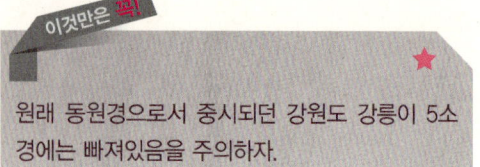

이것만은 꼭!

★

원래 동원경으로서 중시되던 강원도 강릉이 5소경에는 빠져있음을 주의하자.

또한 신문왕은 통일 이후 고구려와 백제 유민들을 끌어안아 신라 속에 녹아들게 하기 위한 정책을 펼쳤다. 9서당이라고 불리는 중앙 군사 조직이 그것이다. 9서당은 대표적인 민족 융합 정책이지만 고구려 유민과 백제 유민들은 복색(옷 색깔)으로 구분해 뚜렷한 한계점을 갖고 있었다.

이렇게 문무왕과 신문왕이 왕권 강화를 위해 노력한 결과 귀족 세력은 크게 약화되었다. 왕권이 강화되면서 왕을 보좌하는 집사부 시중의 역할이 크게 늘어났다.

이것만은 꼭!

★★★

신라 상대와 하대에는 귀족들과 그들을 대표하는 상대등의 세력이 강했다. 이와는 대조적으로 신라 중대에는 왕을 보좌하는 집사부 시중의 역할이 매우 강조되었다. 이 둘의 비교는 매우 중요하다.

| 신라 상대 | 신라 중대 | 신라 하대 |
|-----------|-----------|-----------|
| 귀족 세력이 강함 | 왕권이 강함 | 귀족 세력이 강함 |
| 상대등(귀족 대표)이 강함 | 집사부 시중이 강함 | 상대등이 강함 |

성덕왕 때에는 김대문이 우리나라의 주체적 문화 인식을 보여주는 『화랑세기』라는 책과 한산주라는 지역에 대한 정보를 기록한 『한산기』라는 지리지를 남겼다.

성덕왕은 20세 이상의 정남(丁男)에게 정전(丁田)을 지급했다. 정남이란 시대에 따라 조금씩 다르긴 하지만 통일신라 시대에는 20세부터 60세까지의 요역에 참가하는 인물 즉 노동을 할 수 있는 성인 남자를 뜻한다. 16세부터 19세까지는 정남의 일을 도왔다.

정전은 일할 수 있는 사람에게 밭을 주고 그들이 생산하는 수확량의 1/10을 국가에서 가져가는 방식이었다. 이렇게 재정이 안정적으로 확보되면서 왕권은 강화되었다.

정전의 지급과 관련해 꼭 살펴보아야 할 것이 민정문서이다. 민정문서는 신라장적이라는 이름으로도 불린다. 일본 도다이사(東大寺)라는 절에서 발견된 장적은 장부나 일지 정도로 해석할 수 있다. 민정문서는 서원경(충북 청주) 일대의 4개 촌락에 관한 자료인데 그 지역의 촌주가 3년마다 작성했다. 통일신라 시대의 사회 전반을 추론해볼 수 있는 종합적인 자료이다.

민정문서에는 마를 기르는 마전(마밭), 논과 밭 그리고 소, 말의 수량까지 기록했으며 뽕나무 등 나무의 수량이나 종류까지도 모두 파악했다. 아울러 민정문서에 따르면 통일신라 시대 당시의 인구에서 노비가 차지하는 비율도 알 수 있는데 그 비율은 전체 인구의 10퍼센트도 되지 않았던 것으로 보인다.

민정문서의 기록을 보면 토지의 대부분을 차지하는 것은 연수유전, 연수유답이다. 이것은 백성들에게 지급한 정전으로 볼 수 있다.

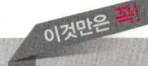 연수유전과 연수유답은 밭과 논의 차이다. 전(田)은 고구마, 감자 등 잡곡을 심는 밭을 말하고, 답(畓)은 쌀농사를 짓는 논을 말한다.

연수유답 이외에도 민정문서를 작성한 촌주에게 지급되는 촌주위답이 있었다. 민정문서에 기록된 4개 촌락 중에서 촌주위답에 대한 기록이 있는 곳은 1군데밖에 없다. 이를 통해 한 명의 촌주가 3~4개의 촌을 관할하고 있었다고 추론해볼 수 있다.

이것만은 꼭!

모든 촌락에 촌주가 존재한 것은 아니었다. 아울러 촌주는 중앙에서 파견한 관리가 아니었다. 지방 세력에게 역할을 부여하면서 기존에 그들이 가지고 있던 땅에 대한 국가의 수취를 면제해주는 방식으로 이루어졌다.

공적인 토지와 개인적인 토지를 나누어 생각해보자. 연수유전답과 촌주위답은 개인에게 주어진 사전(私田)이라고 할 수 있다. 그렇다면 이와 비교할 수 있는 공전(公田)은 어떤 것들이 있었을까?

각 촌의 촌민들은 자신의 연수유전답을 경작하는 대가로 관모답과 내시령답을 공동으로 경작해야 했다. 관모답은 관청의 땅이고, 내시령답은 내시령이라는 관직을 가진 인물에게 주어지는 땅이었다. 관모답과 내시령답은 대표적인 공전이었다.

호(戶: 집 호)는 고대사회에서 노동력을 징발하고 세금을 거둘 수 있는 중요한 단위로 파악되었다. 통일 이전의 신라가 각 호를 3등급으로 나눈 반면 통일신라 시대에는 각 호를 9등급으로 나누었다. 9등급으로 나누는 기준은 인정(人丁)의 다과였다. 즉 일할 수 있는 노동력의 많고 적음에 따른 구분이었다. 고대사회에서는 노동력이 많을수록 농업 생산량을 늘릴 수 있었으므로 인정의 많고 적음은 곧 재산의 많고 적음과 같은 말이라고 할 수 있다.

인구는 남자와 여자를 구별해 각각 6등급으로 나누었다. 20세 이상의 정남, 그리고 그들을 돕는 16세 이상의 조자(助子:도울 조, 아들 자)외에 명칭을 일일이 기억할 필요가 없는 4가지 분류의 사람들이 더 있었다고 생각하면 된다. 여자도 역시 6등급으로 나누어 파악하고 있었으며 노비의 숫자도 파악하고 있었다.

다음으로 경덕왕에 대해 알아보자. 경덕왕 때에는 신문왕이 굳건하게 다져놓은 왕권이 귀족 세력에 의해 다시금 도전을 받았던 시기였다. 이에 경덕왕은 강력한 한화 정책을 펼쳤다. 신라 중대 왕권 강화의 상징이었던 집사부 중시의 명칭을 시중으로 바꾸었고, 국학의 명칭 또한 태학감으로 바꾸었다. 아울러 전국의 지명 또한 한자어로 바꾸었다. 그러나 이런 노력에도 불구하고 왕권은 약화되었으며 귀족 세력은 다시 강해졌다. 그 결과 신문왕이 귀족의 세력 기반이라 해서 폐지했던 녹읍이 경덕왕 때에 다시 부활했다.

하지만 문화적으로는 경덕왕 때에 전성기를 맞이했다. 경주 여행의 필수 코스인 불국사가 건립되었고, 토함산 자락에 불교 문화의 정수가 담긴 석굴암이 만들어졌다.

경주 토함산(吐含山: 토할 토, 머금을 함, 뫼 산)은 바다에서 몰려오는 습기를 머금었다 토해낸다는 뜻을 가지고 있다.

왕권 강화라는 단어로 대표될 수 있는 신라 중대에는 지방 세력을 견제하기 위해 이들을 경주로 불러들여 일정기간 거주하게 했다. 이를 상수리제도라고 부른다. 상수리제도는 고려 시대 지방 호족의 자제들을 개경에 머물게 하는 기인제도로 이어지기도 했다.

이렇게 많은 왕들이 귀족 세력을 억압하고 왕권을 강화하려 노력했지만 결국 귀족 세력을 넘어서지 못했다. 경덕왕의 뒤를 이은 혜공왕을 끝으로 신라 중대는 끝을 맺게 된다. 이는 앞서 말했듯 김부식의 『삼국사기』에 의한 시대 구분이다.

신라 하대에는 다시 귀족과 그들을 대표하는 상대등의 세력이 강해졌고, 왕좌에 오르기 위한 귀족들 간의 다툼도 심해졌다. 나라는 혼란스러웠고 귀족들이 자신들의 이익만을 추구한 탓에 신라 하대에는 원종·애노의 난과 적고적의 난 등으로 대표되는 농민 봉기가 증가했다. 6두품이었던 최치원은 신라 하대의 혼란상을 극복하고자 당에서 돌아온 후 진성여왕(진성왕과 동일한 인물)에게 시무 10조를 적어 올렸다. 하지만 부패해 가던 신라에서 시무 10조는 적용되지 못했고, 어지러운 상황을 틈타 지방 세력들이 자신들의 힘을 키웠다. 대표적인 인물로 장보고를 꼽을 수 있다. 노비 신분으로 당나라에 끌려갔다가 출중한 무공을 인정받아 당의 무장이 되었된 장보고는 신라로 돌아온 후 전라남도 완도에 청해진을 건설해 해상 무역을 독점했다. 장보고 세력은 신라 하대 왕을 옹립하는 문제에도 영향력을 행사할 정도로 강성했으나 그의 성장을 두려워한 귀족 세력들에 의해 암살되고 말았다.

이런 신라 하대의 상황 속에서도 다시 한 번 왕권 강화를 꾀한 임금이 있다. 바로 원성왕이다. 원성왕은 유교 경전의 이해 능력에 따라 3등급으로 나누어 관리를 채용하는 독서삼품과를 실시했다. 이는 최초의 관리 선발 제도였다. 골품에 따라 관리를 채용한 것이 아니라 철저한 능력을 바탕으로 관리를 채용해 왕권을 강화시키려는 목적이었다. 하지만 귀족 세력의 강력한 반발과 골품제의 모순으로 인해 원성왕의 왕권 강화 노력은 물거품이 되었다. 왕권이 약화되면서 각 지역에서 지배력을 갖고 있던 세력들이 성장했으니 이들을 호족 세력이라 부른다. 궁예나 왕건 또한 호족 세력이었다. 이들은 시대에 불만을 갖고 있던 6두품 세력과 힘을 합해 신라 왕실을 압박했다. 호족 세력은 경주 귀족 세력들의 절대적 지지를 받던 교종 불교에 대한 반발로 선종 불교를 지원

했다. 불교 경전에 집착하는 교종과 달리 선종은 깨달음을 위한 참선을 중시했으므로 절이나 불상, 탑 등을 만들지 않았고 찬란했던 신라 불교의 조형 미술은 쇠퇴했다.

| 교종 | 신라 중대 | 5교 | 화엄종(의상) | 불교 경전 해석에 비중 |
| | | | 법성종(원효) | |
| | | | 계율종(자장) | |
| | | | 법상종(진표) | |
| | | | 열반종(보덕) | |
| 선종 | 신라 하대 | 9산(山) | 가지산문 등 | 참선을 통한 깨달음 |

## 13 기│출│응│용│문│제

다음 왕이 재위하던 시기에 있었던 사실로 옳은 것은?

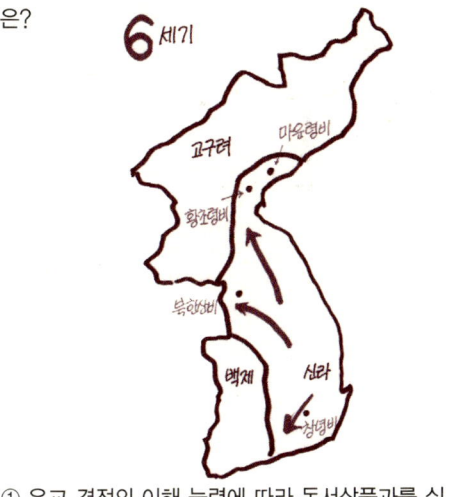

① 유교 경전의 이해 능력에 따라 독서삼품과를 실시했다.
② 지방에 외사정이란 관리를 파견했다.
③ 교육을 위해 국학을 설립했다.
④ 중국 수나라를 공격했다.
⑤ 백제와 신라가 힘을 합쳐 한강 유역을 회복하였다.

# 6 삼국의 문화

삼국의 찬란한 문화는 일본에 전해져 일본의 고대 문화를 형성하는데 큰 역할을 했다. 고구려, 백제, 신라 삼국 모두 일본에 선진 문화를 전파했다.

삼국이 각각 어떤 문화를 일본에 전해주었는지 구별해서 정리할 필요가 있다. 먼저 고구려가 일본에 전파한 문화를 알아보자.

고구려의 승려인 담징은 일본 호류사라는 절에 머물며 금당(부처님을 모신 전각)에 벽화를 남겼다. 승려였지만 유교에도 뛰어나서 5경을 강의했다. 또한 글씨를 쓰는데 필요한 종이와 먹을 만드는 방법도 전수했다.

**3경**: 시경, 서경, 역경(주역)
**5경**: 시경, 서경, 역경(주역)+예기+춘추

역시 승려였던 혜자는 일본 쇼토쿠 태자의 스승이 되었다. 한편 일본의 나라(奈良) 지역에서는 고구려의 수산리 벽화와 흡사한 다카마쓰 고분 벽화가 발견되었다. 이는 고구려가 일본에 문화를 전해준 증거라고 할 수 있다.

다음으로는 백제가 일본에 전해준 문화에 대해 알아보자.

백제의 승려였던 노리사치계는 일본에 처음으로 불교를 전해준 인물이다.

그런가 하면 아직기는 근초고왕 때 일본에 말을 전해주기 위해 건너갔다가 일본 왕에게 유교 실력을 인정받아 일본 태자의 스승이 되었다. 아직기는 자신보다 더 유교에 뛰어난 실력자로 왕인을 천거(소개)했다.

왕인은 한자를 배울 때 가장 먼저 익히는 천자문과 4서(논어, 맹자, 대학, 중용) 중의 하나인 논어를 일본에 전파함으로써 일본 아스카 문화의 시조로 추앙받는다.

신라는 백제와 고구려에 비해 일본과의 교류가 적은 편이었다. 하지만 일본에 배를 만드는 기술인 조선술을 알려주었다. 그리고 제방

| 삼국 문화의 일본 전파 | | |
|---|---|---|
| **고구려** | 담징 | 종이와 먹 제조 기술, 5경 전파 |
| | 혜자 | 쇼토쿠(聖德) 태자를 교육 |
| | 수산리 벽화 | 다카마쓰 고분 벽화에 영향 |
| **백제** | 노리사치계 | 스님, 처음으로 불교를 전파 |
| | 왕인 | 천자문, 논어 ➡ 아스카 문화의 시조 |
| | 아직기 | 승마술, 한문 전파, 왕인을 추천 |
| **신라** | | 조선술, 제방 축제술(한인의 연못) 전파 |
| ※ 삼국의 음악이 전해져 일본 음악의 주류 형성 | | |
| **통일신라** | 일본은 통일신라에 견신라사 파견해 하쿠호 문화를 이룩 | |
| | 심상 | 화엄종 전파 |

을 쌓아 물을 가두는 기술인 제방 축제술을 알려주어 한인의 연못이 조성되기도 했다.

통일신라 시대에 일본은 통일신라에 견신라사(신라를 견학하는 관리)를 파견했고 통일신라의 영향을 받은 일본은 하쿠호 문화를 이룩했다. 아울러 통일신라 시대의 승려였던 심상은 교종 5교 중 하나인 화엄종을 일본에 전파하기도 했다.

삼국의 불교에 대해 얘기해보자. 삼국 중에서 가장 먼저 불교를 받아들인 나라는 고구려였다. 중국 5호 16국 중 하나였던 전진의 순도라는 승려가 고구려에 불교를 전했다. 순도가 고구려에 전해준 불교의 종류는 삼론종이었다. 백제는 전통적으로 중국 남조와 교류했다. 이런 영향으로 동진이란 나라에서 인도 승려 마라난타가 율종 중심의 불교를 백제에 전해주었다.

신라는 고구려·백제와는 달리 중국이 아닌 고구려에서 불교를 들여왔다. 고구려의 묵호자라는 승려가 눌지왕 때 불교를 들여왔으나 신라 귀족들의 거센 반발로 공인받지 못했다. 이후 법흥왕 때 이차돈의 순교로 인해 신라에서도 불교가 공인받을 수 있었다.

신라 하대에 도선이라는 승려가 중국으로부터 풍수지리학을 들여왔다. 신라 하대 왕실에 반기를 든 지방 호족들은 이 풍수지리학을 적극적으로 지지했다. 자신들이 살고 있

는 땅이 신라 수도인 경주보다 더 명당임을 증명해 신라 정부의 권위를 약화시키는 역할을 했기 때문이다. 풍수지리학은 고려 시대 묘청의 서경 천도 운동에도 영향을 미쳤다.

 풍수지리학은 기본적으로 살아있는 사람이 살기 좋은 땅과 죽은 사람이 묻히기 좋은 땅을 찾는 학문이었다. 하지만 미신이 개입되기에 좋은 구조를 가지고 있어 도참 사상과 결부되기도 했다. 도참 사상이란 미래에 대한 길흉을 예측하는 사상을 말한다.

**14** 기|출|응|용|문|제

다음 ㉠~㉣에 대한 설명으로 옳은 것은?

㉠ 왕인

㉡ 노리사치계

㉢ 다카마쓰 고분 벽화

㉣ 아직기

㉠ 일본 아스카 문화의 시조로 불린다.
㉡ 일본에 화엄종을 전파했다.
㉢ 고구려 수산리 고분 벽화와 유사하다.
㉣ 일본 태자를 가르쳤다.

① ㉠,㉣  ② ㉠,㉡  ③ ㉠,㉢  ④ ㉡,㉢  ⑤ ㉢,㉣

# 7 발해

신라가 삼국을 통일한 것은 큰 의미가 있겠지만 아쉽게도 광활한 만주 지역을 호령했던 고구려의 영토를 모두 흡수하지 못했다. 대동강에서부터 함경도 원산만을 잇는 선을 국경선으로 삼으면서 우리의 역사는 한반도 내로 갇히게 되었다.

그런 이유로 통일신라 시대라고 부르는 대신 남북국 시대라고 부르는 경우도 많다. 대동강과 원산만을 잇는 선을 기준으로 남쪽에는 통일신라, 북쪽에는 발해가 경쟁했던 시대를 남북국 시대라고 부른다. 남북국 시대라는 표현에는 발해의 역사를 우리의 역사로 인식하고, 만주 지역에서 우리 역사가 계속 이어져온 것이라는 의식이 녹아있다.

남북국이라는 표현은 조선 정조 때 실학자 유득공이 저술한 『발해고』에서 처음으로 등장한다. 이것은 중국의 젖줄 양쯔강을 기준으로 남쪽에는 중국 한족들의 나라가 세워지고 북쪽에는 북방 유목 민족들의 나라가 세워졌던 중국의 남북조 시대와 비슷한 개념이라고 생각하면 된다. 지금부터 남북국 시대의 한 축을 담당했던 발해의 역사에 대해 살펴보자.

668년에 고구려가 멸망한 후 고구려 유민들은 뿔뿔이 흩어졌다. 당으로 끌려가거나, 신라로 편입된 사람들도 있었지만 당나라의 통치력이 미치지 않는 동만주 지역으로 도망간 사람들도 있었고, 요동 지역에서 영주(중국 조양시)로 끌려간 사람들도 있었다.

대조영이 이끄는 고구려의 유민들은 당나라에 의해 강제 이주되어 영주에서 당나라에 굴복한 여러 민족들과 어우러져 살았다.

그러다 당나라가 동쪽으로는 돌궐과 거란, 서쪽으로는 토번(티베트)의 공격을 받아 상대적으로 만주 일대에 신경을 쓸 여력이 없었던 상황을 틈타 동쪽으로 이주했다. 그리고 지금의 중국 길림성 돈화시에 있는 동모산 기슭에 자리를 잡았다.

🐦 발해의 건국 연도는 698년이라는 견해와 700년 이후라는 견해가 있다. 대조영이 처음으로 자리 잡았던 곳에 대한 의견도 다양하다. 하지만 우리는 698년 돈화시 동모산 기슭에서 발해가 시작되었다고 기억하면 충분하다.

대조영은 영주에서 이주할 당시 걸사비우라는 말갈족과 함께했다.
당나라의 세력을 물리칠 때도 말갈족의 도움이 절대적이었다. 이런 건국 배경으로 인해 발해를 구성하는 인구 대부분은 말갈족이었고 고구려 유민들은 지배층을 이루었다. 하지만 말갈족 중에서도 지배층에 오른 자도 간혹 있었다.

말갈족은 고려 시대 이후 여진족으로 불렸다. 중국 동북부 지역에 금나라를 세우기도 했으며 누르하치가 부족을 통일한 후에는 후금(후에 세워진 금나라)을 세웠다. 후금은 중국 관내로 진출하면서 국호를 청나라로 바꾸었다. 관내는 중원 즉 중국 본토를 의미한다. 진시황이 북방 유목 민족을 방어하기 위해 쌓은 만리장성의 출입 관문이 산해관이다. 관내라는 표현은 이 산해관의 안쪽이란 데에서 유래했다.

대조영이 동모산 일대에서 정착할 당시에는 나라의 이름이 진(辰)이었다. 하지만 대조영이 당나라로부터 '발해군왕 홀한주도독'이라는 책봉을 받은 이후 발해라는 국호가 사용되었다. 대조영은 당나라로부터 책봉을 받기도 했지만 당나라와는 다르게 천통이란 독자적인 연호를 사용했다. 독자적인 연호를 사용했다는 것은 발해가 당나라를 황제국으로 따르는 제후국이 아니었다는 것을 의미한다.

고왕 대조영의 뒤를 이은 무왕 대무예는 8세기 전반 발해의 영토를 확장했다. 대동강과 원산만으로 진출했고, 북만주 일대를 차지했다. 일본과도 국교를 맺고 일본도(road to Japan)를 통해 교역했다.

하지만 무왕은 당과 신라 모두에게 적대적이었다. 특히 요서 지역에서 당과 격돌하기도 했으며 먼저 당나라의 산둥 반도 지역을 공격기도 했다.

무왕 역시 인안이라는 독자적인 연호를 사용했으며 문왕이 문물을 꽃 피울 수 있는 터전을 마련했다.

### 산둥 반도 공격 과정

① 발해가 성장하자 당나라는 말갈족의 한 부족인 흑수말갈 추장에게 당나라의 벼슬을 내렸다. 흑수말갈을 이용해 발해를 견제하려는 의도였다.

② 이에 자극을 받은 발해 무왕 대무예는 동생인 대문예에게 병사들을 내어주며 흑수말갈을 공격하게 했다. 하지만 대문예는 당나라를 공격하는 대신 오히려 당나라로 정치적 망명을 해버렸다.

③ 할 수 없이 무왕은 장문휴에게 수군을 이끌고 당나라의 산둥 반도를 공격하게 했다.

8세기 중반에 무왕의 뒤를 이은 왕은 문왕 대흠무였다. 당나라에 적대적이었던 무왕과는 다르게 당나라와 교류하며 성장했다. 즉 발해는 건국 초기부터 당나라와 활발히 교류한 것이 아니라 처음에는 적대적인 관계였다가 문왕 집권 이후부터 교류하기 시작했다. 아울러 무왕이 신라와 적대적이었던 것과는 다르게 신라와의 상설 교통로인 신라도를 두었다.

한편 발해는 고구려를 계승한 국가임을 대외적으로 천명했다. 양태사라는 인물을 일본에 사신으로 보낸 문왕은 외교 문서에 자신을 '고려국왕 대흠무'라 표기했다. 여기서의 고려는 왕건이 세운 고려가 아니라 고구려를 뜻한다. 문왕 역시 대조영과 무왕처럼 독자적인 연호를 사용했다. 문왕 때의 연호는 대흥이었다.

발해는 고구려를 계승했다. 하지만 고구려가 연호를 사용하면서도 황제국을 자처하지 않았던 것과는 다르게 발해는 황제국을 자처했다.

문왕은 중경→ 상경→ 동경의 순서로 두 번이나 수도를 옮겼다. 당나라와의 교류에 적극적이었던 만큼 당나라의 수도 장안성을 본떠 상경에 남북으로 곧게 뻗은 주작대로를 건설했다. 도교 문화에서 주작은 남쪽을 의미함은 앞에서 언급한 적이 있다. 그리고 유학 교육을 위해서 당의 관제를 본떠 국립 교육기관인 주자감을 설치하기도 했다.

8세기에 무왕과 문왕을 거치며 발전한 발해는 9세기 선왕 때에 비로소 꽃을 피우게 된다. 5경(중경, 동경, 서경, 남경, 상경) 15부 42주의 지방 제도를 완비했고 왕위 계승자가 대조영 직계 후손에서 대조영의 동생인 대야발 직계 후손으로 바뀌었다. 영토도 꾸준히 확장해 요동 지역에 대한 당나라의 지배력이

발해

상경

동경

중경

서경

남경

일본도
( Road to Japan )

신라도 (Road to Silla)

통일신라

약해진 틈을 타 요동 지역까지 진출했다. 선왕 때 발해는 당나라로부터 해동성국(바다 건너 동쪽 지역의 발전한 나라)이라 불리기도 했다. 선왕 때의 독자적인 연호는 건흥이었다.

지금까지 발해의 주요 왕들을 살펴보았다. 발해와 당과의 관계가 초기에는 적대적이었다가 문왕 때에 이르러 교류가 많아졌다는 점이 중요하다. 당과는 구분되는 발해만의 독자적인 연호를 사용하면서 황제국을 자처했다는 점도 중요하다.

| 발해의 연호 | 대조영 | 천통 |
| --- | --- | --- |
| | 무왕 | 인안 |
| | 문왕 | 대흥 |
| | 선왕 | 건흥 |

당과 교류를 하면서 발해는 당의 제도를 계승했다. 고구려의 후예임을 자처했지만 아무래도 제도적인 면에서는 고구려보다 발전된 문화 수준을 갖고 있었던 당을 벤치마킹 할 수밖에 없었을 것이다. 발해 문왕은 당의 관제(관료 제도, 행정 제도)를 본떠 3성 6부의 중앙 행정 제도를 만들었다.

**이것만은 꼭!**

시험에서는 발해가 고구려의 제도를 계승했다는 형태의 오답이 잘 나오니 주의하기 바란다. 발해의 제도는 당의 영향을 받은 것이다.

3성은 정당성, 중대성, 선조성을 말한다. 국가의 중요한 정책들은 정당성의 장관인 대내상 이하 귀족들이 정당성에 모여 회의를 통해 결정했다. 정당성 아래에 좌사정과 우사정을 두어 각각 3부씩 관할하는 이원적인 통치 구조를 가지고 있었다.

6부는 충부, 인부, 의부, 지부, 예부, 신부로 구성되며 충부, 인부, 의부는 좌사정이 관할하고, 지부, 예부, 신부는 우사정이 관할했다. (86쪽 그림 참조)

이 밖에도 발해는 중정대라는 감찰 기관을 두어 관리들의 비리를 감시했다.

원래 당나라의 3성은 정책을 입안하는 중서성, 심의하는 문하성 그리고 집행 기관인 상서성으로 나뉜다. 그중 중서성이 가장 중요한 역할을 했다. 하지만 발해는 이를 중대성, 선조성, 정당성으로 이름 붙이고 집행 기관인 정당성에 권력을 집중시킨 점이 독특하다.

그리고 당의 6부는 이·호·예·병·형·공으로 이루어졌지만 발해는 충·인·의·지·예·신으로 명칭을 붙였다. 당의 관제에 이름만 바꾼 것이라고 볼 수도 있겠지만 당의 관제를 수용하면서도 독자성을 잃지 않으려는 발해의 의지를 보여준 것이라 평가할 수도 있겠다.

# 당

| 중서성 | 문하성 | 상서성 | | | | | |

| 이부 | 호부 | 예부 | 병부 | 형부 | 공부 |
|---|---|---|---|---|---|
| ↑ | ↑ | ↑ | ↑ | ↑ | ↑ |
| 일반<br>행정 | 재정 | 의례<br>외교<br>교육 | 국방<br>군사 | 법무 | 토목<br>건축 |

# 발해

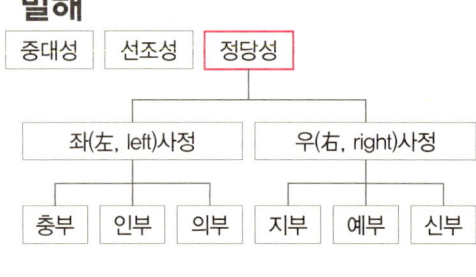

| 중대성 | 선조성 | 정당성 |

| 좌(左, left)사정 | | | 우(右, right)사정 | | |
|---|---|---|---|---|---|
| 충부 | 인부 | 의부 | 지부 | 예부 | 신부 |

이것만은 꼭!

중국의 동북공정에 맞서 발해가 우리의 역사임을 입증할 근거가 필요하다. 그런 이유에서 발해가 고구려를 계승한 근거는 매우 중요하고 각종 시험에서도 자주 출제된다.

### ★★★
### 발해가 고구려를 계승했다는 근거

① **정혜공주 묘 모줄임 천장** 문왕의 딸인 정혜공주의 무덤 양식에 주목할 필요가 있다. 굴식 돌방 무덤 양식으로 만들어진 정혜공주 묘에서는 고구려 무덤에서 흔히 나타나는 모줄임 천장을 찾아볼 수 있다. 모줄임이란 모서리를 줄여간다는 뜻으로 천장을 쌓을 때 아래 그림처럼 쌓아 올리는 형태이다. 정혜공주 묘의 천장이 모줄임 형태를 띤다는 것은 발해가 고구려를 계승한 근거가 된다.

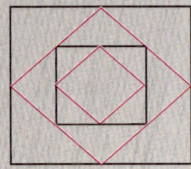

★
정혜공주 묘에 관한 설명을 읽을 때 정혜공주의 동생인 정효공주 묘와 혼동해서는 안 된다. 정효공주 묘는 당나라에서 기원한 벽돌 무덤의 형태를 띠면서 고구려에서 기원한 도교적인 성격의 벽화도 찾아볼 수 있다. 당과 고구려의 문화가 함께 나타나는 무덤이므로 고구려 계승의 근거로 오해해서는 안 된다.

② 문왕은 일본에 보낸 외교 문서에서 스스로를 '**고려국왕 대흠무**'라고 칭하고 있다.

③ **연꽃무늬 기와** 연꽃무늬 기와는 진흙을 구워 지붕을 쌓은 고구려의 와당과 유사하다.

④ **온돌** 집을 따뜻하게 난방하기 위해서 보일러를 사용한다. 이는 가스나 석유를 이용해 물을 끓인 후 뜨거워진 물을 관을 통해 집안 구석구석으로 흐르게 하는 원리이다. 하지만 만주 일대와 몽골 일부, 그리고 한반도에서만 나타나는 독특한 난방 기술인 온돌은 끓인 물을 순환시키는 방식이 아니다. 부뚜막에서 불을 지펴 그 열로 바닥의 돌을 뜨끈하게 데워 방을 덥히는 기술이다. 발해에서 온돌의 흔적이 발견된다는 것은 발해가 고구려를 계승했다는 근거가 된다.

⑤ **돌사자상, 석등 연꽃무늬** 당당하고 힘 있는 돌사자상은 고구려 계승의 근거이다. 석등의 아랫부분에 조각된 연꽃무늬는 역시 용맹하고 씩씩한 고구려 문화를 이어받은 것으로 평가된다.

⑥ **이불병좌상** 두 명의 부처가 함께 앉아있는 불상이란 의미를 가진 이불병좌상 역시 고구려만의 특유한 양식으로 발해가 고구려를 계승한 근거가 되는 유물이다.

## 조선 (의정부 서사제)

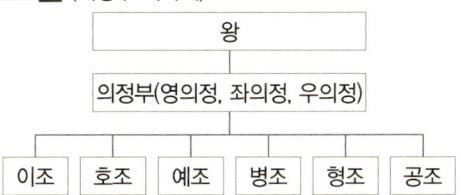

지로 행정을 담당한 지방관이 지방군을 통솔했다.

발해의 주요 수출품은 말(馬)이었다. 돌궐·일본 등과 교류하며 대동강 이북 및 만주 일대를 호령했던 발해는 926년 거란족에 의해 멸망했다.

🔥 발해가 당의 관제를 계승했다고는 하지만 어디까지나 발해는 고구려를 계승했음을 외교 문서에 천명한 나라이다. 하지만 주민의 대다수가 북방 유목 민족인 말갈족이고 만주 일대에서 생성해서 소멸한 나라이기에 중국은 발해가 자신들의 제후국에서 일어난 중국의 역사라고 주장하기도 한다. 이를 동북공정이라 부른다.

🔥 발해의 멸망 원인으로 백두산의 화산 활동을 꼽는 견해도 있으나 일반적으로 받아들여지는 견해는 아니다.

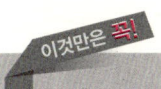

당과 발해의 집행기관은 꼭 구분해 두도록 하자. 당에 상서성이 있다면 발해에는 정당성이 있었다는 점을 잊지 말자.

오늘날 서울을 지키기 위해 수도 방위 사령부와 같은 군조직을 별도로 운영하듯이 발해 또한 수도와 궁을 지키기 위해 10위라는 중앙군을 운영했다.

10위의 책임자로 대장군과 장군을 두었다. 지방 군사 제도는 다른 고대국가들과 마찬가

## 15 기|출|응|용|문|제

밑줄 친 이 나라에 대한 설명으로 옳지 않은 것은?

이 나라에서 귀하게 여기는 것은...남해부의 다시마, 책성부의 된장, 부여부의 사슴, 막힐부의 돼지, 솔빈부의 말, 현주의 삼베, 용주의 명주, 미타호의 붕어가 있고, 과일로는 환도의 오얏과 낙유의 배가 있다. 『신당서』

① 신라와의 상설 교통로를 두었다.
② 당나라 빈공과 합격자를 배출하였다.
③ 장문휴가 산동 반도를 공격했다.
④ 일본과 활발하게 교류하며 왜왕에게 칠지도를 하사했다.
⑤ 수도에 남북으로 곧게 뻗은 주작대로를 건설했다.

# 3 중세

**1** 신라 하대의 혼란과 후삼국

**2** 태조 왕건의 정책

**3** 고려의 대외 항쟁

**4** 고려 광종

**5** 고려 성종

**6** 고려의 각종 제도
① 군사 제도와 지방 제도
② 고려의 관제 ③ 신분 제도
④ 토지 제도 ⑤ 법률 제도
⑥ 가족 제도 ⑦ 과거 제도

**7** 무신 집권기

**8** 원 간섭기와 권문세족

**9** 공민왕의 개혁 정치

**10** 고려의 경제 ① 농업
② 수공업
③ 상업
④ 고려의 대외 무역

**11** 고려의 문화

우리 역사를 시대 구분했을 때 중세에 해당하는 시기는 고려이다. 송악의 호족 출신인 왕건은 고려를 건국한 후 사심관 제도와 기인 제도를 통해 다른 호족 세력을 견제했다. 광종 역시 주현공부법, 노비안검법 그리고 과거제 실시를 통해 왕권을 강화하려고 노력했다. 성종은 최승로의 시무 28조를 통해 유학적 통치 이념을 받아들이고, 12목을 설치하여 최초로 지방관을 파견했다. 하지만 고려 시대에는 지방관을 파견한 주현보다 지방관을 파견하지 못한 속현의 숫자가 더 많았다. 고려의 모든 지방에 지방관이 파견된 것은 예종 때의 일이다. 한편 고려의 토지 제도는 역분전, 시정 전시과, 개정 전시과, 경정 전시과의 순서로 변화했다.

고려는 중서문하성의 문하시중이 최고 관직으로 국정 전반을 총괄했으며, 상서성 아래에 6부를 두어 통치했다. 중추원은 왕명 출납과 군사 기밀을, 어사대는 감찰과 탄핵, 삼사는 전곡 출납과 회계를 담당하는 기관이었다. 또한 국가 중대사를 논의하는 고려 특유의 합좌 기관으로 도병마사와 식목도감이 있었다.

고려의 역사는 외세 침략의 역사라 해도 과언이 아니다. 11세기에는 거란족, 12세기 여진족, 13세기 몽골, 14세기에는 홍건적과 왜구에 맞서 싸우면서도 찬란한 불교 문화를 꽃피웠다.

고려의 지배층은 문벌 귀족을 거쳐 무신 정권, 권문세족, 신진 사대부의 순서로 변화했다. 5품 이상의 문벌 귀족들은 음서제와 공음전의 혜택을 누렸다. 음서제는 5품 이상 관리의 자제가 과거를 거치지 않고 관직에 진출하는 특권이었으며, 공음전은 5품 이상의 관리에게 지급한 세습이 가능한 토지였다. 문벌 귀족은 금의 사대 요구를 수용하자는 이자겸, 김부식 등의 개경파와 금국정벌을 주장한 묘청 등의 서경파로 나뉘어 대립했다. 이자겸의 난과 묘청의 서경 천도 운동은 실패했고 이후 고려 문벌 귀족은 급격하게 보수화된다.

상대적으로 핍박받던 무신들은 난을 일으켜 무신 정권을 수립했다. 무신들이 정권을 잡자 천민부터 문신 귀족에 이르기까지 다양한 계층이 반기를 들고 일어났다. 한편 무신 집권기에는 몽골이 고려를 침입했다. 무신 최우의 사병 집단이었던 삼별초가 몽골의 침입에 맞서 싸웠지만 결국 무신 정권은 몰락했다. 이후 친원적 성향의 권문세족이 대농장을 경영하며 지배력을 확대했다. 이에 공민왕은 친원 세력을 몰아내고자 개혁 정치를 단행했다. 공민왕은 신돈을 중용해 전민변정도감을 설치하고 권문세족의 경제적 기반을 붕괴시키려 했다. 이 과정에서 성리학적 소양을 갖춘 신진 사대부가 등장했다. 정도전을 중심으로 한 급진적 성향의 신진 사대부는 과전법을 실시해 토지 제도를 개혁하고 이성계를 왕으로 추대해 조선을 개창했다.

고려 시대에는 조선 시대와 비교해 상대적으로 여성이 존중받았다. 5품 이상 관리의 외손자나 사위도 과거를 거치지 않고 관직에 진출하는 음서의 혜택을 받을 수 있었다. 한편 딸도 아들과 동일하게 제사를 주재하고, 재산을 상속받았다.

# 1 신라 하대의 혼란과 후삼국

국운이 기울어가던 통일신라는 신라의 세 번째 여왕인 진성여왕 때에 이르러 곪아있던 곳이 터지기 시작했다. 그중 가장 대표적인 난이 사벌주(경상북도 상주)에서 일어난 민초들의 봉기인 '원종과 애노의 난'과 경주 서남쪽 일대에서 일어난 '적고적의 난(빨간 바지를 입은 도적들의 난)'이었다. 신라 왕실은 농민 봉기를 제대로 토벌하지 못했고 경주의 여러 귀족들은 토벌에 실패한 진성여왕에게 책임을 따져 물었다.

상황이 이렇게 되자 진성여왕은 정치적인 액션을 취했다. 다른 인물에게 왕위를 이양한다는 의미를 가진 양위표를 작성한 것이었다. 진성여왕에게는 아들이 있었지만 조카 효공왕에게 양위의 뜻을 밝혔다. 이는 자신의 아들에게 왕위를 넘겨주지 못할 정도로 진골 귀족들의 왕위 쟁탈전이 치열했음을 말해준다. 진성여왕이 양위표를 작성하자 효공왕은 감사하는 마음으로 왕위를 받겠다는 사사위표를 작성해 넙죽 왕위 계승을 수락했다.

'원종과 애노의 난'이 제대로 토벌되지 않은 상황에서 호족 세력이 신라에 반기를 들고 일어났다. 북원(강원도 원주)의 양길과 궁예, 완산(전라북도 전주)의 견훤, 죽산(경기도 안성)의 기훤 등이 대표적이다. 신라 왕실은 무능하게 지켜볼 수밖에 없었다.

그중 견훤이 가장 먼저 900년 완산주에 후백제를 건국했다. 후백제는 기존의 백제가 그랬듯이 중국과 교류하며 힘을 키웠다. 이때 후백제와 교류한 중국의 국가는 5대 중 하나였던 후당, 10국 중 하나였던 오월이었다.

당나라 멸망 후

5대(후량, 후당, 후진, 후한, 후주)

양쯔강    상하이

10국 (오월, 남당 등등)

양길의 부하였던 궁예는 철원을 중심으로 세력을 키웠다. 궁예는 송악(황해도 개성)으로 중심지를 옮겨 901년 후고구려를 건국하니 한반도는 신라와 후백제, 후고구려가 공존하는 후삼국 시대로 접어들었다.

궁예는 국호를 마진으로 바꾼 후 원래 자신의 세력 기반이었던 강원도 철원으로 도읍을 옮겼다. 그리고 또 한번 국호를 태봉으로 바꾸었다.

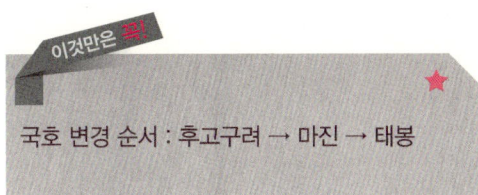

| ★ 고려의 민족 재통일 순서 | |
|---|---|
| 900 | 후백제 건국 – 완산주(무진주X)에서 견훤 |
| 901 | 후고구려 건국 – 송악에서 궁예 |
| 904 | 궁예는 국호를 마진으로 바꾸고 도읍을 철원으로 옮김 |
| 918 | 고려 건국 – 왕건 |
| 926 | 발해 멸망 |
| 927 | 견훤은 경주를 공격해 신라 경애왕을 살해 공산(대구광역시) 전투에서 후백제 승리 |
| 930 | 고창(경북 안동) 전투 – 고려가 후백제를 꺾고 주도권 장악 |
| 935 | 신라 멸망 – 신라 경순왕 고려에 항복 |
| 936 | 후백제 멸망 – 일리천(경북 선산) 전투에서 견훤이 고려에 패배 |

태봉은 경상북도 상주 일대까지 세력을 확장하는 등 후삼국 중 가장 번성했다. 하지만 궁예는 스스로를 부처라 자처하며 폭정을 일삼았다. 이에 신숭겸, 홍유 등 많은 사람들이 평소 덕망이 높던 왕건에게 모여들었다. 궁예의 폭정에 지친 사람들의 계속되는 권유를 받아들여 왕건은 결국 궁예를 몰아내고 고려를 건국했다. 이때가 918년이다. 고려라는 국호에는 고구려 계승 의식이 담겨있다.

926년에는 발해가 거란족에게 멸망했다. 다음 해에는 견훤의 후백제 세력이 신라의 경애왕을 살해하는 일이 있었다. 이때부터 고려와 후백제 간의 치열한 싸움이 벌어졌다. 후백제는 공산(대구광역시) 전투에서 승리했지만 고창(경상북도 안동) 전투에서는 고려에게 패했다. 이를 계기로 후삼국의 주도권이 후백제에서 고려로 넘어오게 되었다. 간신히 명맥만 유지하던 신라는 935년 마지막 왕인 경순왕이 고려에 항복하면서 긴 역사를 마감했다.

후백제와 고려는 일리천(경북 선산)에서 최후의 승부를 벌였다. 일리천 전투에서 고려가 승리하면서 후백제 또한 936년 멸망하고 말았다. 태조 왕건은 분열되었던 후삼국을 통일하고 오늘날 대한민국 Korea의 어원이 되는 고려 시대를 열게 되었다.

# 2 태조 왕건의 정책

왕건은 본래 황해도 송악(황해도 개성) 지역의 호족 세력이었다. 왕건은 궁예를 내쫓고 고려를 건국한 후 철원에서 송악으로 근거지를 옮겨 수도로 삼았다.

태조 왕건은 지배력이 국가의 말단부까지 골고루 미치지 못하는 상황이 불안했다. 오늘날처럼 교통과 통신이 발달한 사회가 아니라서 지방에서 반란이 일어나면 그 세력을 토벌하기 힘들었을 것이다. 후삼국을 통일하고 고려를 건국했지만 여전히 전국 각지에는 독자적인 세력 기반을 가진 호족이 많았다. 이들 호족 세력을 견제하기 위해 태조 왕건은 사심관 제도와 기인 제도를 실시했다.

신라 하대와 고려 초기 각지에서 일어난 반란 세력은 도적이나 초적으로 불리다가 1960년대에 이르러 학계에서 호족이란 용어로 정립되었다.

신라의 마지막 왕이었던 경순왕이 고려에 항복하자 왕건은 그를 경주 지역의 사심관으로 삼아 부호장 이하의 향직들을 관리 감독하게 했다. 이것이 사심관 제도의 기원이다. 고려가 후백제를 멸망시켰다고 해서 당장 전국 각지로 그 통치력이 미치는 것은 아니었기 때문에 호족 세력을 회유해 지방을 정비하려고 만든 제도가 바로 사심관 제도였다.

태조 왕건은 호족들에게 사심관이라는 관직을 내리기도 했지만 실질적으로 그들이 반란을 일으키지 못할 강력한 무기가 필요했다. 그래서 태조 왕건은 호족들의 자제들을 개경(송악의 새로운 지명. 지금의 황해도 개성)으로 데려왔다. 귀한 자식이 개경에 볼모로 잡혀있는 상황에서 반란을 일으키면 자식의 생명이 위험해지니 호족들은 쉽사리 반역을 꾀할 수 없었던 것이다. 이것이 바로 기인 제도이다.

태조 왕건은 대동강 이남에 머물러있던 통일신라의 영토에 만족하지 않고 진격했다. 을지문덕이 살수대첩으로 수나라 대군을 무찌른 청천강 유역까지 영토를 확장했다. 왕건은 북진(북쪽으로 진격)의 뜻을 굽히지 않았다.

태조 왕건은 민심을 살피는 일도 게을리하지 않았다. 고구려 고국천왕이 실시했던 진대법을 계승해 흑창을 설치했다. 흑창은 진대법과 마찬가지로 식량이 부족한 춘궁기에 곡식을 빌려주고 가을 추수 후에 돌려받는 정책이었다. 흑창은 고려 성종 때 의창으로 이름을 바꿔 후대에 전승되었다. 신라 하대부터 계속된 각종 전란에 지쳐있는 백성들의 민심을 달래고 안정적인 수취 기반을 마련하는 정책으로 백성의 아픔을 함께 나누고자 하는 건국 군주의 마음이 잘 녹아있다고 볼 수 있다.

태조 왕건은 국정에 대한 충고도 잊지 않았다. 신하들에게 규범과 도리를 제시한 문서인『계백료서』가 바로 그것이다. 한편 후대의 왕과 신하들에게도 가르침을 남겼는데 이를 '훈요 10조'라고 한다.

**훈요 10조**
① 불교를 잘 따르고 절을 보호·감독하라
② 절을 함부로 많이 짓지 마라

③ 왕위는 첫째 부인의 자식(적자)에게 물려주고 적자가 없으면 형제 상속도 가능하다

④ 거란은 야만국이니 멀리하라

🐦 왕건이 거란을 멀리한 것은 아무래도 발해에 대한 의리가 작용했을 것이다. 발해는 고려와 마찬가지로 고구려를 계승한 나라였다. 아울러 발해 유민은 왕건을 지지하는 세력 기반이기도 했다. 그런 발해를 멸망시킨 거란족과 가까이 지내기에는 정치적인 부담이 있었을 것이다.

거란은 10세기 초반 태조 왕건에게 낙타 50마리를 보내며 친하게 지내려는 노력을 보였다. 하지만 왕건은 낙타를 만부교라는 다리 아래 방치해 굶겨 죽이고, 낙타를 데려온 거란의 사신들도 멀리 유배를 보냈다. 거란과는 친하게 지내지 않겠다는 의지를 널리 알린 것이다.

⑤ 서경은 길지(행운이 깃든 땅)이니 중시하라

⑥ 연등회와 팔관회를 함부로 늘이거나 줄이지 마라

🐦 석가탄신일(사월 초파일)에는 거리 곳곳에 종교적인 의미로 연등을 단다. 이러한 풍습은 초파일 연등회에서 기원하는 것이다.

팔관회는 우리나라의 고유 토속신앙이 불교의 8가지 계율과 접목된 것이다. 살생, 도둑질, 성행위 등 불교에서 금하는 8가지의 행동을 하지 않으며 식사도 오전 한 끼만 먹는 등 몸과 마음을 깨끗하게 하는 행사를 말한다.

팔관회처럼 불교가 수용되는 과정에서 우리의 토속신앙을 배척하지 않고 끌어안아 한국형 불교로 바뀐 곳이 있다. 절에서 볼 수 있는 칠성각이 대표적이다. 칠성각은 원래 도교에서 유래한 것이지만 복을 기원하는 토속신앙으로 변해 불교에 접목된 것이다.

⑦ 아랫사람이 하는 바른말을 새겨듣고, 수취를 공평하게 해 민심을 얻어라

⑧ 차현 이남과 공주의 금강 바깥쪽은 산의 모양과 땅의 기세가 모두 배역(背逆:등 배, 거스를 역)으로 뻗어 있는데 사람들의 마음도 그러하다. …(중략)…관직에 올려 일을 맡겨서는 안 된다

🐦 차현은 오늘날의 차령산맥을 말한다. 차현 이남은 대략 충청도 일부 지역과 호남 지역을 뜻한다. 차현 이남의 인물을 중용하지 말 것을 당부하는 제8조는 오늘날에도 지역 감정과 맞물려 소모적인 논쟁이 많은 부분이다. 출제와는 무관한 부분이다. 필자는 고려의 정사인 『고려사』의 표현을 그대로 옮겨 적었음을 밝힌다.

⑨ 관리의 봉급을 직무에 따라 지급하고 함부로 늘이거나 줄이지 마라

⑩ 경전과 역사서를 널리 읽어 옛일을 거울로 삼을 것

이 밖에도 왕건은 승록사를 설치해 불교의 모든 사무를 담당하게 했다. 승려들의 호적이라고 할 수 있는 승적 또한 승록사에서 관리했다. 승록사는 조선 세종대왕 때까지 존속했다.

**16 기│출│응│용│문│제**

(A)에 대한 설명으로 옳은 것은?

왕이 개경과 서경 및 12목에 (A)을 두고 명령을 내리기를 "해마다 풍흉에 따라 조적(국가 기관이 쌀을 비축하고 배포하는 행위)을 행하되, 백성에게 여유가 있을 때 조금씩 거두고, 백성에게 부족함이 있을 때 많이 푼다고 하니, 법에 따라 행하라"고 하였다.

① 봄과 가을에 향음주례를 열었다.
② 물가 조절을 담당했다.
③ 어려운 백성들을 구휼하고 유랑자를 수용했다.
④ 개경의 동쪽과 서쪽에 설치되어 백성들의 건강을 돌봤다.
⑤ 춘궁기에 곡식을 빌려주고 가을 추수 후에 되갚았다.

# 3 고려의 대외 항쟁

고려의 역사는 전쟁의 역사라고 해도 과언이 아니다. 그럴 수밖에 없었던 것은 고려가 문치주의를 천명한 송나라와 친했기 때문이다. 어떤 민족이 고려를 침략해왔는지 시기별로 살펴보고 어떻게 고려가 국난을 극복해왔는지에 대해서도 살펴보도록 하자.

🔥 당나라가 멸망한 후 중국은 5대 10국이라는 혼란기에 접어들었다. 송나라가 이를 통일했지만 송나라는 글을 숭상하는 문치주의를 천명한 나라였기에 군사력이 상대적으로 약했다. 그런 이유로 송나라는 외적의 침입을 자주 받았고, 송나라와 친선 관계를 맺고 있던 고려까지 외세의 침략에 시달려야 했다.

가장 먼저 고려 땅에 침입한 민족은 발해를 멸망시킨 거란족이었다. 거란족의 괴롭힘에 시달리던 여진족(말갈족)이 고려에 도움을 청할 정도로 거란은 급성장했다. 거란과의 전쟁에서 패배한 송나라가 고려에게 군사적인 도움을 요청하는 지경에 이르렀다. 하지만 싸움에 휘말리기 싫었던 고려는 여진족과 송나라의 요청 모두를 거절했다.
그럼에도 거란족은 송나라와의 대결이 계속되는 상황에서 후방에 있는 고려가 신경 쓰이지 않을 수 없었다. 송과 친한 고려를 적으로 후방에 남겨두는 것은 아무래도 부담스러

웠을 것이다. 그래서 거란족은 태조 왕건에게 낙타 50마리를 보내는 등 친하게 지낼 것을 청했다. 하지만 고려는 이를 거절했다. 거란과 친하게 지내지 말 것을 당부한 훈요 10조의 가르침에 따라 정종은 광군을 창설해 거란족의 침입에 대비했다.

화친을 거절당한 거란족은 993년 고려를 공격했다. 이것을 거란의 1차 침입이라 한다. 당시 고려의 임금은 성종이었다. 거란 장수 소손녕의 침입을 막아낼 자신이 없었던 고려 조정에서는 거란과 화친을 맺자는 의견이 나왔다. 하지만 서희는 소손녕을 직접 만나 외교적으로 담판을 지었다.

소손녕은 서희에게 다음과 같이 말했다.

"고려는 신라 땅에서 기원했고, 고구려 땅은 원래 거란의 것이다. 고려가 거란의 땅을 침식하고 있는 상황이다. 거란과 국경을 접하고 있으면서도 거란과는 친하지 않고 바다 건너 송나라를 섬기는 것이 거란의 침략 이유이다."

소손녕의 말에 서희는 다음과 같이 답했다.

"고려가 고구려를 계승해 평양에 도읍을 정했으니 고구려 땅은 거란의 것이 아니라 고려의 것이다. 거란의 수도 역시 고려의 땅 안에 있는 것이나 다름없다. 아울러 고려가 송과 친한 것은 압록강 유역을 여진족이 차지하고 있는 탓에 거란족과 교류할 길이 없었기 때문이다. 만약 압록강 유역을 고려에게 준다면 거란과 교류하겠다."

이를 들은 소손녕은 납득하고 군사를 물렸

다. 아울러 거란과의 교통로 명목으로 압록강 유역의 6성을 고려에게 돌려주었다. 이 지역을 강동 6주라고 부른다. 거란의 1차 침입에 맞서 서희는 적장과 담판을 지어 오히려 강동 6주를 획득하는 외교적 쾌거를 올렸다.

〈강동 6주의 회복〉

거란의 1차 침입은 서희의 활약으로 피 흘리지 않고 막아낼 수 있었지만 거란은 1010년 다시 군대를 이끌고 고려를 침입했다. 2차 침입은 거란의 왕이 직접 지휘했다. 전쟁을 벌이기 위해서 거란은 고려를 침입하는 명분을 억지로라도 만들어야 했다. 거란은 정변을 일으켜 목종을 폐위하고 현종을 왕위에 앉힌 강조를 혼내주기 위해 고려를 침입한다는 명분을 내세웠다. 하지만 실제로는 어이없이 내어준 강동 6주를 돌려받고, 송나라와의 전쟁에 앞서 후방의 고려를 먼저 제압하기 위한 침입이었다.

### 🐦 강조의 변

강조의 변에 대해 상세히 알 필요는 없다. 시험과는 무관하다. 거란의 2차 침입 명분이 강조의 변이라는 것만 알면 충분하다. 하지만 궁금해할 독자를 위해 설명을 덧붙인다.

고려 목종은 천추태후와 김치양 세력이 힘을 합쳐 반란을 도모하자 서북지방(평안도)에서 군대를 통솔하던 강조에게 은밀히 사람을 보내 개경으로 군사를 몰고 와 자신을 호위할 것을 명했다. 강조는 개경으로 군사를 이끌고 출발했다. 하지만 도중에 거짓된 정보를 듣고 만다. 김치양과 천추태후가 강조 자신을 개경으로 유인해 죽이려는 계략이라는 거짓 정보를 접한 강조는 다시 평안도로 돌아갔다.

이후에 강조는 김치양 무리가 목종을 죽이고 개경을 어지럽히고 있다는 이야기를 듣게 된다. 강조는 다시 한 번 군대를 이끌고 개경으로 출발했다. 하지만 도중에 소문과는 달리 목종이 살아있다는 것을 알게 된다. 왕의 명령 없이 함부로 군대를 움직인 꼴이 되어버린 강조는 이래저래 역적으로 몰려 죽을 수밖에 없다고 판단한 끝에 그대로 개경으로 군대를 진격했다. 강조는 목종을 폐위시키고 현종을 왕위에 앉혔다. 이를 강조의 변이라 한다.

## 고려 왕의 즉위 순서 왕계표

조선의 왕계표는 '태정태세 문단세'라는 두 문자 암기법을 이용해 잘 외우는 반면 고려의 왕계표는 전혀 모르는 분들이 많다. 고려 전기의 왕 정도는 두 문자를 이용해 암기해두면 역사에 대한 이해도를 높일 수 있다.

## 태혜정광 경성목
## 현덕정문 순선헌

태조 ➡ 혜종 ➡ 정종 ➡ 광종 ➡ 경종 ➡ 성종 ➡ 목종 ➡ 현종 ➡ 덕종 ➡ 정종 ➡ 문종 ➡ 순종 ➡ 선종 ➡ 헌종

거란이 대군을 이끌고 2차 침입을 감행하자 고려 조정에서는 이번에도 역시 화친을 맺고 영토의 일부를 거란에게 떼어주자는 의견이 있었다. 하지만 강감찬 장군의 의견을 받아들여 일단 남쪽으로 후퇴했다가 힘을 길러 후일을 도모하기로 했다. 현종은 개경을 버리고 전라남도 나주까지 피난을 떠났고, 거란군은 텅 빈 개경을 손쉽게 점령했다.

하지만 거란은 급하게 고려 원정길에 오르느라 서북 지역의 여러 성들을 점령하면서 진격한 것이 아니었다. 고려군에게 거란으로 돌아가는 퇴로를 공격당할 것을 걱정한 거란 임금 성종은 고려의 화친 요청을 받아들였다. 고려 현종의 친조를 조건으로 화친을 맺은 후 거란은 군대를 물렸다.

### 🐦 친조(親朝)란?

'친히 입조한다'라는 말의 줄임말로 입조(入朝)는 한자 그대로 '조정에 들어감'을 의미한다. 오늘날 우리 대통령이 미국을 방문하여 회담이나 연설을 하는 것과 비슷하다.

고려 무신 양규는 돌아가는 거란족을 공격했
다. 양규는 포로로 끌려가는 고려인들을 1만
여 명 이상 구한 후 거란의 주력 부대를 맞아
싸우다 장렬하게 전사했다.

양규와 김숙흥 등에게 큰 타격을 입고 돌아
간 거란은 3년 뒤인 1013년 다시 한 번 군사
를 동원해 고려에 침입한다. 3차 침입의 구실
은 친조를 약속했던 현종이 친조를 하지 않
았다는 것이었다. 아울러 강동 6주를 다시 돌
려달라고 요구했다.

하지만 고려는 거란의 2차 침입 이후 착실히
거란의 침입에 대비를 한 상태였다. 정종이
거란의 침입에 대비하기 위해 설치했던 광군
사는 광군도감으로 개칭되었다가 현종 때 다
시 광군사로 재편됐다. 또한, 서경의 황성을
다시 쌓았다. 고려군은 거란 장수 소적렬이
이끄는 군대를 흥화진 전투에서 궤멸시켰다.
또한 강감찬 장군은 거란 장수 소배압이 이
끄는 거란군을 귀주에서 대파했다. 이를 귀
주대첩이라 부른다.

귀주대첩 이후 고려는 개경에 나성을 축조하
고, 압록강 하구인 의주(평안북도 신의주)에
서부터 함경남도 영흥 도련포에 이르는 곳에
천리장성을 쌓았다. 고려는 거란족이나 여진
족과 섞일 수 없는 문화권임을 확실히 보여
준 것이었다. 고려는 천리장성을 북쪽 국경
선으로 삼았다.

11세기가 거란족 침입의 역사였다면 12세기
는 여진족(말갈족)과의 갈등이 도드라진 시
기였다. 예부터 말을 잘 타기로 유명했던 북
방 유목 민족과의 전투에서는 말을 타고 싸
우는 적의 기병 때문에 어려움을 겪어왔다.
적의 기병에 대적할 새로운 군대를 양성할
필요성을 느낀 고려 숙종은 윤관의 건의를
받아들여 별무반을 조직했다. 여진 정벌을
위한 임시 목적으로 설치된 별무반은 기병
(말을 타고 싸우는 병사: 신기군)과 보병(걸
어 다니며 싸우는 병사: 신보군)으로 이루어
졌다. 윤관은 고려 예종 때 별무반을 이끌고
여진족과 싸워 동북쪽의 9성을 정벌하는 군
공을 세우기도 했다. 하지만 별무반은 어디
까지나 임시적인 조직이었다. 거란의 세력이
약해지면서 송을 위협할 새로운 유목 민족으
로 성장해버린 여진족의 힘을 완전히 꺾기엔
부족했다.

추장 아골타의 등장 이후 여진족은 하루가
다르게 성장했다. 결국엔 거란족마저 복속

시킨 여진족은 고려에게 임금과 신하의 관계를 맺자는 무리한 요구를 해왔다. '너희 고려는 조그만 나라이니 큰 금나라를 섬기라'는 금나라의 사대 요구를 받은 고려에서는 이를 수용할지 여부를 놓고 열띤 논쟁이 벌어졌다.

🔥 강대국인 큰 나라를 섬기는 것을 사대(事大: 섬길 사, 큰 대)라고 한다.

당시 고려는 문벌 귀족인 경원 이씨가 실권을 장악하고 있었다. 대표적인 인물이 이자겸이다. 이자겸은 금의 사대 요구를 수용하기로 했고, 고려의 문벌 귀족 사회는 극도로 보수화되기 시작했다.

🔥 문벌 귀족이란 말이 생소하게 느껴질 수도 있을 것이다. 문벌이란 말을 쉽게 이해하기 위해서는 학벌이란 말을 떠올려보면 된다. 명문대 졸업생에게 학벌이 좋다는 말을 하지 않는가? 문벌, 학벌, 재벌에 공통으로 사용되는 벌(閥)이란 말은 원래 대문의 왼쪽 기둥을 뜻한다.
역사서를 읽다 보면 문벌과 유사한 의미로 벌열이라는 단어도 종종 등장한다. 벌이란 앞서 말했듯 대문의 왼쪽 기둥을 뜻하고, 열이란 대문의 오른쪽 기둥을 뜻한다. 이들 기둥은 과연 어떤 의미를 가지고 있을까?
예로부터 돈과 권력을 가진 인물 곁에는

사람들이 많이 모였다. 돈과 권력 곁에서 기생하려는 사람들로 인해 권력자나 재력가의 대문은 많은 사람들이 드나들었다. 하지만 그들의 대문은 드나들고 싶다고 해서 아무나 드나들 수 있는 곳이 아니었다.
돈과 권력을 가진 인물을 만나기 위해서는 그들의 환심을 살만한 능력이나 돈이 있어야 했다. 즉 어느 정도의 재력과 능력을 가진 인물들만 그들의 대문을 넘어 집안으로 들어갈 수 있었다. 그런 의미에서 대문의 양쪽 기둥을 뜻하는 벌과 열은 권력의 심장부로 들어가는 첫 번째 관문인 셈이다.

고려는 조선과 다르게 무관을 뽑는 과거 시험이 별도로 존재하지 않았다. 문과에 통과한 문신 관료가 병력까지 통솔했을 정도로 무신에 대한 차별이 아주 극심했다. 문벌은 문관으로 이루어진 벌열을 의미한다. 즉 문벌은 특권 의식이 아주 강하게 배어나는 단어이다.
문벌 귀족이란 귀족 세력이 문신 관료화되면서 특권을 가진 하나의 벌열 집단이 되었다는 의미이다.

문벌 귀족 세력이 보수화되면서 경원 이씨 등 일부 가문들은 왕씨 성을 가진 고려의 왕족을 위협할 정도로 성장하게 되었다. 경원 이씨를 대표하는 인물인 이자겸은 십팔자

(十八子) 도참설을 내세워 이씨 성을 가진 인물이 왕위에 오른다는 주장을 했다. 열 십(十), 여덟 팔(八), 아들 자(子)를 모두 합치면 이자겸의 성인 이(李)씨가 된다.

이자겸의 세력이 강해지는 것을 두려워한 인종은 이자겸을 제거할 계획을 세웠다. 하지만 이를 알게 된 이자겸 세력이 먼저 궁에 불을 지르고 반대파를 죽이는 사건이 벌어졌다. 이를 이자겸의 난이라고 부른다.

이자겸의 난을 피해 도망친 고려 인종은 이자겸에게 왕위를 물려줄 뜻을 내비치기도 했다. 하지만 인종은 이자겸의 오른팔과 같았던 부하 척준경을 이용해 결국 이자겸을 몰아내었다. 이어서 척준경마저 제거하면서 이자겸의 난은 막을 내리고 말았다.

이들의 뒤를 이어 권력을 잡은 세력은 『삼국사기』의 저자로 유명한 경주 김씨 김부식이었다. 그 후 김부식으로 대표되는 문벌 귀족 세력과 척준경을 몰아내는 공을 세운 서경(평양)의 신진 세력이 대결하는 양상으로 권력 구도가 바뀌었다.

김부식을 정점으로 하는 개경 문벌 귀족과 정지상과 묘청을 중심으로 한 서경 신진 세력간의 세력 다툼은 인종이 서경에 대화궁을 건립하고 새로운 정치를 위해 서경파에 힘을 실어주면서 더욱 가속화 되었다. 서경은 예로부터 북방 민족이 한강 유역으로 진출하기 위한 길목에 있는 중요한 지역이었다. 태조 왕건도 훈요 10조에서 서경의 중요성을 언급했을 정도였다. 서경 세력은 개경 세력에 대적할 만큼 탄탄했다.

한편 척준경을 탄핵(공적인 지위에서 몰아내는 것)하는데 큰 공을 세운 정지상은 묘청의 풍수지리학에 매료되어 있었다. 신라 하대에 도선이 들여온 풍수지리학은 고려 시대에도 여전히 명당과 길지를 갈망하는 귀족 세력들에 의해 신봉되고 있었음을 말해준다. 묘청은 개경의 기운이 다 소진되었으니 서경으로 고려의 수도를 옮겨야 한다고 주장했다. 이를 묘청의 서경 천도 운동이라 부른다.

묘청은 여진족이 만든 금나라의 사대 요구를 받아들이는 것은 있을 수 없으며 오히려 금나라를 정벌해야 한다는 금국정벌론을 강력하게 주장했다. 묘청은 고려 역시 황제의 나라이며 따라서 연호도 중국의 연호를 사용하지 말고 고려만의 독자적인 연호를 사용해야 한다고 했다. 묘청이 택한 연호는 천개(天開: 하늘 천, 열릴 개)였다.

인종 또한 묘청의 건의에 따라 서경으로 수도를 옮기려 했다. 하지만 인종이 서경으로 가는 길에 갑자기 폭풍우가 휘몰아치고 말들이 놀라 날뛰어 인종이 말에서 떨어지는 사고가 발생했다. 비슷한 시기 서경에 지었던 대화궁이 벼락을 맞아 불타는 일이 벌어지면서 서경이 길한 땅이라는 주장은 크게 힘을 잃게 되었다. 말에서 떨어진 인종의 마음 또한 서경에서 멀어지게 되자 묘청은 난을 일으켜 서경 천도를 끝까지 관철시키려 했다. 김부식이 이끄는 진압군은 서경을 포위하고 공격했다. 묘청을 따르던 조광이란 인물이 묘청의 목을 베어 버리면서 묘청의 난은 허무하게 끝나고 말았다.

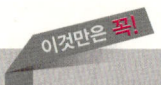 조광이 묘청의 목을 가지고 항복했지만 진압군은 이를 받아들이지 않았다. 어쩔 수 없이 조광은 며칠 진압군과 싸워보았지만 힘의 한계를 깨닫고 스스로 몸에 불을 질러 분신 자살했다.

대표적인 민족주의 역사학자였던 단재 신채호 선생은 묘청의 난을 '조선(이성계가 세운 조선이 아니라 우리나라의 역사를 통칭하는 표현) 천년의 역사상 가장 첫 번째 사건'이라고 평가했다. 금국정벌론을 통해 한반도에 머물러있지 않고 북으로 뻗어가려는 움직임이 문벌 귀족에 의해 좌절된 데에 대한 안타까운 마음을 표현한 것이다.

11세기 거란족, 12세기 여진족에 대항했던 고려는 13세기에 이르러 세계 역사상 가장 넓은 영토를 차지한 몽골의 침입을 받게 된다.

---

## ★★
### 팔만대장경 이야기

대장경은 불교 관련 경·율·론(경전·계율·논의)을 모아놓은 총서이다. 3가지를 모았다고 해서 삼장경이라고도 부른다. 고려는 불교 국가였기에 나라에 우환이 있을 때 부처의 힘을 빌려 극복하려는 믿음이 있었다. 11세기 거란이 침입해 왔을 때는 초조대장경(처음 만든 대장경)을 만들었지만 13세기 몽골의 침입으로 불타 없어졌다.

교종 승려였던 대각국사 의천은 교장도감을 설치한 후 각종 장서를 모아 속장경을 만들었다.

 불교 경전은 너무 어렵기 때문에 사람들이 쉽게 이해할 수 있는 해설서가 필요했다. 이런 이유로 만들어진 해설서를 주석서 혹은 장서라고 부른다. 속장경은 장서를 모아서 만든 책이다. 경전을 모아서 만든 책이 아님에 주의하자.

★의천은 불교 경전을 모아(X) 속장경을 만들었다.

초조대장경이 몽골의 침입으로 소실되자 무신 정권의 최고 권력자였던 최우는 부처의 힘으로 외침을 막아내고 싶은 염원을 담아 다시 한 번 대장경을 만들었다. 다시 만들어진 대장경이란 의미에서 이를 재조대장경이라 부른다. 이 재조대장경은 8만여 개의 글자 수를 가졌다고 해서 팔만대장경으로 더 널리 알려져 있다. 강화도에 대장도감을 설치한 후 만들어진 재조대장경은 조선 태조 때 경남 합천군 가지산에 위치한 해인사로 옮겨 현재까지 보존 중이다. 즉 팔만대장경을 보존하는 장경판전은 고려 시대가 아니라 조선 시대인 15세기에 만들어졌다.

팔만대장경은 그 문화적인 가치를 세계적으로 인정받고 있다. 재조대장경을 보존하고 있는 건물인 장경판전은 유네스코에 의해 세계문화유산으로 등재되어 있다. 자연적으로 바람이 드나들 수 있게 만든 장경판전의 통풍시스템이 높은 평가를 받았다.

---

칭기즈 칸의 강력한 리더십을 통해 몽골은 강력한 제국을 건설했다. 칭기즈 칸의 손자였던 쿠빌라이 칸은 송나라를 정복한 후 원나라를 세워 초대 황제에 올랐다. 이렇게 몽골이 세계사의 흐름을 바꿔놓는 과정 속에서 고려 또한 자유로울 수는 없었다.

거란족(요나라)은 12세기 여진족에게 복속되었다가 여진족(금나라)의 힘이 약해지기 시작하면서 다시 등장했다. 하지만 거란족 또한 몽골의 진격 앞에 자유로울 수 없었다. 13세기 초 몽골에 쫓긴 거란족이 고려를 재침입하는 일이 벌어졌다. 김취려 장군은 평안남도에 있는 강동성으로 이들을 몰아냈다. 그리고 고려는 몽골군과 힘을 합쳐 강동성에 남아서 저항하던 거란족을 물리쳤다. 이를 강동의 역이라고 한다.

『고려사절요』는 강동의 역을 이렇게 기록하고 있다.
'거란의 군사들이 너희 나라에 도망해온 지 3년이나 되었는데도 소탕하지 못하므로 황제가 군사를 보내 이를 치노니 너희 나라에서는 군량미를 부족하지 않게 보내라. 황제의 명령으로 적군을 격파한 뒤에는 형제의 맹약을 맺으리라.'
몽골 역시 금나라가 그랬던 것처럼 세력이 강성해지자 군량미 명목으로 조공을 바치고, 자신의 나라를 형으로 모실 것을 강요해온 것이다.

13세기 초 몽골의 사신이 피살당한 사건을 구실로 살리타(살리타이)가 이끄는 몽골군이 고려를 침입해왔다. 당시 고려는 무신들이 정권을 잡고 있던 상황이었다. 무신 정권의 우두머리였던 최우는 강화도로 수도를 옮겨 몽골군에게 대항했다. 당시 고려 임금은 고종이었다. 강화도는 땅이 넓고 식량이 풍부해 장기적으로 저항이 가능하고, 물살이 센 바다가 가로막고 있어 상대적으로 수군의 힘이 약했던 몽골군이 쉽게 공격해올 수 없을 것이라고 판단한 결과였다.

몽골의 침입은 총 6차례에 걸쳐 이루어졌다. 몽골의 침입에 맞서 강화도로 수도를 옮기고 싸웠다고는 하지만 현실적으로 무신 정권을 지켜내기 위한 방어에 그쳤다. 하지만 승려였던 김윤후 장군이 처인성(에버랜드가 있는 경기도 용인시 처인구)에서 적장 살리타(살리타이)를 활로 쏘아 죽이는 등 산발적인 승리도 있었다. 김윤후는 그 공로를 인정받아 고려 무신의 최고 관직인 상장군을 제의받았지만 사양하고 충주성에 내려가 계속 몽골군과 맞서 싸웠다. 처인성 전투에서의 승리를 계기로 처인 부곡은 처인현으로 승격되었다. 김윤후 장군은 충주성에서도 몽골군을 맞아 전공을 세웠고 충주성은 중원경으로 승격되었다.
강화도로 천도한 무신 정권은 몽골에 끝까지 맞서 싸웠다. 특히 대몽 항쟁의 주역은 삼별초였다.

🦅 무신 정권의 리더였던 최우는 도둑이 들끓자 치안을 담당하기 위해 야별초를 만들었다. 그 후 야별초의 규모가 커지면서 좌별초와 우별초로 나뉘었다. 이 좌별초와 우별초 그리고 몽골에 포로로 잡혀갔다가 돌아온 신의군, 이 세 부류를 합쳐 삼별초라고 부른다. 원래 삼별초는 최씨 무신 정권의 사병(개인적인 군대)이었다.

| 삼별초 | 좌별초 |
|---|---|
| | 우별초 |
| | 신의군 |

최씨 무신 정권이 몰락한 후에 고려 원종은 몽골에 항복하고 개경으로 환도(수도를 원래대로 돌림)한다. 하지만 개경 환도가 이루어진 1270년 이후에도 삼별초는 끝까지 몽골의 지배를 반대하며 저항했다. 1273년까지 계속된 삼별초의 저항을 삼별초의 난 또는 삼별초의 대몽 항쟁이라고 부른다.

삼별초는 왕온을 왕으로 추대하고 강화도에서 저항했다. 하지만 무신 정권의 싹을 잘라 버리려는 고려군과 몽골군의 연합군에 밀려 전라남도 진도에 위치한 용장성으로 옮겨 항쟁을 이어갔다. 이마저도 여의치 않자 제주도까지 근거지를 옮겨 저항을 계속했다. 삼별초는 일본과 힘을 합쳐 몽골군에 대항하려는 외교적인 시도까지 해보았지만 결국 여몽(고려·몽골) 연합군에 무릎을 꿇고 말았다. 삼별초의 난을 정벌한 몽골은 진격을 계속해

내친 김에 일본까지 정벌하려 했다. 1274년 1차 일본 원정을 시도했으나 때마침 불어 닥친 태풍으로 인해 실패했고, 1281년에 이뤄진 2차 원정 또한 태풍에 의해 좌절되고 말았다. 일본인들은 자신들을 지켜준 이 태풍을 신풍이라 부르고 있다.

🦅 경상남도 마산에는 일본 원정에 실패한 몽골군이 머무르면서 식수로 사용했던 몽고정이란 우물이 남아 있다.

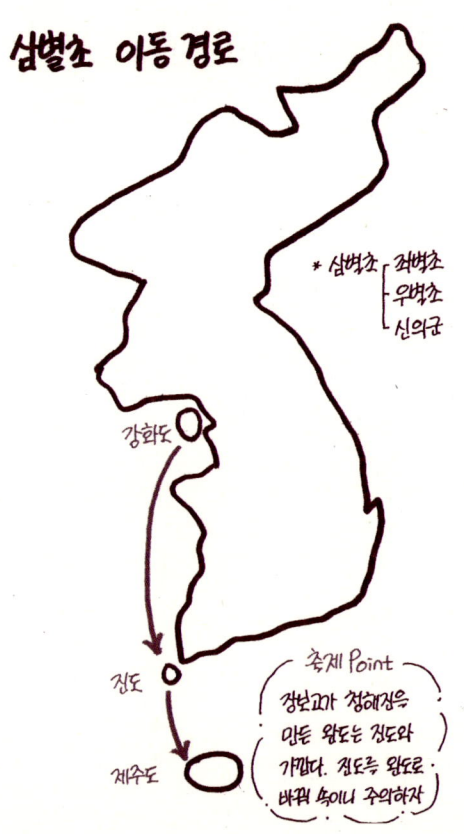

삼별초 이동 경로

* 삼별초 ┌ 좌별초
         ├ 우별초
         └ 신의군

강화도

진도

제주도

축제 Point
정보과 정해정을 만든 왕도는 진도와 가깝다. 진도를 완도로 바꿔 속이니 주의하자

몽골의 침입 이후 14세기에 이르러 고려는 왜구(일본 쓰시마 섬을 근거지로 한 해적 무리)의 노략질로 골머리를 앓게 된다. 아울러 원

나라의 힘이 약해지면서 정통 한족 주원장이 홍건적(붉은 수건을 머리에 두른 도적)을 결성해 고려 국경을 침입하는 일이 많아졌다. 이에 고려 조정에서는 홍건적과 왜구 격퇴에 군공을 세운 인물에게 첨설직이라는 관직까지 하사하는 등 이들을 물리치려 노력했다.

고려 우왕 때에는 최영 장군이 홍산대첩에서, 원나라에서 화약 만드는 기술을 들여온

| 고려의 대외 항쟁 | | |
|---|---|---|
| 거란 침입 대비 | 정종 | 광군 |
| 송의 거란 공격 | – | 송은 고려에게 군사를 요청했으나 고려는 불응<br>(고려는 송을 군사적으로 지원X) |
| 거란의 제1차 침입 | 993 | 서희의 담판, 강동 6주 |
| 거란의 제2차 침입 | 11세기(거란) | • 목종을 폐위한 강조의 변을 계기로 침입<br>→개경이 함락되고, 현종은 나주까지 피난<br>• 양규의 활약 |
| 거란의 제3차 침입 | | 귀주대첩⇒ 개경에 나성 축조⇒ 천리장성 축조 |
| 동북9성 | 12세기(여진) | 오랑캐의 기병에 대적할 새로운 군대(윤관/별무반) |
| 금(여진)의 사대수용 | | 이자겸, 김부식 |
| 이자겸의 난 | | 十八子도참설 |
| 묘청의 난 | | • 금의 사대 수용에 반발– 금국정벌론, 연호 사용(天開)<br>• 중앙 문벌 귀족과 지방 신진 세력의 대립<br>• 묘청의 난 진압 후 금에 대한 사대 정책 실시 |
| 거란의 재침입 | 13세기초 | 1차 거란이 몽골에 쫓기며 재침 → 김취려 |
| | | 2차 강동의 역 → 몽골의 침입 배경 |
| 몽골의 침입 | 1231(13세기) | • 강화도 천도(최우)<br>• 초조대장경 소실<br>• 처인 부곡 전투에서 살리타를 사살하고 현으로 승격(김윤후) |
| 재조(팔만)대장경 조판 | 1248(고종) | 강화도에 대장도감 설치 ⇒ 조선 태조 때 해인사로 옮김<br>⇒ 해인사 장경판전 건축(15세기) |
| 삼별초의 난 | 1270~1273 | • 강화→진도(용장성) →제주<br>• 최씨 정권의 사병적 성격<br>→ 왕온 추대→ 항몽정권 수립→ 일본과 접촉시도 |
| 원의 제1차 일본 원정 | 1274 | – |
| 정동행성 설치 | 1280 | · 개경에 세워진 고려와 원의 연락 기구<br>· 장관인 승상은 원이 아닌 고려의 왕이 임명 |
| 원의 제2차 일본 원정 | 1281 | – |
| 왜구의 침입 | 14세기 | • 최영(홍산대첩) – 우왕<br>• 최무선(진포대첩) – 우왕<br>• 이성계(황산대첩) – 우왕/ 남원 운봉/ 아지바투 사살<br>• 박위(쓰시마 정벌) – 창왕<br><br>※ 고려 말 홍건적 · 왜구 격퇴시 군공을 세운 자 → 첨설(添設)직 |

최무선이 진포대첩에서, 이성계 장군이 황산 대첩에서 왜구를 물리쳤다. 고려 창왕 때에는 박위가 왜구의 본거지인 쓰시마 섬을 정벌하기도 했다.

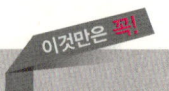

박위는 조선 시대 세종대왕 때 쓰시마 섬을 정벌한 이종무와 구분해야 한다. 아울러 쓰시마 섬은 대마도라는 한자어와 같은 말이다.

**17** 기|출|응|용|문|제

다음 정책이 제기된 시기에 대한 설명으로 가장 적절한 것은?

옛날의 금은 거란과 우리를 섬기는 소국이었습니다. 하지만 갑자기 강성해져 거란을 멸망시켰습니다. 또 우리와 영토가 맞닿아 정세가 사대하지 않을 수 없게 되었습니다. 작은 나라가 큰 나라를 섬기는 것은 선왕의 법도이니 먼저 사신을 보내 예를 갖추는 것이 옳습니다.

① 강화도에서 재조대장경을 간행했다.
② 최영이 홍산에서 왜구를 물리쳤다.
③ 무신 집권기 최고 권력자의 노비가 난을 일으켰다.
④ 과거를 통해 진출한 서경파가 문벌 귀족과 대립했다.
⑤ 홍건적의 침입이 잦아졌다.

# 4 고려 광종

사실 신라나 조선과 달리 고려 시대의 왕들 모두에 대해서 상세히 알 필요가 없다. 태조 왕건을 제외하면 고려 초기에 왕권 강화를 꾀한 광종과 문물을 정비한 성종 정도만 살펴보면 족하다.

광종은 고려 4대 임금으로 그의 업적은 왕권 강화 한마디로 요약할 수 있다. 고려 건국 초기에는 지방 호족 세력을 무시할 수 없었기에 태조 왕건은 그들에게 당근과 채찍을 동시에 사용했다. 그 후로도 호족 세력을 견제하고 왕권을 강화하기 위한 노력은 계속되었다. 광종의 왕권 강화 노력을 살펴보자.

광종은 우선 주현공부법을 실시해 국가의 재정 확보를 꾀했다. 광종은 949년 각 주현 단위로 수취할 공납의 양을 일정하게 정했다. 이를 주현공부법(주현에 공납을 부여하는 법)이라 한다. 이를 통해 공납의 안정적인 수취가 가능해졌고, 국가 재정은 탄탄해졌다. 탄탄한 국가 재정은 왕권 강화를 위한 밑거름이 되었다.

| 주현공부법 | 광종 | 주현 단위로 수취할 공납의 양을 정해줌 |
| --- | --- | --- |
| 주현공거법 | 현종 | 향리의 자제에게 과거 응시 자격 부여 |

이어서 광종은 956년 노비안검법을 실시했다. 원래 평범한 양인이었으나 부당하게 개

인의 노비가 된 인물을 조사해 다시 양인 신분으로 돌려주었는데 이를 노비안검법이라 부른다.

 노비는 주인 마음대로 부릴 수 있었다. 즉 주인이 시키면 노비는 칼을 든 사병이 될 수 있었던 것이다. 왕은 자신이 통솔할 수 없는 사병의 존재를 두려워했다.

주현공부법과 노비안검법 외 광종의 왕권 강화책으로 과거제를 들 수 있다.

광종은 중국 후주에서 귀화한 쌍기라는 인물의 건의를 받아들여 과거 제도를 마련했다. 유학적 능력이 뛰어난 신진 세력을 양성하고, 호족이나 귀족 세력에 맞서 싸울 왕의 충직한 신하로 삼으려는 의도가 깔린 정책이었다.

쌍기는 후주에서 고려로 국적을 옮겨 귀화한 인물이지 후주에서 고려로 온 사신이 아니라는 점을 주의해야 한다. 아주 가끔 변별력을 테스트하기 위해 출제되는 함정 문제이다.

### 고려 광종

| 주현공부법 | → | 노비안검법 | → | 과거 제도 |
|---|---|---|---|---|
| 재정확보(949년) 주현 단위로 부과할 공납과 역의 일정량을 정함 | | 956년 억울하게 노비가 된 양인을 다시 양인으로 돌려줌 | | 958년 쌍기의 건의 |

이외에도 광종은 스스로 황제임을 자처하고, 광덕·준풍 등의 연호를 사용했다. 개경은 황제가 사는 황도, 서경을 서도라고 불렀다. 그리고 문무백관들의 공복을 제정했는데 이 역시 왕권 강화책의 일환이라 볼 수 있다.

## 18 기│출│응│용│문│제

다음 왕이 시행한 정책으로 옳은 것은?

태조가 건국할 때에는 초창기라 일이 많으므로 신라의 옛 제도를 그대로 썼다. 그 후 이 왕이 비로소 백관의 공복을 제정하니 존비 상하의 등급이 밝혀졌다.

① 노비들이 주인을 모함하자 노비환천법을 실시했다.
② 승과 제도를 실시하여 합격한 자에게 승계를 주었다.
③ 현직 관리에게 녹과전을 지급했다.
④ 주전도감을 설치해 동전을 만들었다.
⑤ 흑창을 설치해 춘궁기에 곡식을 빌려주고 가을 추수 후에 되갚았다.

# 5 고려 성종

성종은 이룰 성(成)이라는 한자에서도 알 수 있듯이 문물과 제도를 정비한 임금에게 붙여주는 최고의 호칭이다. 고려의 성종 또한 마찬가지였다. 성종은 왕권과 신권(신하의 권한)을 적절히 조화시키면서 고려 사회를 지탱할 각종 제도를 정비했다. 이를 단적으로 보여주는 예가 바로 노비환천법이다.

노비환천법이란 광종이 노비안검법을 통해 노비에서 양인으로 돌려놓은 인물들을 다시 노비로 환원하는 정책이다. 노비환천법을 성종에게 건의한 인물은 관료 최승로이다. 광종 때 노비안검법이 시행되면서 양인 신분이 된 노비들이 원래의 주인들을 모함하는 현상이 나타났다. 유학자였던 최승로는 노비가 자신의 주인을 모함하고 비판하는 노비안검법이 고려 사회의 신분 질서를 뒤흔든다고 생각했다. 노비안검법의 폐단을 바로잡기 위해 최승로가 성종에게 건의한 제도가 바로 노비환천법이었다.

최승로에 대해 좀 더 자세히 살펴보자. 최승로는 성종 이전의 5임금(태조-혜종-정종-광종-경종)을 자기 나름대로 평가한 '5조 정적평'을 작성했다. 또한 태조 왕건을 높이 평가했고, 광종과 같은 전제 군주를 비판했다. 최승로는 왕 한 명에게 권력이 집중되는 것보다는 왕이 여러 관료들과 함께 의견을 나누며 정책을 처리하는 국정 운영을 이상적인 모습으로 생각한 것 같다.

🔥 최승로의 광종에 대한 평가는 노비안검법 이전과 이후로 조금 상반되는 측면이 있다. 광종이 노비안검법을 시행한 것까지는 나쁘지 않았지만, 후주 출신의 쌍기를 등용해 과거제를 실시한 것은 잘못되었다는 평가를 했다.

왕권의 전제화를 견제한 최승로는 신라와 중국의 제도에 근거해 관복 제도를 확립했다. 아울러 공신들의 자손을 우대해 등용할 것을 주장했다. 국가에서 통제하는 공무역 이외에 일체의 사적인 무역은 금지시켰다.

최승로는 "불교는 개인을 수양하는 수신의 근본이요, 유교는 나라를 다스리는 치국의 근본이다"라는 발언을 통해 국가 통치에 있어 유교의 중요성을 강조했다. 최승로는 불교 행사인 연등회나 팔관회를 축소했다.

최승로는 성종에게 28개의 정책을 건의했다. 이를 시무 28조라고 한다. 시무책을 통해 자신이 생각하는 정책 운영 방향을 제시한 것이다. 시무 28조를 통일신라 6두품이었던 최치원의 시무 10조와 혼동하지 말아야겠다.

| 시무 28조 | 고려 성종 | 최승로 |
|---|---|---|
| 시무 10조 | 신라 진성여왕 | 최치원 |

성종은 유학 교육을 진흥하기 위해 문신월과법을 실시했다. 문신월과법이란 성종이 문신들에게 매월 과제를 부여하는 제도이다. 개경에 있는 중앙 문신들은 매월 시 3편, 부(운문인 시보다는 산문적인 요소가 강한 한문시의 한 장르) 1편을 작성해야 했다. 지방 문신들에게는 매년 시 30편과 부 1편을 바치도록 했다. 왕이 과제를 직접 부여함으로써 과거에 급제한 이후에도 공부를 게을리하지 말라는 뜻을 신하들에게 보여준 것이라 볼 수 있다.

성종은 국립 대학인 국자감을 설치해 인재를 길러내는 노력도 게을리하지 않았다. 신라의 국립 대학인 국학이 고려에 이어져 오던 것을 성종이 유교 교육 체계에 맞게 정비한 것이다. 국자감에서는 다음과 같은 교육이 이루어졌다.

| 유학부 | 국자학 | | 3품 이상의 자손 |
| | 태학 | | 5품 이상의 자손 |
| | 사문학 | | 7품 이상의 자손 |
| 기술학부 | 율학 | 법률 | 8품이하 관리나 평민의 자손 |
| | 서학 | 서예 | |
| | 산학 | 수학 | |

\* 위의 6가지 학문을 경사 6학이라 부른다.

국자감은 원 간섭기에 명칭이 격하되어 국학으로 변했다. 공민왕이 관제를 우리의 것으로 복구하면서 국학을 국자감으로 환원시켰다. 이후 국자감은 공민왕 때 다시 성균관으로 명칭이 변경되어 조선 시대까지 이어졌다.

이것만은 꼭

### 사학 12도와 관학 진흥책

성종이 국자감을 설치하기는 했지만 고려 시대에는 국립 대학인 국자감보다는 사립 교육기관인 사학이 훨씬 융성했다. 오늘날에도 좋은 대학에 가기 위해 사설 교육기관인 학원을 선호하는 것과 비슷하다. 과거시험에 합격하기 위해 국자감에서 교육을 받는 것보다는 오히려 뛰어난 학자들이 세운 사학에서 공부하는 편이 훨씬 유리했기 때문이었다.

고려 목종 때 과거에 장원급제(수석 합격)해서 문종 때 고려의 최고 관직인 문하시중에 오른 최충이 사학 열풍의 선구자였다. 해동공자라는 칭호를 얻은 최충이 세운 사학이 바로 9재 학당이다. 9재 학당은 최충의 시호를 따서 문헌공도라고 불리기도 한다. 최충의 문헌공도를 포함한 대표적인 사학 12개를 사학 12도라고 부른다.

사학을 선호하는 사회 분위기 때문에 국자감을 폐지하자는 논의도 있었지만 관학을 살리기 위한 관학 진흥책은 꾸준히 이어졌다.

### 관학 진흥책

| 숙종 | 서적포를 만들어 책을 간행 |
| --- | --- |
| 예종 | ① 최충의 9재를 모방해 전문 강좌인 7재를 설치 ② 경제적으로 어려운 학생을 돕기 위한 장학 재단인 양현고를 설치해 관학의 경제적인 기반을 마련 |
| 인종 | 경사 6학(국자학, 태학, 사문학, 율학, 서학, 산학)을 정비 |

개경 이외의 지방 교육을 강화하기 위해 설치한 향교 역시 관학을 진흥하기 위한 정책으로 볼 수 있을 것이다. 참고로 관(官)은 국가 중에서도 행정부에 포커스를 맞춘 표현이다. 국(國:나라 국)과 관(官: 관청 관)은 유사한 의미로 사용된다. 관학이라는 표현 자체를 익혀두자.

성종은 지방 제도의 정비에도 성과를 거두었다. 전국의 요충지에 12목을 설치하고, 최승로의 건의를 받아들여 최초로 지방관(외관)을 파견했다.

고려 초기에는 호족 세력이 여전히 강했기 때문에 지방에 대한 직접 통치가 힘들 수밖에 없었다. 하지만 성종 때 문물이 정비되면서 성종은 지방에까지 자신의 통치력을 확장하고 싶었을 것이다.

고려는 모든 지방에 지방관을 파견한 것이 아니었다. 지방관을 파견한 현과 그렇지 못한 현이 있었다. 지방관을 파견한 현을 주현, 지방관을 파견하지 못한 현을 속현이라 부른다. 지방관을 파견한 주현의 숫자보다 지방관을 파견하지 않은 속현의 숫자가 더 많았다.

속현은 주현에 파견된 지방관이 간접적으로 통치했다. 속현에까지 구석구석 지방관을 파견하기 시작한 것은 한참 후인 고려 예종 때의 일이며 그때 파견된 지방관을 감무라고 한다.

비록 모든 군·현에 지방관을 파견한 것은 아니었지만 중앙 정부의 통치력을 지방에까지 미치게 한 성종의 업적은 높이 살만하다.

 **성종**-목종-현종-덕종-정종-문종-순종-선종-헌종-숙종-**예종**

# 6 고려의 각종 제도

### ① 군사 제도와 지방 제도

군사 제도와 지방 제도는 밀접한 관계를 맺고 있다. 근대 이전의 사회에서는 교통과 통신이 오늘날처럼 발달하지 못했기 때문에 중앙의 통치력이 지방으로 바로 전달되기는 힘들었을 것이다. 외적의 침입을 방어하기 위해 파견했던 관료들이 병사들을 통제하면서, 전쟁이 없는 평상시에는 지방 행정 기관의 역할을 담당했다. 그래서 군사 제도와 지방 제도는 밀접한 관계를 가진다.

고려는 성종 때 처음으로 지방관인 외관을 파견하고 12목을 설치했다. 이후 현종 때 비로소 5도 양계와 경기 지역으로 이루어진 지방 제도를 정비할 수 있었다.

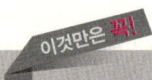

경기 지역은 5도 양계와 별도로 존재했다는 점이 중요하다.

현종은 5도 양계 아래에 4도호부와 8목이라는 행정 구역을 두었다. 안북 도호부, 안변 도호부 그리고 안서 도호부는 고정적으로 역사서에서 살펴볼 수 있다. 안남 도호부와 안동 도호부의 경우 그 변화가 심해 도호부의 숫자는 시기에 따라 4도호부 또는 5도호부로 차이를 보이기도 한다.

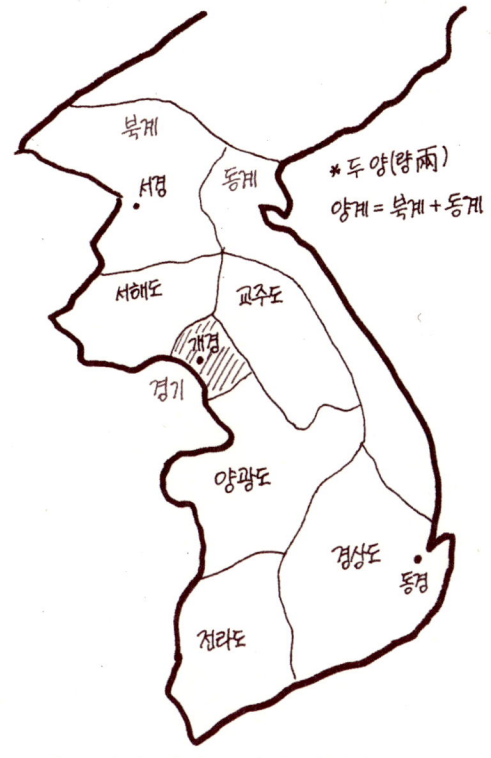

* 두 양(兩)
양계 = 북계 + 동계

북계와 동계가 존재했다. 이 양계는 행정적인 개념보다는 군사적인 개념이 강한 특수한 조직이었다. 양계에는 주진군이 항상 전쟁 준비를 갖추고 고려의 국경 지역을 지켰다. 양계의 주진군은 좌군·우군·초군으로 구성된 상비군으로서 병마사의 통제를 받았다.

지방군이었던 주현군과 주진군은 중앙군과 차별 대우를 받았다. 중앙군과는 달리 군인들이 받는 토지인 군인전을 지급 받지 못했다.

고려의 중앙군은 2군 6위로 편성되었다. 2군은 응양군과 용호군으로 왕을 호위했다. 오늘날의 청와대 경호팀과 비슷한 부대로 생각하면 된다. 응양군의 지휘관은 상장군이라 불렀으며 고려 시대 무신 중 가장 높은 관직이었다.
6위는 수도인 개경의 경비를 담당했다. 오늘날의 수도 방위 사령부와 비슷하다.

5도에는 상설 행정 조직이 없었다. 즉 주민 센터나 구청, 시청 같은 행정 기관이 항상 있었던 것이 아니었다. 5도는 안찰사가 각 도의 군·현을 가끔 돌아다니면서 순찰하는 형태를 띠고 있었다. 안찰사는 일반적인 행정 업무 이외에도 사법, 군사 등의 다양한 업무를 관장했다. 5도 아래에는 주·군·현 등의 조직이 있었다.
5도의 방어는 주현군이 담당했다. 주현군은 평상시에는 농사를 짓다가 전시에는 병사가 되는 병농일치의 군사 제도이자 지방 제도였다.

다른 나라의 침입이 끊이지 않던 고려의 경우 5도라는 행정 조직이 정립되기 이전부터

🐦 6위의 구성까지 일일이 기억하지 않아도 좋다. 6위는 개경을 수비하는 3위(좌우위, 신호위, 흥위위)와 치안을 담당하는 금오위, 성문을 지키는 감문위, 육군 의장대의 기능을 한 천우위로 구성되었다.

2군 6위의 지휘관인 상장군(정3품)과 대장군(종3품)이 모여서 회의하는 합좌(合坐: 모을 합, 앉을 좌) 기구를 중방이라 했다. 훗날 무신들이 정변을 일으켜 실권을 장악한 후에는

이 중방이 무신 집권기 최고의 권력 기구 역할을 하게 된다.

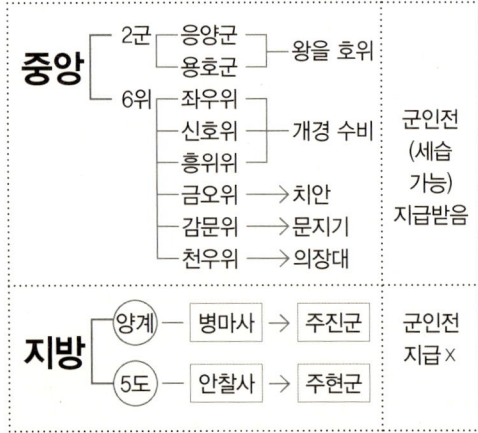

## ② 고려의 관제

고려의 중앙 행정 조직에 대해서 살펴보자. 고려의 관제는 당의 관제를 본떠 만든 3성 6부가 기본이 되었다. 중서성, 문하성, 상서성의 3성을 두고, 상서성 아래에 이부·호부·예부·병부·형부·공부의 6부를 두었다. 행정 일반을 담당하는 중서성, 심의 기구인 문하성, 집행을 담당하는 상서성을 두고 상서성 아래에 있는 6부가 각각의 행정 업무를 나누어 담당하는 형태였다.

이부는 일반 행정(인사), 호부는 재정, 예부는 주로 중국과의 외교에 있어 까다로운 형식이 요구되는 외교 문서를 작성하거나 사신을 대접하는 의례를 담당했다. 한편 병부는 군사, 형부는 법적인 문제, 공부는 토목·건축에 관련된 업무를 맡았다.

### 19 기|출|응|용|문|제

다음 ㉠~㉣에 대한 설명으로 옳은 것은?

고려 시대에 ㉠2군과 6위가 있었다.
조선 시대에 ㉡5위가 있었고, 후에 ㉢훈련도감, 어영청, 금위영 등 5군영이 설치되었다.
개항 이후 5군영은 2영으로 개편되고, ㉣별기군이 창설되었다.

① ㉠은 군인전을 지급 받았다.
② ㉡은 지방 방어를 맡았다.
③ ㉢은 이괄의 난을 계기로 조직되었다.
④ ㉣은 임오군란을 일으켰다.
⑤ ㉠~㉣은 지방 방어를 맡았다.

### 당·고려

### 발해

고려 성종 때에는 중서성과 문하성이 합쳐져 중서문하성이 되었다. 중서문하성의 문하시중이 고려의 최고 관직으로서 국정 전반을 총괄했다. 중서문하성으로 바뀐 이후부터 고려의 관제는 2성 6부로 운영되었다.

중서문하성에는 2품 이상의 관료인 재신과 3품 이하의 관료인 낭사가 있었다. 재신은 중추원의 추밀과 함께 재추라고 불리며 국가의 중요 정책을 의논했다. 몽골의 지배를 받던 원 간섭기에는 국가의 모든 명칭이 한 단계 낮춰진 명칭으로 격하되었다. 중서문하성은 원 간섭기에 첨의부로 명칭이 변경되었다.

| 중서문하성 | 재신 | 2품 이상 |
|---|---|---|
| | 낭사 | 3품 이하 |

왕의 명령을 신하들에게 전하고 실행하는 것은 왕명의 출납이라 한다. 출납은 한자어로 나가고 들어온다는 의미이다. 왕명의 출납과 군사 기밀을 담당한 관청은 중추원이었다.

🔥 돈이 들어오고 나가는 것을 기록하는 장부를 금전출납부라고 한다. 출납이라는 한자어를 너무 어렵게 생각하지 말자.

중추원도 중서문하성과 마찬가지로 2품 이상과 3품 이하로 구분되었다. 2품 이상은 추밀이라 부르고, 3품 이하는 승선이라 불렀다. 추밀은 중서문하성의 재신과 더불어 재추라 불리며 국가의 중요 정책을 의논하는 역할을 담당했다. 헌종 이후에는 중추원의 명칭이 추밀원으로 바뀌었다가 원나라 간섭기에 역시 명칭이 격하되어 밀직사로 변경되었다.

중추원은 조선 시대에도 계속 이어지다가 대한제국 시기에 정부의 자문(advice) 기구로 개편되었다. 독립협회는 중추원을 우리나라 역사상 최초의 의회(국회)로 개편하려는 시도를 하기도 했다.

| 중추원 | 추밀 | 2품 이상 |
|---|---|---|
| | 승선 | 3품 이하 |

| 재추 | 중서문하성 재신 |
|---|---|
| | 중추원 추밀 |

🔥 **승선** 사극을 볼 때 승선 어르신이라는 표현을 종종 들을 수 있다. 왕과 가장 가까운 곳에서 수발을 들었던 내시들의 우두머리를 승선이라 불렀다. 왕을 보필하다 보니 권력 다툼의 중심에 내시들이 끼어드는 일이 적지 않게 일어났다. 승선과 가까워져야 권력을 얻기 쉽고, 반란을 일으켰을 때에도 성공할 확률이 높았다.

고려 시대 중추원의 3품 이하 관리를 승선이라고 한다. 중추원의 주된 기능이

왕의 명령을 가장 가까이에서 받드는 왕명 출납이라는 점을 떠올려 보자. 승선이라는 용어가 보다 생동감 있게 다가올 것이다.

행정 관료들이 잘하는지 못하는지 감시 역할을 할 관직이 필요하다. 오늘날에는 감사원이 있어서 공무원들의 비리를 감시하는 역할을 한다. 고려 시대의 감찰 기관은 어사대라고 불렸다.

중서문하성의 3품 이하 관료인 낭사와 어사대 관료들을 합해서 대간 또는 대성이라 불렸다. 이들은 서경(관리를 임명하거나 법령을 만들고 폐지할 때 동의하는 권한), 간쟁(임금의 잘못을 고치도록 조언), 봉박(왕의 명령을 담은 문서가 합당하지 못할 경우에는 다시 밀봉해 돌려보냄)의 기능을 담당했다.

이외에도 삼사가 있었다. 고려의 삼사는 전곡의 출납과 회계를 담당했다. 이는 조선 시대의 삼사(사헌부, 사간원, 홍문관)가 언론 기관의 역할을 한 것과 비교되는 부분이다.

중서문하성의 재신과 중추원의 추밀을 합쳐 재추라고 한다. 이들은 함께 모여 국가의 중대사를 논의했다. 이들이 모인 합좌 기관으로 도병마사와 식목도감이 있었다. 도병마사와 식목도감은 고려만의 독창적인 정치 기구

라고 평가할 수 있다. 도당이란 표현 역시 도병마사를 뜻한다.

『고려사』에 따르면 도병마사는 고려 초부터 존재했다고 기록되어 있다. 고려 초기 도병마사는 군사와 국방 문제를 주로 논의했으나 시간이 지날수록 민생 문제를 관여하기 시작했다. 도병마사의 구성원들은 국가 중대사를 논의한 후 만장일치를 통해 사안을 결정했다. 이는 삼국 시대부터 있었던 합좌 제도의 전통이 계승된 것이라고 볼 수 있다. 원나라 간섭기 충렬왕 때 도병마사는 도평의사사로 격하되었다.

도병마사와 함께 고려만의 독창적인 관제였던 식목도감은 법령을 제정하고 격식을 정하는 역할을 담당했다.

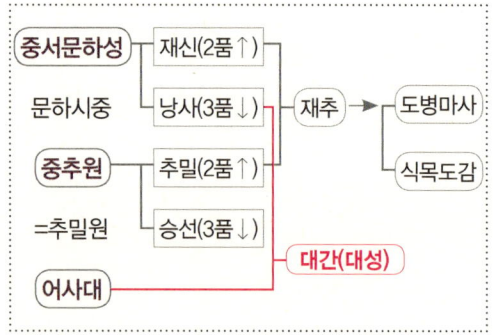

### ③ 신분 제도

고려 시대의 신분 계층은 귀족, 중간 계층, 양인 그리고 천민으로 나누어 볼 수 있다.

귀족은 문무 고위 관료들을 뜻한다. 이들은 음서제를 통해 과거시험을 보지 않고도 관직

에 진출할 수 있었다. 또한 대를 이어 세습할 수 있는 공음전이라는 토지를 지급 받아 부를 축적할 수 있었다.

중간 계층으로는 중앙 관청에서 행정 실무를 담당하는 하급 관리인 서리, 궁궐에서 궁중 실무를 담당하는 남반, 왕권이 강화되면서 호족 세력이 왕 아래로 재편되어 지방 행정 실무를 담당했던 향리, 하급 장교인 군반, 그리고 교통의 요지에 위치한 역(驛)을 관리하던 역리 등이 있었다.

았던 속현이나 특수 행정구역이었던 부곡 등에도 존재했다.

5도 양계를 설치해 지방 제도를 정비한 현종은 향리들에게도 공복(관직별로 차별을 둔 복장)을 제정했다. 이는 광종이 문무백관들의 공복을 제정해 왕권을 강화시키려고 한 것과 동일한 맥락이라고 생각하면 된다.

중간 계층 아래에는 양인 계층으로 백정과 정호가 있었다. 이들은 대개 농업에 종사했으며 간혹 상업, 수공업에 종사하는 인물들도 있었다. 아무래도 농경 사회이다 보니 상인과 수공업자는 농민보다 천시 받았다.

고려 시대의 백정은 일반 양인을 뜻한다. 도축업에 종사했던 조선 시대의 백정과 구별되는 개념이다.

양인의 대다수를 구성하는 백정은 직역이 없는 농민이었다. 백정은 법적으로 과거시험에 응시할 수는 있었지만 현실적으로는 어려움이 많았다. 하지만 백정도 적과 싸워 군공을 세운 후 무관으로 신분 상승하는 일은 있었다.

정호는 백정과 다르게 직역을 부여 받고, 그 직역을 수행한 대가로 전시과 체제 하에서 민전이라는 토지를 지급 받았다.

| 백정 | 직역X | 토지(민전)를 받지 못함 |
| 정호 | 직역O | 토지(민전)을 지급 받음 |

고려 시대에 특수한 행정구역으로 향·부곡·소가 있었다. 향과 부곡은 삼국 시대부터 존재했던 것이고 소는 고려 시대에 등장했다. 특수 행정구역에 사는 사람들은 천민 신분은 아니었다. 하지만 양인보다 많은 세금을 부담하면서도 오히려 양인보다 못한 대접을 받았다.

특수 행정구역인 향·부곡·소에 사는 사람들은 거주·이전의 자유가 없어 함부로 다른 곳으로 이사할 수 없었다. 법적으로 양인들은 과거에 응시할 수 있었던 반면에 이들은 과거에도 응시할 수 없었다.
향과 부곡의 거주민들은 주로 농업에 종사했다. 반면 소에 거주하는 사람들은 주로 수공업이나 광업에 종사했고, 생강을 재배하는 경우도 있었다.

이들 특수 행정구역은 고려 후기로 갈수록 차츰 일반적인 마을로 승격되는 경우가 많았다. 양인 아래에는 갖은 멸시를 받고 산 천민이 있었다. 대표적인 천민으로 도축업에 종사한 양수척과 광대를 일컫는 재인, 그리고 노비를 꼽을 수 있다.

🌺 양수척은 소나 돼지 등을 죽여 고기를 발라내는 도축업을 하는 사람들이었다. 이들은 발해의 대다수를 구성했던 말갈족으로 고려가 건국되는 과정에서 고려로 귀화한 경우가 많았다.

불교 국가인 고려는 생명을 죽이는 것을 금기시했기 때문에 고려인들은 고기를 얻기 위해 말과 짐승을 능숙하게 다루었던 양수척에게 자연스럽게 도축업을 맡겼다. 양수척은 화척으로 불리기도 했다.

양수척은 국가에 역을 부담하지 않는 대신 호적에도 기재되지 못했다. 양수척은 조선 시대로 넘어오면서 백정이라고 불렸다. 고려 시대 대다수의 농민을 일컫는 백정과는 다른 의미라서 꼭 구별해야 한다. 조선 시대 백정은 천하게 대접받았다. 결국 차별을 견디다 못한 백정들은 일제 강점기인 1923년 경상남도 진주에서 형평사운동을 일으켰다. 형평은 한쪽으로 치우치지 않고 균형을 유지한다는 뜻으로 백정들은 자신들을 차별하지 말고 평등하게 대우해줄 것을 요구했다.

고려 시대의 노비는 관청에 소속되어 있던 공노비와 개인 소유의 사노비로 크게 나눌 수 있다.

공노비는 관청에서 생활하는 공역노비와 바깥에서 살 수 있는 특혜를 누렸던 외거(外居: 바깥 외, 살 거)노비로 나뉜다.
공역노비는 16세부터 60세까지 관청에서 허드렛일을 했다. 고려 시대의 평균 수명을 고려해보면 실질적으로는 한평생 관청에서 힘들게 일만 하는 경우가 많았을 것이다.

반면 외거노비는 역을 부담하는 조건으로 관청 밖에 살면서 독립된 가정을 꾸릴 수 있었다. 이들은 주로 농업에 종사했다. 하지만 언제 도망갈지도 모르는 이들을 어떻게 함부로 관청 밖에서 따로 살게 할 수 있었을까? 그래서 노비를 소유하고 있던 관청은 자유를 부여하는 대가로 신공(몸값)을 받았다. 몸값을 지불한 만큼 돈이 없으니 함부로 도망갈 수도 없었을 것이다. 공노비인 외거노비는 신공을 국가 즉 관청에 지불했다.
사노비 역시 소유자가 개인이라는 점만 다를

『고려사』에 나오는 평량이라는 인물의 이야기를 통해 외거노비에 대해 알아보자.

평량은 김영관의 집안 노비로 경기도 양주에 거주하면서 농사를 지어 부유하게 살게 되었다. 그는 권세가 있는 중요한 길목에 뇌물을 바쳐 천민에서 벗어나 상원동정의 벼슬도 얻었다. 평량의 처는 왕원지의 집안 노비인데 왕원지는 집안이 가난해 가족을 데리고 평량에게 위탁해 살고 있었다.

평량은 외거노비로서 사유 재산을 축적해 부유했다. 지배층에 뇌물을 바친 대가로 천민 신분에서 벗어났고, 벼슬까지 얻어 신분 세탁에 성공한 것으로 보인다.
평량의 처 역시 외거노비였다. 평량의 처를 소유하고 있던 왕원지라는 인물은 집안 형편이 나빠 오히려 그 노비인 평량 내외에게 신세를 지며 살았다. 자신의 노비에게 경제적으로 신세를 지는 주인이라니 아이러니 하지 않은가?

평량이 후하게 위로해 서울로 돌아가기를 권하고

는 길에서 몰래 처남과 함께 왕원지의 부처와 아들을 죽이고 스스로 그 주인이 없어졌으므로 계속해서 양민으로 행세할 수 있었다.

하지만, 평량과 평량의 처 입장에서는 신세지며 사는 주인이 싫었을 것이다. 평량 부부가 왕원지보다 더 돈이 많은데 주인이기 때문에 왕원지의 눈치를 살피며 그를 먹여 살려야 했으니 말이다. 그래서 평량은 처남(부인의 남동생)과 짜고 완벽한 양인이 되기 위한 계획을 세웠다.

평량은 왕원지에게 돈을 넉넉하게 쥐어주면서 노비집에 얹혀살지 말고 개경으로 돌아가서 사람답게 살라고 위로했다. 이에 용기를 얻은 왕원지가 돈을 들고 개경으로 출발하자 그 길목에 숨어있다가 처남과 힘을 합쳐 왕원지 가족을 죽여버렸다. 이후 평량 내외는 노비가 아니라 양인 행세를 하며 살았다.

실제 『고려사』에 나오는 이 이야기를 읽어본 후 다시 외거노비에 대한 설명을 읽어보자. 외거노비를 좀 더 구체적으로 이해할 수 있을 것이다.

뿐 공노비와 구조는 비슷하다.

즉 주인집에 함께 살면서 온갖 허드렛일을 도맡아 하는 솔거노비가 있었고, 신공(몸값)을 바친 후 가정을 꾸릴 수 있는 외거노비가 있었다. 외거노비는 주인집에서 따로 나와 살며 가정을 꾸릴 수 있었다. 외거노비는 사유 재산을 가지고 제사를 지낼 수도 있었으며 노비임에도 노비를 거느릴 수 있었다. 공노비인 외거노비가 관청에 신공을 납부했던 것처럼 사노비 또한 자유의 대가로 그들의 주인에게 신공을 바쳐야 했다.

하지만 신공을 바치면서도 외거노비는 양도·상속의 대상이 되었고, 주인의 의사에 따라 솔거노비로 전환이 가능했으니 외거노비의 지위는 불안정했을 것으로 보인다.

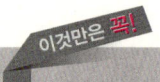 참고로 조선 시대에도 외거노비는 존재했다. 고려의 외거노비는 공노비와 사노비 모두에 존재했다. 하지만 조선 시대의 외거노비는 사노비에만 존재했다는 점이 다르다.

조선의 외거노비도 전체적인 처지는 고려 시대와 비슷했을 것으로 보인다.

 **이것만은 꼭!**

사노비 중 외거노비는 신공(몸값)을 국가에 바친 것이 아니라 주인에게 바쳤다는 점을 주의해야 한다.

| 공노비 | 공역노비 | • 관청에서 잡역에 종사하며 그 보수로 생활<br>• 16세~60세 (평생X) |
|---|---|---|
| | 외거노비 | • 독립된 가정을 꾸리며 농업에 종사<br>• 역을 부담<br>• 국가에 신공을 바침 |
| 사노비 | 솔거노비 | • 솔거(率居: 거느릴 솔, 살 거)<br>• 주인집에 함께 살면서 허드렛일 담당 |
| | 외거노비 | • 독립된 가정을 꾸리며 농업에 종사<br>• 주인에게(국가에X) 신공(身貢)을 바침<br>• 자기 재산을 갖고 조상에 제사 (부동산, 노비 소유 가능)<br>• 다른 사람의 토지도 소작 가능<br>• 양도·상속의 대상이 되었다.<br>• 주인의 의사에 따라 솔거노비로 전환 가능<br>• 양인으로 신분 상승 가능 |

## 20 기│출│응│용│문│제

(A)와 같은 행정구역에 소속된 주민에 대한 설명으로 옳지 않은 것은?

(A)에 살던 망이, 망소이 등은 무리를 이끌고 공주를 공격하여 함락했다. 이에 정부에서 관리를 보내 달래고, (A)를 충순현으로 승격시켜 주었다.

① 주로 수공업이나 광업에 종사했다.
② 양인보다 많은 세금을 부담하면서도 오히려 양인보다 못한 대접을 받았다
③ 생강을 재배하기도 했다.
④ 거주·이전의 자유가 없어 함부로 다른 곳으로 이사할 수 없었다.
⑤ 과거에 응시할 수 있었다.

### ④ 토지 제도

고려 시대 토지 제도의 근간(根幹: 뿌리 근, 줄기 간)을 이루는 핵심은 전시과 제도이다. 전시과는 전지와 시지가 결합된 말이다. 전지는 곡식을 수확할 수 있는 토지이고, 시지는 땔감을 얻을 수 있는 토지이다. 전시과 제도는 관료에게 전지와 시지를 지급하는 방식을 말한다.

🕊 과거에는 오늘날처럼 기름 보일러나 가스 보일러가 없어서 산에 올라 나뭇가지를 주워와 부엌에 있는 아궁이에 넣고 불을 피웠다. 이 나뭇가지를 땔감이라 한다. 밥을 짓고 따뜻하게 난방할 수 있는 땔감은 누구나 필요했다. 하지만 산에 자라는 나무의 숫자는 한정적이었다.

따라서 산의 소유 관계를 분명하게 해놓지 않으면 땔감을 구하는 과정에서 분쟁이 발생할 수 있었다. 자신의 산에서 안정적으로 땔감을 구할 수 있다는 것은 식량만큼이나 중요한 의미를 가졌다.

태조 왕건의 토지 제도는 역분전(役分田: 힘쓸 역, 나눌 분, 밭 전)이었다. 고려를 건국하는데 얼마나 많은 역할을 했는지를 판단해 그에 맞게 토지를 나누어 주었다. 하지만 공로의 많고 적음에 따라 토지를 분급(分給:나눌 분, 공급할 급)했으면 불만이 적었겠지만 왕건은 토지 분급의 기준으로 '성

행의 선악'을 추가했다. 즉 인품이 선한 인물에게는 토지를 많이 주고, 악한 인물에게는 토지를 적게 주는 방식이었다. 인품이라는 추상적인 토지 분급 기준 때문에 관료들의 불만이 많을 수밖에 없었다.

역분전은 개경과 경기 일대에 한정되어 지급했다는 것도 중요한 특징이다.

역분전의 추상적인 지급 기준에서 벗어나 제대로 된 전시과 체제가 정비된 것은 경종 때이다. 경종이 실시한 전시과를 시정 전시과라고 부른다. 시정(始定 : 처음 시, 정할 정)은 처음 정했다는 의미를 가진다.

시정 전시과는 기존 토지 제도의 성격을 완전히 배제하기 어려웠던 이유로 역분전의 성격을 여전히 가지고 있었다. 하지만 역분전보다는 조금 더 다원적인 기준이 적용되었다. 시정 전시과는 태조 왕건이 기준으로 삼았던 인품 외에도 관품을 함께 고려했다.

시정 전시과 체제에서 토지는 원칙적으로 아들과 손자에게 대를 이어 세습하는 것이 불가능했다. 한편 태조의 역분전과는 달리 경기 지역을 벗어나 전국적인 단위로 실시되었다. 또한 현재 관직을 갖고 있는 관료뿐만 아니라 이미 관직에서 물러난 전직 관료에게도 토지를 지급했다. 현직 관료를 직관, 전직 관료를 산관이라 한다. 직관과 산관 모두에게 토지를 지급했다는 점은 시정 전시과의 특징이라고 할 수 있다.

여기에서 주의해야 할 것은 바로 '토지를 지급했다'라는 말이다. 이 말을 요즘의 법적 소유권 개념으로 판단하면 안 된다. 근대 이전에는 토지는 왕의 것이라는 왕토사상이 일반적이었기 때문이다. 직관과 산관 모두에게 전지와 시지를 지급했다는 말은 전지에서 나오는 곡식과 시지에서 나오는 땔감 중에서 일정량을 관료들이 거두어 갈 수 있는 수조권을 지급했다는 의미이다. 수조권을 개인이 가지는 땅을 민전 또는 사전이라 불렀다.

소유권을 지급한 것이 아니라 수확물의 일정량을 가져갈 수 있는 수조권을 지급했다는 의미이기는 하지만 역사책을 저술하는 분들 또한 오늘날 대한민국 시스템에서 살아가는 분들이다 보니 소유권이라는 개념이 책 전반에 걸쳐 두루뭉술하게 쓰이는 경우가 종종 있다. 하지만 이것 하나만 확실하게 기억하자.

"수확량의 일정 부분을 가져가는 수조권을 지급했다"

시정 전시과는 목종 때에 변화를 맞는다. 이를 고쳐서 정한 전시과라는 의미로 개정 전시과라 부른다. 개정 전시과는 고려 시대 관직의 18품계를 기준으로 문무관리에게 토지를 지급했다. 하지만 여전히 문신을 우대했고 무신들은 차별을 받았다. 이런 차별에서 비롯된 불만이 무신들의 정변으로 이어졌다.

개정 전시과에서는 직관과 산관 모두에게 전지와 시지를 지급했다. 하지만 시간이 흐를수록 지급해야 할 관리의 숫자가 늘어나다 보니 전직 관료인 산관에 대한 지급액은 현직 관료인 직관의 지급액보다 적을 수밖에 없었다. 전체적인 토지 지급액 역시 시정 전시과에 비해 적었다.

한편 개정 전시과에서는 18품계에 들지 못한 사람에게도 시지를 제외한 전지 17결을 지급하는 한외과가 설치되었다. 향리들에게 지급하는 외역전과 하급 관리 등에게 지급하는 구분전이 설치되기도 했다.

전시과 제도는 문종 때에 이르러 큰 변화를 맞게 된다. 경정 전시과가 시행된 것이다. 경정이란 개정이라는 말과 고친다는 뜻은 비슷하지만 특성이 바뀔 정도로 크게 고친다는 의미를 가지고 있다. 무엇이 크게 바뀌었을까? 바로 직관과 산관 모두에게 지급하던 토지를 경정 전시과에서는 현직 관료인 직관에게만 지급하고 퇴직한 관료인 산관에게는 지급하지 않게 된 것이다. 관직에 종사하다 퇴직한 전직 관리들에게 토지를 지급하지 않았다는 것은 그들이 고향으로 돌아가 권력을 휘두를 기반이 약해졌음을 뜻한다. 고향으로 돌아간 관리들에게 토지의 수조권까지 지급하면 지방에서 힘을 길러 개경으로 칼날을 겨눌 가능성이 있었기 때문에 그런 가능성을 미연에 방지하는 측면도 있었다.

경정 전시과는 현직 관리에게만 토지를 지급하는 것이 원칙이었지만 예외적으로 공음전과 구분전은 전직 관리에게도 지급되었다.

공음전은 5품 이상의 고위 관리에게 지급한 토지로서 세습이 가능했다. 과거시험을 거치지 않고 관직에 진출할 수 있는 특권인 음서제와 더불어 고려 귀족 사회를 폐쇄적이고 보수적으로 만든 핵심 정책이었다. 그리고 구분전 또한 하급 관리와 군인의 유가족에게 지급된 토지로서 유가족에게 지급된 만큼 현직 관리에게만 지급했던 경정 전시과의 예외가 되었다. 그리고 경정 전시과에서는 18품계에 들지 못한 인물들에게 지급했던 한외과가 폐지되었다.

| 토지 명칭 정리 | | |
| --- | --- | --- |
| 과전 | 세습 불가능 | 문무 관리에게 수조권만을 부여한 토지 |
| 한인전 | | 하급 관리의 자제로서 관직에 오르지 못한 자에게 지급 |
| 구분전 | | 하급 관리와 군인의 유가족에게 지급 |
| 공음전 | 세습이 가능한 영업전 | 5품 이상의 고위 관리에게 지급 |
| 외역전 | | 향리에게 지급 |
| 군인전 | | 군역에 대한 대가로 지급 |
| 내장전 | | 왕실의 경비를 충당 |
| 공신전 | | 나라에 공이 있는 공신에게 지급 |

**고려 귀족 사회의 보수화를 불러온 특권** ★★
① 음서제: 5품 이상 관리의 자제들이 과거를 보지 않고 관직으로 나아가는 특권
② 공음전: 5품 이상의 관리에게만 지급한 토지로서 자손들에게 세습이 가능했다.

무신 집권기 이후로 전시과 제도가 붕괴되면서 강화도에서 개경으로 환도한 원종 때에는 임시적인 조치로서 현직 관리에게만 녹봉(봉급)의 부족액을 보충하기 위해 녹과전을 지급했는데 경기에 한정된 정책이었다.

 **기|출|응|용|문|제**

다음 자료에 나타난 토지에 대한 설명으로 옳은 것을 보기에서 고르시오.

이승휴가 외가에서 상속받은 토지 2경은 척박하지만 몇 명의 가족이 의지해 살만했다.
각 도에서 징발한 한산군을 도평의사사가 검열하려 하니 규정대로 말을 갖추지 못한 자들은 형벌이 두려워 농사짓던 토지까지 팔아서 말을 마련했다.

A. 무상 증여가 가능했다.
B. 생산량의 1/10을 국가에 납부했다.
C. 실무를 담당한 향리들에게 지급되었다.
D. 5품이상 고위 관리에게 지급되었다.

① A, B  ② A, C  ③ A, D  ④ B, D  ⑤ B, C

### ⑤ 법률 제도 (법제)

고려는 당나라의 율법인 당률을 본떠 만든 71개의 형법이 있었다.

🐦 형법은 범죄가 무엇인지 정의하고 그 범죄를 저질렀을 때 어떤 벌을 받는지 규정하는 법률이다. 민법은 개인과 개인 간의 재산 관계나 신분 관계를 조율하는 법률이다.

형벌의 종류에는 태형·장형·도형·유배형·사형의 5가지가 있었다. 태형은 작은 회초리로 볼기짝을 때리는 형벌이었고, 장형은 곤장이라 부르는 넓고 큰 막대기로 볼기짝을 때리는 형벌이었다. 도형은 타 지역으로 보내 강제로 일을 시키는 형벌이다.

유배형은 외딴 섬이나 접근이 어려운 땅으로 보내 거주·이전의 자유를 박탈하는 형벌이다. 유배형은 흔히 귀양이라 불리기도 한다.

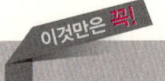

**귀향과 귀양의 차이**
귀향(歸鄕: 돌아갈 귀, 고향 향)은 고향으로 돌아간다는 뜻이다. 하지만 이 귀향이라는 말은 고려 시대에는 조금 특별한 의미로 쓰였다. 관리가 뇌물을 받았을 때에는 벼슬을 빼앗고 그 관리의 고향으로 내쫓는 형벌을 내렸다. 개경에서 쫓겨나 고향으로 돌아가는 것은 권력에서 멀어지는 형벌

로 생각했기 때문이다. 귀향은 고려 시대만의 특유한 형벌이다.

귀양은 이와 반대로 외딴 섬이나 접근이 어려운 땅으로 보내는 유배형을 뜻한다.

사형은 생명을 빼앗는 형벌이다. 목을 졸라 죽이는 교형과 칼로 목을 베어 죽이는 참형이 있었다.

🐦 오늘날에는 사형이 집행되는 일도 드물고 사형이 집행되더라도 주로 목을 끈으로 매달아 죽이는 교수형을 택하는데 과거에는 칼로 목을 베는 참수형이 일반적이었다. 역모를 꾀한 자들은 참수한 이후에 잘린 머리를 거리에 매달아 거는 효수를 하기도 했다. 이렇게 사형을 집행할 때 칼로 목을 베는 사람을 망나니라고 부른다.

이상에서 고려 시대의 5가지 형벌에 대해 살펴보았다. 범죄를 저지른 경우에는 원칙적으로 돈으로 갚는 배상제가 아니라 실제로 자신이 직접 태·장·도·유·사의 형벌을 받는 실형주의를 택하고 있었다. 하지만 동(구리, bronze)을 납부하고 형벌을 면제받는 방법도 있었다.

고려는 조선 시대만큼 성리학이 생활 속에

뿌리 깊이 침투하지는 않았지만 유학을 정치 이념으로 중요하게 생각했다. 그래서 불효를 가장 중한 죄로 취급했다.

**22** 기｜출｜응｜용｜문｜제

다음과 같은 형벌을 시행했던 시기의 사실로 옳은 것은?

한 부서의 장관으로 재직하면서 자신이 관할하는 재물을 훔치거나 뇌물을 받고 법을 어긴 관리는 지급한 토지를 거두고 도, 장을 따지지 말고 귀향형에 처한다.

① 22담로에 지방관을 파견했다.
② 수도를 중경에서 상경, 동경으로 옮겼다.
③ 이종무가 쓰시마 섬을 정벌했다.
④ 서희의 외교 담판으로 강동 6주를 회복했다.
⑤ 부처의 힘으로 외적을 물리치고자 황룡사 9층 탑을 건립했다.

## ⑥ 가족 제도

고려 시대에는 여성의 지위가 조선 시대에 비해 훨씬 높은 편이었다. 조선 시대에는 여성이 재혼을 하면 그 자식이 사회에서 차별 대우를 받았던 반면에 고려 시대에는 재혼한 여성의 자식이라도 사회 진출에 차별을 두지 않았다.

과거시험을 치르지 않고 관직에 진출하는 음서의 혜택 또한 사위와 외손자에게까지 주어졌다. 이런 경향은 딸도 엄연한 자식이므로 딸자식의 남편과 외손자까지 음서의 혜택을 골고루 나누어 준 고려의 문화라고 할 수 있다.

여권이 강했던 탓에 고려 시대에는 남편이 다른 여자를 들이는 것을 싫어해 일부일처제가 일반적으로 성행했다. 하지만 일부다처제가 법적으로 금지되어 있던 것은 아니었다. 고려 시대에는 결혼을 한 후에 남편이 아내의 집에서 생활하는 남귀여가혼이 일반적이었다. 사위가 처갓집에 머무른다는 뜻으로 서류부가혼이라고도 한다. 이러한 주거 형태는 조선 중기 이후 남자가 여자의 집에서 혼례를 올리고 남자집에서 사는 친영제가 등장하기 전까지 보편적이었던 것으로 평가된다.

고려 시대에는 제사를 불교식으로 지내는 것이 일반적이었다. 특히 고려 시대에는 아들과 딸을 차별하지 않아, 아들과 딸이 번갈아가며 제사를 지냈다는 점이 조선 시대와 비교되는 점이다.

 조선 시대에는 아들 중에서도 장손이 제사를 주재했다.

제사를 지낼 때 아들과 딸을 차별하지 않았기 때문에 고려 시대에는 아들이 없는 집안이라도 제사를 지내기 위해 양자를 입양할 필요가

없었다. 조선 시대에는 아들이 없으면 대를
잇고 제사를 지낼 아들을 구하기 위해서 양자
를 입양했던 것과 크게 비교되는 부분이다.

부모의 재산을 상속할 때에도 아들과 딸을
차별하지 않고 균등하게 상속했다.

고려 시대의 왕가에서는 혈통의 순수함을 보
존하기 위해 가까운 집안 식구들끼리 결혼을
하는 근친혼이 성행했다.

기|출|응|용|문|제

다음과 같은 형태의 상속이 일반적이었던 시기의
특징으로 알맞은 것은?

| | 상속한 노비의 숫자 |
|---|---|
| 장자 | 15 |
| 차자 | 14 |
| 장녀 | 14 |

① 사우를 건립해 각 문중의 중요한 선조에게 제사
　를 지냈다.
② 친영제가 보편화 되었다.
③ 자녀들은 성별과 무관하게 부모의 제사를 지냈다.
④ 아들이 없는 집안은 대를 잇기 위해 양자를 들
　였다.
⑤ 처갓집 뒤편에 집을 짓고 살면서 처갓집 일을
　돌봐준 후 자식이 태어나 장성하면 신부를 데리
　고 돌아가는 결혼 제도가 일반적이었다.

## ⑦ 과거 제도

고려의 과거 제도가 지니는 가장 큰 특징은
무과를 별도로 치르지 않았다는 점이다. 이
는 송나라와 마찬가지로 고려 역시 글을 숭
배하는 문치주의가 팽배했음을 말해준다. 무
과를 별도로 치르지 않았다고 해서 고려에
무신이 없었던 것은 아니다. 과거라는 공개
채용 과정을 통한 무신 선발은 없었지만 힘
깨나 쓰는 사람들은 다양한 방식으로 무신으
로 선발되었다.

고려의 문과 시험은 크게 명경과와 제술과로
나뉜다. 명경과는 유교 경전에 대한 지식을
테스트하는 시험이고, 제술과는 시·부·송·
책 등 글 짓는 능력을 테스트하는 시험이었
다. 고려는 명경과와 제술과를 모두 중시해
이 두 시험을 양대업이라고 불렀다. 명경과
와 제술과를 모두 중시하기는 했지만 그중에
서도 굳이 꼽자면 제술과를 더 중시해 글 짓
는 능력을 높이 샀다.

시는 우리가 일반적으로 알고 있는 시
이고, 부와 송은 시 보다는 산문적인 요
소가 강한 한문시의 한 형태였다. 책은
시험문제인 책문에 대한 대답(대책)을
적는 것이었다.

현종 때 지방 제도가 정비되면서 지방의 중
심이 되는 큰 지역을 계수관이라고 부른다.
계수관에서는 계수관시가 실시되었고 이를

통과한 인물을 향공이라 불렀다. 주로 지방 향리의 자제들이 향공으로 선발되었다. 향공이 되면 국자감에서 공부한 학생들 및 사학 12도(12개의 사립 대학)에서 공부한 학생들과 함께 국자감시에 응시할 수 있었다. 이를 통과한 인물을 향공진사라 불렀다.

향공진사는 본 시험인 예부시에 응시할 수 있었다. 예부시에 합격하면 일종의 합격 증서인 홍패를 지급받았다. 오늘날에도 공무원 시험에 합격하면 합격 증서를 받고 실제로 공무원에 임용되기 위해서는 발령을 기다려야 하는 것처럼 홍패를 받았다고 하더라도 실제 관직에 임명되기 위해서는 인사를 담당하는 이부의 발령을 기다려야 했다.

계수관시
합격자: 향공

국자감시
합격자: 향공진사

예부시
명경과+제술과

고려 시대에는 문과 이외에도 승려가 되기 위한 시험인 승과도 있었다. 승려는 교종과 선종을 구분해서 선발했으며 합격자에게는 대덕이라는 호칭을 부여했다.

그 밖에 잡과가 있었다. 잡과는 기술직을 선발하기 위한 시험이었다.

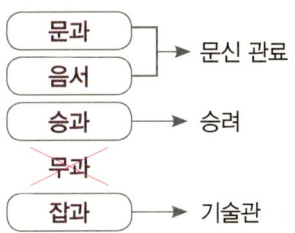

문과 ─┐
음서 ─┴→ 문신 관료
승과 ──→ 승려
무과
잡과 ──→ 기술관

관료가 되는 방법으로는 과거시험인 문과에 급제하는 방법 외에도 음서제가 있었다. 공신들이나 5품 이상 고위 관료들의 자제들이 시험을 거치지 않고 관료로 등용되는 제도를 음서제라 불렀다. 음서제를 통해 등용된 인물은 승진할 수 있는 관직의 상한선이 없었다. 음서제는 부와 신분이 세습화되는 고려 사회의 큰 특징 중 하나였고, 이는 조선 시대 문음으로 이어졌다. 실제로 10살도 안된 어린 아이가 음서제로 관직에 진출한 사례가 있다.

고려 시대에는 양인 신분이라면 누구나 과거 시험에 응시할 수 있었다. 하지만 천민은 과거에 응시할 수 없었다. 중간 계층인 지방 향리의 자제들도 계수관시라고 불리는 향시를 거친 후 문과에 급제해 문벌 귀족으로 신분 상승이 가능했다. 이를 주현공거법이라 부른다.

이것만은 꼭!

고려 시대 과거를 주관하는 관직을 지공거라고 했다. 과거 급제자인 문생은 시험관인 좌주와 아버지와 아들 같은 친밀한 관계를 맺으면서 문벌을 이루었다.

좌주(시험관) = 지공거 + 동지공거

# 7 무신 집권기

중소 호족들을 향리로 편입해 지방 수취 업무를 맡기는 향리 제도가 마련되면서 개경을 중심으로 하는 왕권과 문신 귀족들의 세력은 점차 안정화되어갔다. 하지만 고여 있는 물은 썩기 마련이듯 문신 귀족들은 문벌을 만들어 기득권을 유지하는 데에만 몰두했고 문벌 귀족 사회는 점차 부패해갔다.

고려 의종 때 수박이라는 우리 민족 고유의 맨손 격투기 대회가 벌어졌다. 이 수박 대회에서 무신 고위직인 대장군 이소응이 젊은 무관과의 수박 대결에서 패하는 일이 있었다. 이를 본 한뢰라는 젊은 문신이 대장군이라는 작자가 젊은 무관 따위에게 지고도 창피하지 않느냐며 대장군의 뺨을 때리는 사건이 있었다. 무신 고위직에 해당하는 대장군이 공개적인 장소에서 모욕을 당하자 그동안 문신들에 비해 차별받던 무신들의 불만이 폭발했다. 역시 대장군이었던 정중부는 이의방과 함께 문신들을 닥치는 대로 죽였다. 그리고 의종을 경상남도 거제도까지 유배 보낸 뒤 허수아비 임금인 명종을 왕으로 옹립했다.

> 🦅 이의방, 정중부 → 경대승 → 이의민
> 이의방과 정중부는 무신 정변을 함께 도모한 인물이기 때문에 두 사람의 집권기가 칼로 무 자르듯 명쾌하게 나누어지는 않는다.

무신 집권기는 1170년부터 1270년까지 정확하게 100년 동안 이어졌다. 의종을 폐위하고 명종을 옹립한 이의방과 정중부의 뒤를 이어 경대승과 이의민이 정권을 잡았다. 하지만 무신들이 정권을 잡자 오랫동안 신분제 사회에서 억눌려왔던 사람들이 양인과 천민을 가리지 않고 전국 각지에서 봉기를 일으켰다.

이의방이 정권을 잡은 후 의종을 폐위하고 명종을 옹립하자 문신이었던 김보당이 난을 일으켰다. 김보당은 의종을 다시 왕으로 복위시킬 것을 주장했다, 개경과 함께 고려 2대 도시에 해당하는 서경을 다스리던 서경 유수 조위총 역시 난을 일으켰다.

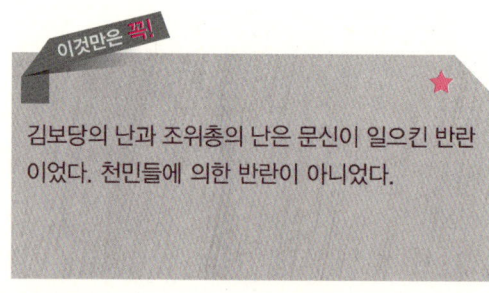

이것만은 꼭!

김보당의 난과 조위총의 난은 문신이 일으킨 반란이었다. 천민들에 의한 반란이 아니었다.

정중부가 정권을 잡은 시기에는 교종 계열의 승려들이 무신 정권에 반기를 들고 일어났다. 이를 귀법사의 난이라고 한다. 한편 충청남도 공주에 위치한 특수 행정구역인 명학소에서 망이, 망소이가 신분 해방을 외치며 난을 일으켰다. 이에 고려 정부는 특수 행정구역이었던 소를 현으로 승격시켜주었다. 이를 계기로 대부분의 향·소·부곡이 승격되었다.

향·소·부곡의 거주민들은 천민이 아니었다. 따라서 망이·망소이의 난으로도 불리는 공주 명학소의 난은 천민들이 일으킨 봉기가 아니었다는 점을 주의하자.

경대승 집권기에는 천민들까지 무신 정권에 반기를 들고 일어났다. 바로 전라북도 전주에서 일어난 전주 관노(공노비)의 난이다.

이의민은 소금장수의 아들로 태어난 천민이었다. 키가 크고 맨손 격투기인 수박에 능해 천민 출신이었지만 무신 최고 관직인 상장군에까지 올랐다. 이의민은 의종이 총애하는 무사였으나 정치적 야심이 강해 의종의 척추뼈를 한마디씩 부러뜨려 죽였다.

천민 출신 이의민이 집권하자 농민 봉기의 규모도 최고조에 이르렀다. 경상북도 청도에서는 김사미, 울산에서는 효심이 난을 일으켰다. 경상도 지역에서 일어난 김사미, 효심의 난은 신라 부흥 운동의 성격도 함께 갖고 있었다.

무신들이 정권을 잡자 상장군(정3품)과 대장군(종3품)이 모여서 회의하는 합좌 기구인 중방이 이 시기 최고 권력 기구가 되어 국가 중대사를 처리했다.

이의민의 뒤를 이어 정권을 잡은 최충헌은 혼란스럽던 무신 정권을 안정화시키고 최씨들이 무신 정권을 장기 집권하는 초석을 마련했다. 최충헌은 경대승이 만든 사병 집단이었던 도방을 중요한 권력 장치로 재편했다. 한편 중방을 대신할 최고 집행부로 교정도감을 설치했다. 최충헌은 꼭두각시 임금이었던 명종에게 봉사 10조라는 글을 지어 올렸는데 제1조는 다음과 같다.

국왕은 참위설을 믿어 새로 지은 궁궐(연경궁)에 들어가지 않고 있는데 길일을 정해서 들어갈 것

위의 문장을 주고서 이 상소문을 올린 인물이 행한 업적을 묻는 문제가 종종 출제되니 눈에 익혀 두기 바란다.

최충헌은 선종 불교인 조계종을 지원했다. 경전을 강조하는 교종이 귀족들의 사상적 기반이었던 탓에 신라 하대의 호족들이 선종을 지원한 것과 유사한 맥락이다. 최충헌은 조계종 승려인 보조국사 지눌이 만든 수선결사를 지원했다.

최충헌은 앞선 네 명의 무신들이 문신들을 닥치는 대로 몰아냈던 것과 반대로 행정을 담당할 문신들을 중히 여겼다. 그중 가장 유명한 인물이 이규보이다. 이규보는 서사시 『동국이상국집』 동명왕편에서 고구려 계승 의식을 잘 보여주었다.

최충헌이 정권을 잡은 후에는 앞선 네 명의 무신들이 집권했던 때보다 봉기가 줄었다. 하지만 오히려 최충헌의 집안에서 사고가 터졌다. 최충헌의 노비였던 만적이 다음과 같은 말을 하며 난을 일으켰던 것이다.

무신난 이후 귀족 고관들 중에는 천한 노예 출신이 많다. 왕후장상의 씨가 어찌 따로 있으랴! 때가 오면 아무나 할 수 있다.

★★

『고려사』에 실린 만적의 말에는 천민 출신이었던 이의민이 최고 권력자가 되는 마당에 자신도 권력의 정점에 오르려는 욕망이 잘 드러난다. 만적의 난은 전주 관노의 난과 함께 무신 집권기에 일어난 대표적인 천민 봉기였다. 시험에서는 만적의 난이 무신 집권기가 아니라 원나라 간섭기에 발생한 것처럼 속이는 문제가 많으니 주의하자.

최충헌의 뒤를 이은 최우는 몽골의 침입에 맞서 무신 정권을 유지한 인물이다. 최우는 몽골에 맞서 싸우고자 강화도로 천도했다. 한편 최충헌과 마찬가지로 문신을 우대해 서방이라는 문신 숙위 기구를 두었다.

 왕 곁에서 숙직을 하며 왕의 물음에 답하는 자문 역할을 하는 것을 숙위라고 한다.

최우는 자신의 집에 정방을 설치하고 인사 업무를 정방에 집중시켰다. 그리고 사병 집단인 삼별초를 설치했다. 고려 조정이 개경으로 환도한 이후에도 삼별초는 환도를 거부하며 대몽 항쟁을 벌였다.
무신 정권은 정확하게 100년을 유지해왔지만 결국 몽골의 침략에 무릎 꿇고 말았다. 몽골의 지원을 받은 고종은 무신 임유무를 제거하고 다시 개경으로 환도했다.

 환도: 수도를 원래대로 되돌림

무신 집권기에는 상감 기법을 활용한 상감청자가 제작되어 송나라 서긍의 극찬을 받았다. 상감 기법은 도자기를 빚은 다음 겉면을 파내고 그 속을 다시 흙으로 채우는 기법을 말한다. 전라남도 강진이 상감청자의 대표 생산지였다.

| 이의방 | 중방 | 김보당의 난, 조위총의 난 |
|---|---|---|
| 정중부 | | 귀법사 승려의 난, 공주 명학소의 난(망이·망소이의 난) |
| 경대승 | 도방 | 전주 관노의 난 |
| 이의민 | 중방 | 김사미·효심의 난 |
| 최충헌 | 도방, 교정도감 | 만적의 난 (왕후장상의 씨가 따로 있는가?) 지눌의 수선결사 지원, 이규보 발탁 |
| 최 우 | 정방, 서방 | 강화도 천도, 재조대장경 |

**24** 기|출|응|용|문|제

다음과 같은 말을 한 인물에 대한 설명으로 옳은 것은?

진리는 한 번에 깨닫지만 구체적인 번뇌는 한 번에 없어지지 않아 차례로 제거한다.

① 정혜쌍수를 설파했다.
② 화엄종을 형성하고 부석사를 창건했다.
③ 『대승기신론소』를 저술했다.
④ 인도를 둘러보고 『왕오천축국전』을 저술했다.
⑤ 불교계의 폐단을 비판하고 교단 통합 운동을 벌였다.

# 8 원 간섭기와 권문세족

몽골군과 맞서 싸웠던 무신 정권이 백년 집권을 종식하면서 고려는 몽골에 의해 내정을 간섭받는 시대가 되었다. 쿠빌라이 칸이 송나라를 쓰러뜨리고 원을 세운 이후 고려의 내정을 간섭한 시기를 원 간섭기라고 부른다.

6차례에 걸친 몽골군의 침입에 국토는 구석구석 짓밟혔고 백성들의 삶은 더욱 황폐해졌다. 그래서 원 간섭기에는 황폐해진 고려 땅을 다시 개간해 비옥한 식량 창고로 만들기 위한 제도가 시행되었다. 개간할 땅을 나눠주는 사패(賜牌: 줄 사, 명찰 패) 제도를 시행한 것이다. 사패란 특권이 있음을 증명하는 표식을 주었다는 의미이다. 땅을 개간할 특권을 받았기에 사패 제도를 사전(賜田: 줄 사, 밭 전)이라 부르기도 한다.

🐦 태조 왕건이 각지의 호족들에게 자신과 같은 왕씨 성을 하사한 제도를 사성(賜姓:줄 사, 성씨 성) 제도라고 했다.

🐦 패(牌)는 특권이 있음을 증명하는 표식이다. 조선 시대 암행어사에게 주던 마패는 역에서 말을 이용할 수 있는 특권을 증명하는 표식이었다.

하지만 황무지 개발을 위해 땅을 지급받는 과정에서도 부패는 존재했다. 주로 몽골과 관련된 인물들이 일순위로 대규모 토지를 지급받았다. 몽골어를 할 줄 아는 통역관이나 몽골로 끌려갔다가 원나라 황제의 마음을 사로잡아 황후가 된 기황후와 관련된 세력, 몽골에서 고려 왕실로 시집 온 몽골의 공주들을 곁에서 모시는 인물들과 관련된 세력 등 친원적 성향을 가진 사람들이 우선적으로 토지를 지급받았다. 이들은 불하 받은 토지를 개간해 대규모 농장을 경영했다.

친원 세력들은 몰락하지 않은 문벌 귀족, 무신과 더불어 집권층을 형성했고 이들을 합쳐 권문세족이라 부른다.

고려 충선왕의 어머니는 원 세조 쿠빌라이 칸의 딸인 제국대장공주(제국공주)였다. 어린 시절을 원나라의 수도 연경에서 보낸 충선왕은 원나라 황실과도 가깝게 지냈다. 원나라의 세조는 고려 조정에서 성행하는 근친혼의 폐단을 지적하면서 같은 왕씨 성을 가진 인물끼리는 결혼하지 말 것을 충선왕에게 요구했다.

이에 따라 충선왕은 고려 왕실과 결혼할 수 있는 15개 재상지종(재상이 될 수 있는 종파) 가문을 발표했다. 『고려사』의 기록에 따르면 이들 재상지종에는 철원 최씨, 해주 최씨, 공암 허씨, 평양 조씨, 경원 이씨, 파평 윤씨 등 당대의 내로라하는 15개 가문이 선정되었다. 이들은 원나라에 의해 도병마사에서 격하된 도평의사사를 장악하고, 사패를 받아 토지를 확대해 대규모 농장을 경영했다. 백성들에 대한 수탈은 무신 집권기보다 더 심해졌다.

원나라가 고려의 내정을 어떤 식으로 간섭했는지 알아보자. 원나라는 고려 조정을 감시하기 위해 순마소라는 감찰 기관을 두었다. 뿐만 아니라 결혼도감이라는 관청을 두어 결혼하지 않은 고려 여성들을 수탈해 원나라로 데려갔다. 귀한 딸을 몽골에 **빼앗기기** 싫어 어린 나이에 일찍 시집보내는 조혼이 전국적으로 유행하기도 했다. 가족 제도에서 살펴보았듯이 고려는 일부일처제가 일반적이었는데 고려의 여성들을 몽골에 빼앗기지 않기 위해 충렬왕 때 박유라는 인물은 관료의 경우 여러 명의 처를 거느릴 수 있게 하고, 일반 백성들은 한 명의 처 이외에 한 명의 첩을 둘 수 있게 하자는 주장을 하기도 했다.

🐦 박유는 한 명의 남자가 가능한 많은 여성을 처나 첩으로 거느리면 그만큼 몽골에 여자를 빼앗기지 않는다고 생각했다. 당시 몽골의 공녀 수탈이 극심했음을 보여주는 대목이다.

원 간섭기에는 모든 관청의 명칭이 격하되었다. 고려 왕 역시 조(祖)나 종(宗)으로 끝나는 묘호를 사용할 수 없었다. 태조 이래로 종(宗)이라는 묘호를 써온 고려 왕들은 충렬왕, 충선왕, 충숙왕, 충혜왕, 충목왕, 충정왕으로 격하되었다. 원나라에 충성한다는 뜻을 담아 충(忠)이라는 한자를 붙이는 굴욕을 당한 것

이다. 한편 원나라는 고려의 세자를 원의 수도인 연경에 머무르게 한 뒤 고려의 왕에 오르게 하는 독로화 제도를 시행했다.

🐦 임금이 살아있을 때 부르는 명칭을 시호라고 한다. 여기에서 '호(號)'는 부른다는 뜻이다. 하지만 우리가 일반적으로 알고 있는 세종이나 정조 등의 이름은 사후에 왕의 묘를 부르는 이름이다. 이를 묘호라고 한다.
묘호에는 조(祖) 또는 종(宗)을 붙였다. 조(祖)는 나라를 세웠거나 나라에 아주 큰 업적을 세운 임금에게 붙이고 그 외에는 일반적으로 종(宗)을 붙였다.
고려 시대 묘호에 조(祖)를 붙인 임금은 태조 왕건 한 분 뿐이다.

원 간섭기의 왕에 대해 알아보자.

| | |
|---|---|
| 충렬왕 | • 칭호 격하<br>(도병마사→도평의사사 / 중추원→밀직사)<br>• 정동행성 설치<br>• 성리학 전래<br>• 탐라 총관부, 동녕부를 원에게서<br>반환받아 통치 |
| 충선왕 | • 원의 수도 연경에 만권당 설치<br>• 사림원 – 신진 학자들과 개혁 추진<br>• 각염법 – 소금 전매제 (의염창 설치)<br>• 고려는 역법으로 당의 선명력을<br>사용했으나 이를 버리고 원의 수시력을<br>받아들여 날짜를 계산함 |
| 충숙왕 | • 찰리변위도감 – 개혁 기구 |
| 충혜왕 | • 기황후 세력에 의해 정권을 위협 받음 |
| 충목왕 | • 정치도감 – 권문세족의 농장을 혁파해<br>토지와 노비를 원래 주인에게 돌려줌 |
| 충정왕 | – |

원 간섭기의 왕들은 일일이 기억할 필요가 없다. 충선왕만 제대로 기억하자. 나머지 왕은 참고 삼아 읽어보는 것으로 충분하다.

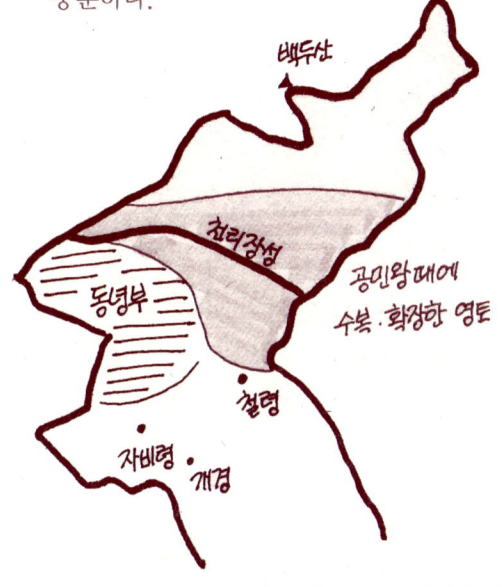

자비령 이북의 서북 방면을 말하는 동녕부는 원래 고려의 영토였다.

하지만 북계의 병마사였던 최탄이 난을 일으켜 자비령 이북의 여러 성을 가지고 원나라에 항복한 것을 계기로 원나라는 자비령 이북을 자신들의 땅이라 우기며 서경에 동녕부를 설치했다.

고려 정부는 지속적으로 자비령 이북의 반환을 요구했고 충렬왕 때에 동녕부를 반환받게 되었다. 하지만 여전히 고려의 영토라고 하기엔 미흡한 면이 있었다. 결국 공민왕 때에 동녕부 정벌을 통해 원의 세력을 몰아내고 다시 고려의 영토가 되었다.

 충렬왕 때 자비령 이북 지역을 반환한 원은 동녕부를 요동 지역으로 이전했다.

한편 원 간섭기에는 매를 길들여 사냥하는 것을 즐겼던 원 황실의 요청으로 매를 징발하기 위한 기구인 응방을 설치하기도 했다.

이처럼 원 간섭기에는 위로는 왕에서부터 아래로는 생활 전반에 이르기까지 원의 간섭과 수탈이 미치지 않는 부분이 없었다.

## 25 기|출|응|용|문|제

다음과 같은 상황이 일어났던 시기에 대한 설명으로 옳지 않은 것은?

이곡이 상소를 올렸다. "사람들은 딸을 낳으면 감추고 탄로 날 것을 우려해 이웃 사람들도 볼 수 없게 한다고 합니다. 중국에서 사신이 올 때마다 우리 백성은 '처녀를 잡으러 온 것은 아닌가?'라고 걱정합니다"

① 매를 징발하기 위한 특수 기관으로 응방이 설치되었다.
② 왕실과 결혼할 수 있는 재상지종을 발표했다.
③ 이규보가 『동국이상국집』을 지었다.
④ 도병마사가 도평의사사로 격하되었다.
⑤ 사패 제도를 통해 토지 개간이 활발해졌다.

# 9 공민왕의 개혁 정치

공민왕은 충숙왕의 둘째 아들로 원나라의 노국대장공주(노국공주)와 결혼했다. 고려의 왕이 될 세자들을 원나라의 수도인 연경에 인질로 잡아놓고 친원적인 교육을 하는 독로화 제도 때문에 어린 시절을 연경에서 보낸 공민왕은 연경에 머무는 동안 원나라가 쇠락해가는 과정을 직접 보고 느꼈다. 당시의 국제 정세를 체감한 공민왕은 왕이 된 후 원의 간섭을 벗어나기 위한 개혁 정치를 단행했다.

공민왕은 고려와 원의 연락 기구인 정동행성의 문제점에 주목했다. 당시 정동행성의 핵심 부서였던 이문소는 원나라에 반대하는 인물을 처벌하며 사법권까지 휘두르는 폐단을 보였다. 공민왕은 정동행성의 이문소를 혁파했다.

또한 몽골에 끌려갔다가 원나라의 황후가 된 기황후의 혈육인 기철 일당을 처단하면서 친원 세력을 몰아냈다. 원나라의 국력이 기울고 정통 한족인 주원장이 홍건적의 난을 일으켜 명나라를 건국하는 시대적 상황 속에서 영리하게 대처한 결과물이라 할 수 있다.

공민왕은 동녕부를 공격했고, 아울러 쌍성총관부를 공격해 철령 이북의 땅을 수복했다. 한편 원의 세력이 약화된 틈을 타 요동 지방을 공격하기도 했다.

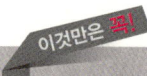
그러던 중 홍건적이 침입해 개경이 함락되는 사건이 벌어졌다. 이때 공민왕은 원과의 국교를 단절하고 명나라와 외교 관계를 맺는 빠르고 정확한 외교 감각을 보여주었다.

또한 공민왕은 무신 집권기에 최우가 설치한 후 인사에 관한 횡포를 일삼던 정방에 대한 개혁을 추진했다. 인사권을 회복하기 위해서였다. 앞서 정방 폐지를 시도한 충선왕은 실패에 그쳤지만 공민왕은 마침내 정방을 폐지하고 인사권을 장악할 수 있었다.

공민왕은 기존의 권문세족과는 달리 유능하고 청렴한 새로운 정치 세력을 양성해 자신의 세력 기반으로 삼았다. 한편 공민왕은 관제가 격하되었던 국학을 국자감으로 바로잡은 후 국자감을 성균관으로 개편했다.

공민왕의 개혁 정치를 통해 새로 등장한 세력이 바로 신진 사대부와 신흥 무인 세력이다.

🔥 이렇게 등장한 신흥 무인 세력 중에 조선을 건국한 이성계도 포함되어 있다.

이성계의 아버지인 이자춘은 원나라의 관리였으나 공민왕이 쌍성총관부를 공격할 때 고려군을 도와 쌍성총관부를 수복하는데 큰 역할을 했다.

하지만 신진 사대부들의 성장에도 불구하고 권문세족의 무리를 완전히 뿌리 뽑는 것은 힘들었다. 신돈은 왕위를 넘본다는 모함을 받아 공민왕에 의해 숙청되었고, 공민왕 역시 암살당하면서 개혁 정치는 결국 막을 내리게 되었다. 비록 공민왕의 개혁 정치는 실패로 끝나게 되었지만 신진 사대부가 조정에 입문하는 계기를 마련했다는 점에서 의의를 찾을 수 있다.

기|출|응|용|문|제

다음 자료의 왕이 실시한 정책으로 옳은 것은?

1년 1월 변발과 호복 금지
1년 2월 정방 폐지
5년 5월 기철 등 친원 세력 숙청
5년 7월 옛 관제 복구

① 쌍기의 건의를 받아들여 과거 제도를 도입했다.
② 광군사를 설치해 거란의 침입에 대비했다.
③ 부당하게 노비가 된 인물을 조사해 다시 양인 신분으로 돌려주었다
④ 정동행성의 이문소를 혁파했다.
⑤ 문신월과법을 실시했다.

# 10 고려의 경제

## ① 농업

고려의 가장 중요한 산업은 역시 농업이었다. 양인 백정의 대다수는 농업에 종사했고, 농업은 상업이나 수공업에 비해 중하게 여겨졌다. 고려 후기로 넘어 오면서 농업은 많은 변화를 맞이하게 되었다.

고려 후기 농업의 특징 중 첫 번째는 우경을 통한 심경법이 일반화되었다는 점이다. 우경(牛耕: 소 우, 밭갈 경)이 일반화되면서 사람의 힘을 이용해 밭을 갈 때보다 훨씬 깊게 밭을 갈 수 있게 되었다. 밭을 깊게 갈 수 있게 되었다는 것은 계속된 농사로 지력(땅의 힘)이 떨어진 땅을 뒤엎어 땅속 깊은 곳에 있던 영양분이 풍부한 흙으로 농사를 지을 수 있었음을 의미한다. 지력이 떨어진 흙은 아래로 보내 지력을 회복할 시간을 갖고, 영양분이 풍부한 땅속 깊은 곳의 흙은 위로 올려 농사를 짓는데 이용하는 원리이다. 심경법(深耕法: 깊을 심, 밭갈 경, 법 법)은 우경과 밀접한 관련이 있다.

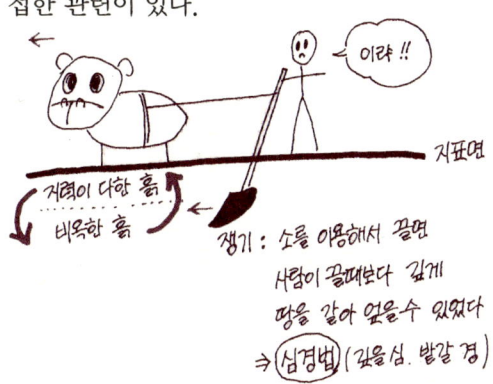

고려 후기에 있었던 또 다른 농업의 특징은 비료를 뿌리는 시비법이 발달했다는 점이다. 지력이 다한 흙에 영양분을 공급하는 것은 한해 농사를 좌우하는 아주 중요한 작업이었다. 척박한 땅에는 아무리 공을 들여도 좋은 결실을 얻기 힘들었다. 심경법보다 효율적으로 땅을 비옥하게 만들 수 있는 방법이 바로 비료를 뿌려주는 시비법이었다.

고려 시대에는 오늘날처럼 공장에서 화학 비료를 생산할 수 없어서 농촌에서 직접 비료를 만들어 사용할 수밖에 없었다. 비료의 종류는 풀 등을 썩히지 않고 만드는 녹비와 사람과 짐승의 배설물 등을 썩혀서 만드는 퇴비가 있다. 이런 녹비와 퇴비를 땅에 뿌려 지력이 쇠한 땅을 비옥하게 만들었다.

그렇다면 비료를 뿌리는 시비법이 발달하기 전에는 어땠을까? 땅이 저절로 지력을 회복할 때까지 사람들은 차분히 기다릴 수밖에 없었다. 그렇게 땅에게 휴식을 주는 방법을 쉴 휴(休), 밭갈 경(耕)을 써서 휴경이라고 한다. 사람도 지친 몸을 회복하기 위해 휴가가 필요한 것처럼 땅도 지력을 회복하기 위해 휴경이 필요했다. 하지만 시비법이 발달하면서 휴경을 줄일 수 있었다.

한해 농사를 지으면 2년 동안 휴경해야 하는 밭을 이역전이라 했다. 반면 한해 농사를 지으면 1년 동안 휴경해야 하는 밭을 일역전,

휴경하지 않고 연달아서 계속 농사를 지을 수 있는 밭은 불역전이라고 불렀다. 고려 시대에는 척박한 이역전부터 비옥한 불역전까지 토지를 3종류로 나누었고 조세를 거두는 양도 달리했다.

| 농사 | 휴식 휴식 | 농사 | 휴식 휴식 | → | **이역전** |
| 농사 | 휴식 | 농사 | 휴식 | → | **일역전** |
| 농사 | 농사 | 농사 | | → | **불역전** |

고려 후기에는 비료를 뿌리는 시비법이 발달하면서 휴경이 대폭 감소되었고, 불역전처럼 휴경없이 계속해서 농사를 지을 수 있는 토지가 늘어났다.

또 고려 후기에는 조, 콩, 보리 등의 농작물을 돌려심는 윤작(輪作: 바퀴 윤, 지을 작)을 하게 되면서 2년 3작이 가능해졌다. 윤작은 우리말로 돌려짓기라 부른다.
그리고 고려 후기에는 모판에 모를 기른 후 논에 옮겨 심는 이앙법이 남부 지방을 중심으로 보급되기 시작했다.

### 🌱 벼(쌀)농사를 짓는 방법

직파법 : 논에 직접 씨앗을 뿌리는 방법
이앙법 : 모판에 씨앗을 뿌려 싹(모)이 튼 후 모내기를 통해 논에 옮겨 심는 방법

고려 후기의 대표적인 농서는 이암이 원나

라에서 들여온 『농상집요』이다. 즉 고려 후기에는 아직 우리나라 토양과 기후에 맞는 우리나라만의 농서는 없었다. 우리나라 최초의 농서는 조선 세종 때에 만들어진 『농사직설』이다.

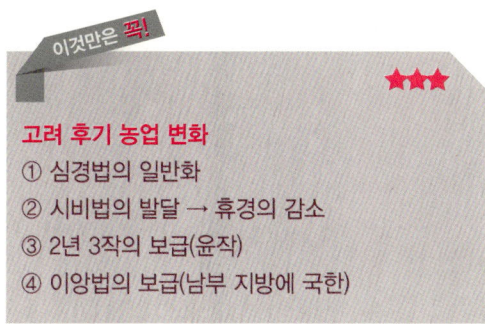

이것만은 꼭!

★★★

**고려 후기 농업 변화**
① 심경법의 일반화
② 시비법의 발달 → 휴경의 감소
③ 2년 3작의 보급(윤작)
④ 이앙법의 보급(남부 지방에 국한)

### ② 수공업

고려 시대의 수공업은 농업에 비해 상대적으로 천시되었지만 꾸준히 이어져왔다. 고려 시대의 수공업을 전기와 후기로 나누어 살펴보자.

고려 전기에는 사치품과 무기 등을 만드는 관청 수공업과 특수 행정구역인 소에서 국가에 조달할 공물을 만드는 소 수공업이 발달했다. 하지만 생산품을 시장에 가져가 판매할 수는 없었다.

고려 후기에는 농촌 수공업과 사원(절) 수공업이 중심을 이루었다. 사원에서는 질 좋은 베(꺼끌꺼끌한 재질 때문에 몸에 잘 붙지 않아서 여름에 즐겨 입는 누런 빛깔의 삼베)와 모시(삼베보다는 덜 거친 고급스러운 하얀

재질), 소금, 지붕에 올리는 기와 등을 생산했고 이색적으로 술도 만들었다.

| 고려 전기 | 관청 수공업 , 소 수공업 |
|---|---|
| 고려 후기 | 농촌 수공업 , 사원 수공업 |

### ③ 상업

고려 시대 역시 상업은 가장 무시 받는 직종이었다. 하지만 사람이 살아가면서 어떻게 물건을 사고파는 상업이 없을 수 있겠는가? 고려 시대의 상업에 대해 알아보자.

소수의 귀족들에게 부가 집중되면서 빈익빈 부익부가 심해졌고 가난한 사람들은 소수의 부유한 사람에게 재물을 빌려야 하는 상황이 벌어졌다. 자연스럽게 높은 이율로 돈을 빌려주는 고리대업이 성행하게 되었다. 높은 이자를 감당하지 못하는 백성들이 늘어나자 고려 정부는 제위보라는 기금을 조성해 그 기금에서 발생되는 이자로 빈민들을 구제했다.

개경과 서경 등의 대도시에는 국가에서 운영하는 관영 상점이 존재했다. 차를 파는 다점(다방), 술을 파는 주점도 있었다. 관영 상점은 조선 시대에는 찾아볼 수 없는 고려 시대의 특징이다.

상업이 발달하기 위해서는 화폐가 필요하다. 고려 시대에도 화폐가 만들어졌다. 고려 성종 때 만들어진 철전(쇠로 만든 동전)인 건원중보가 최초의 화폐이다. 하지만 최초의 화

폐인 건원중보는 널리 유통되지는 못했다.
대각국사 의천은 이미 화폐의 필요성을 깨달아서 고려 숙종에게 건의해 화폐를 만드는 주전도감을 설치했다. 주전도감에서는 해동통보와 해동중보, 활구를 만들어냈다. 활구는 우리나라 지형을 본떠(은병) 은(silver)으로 만든 병 모양의 고액 화폐였다. 활구 하나가 옷감 100필에 맞먹는 고액이었기 때문에 실제로 널리 유통되지는 못했다.

신라 시대에 동시, 서시, 남시 등의 시장이 있었고 상행위를 감독하는 동시전, 서시전, 남시전이 있었던 것처럼 고려에도 상행위를 감독하는 기구가 있었다. 고려 시대 상행위를 감독하고 물가를 조절하는 역할을 한 기구를 경시서라고 한다. 경시서는 조선 시대에 이르러 평시서로 바뀌었다.

### ④ 고려의 대외 무역

**27** 기|출|응|용|문|제

다음 자료를 통해 알 수 있는 시기에 대한 설명으로 옳은 것은?

한낮에 시장을 벌여 남녀노소, 관리들이 각기 자기가 가진 것을 교역하고, 돈을 사용하는 법은 없다. 오직 저포나 은병으로 그 가치를 표준화하여 교역한다.

① 관료전을 지급하고 녹읍을 폐지했다.
② 공납의 수취 대상을 토지로 바꿔 토지 결수에 따라 쌀을 공납으로 납부했다.
③ 답험의 폐단을 시정하기 위해 공법을 실시했다.
④ 대각국사 의천의 건의를 받아 주전도감이 설치되었다.
⑤ 이앙법이 전국으로 보급되었다.

고려 시대 최대의 무역항은 예성강 하구에 있는 벽란도였다. 신라 시대에는 주로 당항성을 통해 중국과의 교역이 이루어진 것과 비교된다. 현재 강화도 건너편 북한 땅에 위치한 벽란도에는 송나라 상인들뿐만 아니라 일본과 아라비아의 상인들까지 드나들었다.

아라비아에서 드나들던 상인들을 통해 고려(Corea)의 이름이 세계에 알려져 오늘날 대한민국의 영문명인 Korea가 탄생했다.

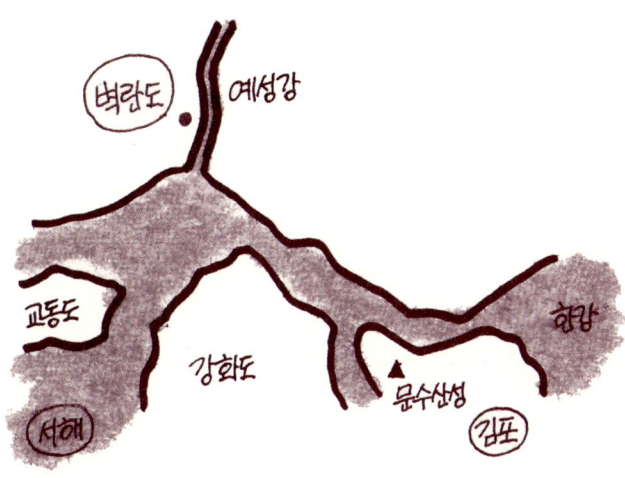

28 기|출|응|용|문|제

다음은 (A) 지역에 대한 설명으로 가장 적절한 것은?

송나라 선박이 도성과 가까운 (A)에 닿자 포구에 있던 사람들이 몰려들었다. 송나라의 비단과 약재는 많은 활구(은병)를 주어도 살 수 없을 정도로 인기가 있었다.

① 일제 강점기 노동자 총파업이 벌어진 곳이다.
② 아라비아 상인까지 드나들었다.
③ 신라 시대 중국과의 교역 관문이었다.
④ 장보고가 청해진을 설치한 곳이다.
⑤ 조선 후기 제너럴 셔먼호가 불에 탄 곳이다.

# 11 고려의 문화

고려는 빛나는 문화를 가진 나라였다. 고려청자로 대표되는 뛰어난 도자기를 만들었고, 인쇄술이 발달해 금속활자를 만들어 대량의 책을 찍어낼 수도 있었다.

🦅 금속으로 글자 하나하나를 새기는 것은 어려운 일이라 금속활자가 발달하기 이전에는 밀랍을 이용해서 책을 찍어냈다.

『고려사』나 『조선왕조실록』의 기록을 보면 고려 고종 때 유교의 예법을 서술한 『상정고금예문』이라는 책이 존재했음을 확인할 수 있다. 이는 세계에서 가장 오래된 금속활자본으로 추정된다. 하지만 안타깝게도 현재는 전해지지 않는다.

🦅 『상정고금예문』은 『고금상정예문』으로 불리기도 한다.

현존하는 세계에서 가장 오래된 금속활자본 역시 고려 시대에 만들어 졌다. 현존하는 세계 최고(最古)의 금속활자본은 『백운화상초록불조직지심체요절』이다. 청주 흥덕사에서 인쇄되어 현재는 프랑스 국립도서관에 소장되어있는 이 책은 고려 공민왕 때 만들어졌다.
백운화상이라는 스님이 여러 가지 불교 서적 가운데에서 참선에 관련된 내용만을 초록(발췌해서 기록)한 책으로 『직지심체요절』로 부르기도 한다. 이 책은 조선이 프랑스와 외교 관계를 맺은 후에 프랑스 공사가 가져간 것으로 병인양요 때 약탈당한 것이 아니다.

『직지심체요절』이 인쇄된 충청북도 청주시 거리에는 직지의 고장임을 상징하는 문양이 새겨져있다. 아울러 흥덕사가 위치한 청주 흥덕구에는 직지 박물관이 자리 잡고 있다. 『직지심체요절』은 현재 유네스코 기록유산으로 지정되어 가치를 인정받고 있다.

현종 때에 편찬을 시작해서 뒤를 이은 덕종 때에 완성한 『7대실록』은 현종 이전의 일곱 임금인 '태조-혜종-정종-광종-경종-성종-목종' 때의 왕과 신하의 언행을 기록한 실록이다. 왕대별로 편찬하는 이러한 실록 편찬의 전통은 조선 시대에 그대로 이어져 우리가 잘 알고 있는 『조선왕조실록』을 탄생시킨 밑거름이 되었다.

고려의 의료 시설로는 개경의 동쪽과 서쪽에 있었던 동·서 대비원이 있었다. 그리고 개경 못지않게 중요하게 생각했던 서경에도 대비원이 분점(branch)의 개념으로 설치되어있었다. 대비원은 조선 시대에는 동·서 활인서라는 기관으로 이어졌는데 사람을 살아나게 한다는 '활인'이라는 단어에서 의료 기관의 설치 목적을 엿볼 수 있다.

시험에서는 동·서 대비원의 위치를 많이 속인다. 특히 '동·서 대비원이 3경에 설치되었다'라는 문장으로 많이 유혹한다.

3경이란 원래 개경, 서경(평양) 그리고 동경(경주)을 뜻하는 말이었으나 고려 문종 때에 풍수지리의 영향으로 동경을 배제하고 남경(조선의 수도였던 한양)을 추가했다.
즉 개경, 서경, 남경을 뜻하는 말이다.

남경에는 대비원이 없었으므로 3경에 대비원이 설치되었다는 말은 틀렸다.

동·서 대비원이 병원의 개념이라면 약국도 존재했다. 고려 예종 때 설치한 혜민국이 바로 그것이다. 혜민국(惠民局: 은혜 혜, 백성 민, 부서 국)은 조선 시대 초까지 이어졌다.

고려의 음악에 대해서 알아보자. 고려의 음악은 귀족들이 즐기던 음악인 아악과 일반 백성들이 즐기던 향악으로 나눌 수 있다. 향악은 속된 음악이란 뜻으로 속악이라고도 했다.
아악은 송나라 음악인 대성악의 영향을 받은 것으로 제사를 지내는 제례 때 연주되었다. 반면 향악은 당나라 음악인 당악의 영향을 받았다.

| 송나라 대성악 → | 아악 | 귀족층 | 경기체가를 즐김 (한림별곡) |
|---|---|---|---|
| 당나라 당악 → | 향악 (속악) | 백성 | 속요를 즐김 (청산별곡, 가시리, 쌍화점) |

백성들 사이에서는 청산별곡, 가시리, 쌍화점 등 민요풍의 노래인 속요가 유행했다. 속요는 신진 사대부들이 즐기던 경기체가와 구분해야 한다. 대표적인 경기체가로는 한림별곡이 유명하다.

먹과 붓을 이용해 글씨를 썼기 때문에 고려 시대에는 서예도 중요하게 여겼다. 글씨를 잘 쓴다는 것은 과거시험에서도 중요하게 평가되는 관리의 덕목이기도 했다.

고려 초기에는 반듯반듯하게 쓰는 글씨를 선호해 당나라의 명필 구양순의 글씨체가 유행했다. 한편 고려 후기에는 충선왕이 원나라 수도 연경에 만권당을 설치하면서 학자들이 모여서 원나라 학자들과 성리학에 대한 난상토론을 벌였다. 이때 만권당에 초빙된 원나라의 학자 중 조맹부의 글씨체가 유명했는데 이를 계기로 고려 후기에는 조맹부의 글씨인 송설체가 유행했다.

| 고려 전기 | 고려 후기 |
| --- | --- |
| 구양순체 | 조맹부체(송설체) |

🌺 조맹부의 글씨를 송설체라고 부르는 이유는 조맹부 서재의 이름이 송설재였기 때문이다.

재(齋)는 흔히 '목욕재계한다'라는 표현을 할 때 사용되는 단어인데 무언가에 집중하기 위해서 몸과 마음을 깨끗하고 가지런하게 하는 공간을 지칭하기도 한다. 책을 읽는 서재처럼 몸과 마음을 깨끗하게 해야 할 공간이 학자들에게 또 있었을까? 그래서 보통 서재 이름에 재(齋)를 붙인다. 대한제국의 마지막 황태자였던 영친왕이 기거했던 창덕궁 낙선재도 그런 맥락에서 이해하면 될 것이다.

고려 후기에 발달한 문학 장르 중에 패관문학이 있다. 패관문학이란 거리에서 떠도는 소문들(가설항담)을 모아서 엮은 문학의 한 장르이다. 백성들의 목소리를 듣고 싶어 하는 왕의 마음을 헤아려 신하들이 엮은 책이다. 고려 말 이제현이 지은 『역옹패설』, 이인로 『파한집』 등이 대표적이다.

고려의 문화를 이야기하면서 고려 시대에 만들어진 가장 유명한 역사서 두 권을 소개하지 않을 수 없다. 바로 『삼국사기』와 『삼국유사』이다. 삼국 시대를 기록한 이 역사서들이 쓰여진 시기는 고려 시대였다.

『삼국사기』는 묘청의 난을 진압한 문벌 귀족 김부식이 고려 중기 인종의 명을 받들어 만들었다. 기전체 역사서이자 현존하는 가장 오래된 역사서이다.

김부식은 신라 왕족 출신으로 과거에 급제한 문벌 귀족이었기 때문에 『삼국사기』는 기득권과 승리자의 관점에서 삼국 시대를 기록하고 있다. 따라서 정사(正史)라고 부른다. 김부식이 신라 왕족 출신의 유학자이었기에

『삼국사기』는 신라를 중심으로 기록되었다. 『삼국유사』와는 다르게 『삼국사기』는 오직 삼국 시대와 통일신라 시대에 관한 기록만을 담고 있다.

반면『삼국유사』는 원 간섭기인 고려 충렬왕 때 승려인 일연에 의해 작성된 역사서이다. 『삼국유사』의 특징은 책의 서문에서 가장 잘 드러난다.

삼국의 시조가 모두 신비하고 기이한 일을 연유해 태어났다…. 이것이 신이(神異)로써 책의 앞머리를 삼은 까닭이다.

신이(神異: 귀신 신, 다를 이)라는 말은 일반적이지 않고 신비롭다는 뜻이다. 미스터리(mystery)라는 말과 통한다고 할 수 있다. 승려인 일연은 문신 귀족이었던 김부식과는 다르게 신화나 설화에 초점을 맞추어 역사를 기술한 면이 강했던 탓에『삼국유사』에 녹아 있는 사관을 신이(神異: 귀신 신, 다를 이) 사관이라고 부른다.

🕊 사관(史觀)은 역사를 바라보는 관점을 말하고 사관(史官)은 역사를 기록하던 관리를 뜻한다. (163쪽 참고)

하지만 역사서가 어떻게 미스터리한 일만을 기록할 수 있겠는가? 신이 사관과 함께『삼국유사』의 또 다른 특징은 바로 자주 사관이다.

자주(自主: 스스로 자, 주인 주) 사관에 입각해 원나라의 간섭을 받던 시기에 민족의 주체성을 강조했다. 몽골의 지배하에 고통받고 있지만 우리 민족은 신비한 힘을 가진 민족이며 역사적인 사실들이 우리 민족의 우수성과 독창성을 증명해준다는 점을 설파한 역사서가 바로『삼국유사』이다. 이런 맥락에서 『삼국유사』는 단군신화를 최초로 수록하고 있다.

『삼국유사』는 역사를 서술하는 방식에 있어서도 정사(正史)인『삼국사기』와는 차이점을 보인다.『삼국사기』가 기전체 서술 방식을 채택한 것과는 다르게 야사인『삼국유사』는 기사본말체를 채택하고 있다.

🕊 야사는 들판 야(野)라는 한자를 쓴다. 들판은 정비되어 있지 않고 때 묻지 않은 자연스러움이 있는 공간이다. 이처럼 정사와 달리 풍속·전설을 역사와 함께 자연스럽게 서술한 것을 야사라고 한다.

🕊 역사를 서술하는 방식은 크게 편년체, 기전체, 기사본말체로 나누어볼 수 있다.

가장 일반적인 서술 방식인 편년체는 2000년 1월 1일처럼 연·월·일의 순서로 차례차례 사실들을 기록하는 방식이다. 누구나 한 번쯤 써본 적이 있는 일기나 다이어리가 편년체에 속한다. 대부분의 역사서들이 채택하는 역사 서술 방식이다.

다음으로 기전체에 대해 알아보자. 중국의 사마천은 『사기』라는 역작을 남겼다. 그 『사기』에서 채택한 역사 서술 방식이 바로 기전체이다.

기전체는 책의 구성을 본기, 세가, 열전, 지, 표 등으로 나누었다. 본기는 황제들에 관한 이야기이고, 세가는 제후국에 관한 내용이다. 열전은 언급할 가치가 있는 유명한 신하들에 관한 사항을 담고 있으며, 지에는 제도와 문물 등의 중요한 사항들을 기록하고 있다. 표는 우리가 흔히 알고 있는 연표를 말한다.

기전체에는 이런 구성 요소 모두가 다 포함되기도 하지만 역사를 서술하는 작자의 구미에 맞게 일부 요소들을 생략하기도 했다. 『삼국사기』와 더불어 중요한 기전체 역사서로 평가받는 『고려사』의 경우 본기를 생략하고 있다. 반면 이종휘의 『동사(東史)』에서는 단군조선 등을 본기에서 언급했다.

이종휘의 『동사(東史)』와 구별해야 하는 책으로 조선 시대 허목이 쓴 『동사(東事)』가 있다. 허목은 남인의 대표적 인물로서 서인들의 북벌을 비판했다. 두 『동사』 모두 기전체 양식을 따르고 있

다.(191쪽 참고)

마지막으로 살펴볼 역사 서술 방식인 기사본말체는 각각의 사건들마다 시작과 본론과 결말을 기록하는 방식이다. 실학자인 이긍익이 작성한 『연려실기술』이 가장 대표적인 기사본말체 역사서이다.

『삼국사기』와 『삼국유사』를 비교해서 살펴보았다. 『삼국사기』가 오로지 삼국 시대와 통일신라 시대만을 서술하고 있는 것에 반해 『삼국유사』는 고조선 시대부터 서술하며 단군신화를 최초로 싣고 있다.

삼국사기와 삼국유사를 비교하는 것은 가장 기초적인 내용이다. 문제의 난이도가 상향 평준화된 요즘은 오히려 출제 빈도가 줄어드는 편이다. 위에서 기술한 내용을 정독하는 것으로 충분하다.

# 4 근세

1 조선의 건국

2 조선의 각종 제도
   ① 토지 제도
   ② 신분 제도
   ③ 가족 제도
   ④ 과거 제도
   ⑤ 교육 제도
   ⑥ 법률 제도
   ⑦ 통치 기구
   ⑧ 군역 제도
   ⑨ 군사 제도

3 조선 전기
   ① 훈구와 사림
   ② 조선 전기 농업
   ③ 조선 전기 수취 체제
   ④ 조선 전기 향촌 사회
   ⑤ 조선 전기 주요 임금
   ⑥ 조광조의 개혁 정치
   ⑦ 이황과 이이
   ⑧ 사림의 대두와 붕당 정치

4 임진왜란과 병자호란
   ① 임진왜란
   ② 광해군과 중립 외교
   ③ 인조반정과 두 번의 호란

5 붕당 정치의 전개와 예송 논쟁
   ① 동인의 분화
   ② 예송 논쟁
   ③ 서인의 분화

6 조선 후기
   ① 수취 제도의 변화
   ② 향촌 사회의 변화
   ③ 영조와 정조
   ④ 조선 후기의 사상
   ⑤ 상업의 성장
   ⑥ 광업과 수공업
   ⑦ 농업
   ⑧ 세도정치와 농민 봉기

요약
정리

조선의 건국부터 개항 이전까지를 근세라고 한다. 조선은 양천제를 원칙으로 하는 엄격한 신분 사회였다. 원칙적으로 양인이라면 누구나 과거에 응시할 수 있었다. 하지만 서얼은 달랐다. 철종 때 신해허통을 통해 문과 응시가 가능해지기 전까지는 불가능했다.

조선은 임진왜란과 병자호란을 기준으로 전기와 후기로 나누어 볼 수 있다. 조선 전기 세종은 『농사직설』, 『칠정산』 등을 펴내 각종 문화를 꽃피웠고, 성종은 유교적 통치 이념을 바탕으로 경국대전을 완성해 조선 왕조의 기틀을 다졌다. 하지만 연산군 이후 훈구와 사림의 갈등으로 사화가 빈번하게 발생했고 훈구에 의해 사림이 큰 피해를 입었다. 중종은 사림이었던 조광조를 등용해 성리학적 통치 이념에 기반을 둔 개혁 정치를 실시했지만 조광조 역시 기묘사화에 휘말려 개혁 정치는 좌절되고 말았다.

한편 조선 전기에는 고려 말 남부 지방을 중심으로 도입된 이앙법이 더욱 발전했다. 이앙법이 발전하면서 쌀의 재배 기간이 단축되어 이모작이 가능해졌다. 조선 시대에는 고려 시대와 달리 모든 군현에 지방관이 파견되었다. 지방관은 전분 6등법과 연분 9등법이란 공법을 통해 조세를 수취했다. 군사 제도는 진관 체제에서 제승방략 체제를 거쳐 다시 진관 체제로 복귀했고, 정군과 보인을 1보로 묶는 보법은 세조 때 완성되어 조선 전기 군역 제도의 기반이 되었다.

광해군은 중립적인 실리 외교를 펼쳤고, 방납의 폐단을 시정하기 위해 대동법을 실시했다. 서인들은 인조반정을 통해 광해군을 몰아낸 후 어영청을 세워 청에 대한 북벌을 추진했다.

임진왜란과 병자호란을 거친 후 조선 후기에는 사림이 본격적으로 정치에 나서면서 성리학적 통치 질서가 보급되었다. 하지만 양반 관료들은 동인과 서인, 노론과 소론 등으로 분열했고 소모적인 당파 싸움이 이어졌다. 이에 숙종은 당파를 가리지 않고 인재를 등용하는 탕평책을 최초로 실시했다. 이어 영조는 탕평 교서를 발표한 후 완론 탕평을 펼쳤고, 정조는 규장각과 장용영을 통해 왕권을 강화하고 적극적인 준론 탕평을 펼쳤다.

한편 조선 후기에 이앙법이 전국적으로 보급되면서 광작이 가능해지고 농민층은 분화했다. 집권층은 수취 제도를 영정법과 균역법, 대동법으로 정비하고 조세, 역, 공납을 거둬들였다.

독점을 통해 성장한 도고는 상인층의 분화를 가져왔다. 정조는 신해통공을 통해 육의전을 제외한 시전 상인의 금난전권을 폐지해 전통적인 관허 상인 외에 사상이 성장하게 되었다. 한편 대동법 실시 후 등장한 공인은 상품 화폐 경제의 발전을 촉진했다. 이러한 조선 후기 농업과 상업의 발전은 실학과 양명학 등 새로운 사상의 영향이기도 하다.

19세기 세도정치 시기에는 부정부패로 인해 삼정이 문란해지면서 전국적으로 민란이 발생했다. 이에 흥선대원군은 세도정치의 심장이었던 비변사를 폐지하고, 서원을 철폐했다. 하지만 쇄국정책을 고수하는 바람에 근대화를 늦추는 결과를 가져오기도 했다.

일반적으로 우리나라의 역사를 시대적으로 구분할 때 통일신라 이전을 고대, 고려 시대를 중세로 보는 것에는 대부분 동의한다. 하지만 조선을 중세 사회로 볼 것인지를 놓고는 학자들의 의견이 갈린다. 한국사를 세계사의 보편성 속에서 놓고 판단하는 사람들은 '고대 – 중세 – 근대 – 현대'라는 시대 구분의 공식에 끼워 맞추려고 노력하는 반면, 한국사를 독자적인 것으로 이해하려는 사람들은 조선 시대를 중세와 근대의 중간적 의미로 근세라고 부른다. 근세는 오늘날 한국 사학계에서 보편적으로 통용되는 용어인 만큼 고려 시대를 중세, 조선을 근세라고 이해하면 된다.

# 1 조선의 건국

공민왕의 개혁 정치가 실패로 끝나면서 고려는 급격한 쇠락의 길을 걷게 되었다. 공민왕 때에 중용된 신진 사대부와 신흥 무인 세력들도 각자의 노선에 따라 나누어졌다. 공민왕 사후 이인임, 임견미 등의 권문세족들이 다시 정권을 잡았다.

공민왕의 뒤를 이은 우왕은 최영과 이성계의 힘을 빌려 전횡을 일삼던 이인임과 임견미 일당을 몰아냈다. 최영과 이성계는 이인임에 대한 처벌 수위를 놓고 의견 대립을 보였다. 이인임이 그동안 고려 조정에 세운 업적도 적지 않으니 책임을 면제하자는 최영에 반해 이성계는 이인임으로 인해 고려가 어지러워진 점을 들어 강력하게 처벌해야 한다고 주장했다.

이인임에 대한 처벌이 이뤄지지 않자 이성계는 자신의 근거지였던 동북면(동계)으로 돌아갔다. 하지만 정도전 등의 신진 사대부가 이성계를 지지하며 이인임에 대한 처벌을 강력하게 요구하자 결국 최영도 이인임을 유배 보낼 수밖에 없었다. 그렇게 권문세족의 시대는 막을 내렸다.

그 후 최영이 문하시중, 이성계가 그 아래 직책인 수문하시중을 맡으면서 고려 조정은 점차 안정되어갔다. 하지만 명나라를 건국한 홍무제 주원장이 억지를 부리며 고려에 영토 반환을 요구하면서 다시 흔들리기 시작했다. 주원장은 공민왕이 수복한 철령 이북의 쌍성총관부 지역이 원래 원나라 땅이었으니 원나라의 뒤를 이은 명나라가 가져야 옳다는 주장을 펼치며 반환할 것을 요구했다. 이런 상황에서 최영과 이성계는 또 한번 의견이 갈렸다. 최영은 고려가 먼저 요동 지역을 공격해 명나라에게 본때를 보여주자고 주장한 반면 이성계는 요동 정벌이 불가한 네 가지 이유(4불가지론)를 들어 요동 정벌에 반대했다.

그러나 우왕의 절대적인 신뢰를 받고 있던 문하시중 최영의 뜻대로 고려는 요동 정벌을 단행하게 되었다. 하지만 우왕은 최영 장군이 자신의 곁을 떠나는 것이 불안했다. 그래서 최영은 개경에 머무르면서 군대를 총괄 지휘하게 했고 실질적인 통솔은 이성계와 조민수에게 맡겼다.

오늘날 한강 가운데에 노들섬이나 뚝섬, 밤섬이 있는 것처럼 고려가 요동을 정벌하기 위해서 건너야 할 압록강 가운데에는 위화도라는 작은 섬이 있었다. 이성계가 이끄는 군대가 위화도 근처에 도착했을 때 비가 억수같이 내려 진군이 힘든 상황이 되었다.

고민을 거듭하던 이성계는 조민수를 설득한 후 요동을 공격하지 않고 군대를 개경으로 다시 돌렸다. 이를 위화도 회군(回軍: 돌릴 회, 군사 군)이라 한다. 위화도 회군이 성공하면서 이성계는 숙적 최영을 내몰고 실권을 잡게 되었다. 아울러 이성계와 뜻을 같이 하던 정도전과 조준, 정몽주 등의 신진 사대부가 고려의 핵심 세력으로 급부상하게 되었다.

신진 사대부는 기울어가는 고려를 그대로 유지하면서 개혁을 통해 다시 부강한 나라로 만들어가려고 한 온건파와, 고려라는 나라에는 더 이상 희망이 없으니 역성혁명(임금의 성을 왕씨에서 이씨로 바꾸는 혁명)을 통해 새로운 국가를 건설하고자 하는 혁명파로 나뉘었다.

온건파의 대표적인 인물은 고려3은(隱: 숨길 은)이라 불리는 포은 정몽주, 야은 길재, 목은 이색이었다. 호에 붙은 은이라는 단어에서도 알 수 있듯이 이들은 크게 자신을 드러내지 않는 성향으로 고려 왕조를 유지하는데 힘쓴 고려의 세 충신으로 불린다. 반면 정도전이 이끄는 혁명파는 조준, 윤소중 등이 뜻을 같이 했다.

빼어난 학식으로 많은 사람들의 존경을 받던 정몽주를 혁명파로 끌어들이기 위해 이성계의 셋째 아들이자 훗날 조선 태종이 되는 이방원은 시조 '하여가'를 지어 정몽주에게 최후 통첩을 했다

이런들 어떠하리 저런들 어떠하리
만수산 드렁칡이 얽혀진들 어떠하리
우리도 이와 같이 얽혀 백년을 누리리라

이 시조에는 국가의 이름이 고려든 조선이든 그런 건 아무 문제도 되지 않으니 혁명파와 온건파가 함께 얽혀 새로운 나라를 만들어 오랫동안 누리면서 살아보자는 내용을 담고 있다. '하여가'를 받은 정몽주는 '단심가'를 지어 답했다.

이 몸이 죽고 죽어 골백번 고쳐죽어
백골이 진토되어 넋이라도 있고 없고
임 향한 일편 단심이야 가실 줄이 있으랴

단심가는 혁명파 이방원의 최후 통첩을 거절하고 고려라는 임에게 한 번 준 마음을 계속 품고 살겠다는 정몽주의 의지를 표현한 시조였다.

정몽주를 설득할 수 없음을 깨달은 이방원은 집으로 돌아가는 정몽주를 황해도 개경 선죽교에서 살해했다. 이후 이성계와 혁명파 신진 사대부들은 새로운 토지 제도인 과전법을 실시했다. 그리고 결국 이성계는 꼭두각시에 불과했던 고려의 마지막 임금 공양왕을 몰아내고 새로운 나라인 조선을 건국했다.

| 온건파 신진 사대부 | 혁명파 신진 사대부 |
| --- | --- |
| 정몽주, 길재, 이색 | 정도전, 조준, 윤소중 |
| 사림으로 이어짐 | 훈구 세력으로 이어짐 |

**29 기｜출｜응｜용｜문｜제**

다음 (A)에 대한 설명으로 옳은 것은?

혁명파 신진 사대부였던 (A)는 조준, 윤소중 등과 함께 이성계가 공양왕을 몰아내고 조선을 건국하는데 힘을 보탰다. (A)는 "임금의 직책은 재상 한 명을 잘 뽑는데 있다"라고 주장하며 재상 중심의 정치를 강조했다.

① 강력한 전제 군주의 필요성을 역설했다.
② 토지 제도 개혁에 반대했다.
③ 불교를 비판해 『불씨잡변』을 남겼다.
④ 사림 형성에 영향을 주었다.
⑤ '6조 직계제'를 강조했다.

# 2 조선의 각종 제도

### ① 토지 제도

혁명파 신진 사대부들은 고려의 마지막 임금이었던 공양왕 때에 이미 토지 제도 개혁에 착수했다. 이는 대농장을 경영하며 여전히 무시하지 못할 세력을 가지고 있던 권문세족들의 경제적인 기반을 약화시키려는 목적을 갖고 있었다.

과전법이라는 이 토지 제도는 전국 단위가 아니라 경기 지역에 한정해 시행됐다. 현직 관리인 직관과 전직 관리인 산관 모두에게 수확의 일정량을 거둘 수 있는 수조권을 주었지만 고려 전시과와는 달리 땔감을 구하기 위한 시지는 지급하지 않고 오로지 전지만을 지급했다. 과전법은 시행 초 군전을 지급하기도 했다.

조세를 거두어가는 비율은 수확량의 1/10이었다. 예를 들어 1결의 토지에서 쌀 300두가 생산이 되었다면 30두를 조세로 거두어가는 방식이었다. 하지만 토지에서 얼마만큼의 작물이 생산되었는지 작황을 살피는 관리들이 조세를 많이 거두어가기 위해 수확량을 부풀리는 폐단이 있었다.

세종대왕은 공법을 시행해 이를 시정했다. 토지에 대한 수조권을 주는 것과는 별도로 관리에 대한 월급인 녹봉도 지급했다.

과전은 원칙적으로 세습이 불가능한 토지였지만 예외가 있었다. 관리가 죽은 후 혼자 남은 아내가 재혼하지 않고 끝까지 수절하는 조건으로 지급한 수신전과, 과전을 지급받은 관리 부부가 죽은 후 어린 자식에게 지급했던 휼양전이 예외적으로 세습이 가능한 토지였다. 하지만 수신전의 경우 아내가 재혼을 하게 되면 다시 몰수했다. 이는 성리학 가치를 중시했던 조선 시대의 가부장적인 면모를 엿볼 수 있는 대목이다.

과전법으로 건국 초기 토지 제도를 이어가던 조선은 세조 때에 이르러 토지 제도를 직전법으로 바꾸었다. 직전법은 이름 그대로 현직 관료인 직관에게만 토지의 수조권을 지급하겠다는 뜻이다. 현직 관료인 직관에게만 토지를 지급했다는 점에서 고려 시대 경정 전시과와 비슷한 면이 있다고 할 수 있다. 그리고 과전법 체제에서 예외적으로 세습이 가능했던 토지인 수신전과 휼양전을 폐지해 세습이 가능한 토지를 없애버렸다. 세조는 직전법을 통해 토지에 대한 국가의 지배력을 강화했고 왕권도 강화할 수 있었다.

하지만 현직 관료에게만 토지를 지급하자 예상치 못한 폐단이 발생했다. 관리들이 재직하는 동안 농민들에 대한 수탈을 자행한 것이다. 이러한 폐단을 시정하기 위해 성종은 관수관급제를 시행했다. 현직에 있는 동안에만 수조권을 가질 수 있었던 관리들이 재직하는 동안 수조권을 남용해 농민들을 수탈하자 성종은 수조권자가 임의대로 수확량을 파

악해 조세를 거두어 가는 행위 자체를 금지해버린 것이다. 수조권자인 전주(田主)의 직접적인 수취를 금지하고, 나라에서 거두어 나라에서 지급한다고 해 관수관급제라고 부른다. 성종은 관수관급제를 통해 토지에 대한 국가의 지배력을 더욱 강화할 수 있었다.

 **관수**(官收: 관청 관, 거둘 수)
　　– 나라에서 거두다
**관급**(官給: 관청 관, 공급할 급)
　　– 나라에서 지급하다

관리에게 녹봉과 함께 토지 수조권을 지급해 오던 조선은 명종 때에 이르러 직전법을 폐지해 토지의 수조권을 빼앗고 오직 녹봉만을 지급했다. 이를 통해 수조권자인 전주(田主: 밭 전, 주인 주)와 그 땅에서 농사를 짓던 전객(田客: 밭 전, 손님 객)이 관계를 맺던 전주·전객제가 사라졌다. 대신 사적으로 토지를 소유하고 있던 인물들이 지주가 되어 소작농을 부리는 지주·전호제 시대가 본격적으로 열리게 되었다.

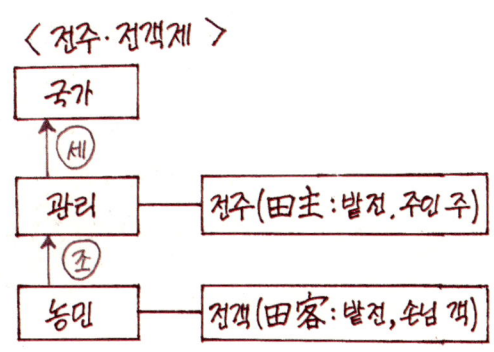

〈 전주·전객제 〉

국가가 소유권을 갖고 관리에게는 수조권만을 주었던 전주·전객제 하에서 농민들은 수확량의 1/10만 수조권자에게 주면 되었다. 하지만 사적 소유권에 기반한 지주·전호제 하에서는 소유자가 수확량의 절반을 뚝 떼어 가버리는 병작 반수(半收:절반 반, 거둘 수)가 성행하면서 농민들의 삶은 극도로 황폐해졌다.

몰락하는 농민들이 증가했고 소작농의 숫자도 증가했다. 이렇게 몰락한 농민들은 산으로 숨어들어 도적이 되기도 했다. 그중 가장 유명했던 인물이 바로 임꺽정이다.

🕊 조선을 뒤흔든 임꺽정이란 도적이 출현한 것은 명종 때 시행된 직전법의 폐지로 인한 것이었음을 알게 되었다. 이런 것이 바로 공자가 말한 배움의 즐거움이 아닐까 생각한다. 앞으로 임꺽정이 등장하는 드라마나 영화를 볼 때엔 명종의 직전법 폐지를 떠올려보자.

---

**이것만은 꼭!** ★★

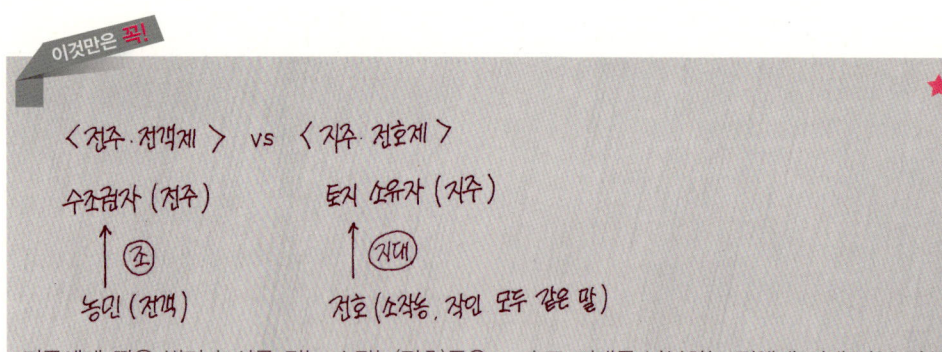

지주에게 땅을 빌려 농사를 짓는 소작농(전호)들은 소작료(지대)를 납부해야 했다. 지대 납부 방식이 지주·전호제 초기에는 소작인의 입회하에 작황(경작 현황)을 조사하고 수확량의 50%라는 정해진 비율로 내는 정률제였다. 이런 정률제 지대 납부 방식을 타조법이라고 한다. 타조법 하에서는 농사를 짓는데 드는 비용을 소작인이 부담했다.

비율로 소작료를 산정하면 수확량이 늘어날수록 지주가 받는 소작료(지대)도 늘어났다. 따라서 지주는 수확량을 늘리기 위해 소작농을 닦달했다. 그래서 일정한 비율로 소작료를 산정하는 타조법은 절대적으로 소작인에게 불리한 지대 납부 방식이었다.

하지만 조선 후기로 가면서 비율이 아닌 정해진 액수로 지대를 납부하는 정액제 지대 납부 방식이 등장했다. 수확량이 얼마가 되든지 소작료(지대) 액수가 일정하다 보니 지주로서는 소작인을 닦달할 이유가 없었고, 소작농은 자유롭게 농사를 지을 수 있었다.

이처럼 수확량에 관계없이 정해진 액수를 지대로 받는 정액제 지대 납부 방식을 도조법이라고 한다. 도조법은 소작농에게 유리한 지대 납부 방식이었다.

도조법이 보급되면서 부농층이 성장했다. 부농층이 관권과 결탁하면서 관권은 강화됐다. 하지만 부농층이 늘어난 만큼 몰락하는 농민 또한 늘어났다. 몰락한 농민들은 임금을 받고 일하는 임노동자가 되기도 했다. 즉 도조법으로 인해 농민의 분화가 가속화됐다.

| | | |
|---|---|---|
| **과전법** | 공양왕 | • 경기 지역에 한정<br>• 전지만 지급하고 시지는 지급하지 않음<br>• 녹봉은 수조권과 별도로 지급<br>• 원칙적 세습 불가<br>• 예외적으로 세습이 가능했던 토지<br>　① 수신전(남편을 잃은 미망인)<br>　② 휼양전(자식) |
| **직전법** | 세조 | • 수신전과 휼양전을 폐지<br>• 현직 관리에게만 수조권을 지급<br>• 재직 시에 수탈을 자행하는 폐단이 발생 |
| **관수<br>관급제** | 성종 | • 수조권을 박탈하고 관에서 직접<br>　생산량을 조사해 거두고 지급함<br>• 국가의 토지 지배력 강화 |
| **직전법<br>폐지** | 명종 | • 녹봉만 지급하고 토지에 대한<br>　수조권을 빼앗음<br>• 전주 · 전객제의 몰락<br>• 지주 · 전호제의 등장<br>　→ 병작 반수제가 일반화 됨<br>　→ 몰락 농민 증가, 소작농 증가,<br>　　임꺽정 |

**기|출|응|용|문|제**

다음 제도에 대한 설명으로 옳은 것은?

경기는 사방의 근본이니 마땅히 ○○을 설치하여 사대부를 우대한다. 무릇 수조권자가 죽은 후 자식이 있는 아내가 수신하면 남편이 받은 토지를 모두 물려받고, 자식이 없으면 그 절반을 물려받으며, 수신하지 않은 경우는 물려받지 못한다. 부모가 사망하고 자식들이 어리면 휼양해야 하니 그 토지를 모두 물려받는다.

A. 땔감을 구할 수 있는 토지가 지급되었다.
B. 농민들은 수확의 일정 부분을 수조권자에게 납부했다.
C. 조세 외에 요역까지 징발할 수 있었다.
D. '성행의 선악'을 고려해 토지를 분급했다.

① A　② B　③ C　④ D

## ② 신분 제도

★★

조선의 신분제는 법제상 양천제가 원칙이었다. 양천제란 양인(양반 · 중인 · 상민)과 천인으로 신분을 2종류로 나누는 방식을 말한다.

시험에서는 조선이 마치 법제적으로 4개의 신분이었던 것처럼 속여서 문제를 출제한다. 어디까지나 법제적 원칙은 양인과 천인의 양천제가 원칙이었음을 잊지 말자.

양반은 문무관리와 지주 계층을 말한다. 양반 신분은 영구적으로 세습되는 것은 아니었다. 조선 왕조에 대한 반역을 시도한 자들은 3족(친가 · 외가 · 처가)을 멸하고 그 집안의 여자들은 노비로 신분을 강등시켰기 때문이다.

중인에 대해서는 자세히 살펴볼 필요가 있다. 중인은 넓은 의미의 중인과 좁은 의미의 중인으로 나눌 수 있다. 좁은 의미의 중인은 의관, 천문관, 역관(통역 담당 관리) 등 기술관만을 의미했다. 즉 향리, 서리, 서얼은 협의의 중인에 해당하지 않았다. 반면 넓은 의미의 중인은 협의의 중인인 기술관에 지방 관청에서 행정 실무를 담당하는 하급 관리인 향리, 중앙 관청에서 행정 실무를 담당하는 하급 관리인 서리, 첩에게서 태어난 자식을 의미하는 서얼 등을 합한 개념이다.

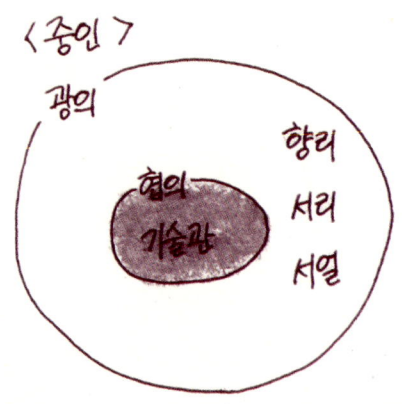

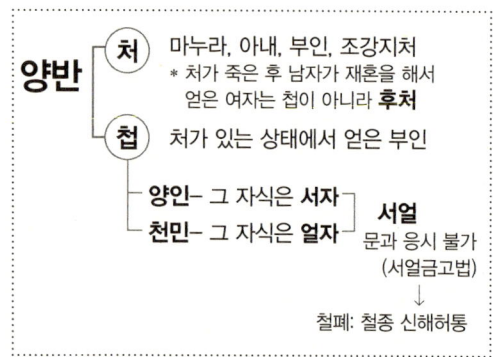

협의의 중인인 기술관들은 일종의 문학 동아리인 시사(詩社)를 조직하고 문학 활동을 했다. 그들에 의해 이루어진 문학을 여항문학이라 부른다. 아울러 철종 때 서얼들이 차별에서 해방되는 것을 지켜보며 그들도 처우를 개선해보고자 철종에게 상소문을 올리는 연합 상소 운동을 펼쳤으나 실패로 돌아가고 말았다.

| 협의의 중인(기술관) | 차별을 철폐하는데 실패 |
|---|---|
| 서얼 | 차별을 철폐하는데 성공 |

넓은 의미의 중인인 향리, 서리, 서얼 중에서 서얼에 대해 좀 더 살펴보도록 하자. 서얼이란 본래 부인이 아닌 첩에게서 태어난 자식을 통칭하는 말이다. 양반 관료인 아버지가 양인(양반·중인·상민) 신분의 첩에게서 얻은 자식인 서자와 천민 출신의 첩에게서 얻은 자식인 얼자를 합한 개념이다. 즉 문과 과거에 응시하지 못하는 차별을 받았던 서얼은 그마저도 서자와 얼자로 나뉘어 차별을 받았던 것이다. 첩의 자식뿐만 아니라 재가한 여성의 자손 또한 서얼로 분류되었다.

서얼들은 중인들과 비슷한 대우를 받았기에 이들을 합쳐 중서라고 부르기도 했다. 조선 시대에는 고려 시대와 달리 과거 제도에 무과가 있었는데 서얼은 무과와 잡과에만 응시할 수 있었고 문과에는 응시할 수 없었다. 이를 서얼금고법이라 부른다. 서얼금고법은 조선 후기 철종 때에 철폐되었다. 서얼들에게도 문과 응시 기회를 부여한 이 조치를 신해허통(1851년)이라고 부른다. 하지만 철종의 뒤를 이은 고종은 1894년 갑오개혁 때 과거제를 폐지해버렸으니 실제로 서얼들이 문과에 당당하게 응시할 수 있었던 기간은 조선 왕조를 통틀어 43년에 지나지 않는다.

임진왜란과 병자호란 이후 조선의 법제가 흔들리면서 정부는 돈을 받고 신분을 상승시켜주는 납속책을 실시했다.

| 납속책 | 납속면천 | 재물을 바치면 천민을 면하고 (면천) 양인 신분이 됨 |
|---|---|---|
| | 납속면역 | 재물을 바치면 역의 의무를 면제해 줌 (면역) |
| | 납속수직 | 재물을 바치면 관직을 줌 (수직) |

재물을 바치는 납속을 통해 부여 받은 관직 임명장을 공명첩이라 한다. 서얼들은 이를 이용해 관직에 진출하기 시작했다.

한편 영조는 서얼 출신 왕이라는 치명적인 약점을 가지고 있었다. 영조가 왕위에 오르자 서얼들은 기다렸다는 듯이 서얼들의 관직 진출 제한을 철폐해달라는 내용의 집단 상소를 올렸다. 이런 흐름 속에서 정조 때에는 서얼 출신들이 청요직에 진출했다. 박제가와 유득공은 정조의 세력 기반이었던 규장각에서 일하는 검서관으로 등용되기도 했다.

## 청요직

- **청직** 청렴 결백해야 하는 관직
  ex. 사헌부, 사간원, 홍문관, 예조
- **요직** 왕에게 인재를 추천하는 인사 추천권을 가진 중요한 관직
  ex. 이조 전랑=이조 정랑(5품)+이조 좌랑(6품) 병조 전랑

이번에는 양인 신분 중 최하층이던 상민에 대해 알아보자. 상민들도 법제적으로는 어디까지나 양인이었으므로 과거에 응시할 수가 있었다. 상민에는 농민만 있는 것이 아니라 상인과 수공업자 등이 포함되었지만 이들은 농민에 비해 차별 대우를 받았다.

천민에는 공노비, 사노비와 도축업에 종사하는 백정, 광대 노릇을 했던 재인 등이 있다. 조선 시대의 노비 역시 고려 시대와 마찬가지로 주인의 집에 거주하면서 일하는 솔거노비와 따로 가정을 꾸릴 수 있는 외거노비로 나눌 수 있다. 하지만 고려와 다른 점은 조선의 외거노비는 공노비에는 존재하지 않고 오로지 사노비에만 존재했다는 점이다.

 외거노비와 솔거노비의 개념이 정립되어 있지 않다면 고려의 신분 제도를(115, 116쪽 참고) 다시 읽어보도록 하자.

외거노비들이 주인에게 받아 경작하는 토지 중에는 농사를 지은 후 수확물을 주인에게 바쳐야 하는 토지인 작개지가 있었고, 수확물을 자신이 갖는 토지인 사경지가 있었다.

### 31 기|출|응|용|문|제

다음과 같은 대화가 이루어진 당시의 사회 상황으로 옳지 않은 것은?

A: 서얼은 좋겠어. 그들도 우리처럼 벼슬길이 제한되어 있었는데 근래에는 청요직에도 임용된다고 하더군!
B: 차별받는 우리 중인들도 뜻을 모아 상소를 올려 보세.

① 이인좌가 청주성을 점령했다.
② 최고 권력 기구로 비변사가 중시되었다.
③ 임술민란이 일어났다.
④ 사림의 공론 형성이 불가능해졌다.
⑤ 삼정이 문란해졌다.

### ③ 가족 제도

고려는 여성의 지위가 존중받는 사회였다. 조선 왕조 초기에는 고려의 이런 분위기가 이어졌다. 하지만 조선 중기 이후 성리학을 신봉하는 사림이 본격적으로 정계에 입문하기 시작하면서 가정에까지 가부장제 요소가 들어오기 시작했다.

고려 시대에는 사위가 처갓집으로 들어가 살았던 서류부가혼이 유행했다. 하지만 조선 중기 이후에는 남자가 처가에 가서 결혼식을 올린 후 아내를 남자의 집(시댁)으로 데려오는 친영제가 일반화되었다.

 고려 서류부가혼 – 남자가 장가 간다.
조선 친영제 – 여자가 시집 간다.

성리학 가치를 중시하는 사람들이 향촌 사회를 지배하면서 백성들의 삶 구석구석에도 성리학이 스며들었다. 서얼과 비교되는 개념으로 본처에게서 태어난 자식을 적자라고 하는데 성리학 가치관이 보편화되면서 적자를 중시했다. 적자 중에서도 가장 먼저 태어난 아들인 장자를 중시했다.

고려 시대에 남녀 성별과 출생 순서와 상관없이 모든 자식들이 돌아가며 제사를 지냈던 것과는 대조적으로 조선 중기 이후에는 적·장자가 단독으로 제사를 지냈다. 부모의 재산을 물려받는 상속 역시 적·장자가 단독으로 상속받았다. 적·장자 단독 상속과 적·장자가 제사를 주재하는 풍습은 사림들이 신봉한 성리

학의 영향을 많이 받은 부분이다.

아울러 호적에 자식들을 기재할 때에도 나이에 상관없이 적자를 우선으로 기재했으며 딸은 족보에 기재하지 않았다.

 **호적(戶籍)**

집 호(戶)라는 글자에서 알 수 있듯이 호적이란 가장인 호주를 중심으로 호주의 아내, 호주의 아들, 호주의 딸 등 가족 관계와 생년월일 등을 기록한 공적 장부를 말한다. 하지만 호적 제도는 여자를 차별하는 개념으로 오늘날 헌법의 평등

 **32** 기｜출｜응｜용｜문｜제

다음과 같은 모습이 보편화된 시기의 현상으로 적절한 것을 보기에서 고른 것은?

아버지: 우리 집의 전답과 노비 대부분을 너에게 주겠다.
큰아들: 누나와 동생들이 서운해하지 않겠습니까?
아버지: 그 아이들은 제사를 주재하지 않으니 어쩔 수 없지.

A. 재가한 여성의 자녀도 사회 진출에 차별을 받지 않았다.
B. 아들이 없는 집에서는 대를 잇기 위해 양자를 들였다.
C. 외손자도 음서의 혜택을 누릴 수 있었다.
D. 며느리가 시가에 들어오는 친영제가 일반적이었다.

① A, B  ② A, C  ③ B, C  ④ B, D  ⑤ C, D

원칙에 반한다는 이유로 헌법재판소에서 헌법 불합치 판결을 받아 폐지되었다. 과거에는 취직을 하거나 은행 대출을 받을 때 호적 등본을 제시했지만, 오늘날에는 신분을 증명하는 호적의 기능을 가족관계등록부가 대신하고 있다.

### 🔴 족보

아직도 우리 사회에는 가문을 중시해 족보를 언급하는 사람들이 많다. 현재까지 전해지는 우리나라 최초의 족보는 조선 성종 때 만들어진 안동 권씨의 성화보이다. 안동 권씨 성화보는 일반적인 사림의 족보와 다르게 적자 우선이 아닌 출생 순서에 따라 자녀가 기재되어 있다. 딸도 족보에 올라있으며 딸이 재혼을 한 경우 재혼한 남편의 이름까지 기재하고 있다.

### ④ 과거 제도

조선 시대에는 고려 시대와 달리 무과가 설치됐다. 그리고 2품 이상 고위 관리의 자제에게 과거를 거치지 않고 관직을 부여하는 문음 제도가 있었다.

고려 시대 음서제는 5품 이상 관리의 자제에게 부여되었다. 반면 조선의 문음은 2품 이상 고위 관리의 자제 등에게 부여된 특권이었고, 고려와 달리 사위와 외손자에게는 혜택을 주지 않았다.

양인이면 누구나 과거에 응시할 수 있었다. 따라서 상민들도 과거 응시가 가능했다.

서얼은 무과와 잡과에만 응시할 수 있었고 문과에는 응시가 불가능했다. 이를 서얼금고법이라 부른다.

정기 시험인 식년시는 3년마다 실시되었다. 하지만 식년시 외에 별시가 부정기적으로 열리기도 했다. 왕이 성균관 문묘를 배알할 때 실시하는 알성시, 왕이 즉위할 때 축하하는 의미로 특별히 실시했으나 선조 이후 나라에 경사가 있을 때 실시한 증광시 등이 있다.

이외에도 하급 실무직 관리를 선발하는 특별채용(특채) 시험으로 간단한 면접만으로 선발하는 취재가 있었다. 또한 고위 관료들의 추천으로 관직에 임용되는 천거제가 있었다.

문과에 급제(합격)하기 위해서는 소과(생원시, 진사시)를 거쳐 대과에 합격해야 했다. 문과는 예조에서 담당하였다.

생원시에 합격하면 성균관에 입학하거나 하급 관리로 진출할 수 있었다. 생원시 다음에는 진사시를 거쳐야 했다. 진사시에 합격하면 성균관에 입학하거나 또는 성균관을 거치지 않고 대과에 응시할 수 있었다. 생원시와 진사시는 초시와 복시 두 번에 걸쳐 이뤄졌다. 초시에서는 각 도별 인구 비례를 감안해 700명 내외를 뽑았고, 복시에서는 성적순으로 100명을 뽑았다.

| 소과 | 생원과 | 유교 경전 | 초시 | 700명 내외 |
| | | | 복시 | 100명 |
| | 진사과 | 문장(시부송책) | 초시 | 700명 내외 |
| | | | 복시 | 100명 |

생원시에 합격하면 생원, 진사시에 합격하면 진사라고 불렀다. 이들은 향촌 사회에서 부와 명예를 누리며 살았다.

| 대과 | 초시 | 각 도별 인구 비례 적용 |
| | 복시 | 33명 선발 |
| | 전시 | 33명의 순위를 가림 |

대과 역시 초시와 복시를 거쳤다. 복시 합격자 33명은 왕이 보는 앞에서 합격의 당락과는 무관하게 순위를 매기기 위한 시험을 치렀다. 그리고 성적순으로 갑과(3명), 을과(7명), 병과(23명)가 정해졌다. 임금 앞에서 보는 시험이란 뜻으로 전시(前試: 앞 전, 시험할 시)라고 불렀다. 소과와 대과를 거친 문과 합격자 33명에게는 합격 증서인 홍패를 주었다.

조선 시대에는 고려와 다르게 무과가 존재했다. 무과는 소과를 거치지 않고 바로 대과를 치렀다. 초시 - 복시 - 전시의 3단계를 거쳤으나 선발 인원은 28명으로 문과보다 약간 적었다.

무과는 병조에서 담당했으며 무과 합격자에게도 합격 증서인 홍패가 주어졌다.

잡과 역시 3년마다 열렸다. 하지만 왕 앞에서 순위를 매기는 전시를 치르지 않고 초시와 복시만을 치렀다. 잡과는 예조나 병조에서 관리한 것이 아니라 해당 관청에서 별도로 실시했다. 잡과 합격자에게는 문과나 무과와 달리 합격 증서로 백패가 주어졌다.

이것만은 꼭!

2품 이상 고위 관료의 자제들에게 주어진 특혜였던 문음으로 관직에 오르면 승진에 제한이 있었다.
이는 고려 시대 음서제의 혜택이 5품 이상이며 승진에 제한이 없었던 것과 비교되는 출제 포인트이다.

## 33 기|출|응|용|문|제

(A)에 대한 설명으로 옳은 것을 보기에서 고른 것은?

청나라로 가는 사신단 가운데 (A)의 인원이 지나치게 많습니다. 그들 가운데 한두 명을 제외하고는 명색이 (A)인데도 중국어를 거의 하지 못하여 직무는커녕 청나라 사람들과 일상적인 대화조차도 어려워하니 몹시 한심스럽습니다.

A. 정조 때 규장각 검서관에 등용되었다.
B. 철종에게 연합 상소를 올려 차별 철폐를 요구했다.
C. 직역을 세습하는 경우가 많았다.
D. 철종은 이들에게 문과 응시 기회를 부여했다.

① A, B ② A, C ③ B, C ④ B, D ⑤ C, D

## 〈 품계 〉

| | | |
|---|---|---|
| 당상관 | 1품 | |
| | 2품 | |
| | 정3품 (상) | 통정대부 (문관) 절충장군 (무관) |
| 참상관 | 정3품 (하) | 대부 (문관)    장군 (무관) |
| | 4품 | |
| | 5품 | 4품 이상으로 올라가려면 |
| | 6품 | 지방수령을 거쳐야 함 (예외있음) |
| 참하관 | 7품 | |
| | 8품 | 수령이 될 자격이 없음 |
| | 9품 | |

### ⑤ 교육 제도

오늘날 대한민국의 교육 제도는 초등 교육을 담당하는 초등학교, 중등 교육을 담당하는 중학교와 고등학교, 고등 교육을 담당하는 대학교로 이루어져 있다. 조선의 교육 제도 역시 이와 비슷한 구조를 보인다. 조선의 교육 제도는 초등 교육을 담당한 서당, 중등 교육을 담당한 4부 학당·향교·서원, 고등 교육을 담당하는 성균관으로 이루어져 있다.

| 초등 교육 | 중등 교육 | | | 고등 교육 |
|---|---|---|---|---|
| 서당 | 한양 | 사립 | 4부 학당 | 성균관 |
| | 지방 | 공립 | 향교 | |
| | | 사립 | 서원 | |

초등 교육을 맡은 서당에서는 천자문과 동몽선습 등을 가르쳤다.

중등 교육은 한양과 지방이 달랐다. 한양에는 동학, 서학, 남학, 중학의 4부 학당(4학)이라는 사립 교육 기관이 존재했다.

이때 주의할 것은 동서남북 4방향 중에서 북학은 없고 대신 중학이 있다는 점이다.

지방에서 중등 교육은 공교육과 사교육이 모두 이루어졌다. 지방에 설치된 공립 교육 기관을 향교라고 한다. 향교는 전국 모든 군현에 설치되어 있었다. 공립 교육 기관답게 국가에서 교수와 훈도라는 선생님이 파견되었고 비용은 국가에서 지불했다. 양인이라면 향교 입학이 가능했다. 학업 수행 상태를 평가하기 위해 1년에 2번 시험을 치러 불합격하는 자는 군역을 치르게 했다.

향교에서는 주로 유학에 관련된 4서 5경을 가르쳤으며 각 향교에는 공자에게 제사를 지내는 문묘가 설치되어 있었다. 또한 봄과 가을에 향음주례를 열었다.

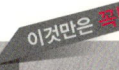

한양에서는 공자에게 제사 지내는 문묘가 성균관 내에 설치되어 있었다. 반면 지방의 경우 각 향교에 문묘를 설치했다.

향음주례는 향촌 사회의 덕망있는 어른들을 모셔서 함께 술을 마시며 예법을 배우는 자리였다. 술은 어른에게 배워야 한다는 말이 있듯이 향음주례를 통해 유생들은 어른들과 함께 어울리며 술자리 예절을 배웠다.

서원은 지방에 설치된 사립 중등 교육 기관이다. 서원의 시초는 성리학을 처음 들여온 안향을 기리기 위해 주세붕이 세웠던 백운동 서원이다. 서원에서는 유학을 가르치고 성현들에게 제사를 지냈다. 향교와 마찬가지로 봄과 가을에 향음주례를 열었다.

하지만 조선 후기로 갈수록 성현에게 제사를 지낸다는 명목으로 백성들에 대한 서원의 수탈이 심해졌다. 흥선대원군은 이런 서원의 폐단을 지적하며 국가에서 공인받은 사액서원 47개만을 남기고 나머지는 철폐해버렸다.

서원이 긍정적으로 작용하면 백성들을 유교적 질서에 맞게 가르치는 역할을 하지만 부정적으로 작용했을 때에는 그 지위를 이용해 백성들을 수탈하는 공간이 될 수도 있었던 것이다.

"백성을 해치는 자는 공자가 다시 살아난다 해도 용서 못한다"라는 흥선대원군의 말에서 우리는 많은 것을 생각해볼 수 있다.

고등 교육 기관인 오늘날의 대학과 같은 역할을 했던 성균관에 대해 살펴보자. 성균관은 생원시와 진사시 합격자들이 입학할 수 있었다. 하지만 간혹 결원이 생길 경우에는 문음 자제 등도 입학할 수 있었다.

성균관에는 공자의 화상(초상화)을 안치해 제사를 지냈던 문묘, 강의실이었던 명륜당, 도서관으로 사용한 존경각이 있었다. 그리고 지방에서 올라온 학생들을 위한 기숙사도 2채나 마련되어 있었는데 각각 동재와 서재라 불렀다.

| | | |
|---|---|---|
| **성균관** | 문묘 | 공자에 대한 제사 |
| | 명륜당 | 강의실 |
| | 존경각 | 도서관 |
| | 동재, 서재 | 기숙사 |

한편 앞으로 왕이 될 세자에 대한 교육은 시강원이라는 곳에서 별도로 전담했다.

**34** 기|출|응|용|문|제

다음에 대한 설명으로 옳지 않은 것은?

유학을 가르치고 성현들에게 제사를 지냄. 주세붕이 안향을 기리기 위해 최초로 세움

① 흥선대원군에 의해 47개만 남기고 철폐되었다.
② 조광조가 실시를 주장한 향촌 사회의 규약이다.
③ 봄과 가을에 향음주례를 열었다.
④ 사림이 향촌 사회에 영향력을 확대하는 기반이 되었다.

## ⑥ 법률 제도

사극을 보면 사또가 십자가 모양으로 생긴 형틀에 죄인을 엎드리게 한 후 "매우 쳐라"라고 소리치는 장면이 등장한다. 이는 행정을 담당한 지방관이 사법권까지 행사했음을 보여주는 중요한 대목이다. 오늘날의 민주사회는 입법부, 행정부, 사법부가 그 권한을 나누어 행사하는 3권 분립이 엄격하게 적용되지만 전근대 사회에서는 사법부가 별도로 존재하지 않고 행정관들이 사법 기능도 함께 수행했다. 행정 기능과 사법 기능의 분리는 제2차 갑오개혁이 있었던 1894년에서야 비로소 이뤄졌다. 조선 시대에 민법은 주로 '주자가례'를 따랐다.

🌺 주자가례에 대해서는 훈구와 사림을 설명할 때 상세히 다룬다.

형법은 명나라의 형법인 대명률을 근간으로 조선에 맞게 고쳐 썼는데 이는 고려가 당률을 참작한 방식과 비슷하다. 오늘날 재판은 지방법원- 고등법원- 대법원을 거치는 3심제가 일반적이다. 조선 시대에도 사형을 내릴 때에는 3심제가 적용되었다. 재판에 불만이 있는 사람들은 사건 내용에 따라 다른 관청이나 상부 관청에 소송을 제기 할 수도 있었다.

유교 이념을 중시한 조선 사회에서는 신분 질서를 파괴하는 강상죄를 반역죄와 함께 가장 큰 중범죄로 다루었다. 예를 들어 아들이 아버지를 죽이는 존속살해, 노비가 주인을 죽이는 범죄 등 신분 질서와 효의 근간을 뒤흔드는 자가 있으면 사형에 처했고 연좌제를 적용해 가족과 마을 사람들까지 처벌을 받았다. 또한 죄인이 살던 군현의 호칭이 강등되기도 했다.

한편 억울한 일을 당한 사람은 직접 사헌부에 알려서 구제받았다. 만약 그래도 억울함이 풀리지 않으면 의금부에 설치되어 있던 신문고라는 북을 두드려 임금에게 직접 판단을 받을 수 있었다. 신문고는 의금부에서 관리했는데 실제로는 함부로 북을 두드릴 수 없어 신문고 제도가 제대로 운용되었는지는 의문이다.

조선 왕조의 근간을 이룬 법제는 성종 때 경국대전을 완성하면서 정비되었다.

🌺 경국대전 이전에는 경제육전(태조)- 속육전(태종)- 육전등록(세종) 등의 법전이 있었지만 자주 출제되는 내용은 아니다.

경국대전 체제는 오랫동안 유지되다가 영조 때 속대전을 편찬하면서 변화를 맞이했다. 영조의 뒤를 이은 정조는 대전통편을 편찬했고, 고종 때 흥선대원군은 대전회통이라는 법전을 편찬하면서 조선을 유지하는 뼈대를 다졌다.

| 성종 | 영조 | 정조 | 고종(흥선대원군) |
|------|------|------|------------------|
| 경국대전 | 속대전 | 대전통편 | 대전회통 |

## ⑦ 통치 기구

| | |
|---|---|
| 의정부 | 영의정, 좌의정, 우의정으로 구성된 조선 시대 최고 의결 기관이었다. 국가의 중대한 현안에 대한 의견을 나누고 결의를 하는 의결 기관이지만 실제적인 집행 기관은 아니었다. 의정부는 중국에서는 찾아볼 수 없는 조선만의 독자적인 통치 기구이다. |
| 6조 | 각 조 별로 부속 기구인 속사와 속아문을 두고 행정을 분담했다.<br>• 이조: 일반 행정<br>• 호조: 재정<br>• 예조: 외교, 의례, 교육<br>• 병조: 군사, 국방<br>• 형조: 법률<br>• 공조: 토목, 건설 |
| 의금부 | 고려 시대 순군부를 개편해서 만든 왕 직속의 사법 기관이라고 할 수 있다.<br>오늘날에도 다른 부서의 간섭을 받지 않고 독자적으로 업무를 수행할 필요가 있는 기관들은 대통령 직속으로 두어 업무의 독립성을 보장하는 것과 비슷한 맥락이다. |
| 승정원 | 오늘날 청와대 비서실과 같은 기관이다.<br>6명의 승지가 6조의 업무를 나누어 맡았다. 이조의 업무를 맡았던 도승지가 가장 높은 관직이었다. |
| 승문원 | 국가 간의 외교 문서에는 격식이 필요했으므로 예법을 잘 아는 승문원 관리가 전문적으로 외교 문서를 작성했다. |

| 3사 | 사헌부 | 관리들에 대한 감찰 | 대간 | 서경, 간쟁, 봉박 |
|---|---|---|---|---|
| | 사간원 | 간쟁(왕이 잘못한 점을 직언) | | |
| | 홍문관 | 경사·사적 관리, 왕의 자문 기구, 경연과 서연을 주재 | | |
| | 고려의 삼사가 회계와 전곡의 출납을 담당했던 것과는 달리 조선의 삼사는 주로 언론 기능을 담당했다.<br>5품 이하의 관리를 임명할 때에는 왕이 대간(사헌부+사간원)의 동의를 얻어야만 했다. |

|  | 서경 | 관리를 임명하거나 법령을 만들고 폐지할 때 동의하는 권한 |
|---|---|---|
| | 간쟁 | 임금의 잘못을 고치도록 직언 |
| | 봉박 | 왕의 명령을 담은 문서가 합당하지 못할 경우 다시 밀봉해 돌려보냄 |
| 예문관 | 왕이 내리는 명령인 교지를 작성 | |
| 장례원 | 노비 문서를 관리<br>노비와 관련된 소송을 담당 | |

## ⑧ 군역 제도

역이란 나랏일에 종사한다는 뜻이다. 그중 나라를 지키는 군사와 관련된 역을 군역이라고 부른다. 오늘날 성인 남성이 군대를 가고 전역 후에는 예비군이나 민방위에 편성되어 나라를 지키는 것도 일종의 군역이라고 할 수 있다.

조선 시대 군역 제도의 대원칙은 양인개병제이다. 양인개병제는 양인이라면 모두 병사가 되어야 한다는 뜻이다. 공신의 자제를 포함한 16세 이상 60세 미만의 남성들이 군역에 차출되었다.

조선의 군역 제도는 세조가 보법을 실시하면서 정비됐다. 보법이란 군역에 차출되는 16세 이상 60세 미만의 정남 2명을 묶어 1보로 편제하는 방식을 말한다. 실제로 전투에 동원되는 정군과 비용만을 부담하는 보인을 묶어서 조직했다. 양인개병제 원칙상 노비는 군역을 부담하지 않았다. 하지만 군역 부담

의무가 없음에도 불구하고 잡색군으로 편제 되기도 했다.

양인개병제에 따르면 양반, 서리, 향리 등도 엄연히 양인이기 때문에 군역에 동원되어야 했다. 하지만 이들은 실제 전투에 임하는 정군이나 비용을 보조하는 보인으로 편제된 것이 아니라 평상시 생업에 종사하다가 유사시에만 동원되는 잡색군에 편제됐다. 잡색군은 세종 때 설치된 예비군 부대로서 양반, 서리, 향리 이외에도 신분상으로는 양인이지만 천민의 일을 도맡아 했던 신량역천들도 잡색군에 편제됐다.

세조 때 정비해놓은 보법은 16세기에 이르러 대립제와 방군수포의 관행으로 인해 크게 흔들리게 된다. 대립제는 대신할 대(代), 세울 립(立)이라는 명칭에서 알 수 있듯이 본인이 직접 군역에 나가지 않고 다른 사람에게 대신 군역의 의무를 지우는 것을 말한다. 돈을 주고 대신 다른 사람을 보내는 경우도 있었을 것이고, 지위를 이용해 아랫사람에게 억지로 군역을 대신 지도록 시키는 사람도 있었을 것이다.

한편 방군수포는 군역의 의무를 방면해주는 방군의 대가로 포(옷감)를 거두는 관행을 말한다. 16세기 이후 군역의 문제점으로 나타난 대립제와 방군수포로 인해 조선의 군역 제도는 크게 흔들리게 됐다.

## ⑨ 군사 제도

조선의 군사 제도는 임진왜란을 기준으로 조선 전기의 군사 제도와 조선 후기의 군사 제도가 큰 차이를 보인다. 우선 전기의 군사 제도부터 살펴보자. 조선 전기의 중앙군은 세조 때 정비된 5위이다.

| 전 | 충좌위 | – |
|---|---|---|
| 후 | 충무위 | – |
| 좌 | 용양위 | – |
| 우 | 호분위 | – |
| 중앙 | 의흥위 | 갑사(직업 군인) + 보충대(결원이 생길 때 부족한 인원을 보충함) |

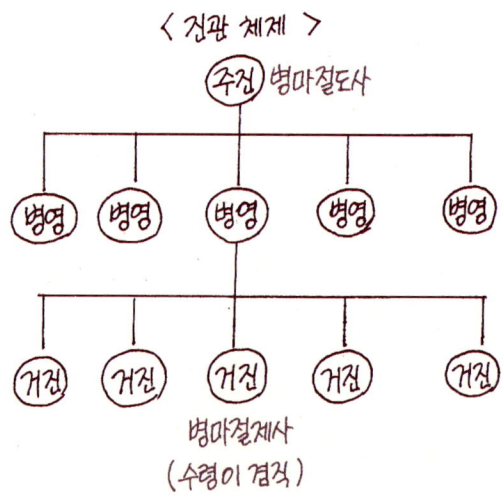

< 진관 체제 >

조선 전기의 지방 방어 체제는 세조 때 마련된 진관 체제가 핵심이다. 진관 체제 이전에는 국경과 해안 지역의 중요한 곳에만 선별적으로 영과 진을 설치하는 영진 체제로 운영됐다. 중요한 곳만 군사를 모아 방어하는 영진 체제는 영과 진이 적에게 뚫려버리면 영과 진이 없는 곳은 무주공산이 되어 적군에게 너무 쉽게 내륙 지역을 내어주는 단점을 갖고 있었다.

이런 영진 체제의 단점을 보완하고자 세조 때 만들어진 지방 방어 체제가 진관 체제였다. 진관 체제의 구조는 다음과 같다.
조선 8도에는 각 도마다 지휘권을 가진 병마절도사가 머무는 주진이 있었다. 각 도마다 수 개의 병영을 설치하고, 주진에 머무르는 병마절도사가 병영을 장악하면 병영 밑에 또 수 개의 거진을 두었다. 각 지역의 수령들이 병마절제사를 겸직하면서 거진의 군대를 통제하는 체제이다.

진관 체제는 군사 조직이 병마절도사를 중심으로 일원화되는 장점이 있었다. 하지만 방군수포 등으로 실제 복무하는 군사의 수가 줄어들면서 각 도 별 방어 체제인 진관 체제가 전혀 기능을 수행하지 못하게 되었다.

5위를 모두 암기할 필요는 없다. 표에 정리한 대로 중앙을 담당했던 의흥위 정도만 가볍게 외워놓자.

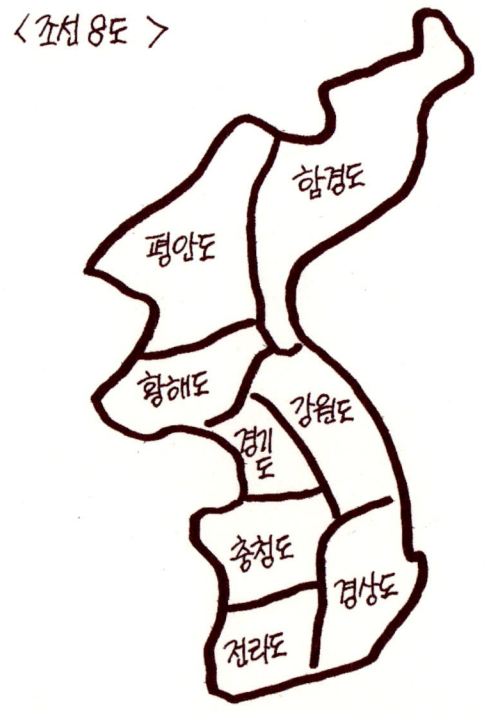

< 조선 8도 >

명종 때에는 교역량을 줄여가는데 불만을 품은 왜구들이 1555년 70여 척의 배를 이끌고 전라남도 영암 일대를 공격하는 을묘왜변이 일어났다. 이때 전라도

병마절도사가 왜구들에게 목숨을 잃는 등 당시 조선의 방어 체계는 완전히 구멍이 났다. 진관 체제로는 효율적인 방어가 어렵다는 것을 깨달은 사건이었다.

진관 체제의 뒤를 이은 방어 체제는 제승방략 체제였다. 제승방략 체제는 전쟁이 벌어지면 지방 수령들이 군사를 이끌고 사전에 약속된 장소로 이동해서 대기하다가 한양에서 파견한 지휘관의 통솔을 받아 싸우는 구조였다. 하지만 이 제승방략 체제는 짧은 시간에 허점을 드러냈다.

분열되어 있던 일본을 통일한 도요토미 히데요시는 1592년 명나라를 공격하러 가는 길을 열어달라는 명분을 내세우며 조선을 침략했다. 이를 임진왜란이라 부른다.

동래(부산광역시 동래구)부사 송상현이 결사 항전했지만 끝내 목숨을 잃고 동래성이 함락된 후 왜군이 충청북도 충주까지 진격하는 동안 조선군은 힘 한번 써보지 못하고 왜군에게 영토를 짓밟혔다.

제승방략 체제에 따라 사전에 약속했던 장소인 충청북도 충주에 집결한 조선군은 한양에서 파견된 지휘관인 신립 장군을 기다렸다가 그의 통솔을 받아 왜군과 싸웠으나 패배하고 만다.

이처럼 제승방략 체제의 허점이 쉽게 노출되자 조선은 방어 체제를 진관 체제로 되돌렸다.

| 지방 방어 | 영진 체제 | 국경과 해안 지역의 중요한 곳에만 선별적으로 영과 진을 설치 |
|---|---|---|
| | 진관 체제 | 각 도 별로 병마절도사가 주진–병영 – 거진의 병사를 일원적으로 통솔 |
| | 제승방략 체제 | 전쟁 시 사전에 약속된 장소로 군사를 이동시켜 한양에서 파견되는 지휘관의 통솔을 받아서 싸움 |
| | 진관 체제로 환원 | |

이상에서 조선 전기의 군사 제도에 대해 살펴보았다. 임진왜란과 병자호란 양란(亂)을 겪은 이후 조선은 전쟁에서 승리할 수 있는 새로운 군사 제도가 절실히 필요했다. 이에 조선 후기에는 중앙군 편제를 5위에서 5군영으로 바꿨다. 5군영이란 한양과 경기 일대를 방어하는 훈련도감, 어영청, 금위영, 총융청, 수어청을 말한다.

| 5군영 | 한양 | 훈련도감 | • 삼수군(포수 + 사수 + 살수) 삼수미세로 운영되었고 급료로 지급 받은 면포를 가지고 시장인 난전에 가담 |
|---|---|---|---|
| | | 어영청 | • 인조반정 이후 이괄의 난을 계기로 조직 • 서인의 북벌 의지 |
| | | 금위영 | • 가장 늦게 조직 |
| | 경기 | 총융청 | • 이괄의 난을 계기로 한양 외곽 방어를 위해 조직 |
| | | 수어청 | • 남한산성 일대의 방어 |

훈련도감은 임진왜란 도중에 급하게 설치된 부대이다. 임진왜란을 일으킨 왜군은 조선군이 상상도 하지 못했던 무기인 조총(심지에 불을 붙여 화약을 터뜨리는 화승총)을 사용

했다. 조총 앞에서 조선군은 추풍낙엽처럼 쓰러졌다. 왜군의 조총에 대한 방책으로 조선도 급하게 훈련도감을 만들어 조총 부대를 꾸렸다. 훈련도감은 조총을 쏘는 포수, 화살을 쏘는 사수(射手:쏠 사, 손 수), 칼과 창으로 적과 직접 싸우는 살수, 이렇게 삼수군(三手軍)으로 편제되었다.

삼수군에게는 당시에 화폐와 같은 기능을 했던 면포(목화에서 뽑아낸 무명실로 만든 옷감)를 급료로 지급했다. 삼수군들은 이 면포를 가지고 난전(시장)에 가담하기도 했다. 삼수군에게 면포를 지급하는 비용은 토지 1결당 2.2두의 삼수미세를 거두어 충당했다.

임진왜란에 이어 병자호란까지 겪은 후에 훈련도감은 임시 기구에서 상설 기구로 변했다.

어영청은 광해군을 몰아내고 인조를 옹립한 서인들이 이괄의 난을 계기로 만든 조직이다. 병자호란 이후 어영청은 청나라에 대한 복수를 위해 북방 정벌에 나서자는 북벌론의 중심에 서기도 했다. 어영청은 주로 국왕의 호위와 수도 한양의 방어를 맡았다.

금위영은 5군영 가운데 가장 나중에 편성된 부대이다. 병조 소속의 군인과 훈련도감 소속의 군인들을 모아 만든 이 부대는 어영청과 함께 국왕의 호위와 수도 한양의 방어를 맡았다. 즉 훈련도감, 어영청, 금위영 이렇게 3개의 군영에서 수도 한양의 방어를 맡았다. 하지만 왕을 보위하려면 한양뿐만 아니라 경기 일대에 대한 방어책도 마련되어야 했다. 입술이 없으면 이가 시리다는 의미를 가진 순망치한이라는 고사성어처럼 경기도가 무너지면 한양이 무너지는 것도 순식간이기 때문이었다. 그래서 5군영 중 2개는 경기 일대 방어를 맡았다. 이괄의 난을 계기로 한양 외곽 방어의 필요성을 느껴서 만든 총융청과 남한산성 일대의 방어를 맡은 수어청이 그것이다.

5군영은 1881년 고종이 군대를 신식 군대로 재편성하면서 무위영과 장어영의 2영으로 축소되었다.

### 🦅 이괄의 난

광해군과 북인 세력을 몰아내고 인조반정(정권을 반대로 뒤집는 것)에 성공한 서인들은 누구의 공이 더 컸는지를 따지는 논공행상을 벌였다. 그 과정에서 불만을 품은 무리들이 생겨났다. 이괄도 그중 한 명이었다.

반정에 많은 공을 세웠지만 논공행상에서 소외되었다고 생각한 이괄은 서북면(평안도)의 군대를 이끌고 한양으로 진격했다. 이괄의 공격에 인조는 충청남도 공주에 있는 공산성까지 피난을 갔다. 이를 이괄의 난이라고 부른다. 국경 지역에서 북방 유목 민족들을 방어해야 했던 서북면 군대를 한양으로 데려오면서 평안도는 텅 비게 되었고 이는 여진족들이 정묘호란을 일으키는 계기가 되었다.

조선 후기의 지방 군사 조직은 임진왜란 도중에 편성된 속오군이었다. 속오군은 평상시에는 각자의 생업에 종사하다가 유사시에 국가 방어에 동원되었다. 양반부터 노비까지 모든 신분이 속오군의 편성 대상이었다. 양인(양반·중인·상민)과 천민을 섞어놓은 군대라는 뜻으로 양천 혼성군이라고도 불렸다. 하지만 시간이 흐르면서 영조 때부터는 점차 양인은 제외되고 천민들만 남게 되었다. 천민들만 남게 되면서 속오군은 천예군으로 불렸다.

**36** 기|출|응|용|문|제

다음 (가)와 (나) 사이의 시기에 일어난 사건이 아닌 것은?

(가) 적들의 배가 그 끝이 보이지 않을 정도로 부산포 앞바다를 가득 덮었다. 적들의 공격으로 부산성이 함락되고 첨사 정발이 전사했다.

(나) 휴전 회담이 결렬되자 가토 기요마사 등의 장수가 이끄는 14,500명의 적군이 다시 쳐들어왔다.

① 신립 장군이 탄금대 전투에서 패했다.
② 유성룡이 명나라 원군과 힘을 합쳐 평양성을 수복했다.
③ 이순신이 명량에서 왜군을 격파했다.
④ 논개가 진주성에서 적장을 유인해 함께 남강에 몸을 던졌다.
⑤ 이몽학이 부여에서 농민들을 선동해 난을 일으켰다.

# 3 조선 전기

조선 시대는 임진왜란과 병자호란이라는 양란을 기점으로 큰 변화를 맞이하게 된다. 양란 이전을 조선 전기, 양란 이후를 조선 후기라고 한다.

## ① 훈구와 사림

고려 후기에 등장해 조선을 건국하는 핵심 세력이 되었던 신진 사대부들은 온건파와 혁명파로 나뉘었고 조선 건국 이후에도 이들은 각각 사림파와 훈구파 불리며 협력과 대립을 계속했다.

| 혁명파 신진 사대부 | → | 훈구 |
| 온건파 신진 사대부 | → | 사림 |

세조(수양대군)가 조카인 단종을 강원도 영월로 유배 보내고 왕위를 찬탈한 계유정난 과정에서 공을 세워 실권을 장악한 훈구파는 부국강병을 우선시한 인물들이었다. 혁명파 신진 사대부들을 뜻하는 관학파의 학풍을 계승해 제도와 문물을 정비했고, 중앙 권력을 기반으로 향촌 사회를 장악해나가기 시작했다. 훈구파는 유교 경전에 대한 이해보다는 말과 글을 중시했다. 한자어로는 사장(詞章: 말씀 사, 문장 장)을 중시했다고 표현한다.

훈구파는 통치 이념으로서 『주례』를 중시했다. 이는 사림파가 『주자가례』를 중시한 것과 비교되는 부분이다. 그렇다면 『주례』는 무엇이고 『주자가례』는 무엇일까?

둘 다 중국의 예법을 기록한 서적이다. 『주례』는 중국 고대 주나라의 예법을 기록한 책으로 동아시아 문화권에서 따르는 예법의 기준이 되었다.

한편 긴 시간이 흐른 뒤 송나라에는 조선의 사림들이 숭상하는 주희가 등장했다. 주희는 성리학을 주창하고 성현으로 추앙받아 주자라 불렸다. 주자는 오랜 시간 예법의 기준이 되었던 『주례』 대신에 『주자가례』를 작성했다. 성리학을 숭상한 사림은 주자(주희)가 만든 예법서인 『주자가례』를 더욱 중시했다.

🕊 성리학은 주자가 만든 유학의 학파라는 뜻에서 주자학이라 불리기도 했다.

성리학 = 주자학

| 훈구 | 주례를 중시 | 주나라 예법 |
|------|-----------|------------|
| 사림 | 주자가례를 중시 | 주자(주희)가 만든 예법 |

훈구파는 왕도정치와 패도정치 모두를 이상적인 정치라고 강조했다. 왕도정치는 덕으로 다스리는 정치이고, 패도정치는 힘으로 다스리는 정치를 말한다. 훈구파는 두 가지 모두를 중시했다. 반대로 사림파는 덕으로 다스리는 왕도정치를 가장 이상적인 통치 모습으로 생각했다.

훈구파는 토지 매입 등을 통해 농장을 확대했다. 놀랍게도 그당시에 서해안 간척사업을 통해 농장 규모를 확대하기도 했다. 간척사업이란 바다를 막아 육지로 만드는 것을 뜻한다. 간척사업이 비록 농장을 확대하기 위한 목적에서 이루어졌지만 조선의 영토를 넓힌 부국강병이었다고 평가할 수 있다.

지금까지 훈구파에 대해 살펴보았다. 이제는 사림에 대해 살펴보도록 하자. 조선 건국 과정에서 혁명파 신진 사대부와 뜻을 달리하여 지방으로 내려가 학문에 매진한 온건파 신진 사대부들이 사림의 기원이 되었다. 이들은 성종 때에 본격적으로 정계에 진출했다.

사림은 성리학을 숭상했다. 성리학은 송나라 때 주자(주희)가 주창한 유학의 종류이다. 그런 이유에서 사림은 중국을 숭상하는 존화 사상이 강했다. 사림은 존화 사상에 입각해 '단군조선'보다 '기자조선'을 중시했다. '기자조선'이란 고조선이 철기 문화를 들여온 위만에 의해 멸망하기 전에 기자가 건국했다고 추정되는 고조선을 말한다. 하지만 『삼국유사』나 『제왕운기』에서는 기자조선에 대한 언급을 찾아볼 수 없는 등 사료의 부족으로 기자조선의 존재를 부정하는 견해가 우세하다.

훈구파가 말과 글(사장)을 중시한 것과 대조적으로 사림들은 유교 경전을 공부하는 경학을 중시했다. 한편 훈구파가 왕도와 패도를 모두 강조한 것과는 다르게 사림은 덕으로 백성을 다스리는 왕도정치의 중요성을 강조했다.

| | | |
|---|---|---|
| 훈구 | 왕도정치 + 패도정치 | 사장(말과 글)을 중시 |
| 사림 | 왕도정치 | 경학(유교 경전)을 중시 |

성종 이후 정계에 진출하기 시작한 사림은 조선 시대 언론의 역할을 담당했던 삼사(사헌부, 사간원, 홍문관)를 장악하고 성리학 가치를 현실 정치에 반영하기 위해 노력했다.

## 사림파 계보

정몽주 → 길재 → 김종직 → 김일손 → 김굉필 → 조광조

| 훈구파 | 사림파 |
|---|---|
| 혁명파 신진 사대부 | 온건파 신진 사대부 |
| 왕도정치+ 패도정치 | 왕도정치 |
| 사장(말과 글)을 중시 | 경학(유교 경전)을 중시 |
| 주례(주나라 예법)를 중시 | 주자가례 (주자가 만든 예법)를 중시 |

훈구파와 사림파가 충돌한 것을 '사화'라고 한다. 훈구와 사림이 충돌한 사화에 대해 좀 더 살펴보도록 하자. 사화는 그 순서도 중요하다.

★
사화는 훈구파와 사림파의 충돌이다. 사림파 내부의 갈등인 당쟁과 구별해야 한다.

★★
무오사화(1498) → 갑자사화(1504) → 기묘사화(1519) → 을사사화(1545)

가장 먼저 있었던 무오사화는 연산군 때 일어났다. 사림파였던 김종직이란 인물이 꿈에서 초나라 의제를 만나 그를 조문(죽은 인물을 문상하는 것)했다는 내용을 적은 '조의제문'이 발단이 됐다. 김종직의 제자였던 김일손은 사관(역사를 기록하는 관리)이었는데 김종직이 조의제문을 지어 단종의 폐위를 슬퍼했다는 내용을 사초에 기록했다.

🔥 사초는 역사 서술의 초안이다. 대개 왕과 신하들의 말을 사관이 그대로 받아 적어 두는 것을 뜻한다. 후에 실록을 편찬할 때 이 사초를 실록 편찬의 자료로 삼았다.

김종직이 초나라 의제를 꿈에서 만나 조문했다는 글은 그의 제자 김일손에게는 단종의 폐위를 슬퍼한 충성심으로 보였을지도 모른다. 하지만 훈구파에게는 단종을 폐위시킨 세조의 즉위를 비난하고 단종을 그리워하는 반역으로 보일 수도 있었다.
훈구파는 이 '조의제문'을 계기로 김종직과 김일손 등 사림에 대한 비난의 수위를 높였다. 그로 인해 연산군에 의해 사림이 정계에서 제거된 사건이 바로 무오사화이다.

갑자사화 역시 연산군과 관련이 있다. 연산군을 낳은 친어머니는 성종의 얼굴에 상처를 냈다는 이유로 궁에서 쫓겨난 폐비 윤씨였다. 성격이 강했던 성종의 어머니 인수대비는 아들의 얼굴에 상처를 낸 며느리를 폐비

시키는 것만으로는 모자라 사약을 내려 죽였다. 사약을 마신 후 폐비 윤씨는 피를 토하며 쓰러졌고, 그 피를 닦은 천 조각을 훗날 자신의 아들인 연산군이 왕위에 오르면 보여주라는 유언을 남겼다.

왕위에 오른 후 친어머니가 억울하게 죽었음을 안 연산군은 분노했다. 자신의 어머니를 폐위하고 사사(사약을 먹여 죽임)시킨 인물들에게 복수를 감행했다. 소설가 박종화가 지은 장편소설 『금삼의 피』의 소재가 되었던 이 사건으로 인해 조정에는 피바람이 불었다.

윤씨를 궁에서 쫓아내는데 관여했던 김굉필 등의 사림파가 엄청난 타격을 입었다. 이를 갑자사화라고 한다.

기묘사화는 중종 때 혜성처럼 등장한 사림 조광조와 관련된 것이다. 중종반정으로 연산군이 물러나고 중종이 왕위에 올랐다. 중종은 조광조를 신뢰해 개혁 정치를 맡겼다. 조광조는 중종반정 공신 중에 실제로는 공이 없는 인물이 있으니 그들의 위훈을 삭탈할 것을 중종에게 건의했다.

🔥 위훈 삭탈은 국가 유공자에게 주었던 훈장을 다시 빼앗는 것과 비슷한 개념이다.

조광조의 위훈 삭탈 건의에 분노한 훈구파는 조광조를 몰아낼 음모를 꾸몄다. 훈구파는 오동잎에 주(走) 초(肖) 위(爲) 왕(王)이라는 글자를 쓰고 꿀을 발라 그 잎을 벌레들이 파먹게 했다. 벌레가 파먹어 글자가 새겨진 오동잎을 궁녀에게 건네 중종이 보도록 했다.

走(주)肖(초)가 왕이 된다. 走+肖=趙(조)

'주초위왕'은 조씨가 왕이 된다라는 내용이다. 조씨는 당시 실권을 장악하고 있던 조광조를 뜻하는 것이었다. 마침 조광조의 급진적인 개혁에 염증을 느끼고 있던 중종은 조광조를 유배 보내고 사사시켰다. 역시 훈구파에 의해 사림파가 타격을 입은 이 사건을 기묘사화라고 한다.

마지막 을사사화는 단순히 훈구와 사림의 대결이기보다는 외척(외가 친척)들끼리의 권력 다툼과도 맞물려있어 구조가 조금 복잡하다.

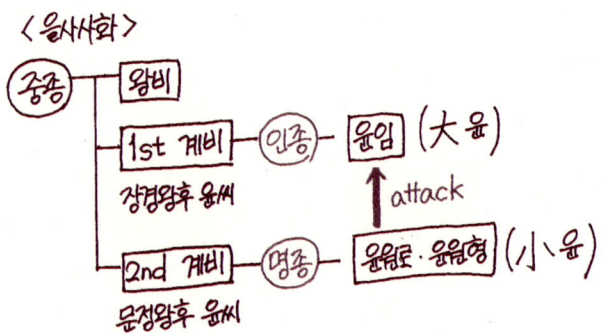

〈을사사화〉

중종의 첫 번째 계비 장경왕후 윤씨와 두 번째 계비 문정왕후 윤씨 사이에서 일어난 왕위 계승 문제가 을사사화의 발생 원인이었다.

🔥 계비
왕의 처는 비라 부르고, 왕의 첩은 빈

(嬪)이라 부른다. 원래 왕비의 뒤를 이은 왕비가 계비이다. 원래 엄마의 뒤를 이어 아버지와 함께 사는 엄마를 계모라고 부르는 것을 떠올려보자. 주의할 것은 계비 역시 왕의 처인 비(妃)라는 점이다.

| 무오사화 | 연산군 | 김종직의 조의제문을 김일손이 사초에 기록 |
|---|---|---|
| 갑자사화 | 연산군 | 폐비 윤씨 문제 |
| 기묘사화 | 중종 | 조광조의 위훈 삭탈 건의 → 훈구의 반격 (주초위왕) |
| 을사사화 | 명종 | 명종의 외척 소윤(윤원로·윤원형)이 인종의 외척 대윤(윤임)을 몰아냄 |

장경왕후 윤씨의 아들(훗날 인종)이 세자로 책봉되어 있는 상황에서 문정왕후 윤씨는 자신의 아들(훗날 명종)을 왕위에 앉히려고 했다. 이에 명종의 외척이었던 윤원로·윤원형 형제는 인종의 외척으로 세자를 보호하고 있던 윤임 일파에게 공격을 가한다.

중종이 죽은 후 세자였던 인종이 왕위에 올랐다. 인종은 아버지 중종이 아꼈던 사림 세력들을 중용하게 된다. 하지만 인종이 왕위를 1년도 채 유지하지 못하고 죽자 윤원로·윤원형 형제는 사헌부와 사간원 관리들을 이용해 윤임 일파를 몰아내려 했다. 하지만 사헌부와 사간원 양사를 장악하고 있던 사림들은 이에 반대했다. 윤원로, 윤원형 형제는 명종이 즉위하자마자 윤임과 그를 감싼 사림들을 정계에서 몰아냈다. 소윤이라 불린 윤원로, 윤원형 형제가 대윤 윤임을 몰아낸 이 사건을 을사사화라고 한다.

훈구와 사림이 충돌했던 사화를 표로 정리해보면 다음과 같다. 사화를 통해 사림들은 큰 피해를 입었다.

## ② 조선 전기 농업

고려 말에는 농업 기술이 비약적으로 발전했다. 이러한 흐름은 조선 전기에도 그대로 이어졌다. 조선 전기에 시비법은 더욱 발전했다. 밑거름을 주고 그 위에 덧거름을 주는 시비법이 발전하면서 휴경을 완전히 극복할 수 있었다. 즉 토지에 휴식을 주지 않아도 매년 농사를 짓는 것이 가능해졌다는 뜻이다.

그리고 고려 말 윤작(돌려짓기)이 보급되며 2년 3작이 가능해진 것에서 발전하여 조선 전기에는 2년 3작이 일반화됐다.

볍씨(쌀 씨앗)를 논에 바로 뿌리는 직파법을 대신해 모판에서 싹(모)을 기른 후 그 싹(모)을 논에 옮겨 심는 이앙법이 고려 말 남부 지방에 보급됐다.
조선 전기의 사림들은 중국의 강남(양쯔강 이남) 농법을 받아들여 이앙법을 더욱 발전시켰다. 하지만 이앙법은 여전히 남부 지방에 한정되어있었고 조선 후기에서야 비로소 이앙법이 전국적으로 보급됐다.

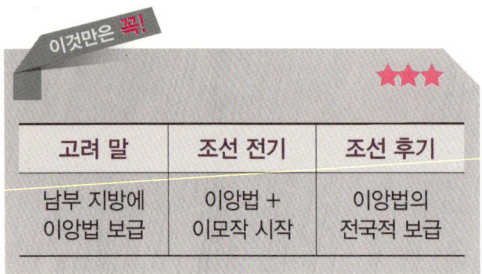

| 고려 말 | 조선 전기 | 조선 후기 |
|---|---|---|
| 남부 지방에 이앙법 보급 | 이앙법 + 이모작 시작 | 이앙법의 전국적 보급 |

조선 후기의 대표적인 농서는 효종 때 신속이란 인물이 여러 농서를 짜깁기해서 만든 『농가집성』이다. 모을 집(集)이라는 책 이름에서도 알 수 있듯이 여러 책에서 내용을 따왔다. 조선 전기의 농서와 조선 후기의 농서를 잘 비교해두도록 하자.

조선 전기에는 1년에 2번 농사를 짓는 이모작이 시작됐다. 즉 벼(쌀)를 재배하여 추수가 끝나고 나면 그 땅에 보리를 심었다. 먹을 것이 부족한 춘궁기를 대비했던 것이다. 이앙법으로 쌀의 재배 기간을 단축할 수 있었기 때문에 이모작이 가능했다. 그래서 이모작은 이앙법과 밀접한 관련이 있다.

조선 전기에는 원예 작물인 채소와 과일 등이 재배되었고, 목화 역시 함경도를 제외한 전국으로 재배가 확대됐다.

🐦 목화는 옷이나 이불을 만드는 재료이다. 고려 말 문익점이 원나라에서 들여온 후 재배되었다.

조선 전기의 농서로는 『농사직설』이 대표적이다. 『농사직설』은 우리나라 기후에 맞는 우리 농서의 필요성을 느낀 세종대왕이 정초 등을 시켜 만든 농서이다. 이외에도 문신이었던 강희맹이 벼슬에서 물러난 후 금양 지역에서 농사를 지은 경험을 바탕으로 쓴 『금양잡록』이 유명하다. 금양은 지금의 오이도가 있는 경기도 시흥 지역이다.

### ③ 조선 전기 수취 체제

수취 체제는 항상 조세·역·공납이라는 큰 틀 속에서 살펴보아야 한다. 먼저 조세에 대해 살펴보자.

조선 전기에는 8도에서 생산된 농작물을 한양으로 운반하기 위한 조운(조세 운반) 제도가 발달했다. 조운은 호조에서 관할했다. 하지만 8도 중에서 평안도와 함경도는 토양이 척박하고, 국경 지역인 탓에 사신을 접대하거나 군량미를 비축하는 문제도 있어 조세를 한양으로 운송하지 않았다. 이를 잉류 지역이라고 부른다.

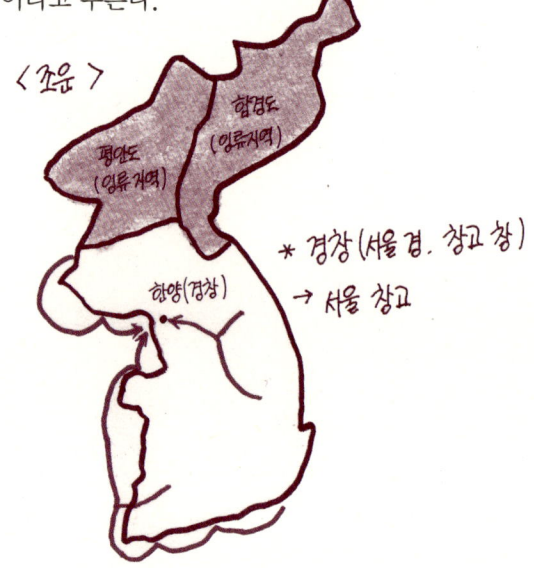

〈조운〉

함경도 (잉류지역)
평안도 (잉류지역)
한양(경창)
* 경창 (서울 경. 상고 창)
→ 서울 상고

곡물은 워낙 무겁기 때문에 주로 배에 실어 바닷길로 운송되었는데 임시로 곡물을 보관하던 창고를 조창이라고 한다. 곡물이 운송되는 최종 목적지는 한양의 경창이었다. 한강은 조운을 위한 수로로 사용되었다.

조선 전기의 조세 수취는 세종 때의 공법을 빼놓고 설명할 수가 없다.

과전법 체제하에서 작황을 살피는 관리들이 많이 수취하기 위해 농작물 수확량을 부풀리는 폐단이 있었다. 이런 폐단을 시정하기 위해 세종대왕은 공법을 시행했다. 그렇다면 세종대왕의 공법이 무엇인지 살펴보자.

🌺 세종대왕의 공법은 한자로 貢法이라고 쓴다. 바칠 공(貢)이란 한자를 사용하는 공법은 국가에 조세를 바치는 방법이란 뜻이다. 공공 관계를 다루는 헌법이나 행정법 등을 뜻하는 공법(公法)의 공(公)과는 다르다.

공법은 전분 6등법과 연분 9등법이 있다. 전분 6등법은 토지를 비옥한 정도에 따라 6등급으로 나눈 것이고 연분 9등법은 풍흉(풍년인지 흉년인지)의 정도에 따라 수확량을 9등급으로 나눈 것을 말한다.

| 공법 | 전분 6등법 | 비옥도 |
| | 연분 9등법 | 풍흉 |

상대적으로 토지가 척박한 산골짜기 밭과 비옥한 호남 평야의 논에서 같은 양을 수취하는 것은 옳지 못하다. 따라서 세종은 토지의 비옥도를 감안해 조세를 수취했다.

전분 6등법 체제하에서 토지 1결의 면적은 비옥도에 따라 다를 수밖에 없었다.

비옥도에 따라 토지를 6등급으로 나눈 전분 6등법의 이론은 다음과 같다.

◩ 비옥한 호남평야의 1결 (좁은 땅에서도 생산량은 많음)

◪ 척박한 산골짜기의 1결

⇒ 이렇게 등급(비옥도)에 따라 면적을 재는 척도가 달라졌다
⇒ 따를(수), 등급(등), 다를(이), 자(척) ⇒ 수등이척법

전분 6등법은 토지의 비옥도에 따라 척도를 다르게 한 수등이척법과 관련이 있다.

풍년인지 흉년인지를 판단해 풍흉의 정도에 따라 수취하는 양을 다르게 한 연분 9등법의 이론은 다음과 같다.

| 곡물의 수확량 | 상상년 | 1결당 20두를 거두어 감 |
| | 상중년 | 1결당 18두를 거두어 감 |
| | 상하년 | 1결당 16두를 거두어 감 |
| | 중상년 | 1결당 14두를 거두어 감 |
| | 중중년 | 1결당 12두를 거두어 감 |
| | 중하년 | 1결당 10두를 거두어 감 |
| | 하상년 | 1결당 8두를 거두어 감 |
| | 하중년 | 1결당 6두를 거두어 감 |
| | 하하년 | 1결당 4두를 거두어 감 |

수확량을 조사하는 관리들이 많이 수취하기 위해 수확량을 부풀리는 폐단, 즉 답험의 폐단을 없애기 위해 세종대왕이 시행한 공법에 대해 살펴보았다. 그렇다면 실제로 답험의 폐단이 사라졌을까? 그렇지 않은 것으로 보인다. 비옥도에 따라 등급을 매기는 것도, 풍흉의 정도에 따라 등급을 매기는 것도 결국에는 관리가 판단하는 일이었기에 관리들의 부정부패가 개입될 수밖에 없었기 때문이다.

군역에 대해서는 앞서 군사 제도를 설명할 때 자세하게 살펴보았다. 역(役) 중에서도 나라에 필요한 일을 시키는 요역 제도는 성종 때 완성한 8결출 1부제를 꼽을 수 있다. 이는 말 그대로 토지 8결당 1명의 인력을 차출한다는 뜻이다. 요역의 부과 대상이 사람에서 토지로 변해가고 있음을 잘 보여준다. 사람은 도망갈 수 있지만 토지는 고정적인 것이니 토지를 수취의 기준으로 삼으면 훨씬 안정적으로 수취할 수 있었다.

 공납에 대해서는 조선 후기의 공납 정책인 대동법을 언급할 때 좀 더 상세히 설명하도록 하겠다.

### ④ 조선 전기 향촌 사회
고려 시대에는 지방관이 파견된 주현보다 지방관이 파견되지 않은 속현이 더 많았다. 하지만 조선은 안정적인 중앙 집권을 이뤄 모든 군현에 지방관을 파견했다. 따라서 조선 시대에는 지방관이 파견되지 않은 속군이나 속현이 사라지게 됐다.

조선은 전국을 8도로 나누고 고을의 크기에

---

## 37 기|출|응|용|문|제

다음은 조선 시대의 조세 제도에 관한 자료이다. (가)~(다)에 대한 설명으로 옳지 않은 것은?

(가) 소출이 10분이면 상상년으로 정해 1결당 20두, 2분이면 하하년으로 4두씩 거두며 1분이면 면세했다.

(나) 농부의 둘째 손가락으로 열 번을 재어 상전척으로 삼고...(중략)... 1결에서 조는 모두 30두씩 거두는 것을 정수로 했다.

(다) 처음 삼남 지방은 정해진 결수로 조세 대장에 기록하되...(중략) ...나머지 5도는 모두 하지하로 정하여 징수했다. 이후 경기, 삼남, 해서, 관동 모두 1결당 4두를 징수했다.

① (가)에서는 풍흉에 따라 조세가 부과되었지만 (다)는 풍흉과 무관했다.
② (가)는 풍흉에 따라 9등급으로 구분되었다.
③ (나)에서 1결의 최대 생산량은 300두로 정했다.
④ (다)는 수취 대상을 호(戶)에서 전(田)으로 바꾸었다.
⑤ (가)는 답험의 폐단을 시정하기 위해 실시되었다.

따라 지방관의 등급을 조정했다. 수령은 자신의 고향을 피해 임명되었다. 이를 상피제라고 한다.

현 아래 면, 리, 통에는 향민 중에서 면장, 이정, 통주(오늘날의 면장, 이장, 통장과 유사한 개념)를 선임해 조세, 공납에 대한 징발과 역을 징발하는 부역을 맡겼다.

세종대왕은 지방관의 권한을 강화하기 위해 지역민이 함부로 수령을 고발하지 못하는 부민고소금지법을 시행했다. 이는 지방관에게 힘을 불어 넣어주었다.

태종 때에는 각 읍을 중심으로 동면, 서면, 남면, 북면과 같이 동서남북 4방위를 붙인 면이 등장했다.

조선 전기에는 5호(5戸, 집 호)를 1통으로 묶는 오가작통법이 실시되었다. 오가작통법은 5가구가 서로를 감시해 농민의 이탈을 방지하는 기능을 했다.

고려 시대에 지방 행정의 실무를 담당했던 향리는 조선으로 넘어오면서 수령의 업무인 조세와 공납의 징수를 보좌(assist)하는 세습적인 아전으로 격하됐다. 향리는 5품까지로 승진에 제한이 있었다. 한편 원악향리처벌법을 제정해 향리들의 부정부패를 엄격히 관리했다.

 **경저리 제도** 공납 업무를 위해 향리들을 한양으로 불러 올린 제도

고려 시대에 양계(북계+동계)가 변방의 특수한 지역으로 특별한 관리를 받았던 것처럼 조선 또한 변방 지역의 특수성을 중시해 평안도와 함경도 그리고 제주도에 토관을 두었다. 이들은 여진족이나 왜구 등과의 접촉이 비교적 많았기 때문에 그 인간 관계를 외교적으로 활용할 수도 있었고, 그 지방의 지리와 지형에도 익숙해 전쟁을 치를 때에도 유리했다.

토관들은 나랏일에 도움을 준 대가로 지록이라는 토지를 지급받았다. 중앙 관직을 부여받기도 했지만 향리처럼 승진에는 제한이 있어 5품까지만 승진할 수 있었다.

고려 시대까지 특수 행정구역이었던 향·소·부곡은 조선 태조 때에 모두 주현에 편입되면서 사라졌다.

향촌은 주로 양반들이 거주하는 반촌과 백성들이 거주하는 민촌으로 나뉜다. 반촌은 다시 군·현 규모와 촌락 규모로 나눌 수 있다.

| 향촌 | 반촌 | 군·현 | 향약 |
|------|------|-------|------|
|      |      | 촌락 | 동계, 동약 |
|      | 민촌 |       | 향도, 두레, 계 |

군·현 단위에서 나타나는 향촌 자치 규약을

향약이라 하고, 촌락 단위 자치 규약을 동계 또는 동약이라 부른다.

향약은 군·현 단위 반촌의 자치 규약을 뜻한다. 향약은 조광조가 처음으로 실시해 퇴계 이황과 율곡 이이의 지지를 받아 향촌 사회에서 사림의 지배력을 강화하기 위한 수단으로 활용되었다. 향약은 향촌 사회의 풍속을 교화하는 역할을 담당했다.

향약이 자치 규약이라면 유향소는 사족들로 구성된 향촌 자치 기구를 뜻한다. 유향소의 사족들은 그 기구 내에서 적용되는 규약인 향규를 만들고, 회원 명부인 향안을 작성했다. 향안에 등록된 사족들은 향규에 따라 활동했다.

유향소는 고려 말부터 설치되어오다가 훈구파의 도움으로 왕위에 오른 세조 때 사림의 근거지라는 이유로 폐지되었다. 이후 성종 때 사림을 등용하면서 다시 설치되었다. 유향소 구성원들인 사족들은 지방관인 수령을 보좌하고 향리들의 부정부패를 감찰했다.

유향소가 향촌 자치 기구이기는 하지만 국가에서 무분별하게 내버려 둘 수는 없었을 것이다. 그런 이유로 조선 정부는 한양에 경재소를 설치하고 각 지방의 유력 인사들을 근무하게 해 유향소를 통제했다. 선조 때 경재소가 혁파(1603)된 이후로는 유향소의 명칭

이 향소 또는 향청으로 불렸다.

지역민들에게 지속적으로 존경을 받고 그들에 대한 지배력을 행사할 수 있으려면 지역민들의 배고픔을 잘 달래주어야 했다. 이런 목적에서 사족들은 자율적인 구휼(어려운 사람을 구제함) 제도인 사창제를 운영했다. 사창제는 운영 과정에서 고리대업 같은 폐단이 드러나 성종 때 폐지되었다.

### 38 기|출|응|용|문|제

다음 (가)에 대한 설명으로 옳은 것은?

(가)는 풍속을 선도하고 향민을 교화한 향촌 사회의 규약이었다.

① 유향소를 통제하기 위해 설치되었다.
② 선현에 대한 제사와 교육을 담당했고, 향음주례를 실시했다.
③ 매향 활동을 하는 조직이다.
④ 사림의 지배력을 강화하고, 수령과 향리의 권한을 약화시켰다.
⑤ 퇴계 이황에 의해 처음 실시되었다.

## ⑤ 조선 전기 주요 임금

**태조**

태조 이성계를 언급하면서 정도전을 빼놓을 수가 없다. 혁명파 신진 사대부의 핵심 인물이었던 정도전은 조선의 정치 체제를 쌓아올린 인물이라고 해도 과언이 아니다. 여말 선초의 조례를 정리해 조선 최초의 법전으로 평가받는 『조선경국전』에서 정도전은 "임금의 직책은 재상한 명을 잘 뽑는데 있다"라고 주장했다. 이를 통해 정도전이 바란 조선은 왕권이 강한 나라가 아닌 신권 중심의 나라였다는 것을 알 수 있다.

정도전의 머릿속에는 왕 역시 사대부 중의 한 명이라는 생각이 자리 잡고 있었다. 왕은 특별한 존재가 아니라 사대부 중의 우두머리라는 관념이다.

그래서 신권을 존중하는 정치를 해야 어진 임금이라는 주장을 했다. 정도전의 이런 생각은 세종대왕 때 정착된 의정부 서사제와 밀접한 관련을 맺고 있다.

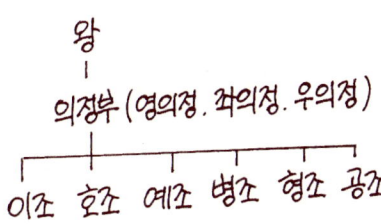

**조선** (의정부 서사제)

왕
|
의정부 (영의정. 좌의정. 우의정)
┬───┬───┬───┬───┬───┐
이조 호조 예조 병조 형조 공조

의정부 서사제는 6조가 정책을 집행할 때 왕에게 직접 보고하는 것이 아니라 의정부에 먼저 보고를 한 후 심의 과정을 거쳐야 하는 제도이다. 의정부를 제쳐놓고 왕과 6조가 직접 교류하는 6조 직계제보다는 훨씬 더 신권을 중시하는 시스템이라고 할 수 있다. 하지만 조선 태조 때에는 의정부 서사제가 실제로 시행되지는 않았다.

정도전은 관학파 학자답게 주나라의 예법인 『주례』를 중시했다. 한편 불교의 교리를 비판하는 『불씨잡변』이란 책을 남겼다. 또한 역사서인 『고려국사』를 저술했다.

**태종**

• 혼일강리역대국도지도(현존하는 동양에서 가장 오래된 세계지도)
→ 원의 세계지도에 한반도와 일본을 첨가

혼 일 강 리 역 대 국 도 지 도

중국    한반도

일본

* 종국이 과장되게 크게 그려짐
* 일본은 상대적으로 작게 표현
* 아프리카까지 표현
* 아메리카 대륙과 인도는 생략

• 활자를 만드는 주자소를 설치하고 구리로 계미자를 만듦
• 사원(절)의 수를 제한하고 폐지된 사원의 토지와 노비를 몰수
• 6조 직계제 실시 – 6조에서 정책을 집행할 때 의정부를 거치지 않고 곧장 왕에게 보고하고 결재를 받음

**태종**

(6조 직계제)

왕

의정부

이조 호조 예조 병조 형조 공조

- 고려 말 공양왕 때 만들어진 지폐인 저화를 법적 화폐인 법화로 지정했지만 백성들은 여전히 쌀, 옷감 등을 사용한 탓에 저화는 널리 유통되지 못함

**세종**

- 삼강행실도: 유교적 삼강오륜을 그림으로 설명
- 칠정산: 한양을 기준으로 만든 자주적인 역법 내편은 정인지 등이 원나라의 수시력을 참조하고 외편은 이순지 등이 아라비아의 회회력을 참조함
- 불교를 교종과 선종 양종으로 통합
- 조선통보: 화폐를 만들었으나 널리 유통되지는 않음
- 『농사직설』: 정초 등이 만든 우리 기후에 맞는 우리나라 최초의 농서
- 의학책 『향약집성방』 간행
- 동양 최대 의학 사전 『의방유취』 간행
- 정간보(소리의 장단과 고저)라는 악보를 제작 → 여민락(與民樂)이라는 노래가 만들어짐
- 『석보상절』 편찬 – 수양대군(세조)이 세종의 명을 받아 소현왕후의 명복을 빌기 위해 석가의 전기를 엮은 책

🐦 조선은 불교를 배척했다고 하지만 오히려 왕실 내부에서는 불교를 신봉하는 경우가 많았다. 수양대군(세조) 역시 독실한 불교 신자였다.

- 갑인자 – 밀랍 대신 식자판을 조립하는 인쇄법
- 18만 명의 의견을 청취한 후 공법을 제정
- 지도(팔도도) 제작

---

- 안견 '몽유도원도' – 현재 일본에서 보관
- 노비 출신 장영실을 등용하여 스스로 종을 울리는 물시계(자격루)와 해시계(앙부일구), 천문관측기(혼천의), 강수량을 측정하는 측우기를 제작
- 장영실의 관여 하에 천문대인 간의대를 설치

**세종**

앙부일구

자격루

혼천의

측우기

- 의정부 서사제 실시
- 4군과 6진의 개척 (오늘날의 국경선 완성)

<영토 확장>

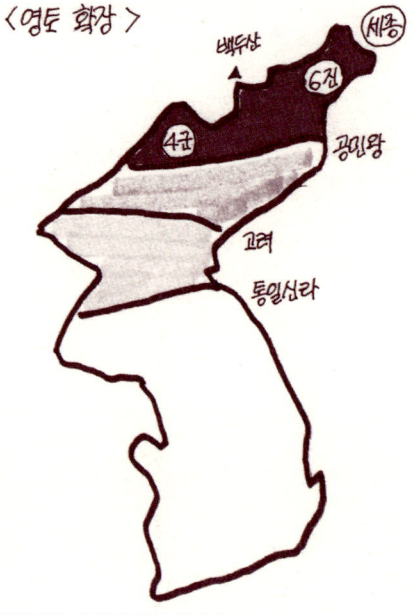

| | |
|---|---|
| **세조** | • 간경도감 설치 – 불경의 간행<br>• 동국지도(압록강 이북 지역을 상세히 그린 지도) – 양성지 등이 제작<br>• 군역 제도인 보법을 완성<br>• 『경국대전』을 편찬하기 시작<br><br>※ 경국대전을 완성한 것은 성종<br><br>• 과학에 관심이 많아 토지 측량 기구인 인지의, 규형을 직접 제작<br>• 6조 직계제 시행 |
| **성종** | • 서거정이 역사서 편찬 – 『동국통감』, 『삼국사절요』<br>• 『경국대전』 완성 – 조선의 근간이 되는 법제를 집대성한 법전<br>• 『악학궤범』 간행 –음악의 원리와 역사를 담은 책<br>• 『동국여지승람』 간행 – 노사신이 만든 지리서<br>• 『금양잡록』 간행 – 강희맹이 경기도 시흥에서 경험한 농법을 적은 책<br>• 8결출 1부제 – 요역 수취 제도 (8결당 1명을 요역에 차출)<br>• 요역 일수 제한 (연6일)<br>• 『국조오례의』 완성 – 신숙주 |

🔥 **국조오례의**

제사를 지내는 길례, 장례를 치르는 흉례, 사신을 접대하는 빈례, 군대의 의식과 예절에 관한 군례, 왕실의 예법인 가례 등 다섯 가지 예법에 관한 책

• 성균관 내에 존경각 건립 – 도서관

---

**39** 기|출|응|용|문|제

다음 (가)가 편찬된 시기의 과학 기술에 대한 설명으로 옳은 것을 고른 것은?

이순지는 수시력과 회회력을 참고하여 새로운 역법인 (가)를 만들었다.

A. 밀랍 대신 식자판을 조립하는 갑인자가 만들어졌다.
B. 10리마다 점을 찍어 편의를 도모한 지도가 만들어졌다.
C. 의서인 『향약구급방』이 간행되었다.
D. 정초는 『농사직설』을 편찬했다.

① A, B ② A, C ③ A, D ④ B, C ⑤ B, D

---

**⑥ 조광조의 개혁 정치**

연산군을 쫓아내고 중종반정으로 왕위에 오른 중종은 사림파 인물이었던 조광조를 발탁해 개혁 정치를 단행했다.

조광조는 성리학을 신봉하는 사림이었다. 도교 행사를 주관하던 소격서를 폐지하고, 모든 신에게 제사 지내는 도교 행사인 초제를 중단했다.

조광조는 성리학적 소양이 뛰어난 인재를 발탁하기 위해 천거(추천)와 대책(면접)만으로 채용하는 현량과를 실시했다. 이는 사림의 정계 진출을 도모하고 유교주의 사회 질서를 강화하기 위한 정책이었다.

 사림이었던 조광조는 현량과를 통해 사림 중에서 뛰어난 이를 추천해 관직에 진출시켰다. 훈구 세력에 대항할 수 있는 세력을 모으려고 했던 의도로 보인다.

또한 공납 수취와 관련해 발생한 방납의 폐단을 시정하기 위해 노력했다.

방납의 폐단은 대동법을 설명하면서 자세히 다루기로 한다.

조광조는 최초로 향약(여씨 향약)을 보급했다. 이는 향촌 사회에서 훈구 세력을 약화시키고 사림 세력을 강화하려는 목적이었다.

한편 왕을 가르치는 경연을 강화해 왕권의 독주를 견제하고, 언론의 기능을 강화했다.

| 경연 | 왕을 가르침 |
|---|---|
| 서연 | 세자를 가르침 |

사림으로서 중종의 지지를 받아 힘 있는 개혁 정치를 실행한 조광조는 위훈 삭탈 건의 문제로 훈구파의 공격을 받아 사약을 받게 된다. 이를 기묘사화라고 한다.

## 40 기|출|응|용|문|제

다음 왕의 재위 기간에 있었던 사실로 옳은 것은?

왕은 이상적인 유교 정치를 위해 서울과 지방에서 천거한 선비를 중용했습니다. 이들은 향약을 시행해 백성들을 감화시켰습니다. 그러나 당시 젊은 사림이 태평 정치를 이루기에 급급하여 너무 서두른 폐단이 없지 않습니다. 이에 배척당한 구신들이 불만을 품고 기묘년의 망극한 화를 만들어 일시에 많은 선비들이 유배되거나 죽임을 당했습니다.

① 18만 명의 의견을 청취해 공법을 시행했다.
② 정군과 보인을 묶는 군역 제도가 만들어졌다.
③ 경국대전을 완성했다.
④ 삼포 왜란을 계기로 비변사를 설치했다.
⑤ 시시비비를 적극적으로 가리는 준론 탕평을 실시했다.

## ⑦ 이황과 이이

| 이황 | 이이 |
|---|---|
| 이기이원론 | 이기일원론 |
| • 모든 존재는 이와 기로 이뤄졌다.<br>• 이: 시공을 초월하는 존재의 본질<br>• 기: 시공의 제약을 받으며 현실을 이루는 구체적이고 물질적인 요소<br>• 인간은 이(理)를 통해 본질을 회복해야 한다. | • 이와 기는 별개가 아니라 하나이다.<br>• 이와 기는 섞이지 않는다.<br>• 이와 기는 분리되지 않는다.<br>• 이와 기는 하나이면서 둘이고 둘이면서 하나이다. |
| • 도덕적 신념과 그것의 실천을 강조<br>• 임진왜란 이후 일본에 영향을 미침<br>　→동방의 주자라고 불림<br>• 『성학십도』 저술<br>　- 성군(어진 임금)이 되는 방법을 10폭의 그림으로 가르침<br>• 『전습록변』<br>　-양명학을 비판<br>• 예안 향약을 주관 | • 관념적 도덕 세계와 경험적 현실 세계를 함께 존중<br>• 『성학집요』 저술<br>• 『격몽요결』 저술<br>• 『기자실기』 저술-소중화 사상<br>• 수미법의 시행을 주장<br>• 사창제를 장려<br>• 조헌, 김장생으로 이어져 기호학파 형성<br>• 선조로부터 탕평 일임자로 선임<br>• 해주 향약과 서원 향약을 주관<br> 조광조: 여씨 향약 보급 |

★★

이황과 이이를 비교하는 주제는 중요하다. 하지만 역사학에서 가장 어려운 부분이 바로 사상이다. 사상이란 머릿속의 관념이므로 무심코 읽다보면 뜬구름 잡는 이야기에 그칠 수 있다.
이황의 사상은 이(理)와 기(氣)가 다르다는 전제에서 출발해 이(理)를 강조한다. 한편 이이의 사상은 이와 기가 다르지 않다는 전제에서 출발한다. 이 전제를 잊지 않고 반복해서 읽다 보면 뜬구름 같던 내용이 어느 순간 손에 잡힐 것이다.

 **41** 기 | 출 | 응 | 용 | 문 | 제

다음 인물에 대한 설명으로 옳은 것은?

옛 현인과 군자들의 성학(聖學)을 밝히고 심법을 얻어서 도(圖)를 만들고, 동방의 주자라고 불렸다.

① 9재 학당을 설립했다.
② 『성학집요』를 저술했다.
③ 도교 행사를 주관하던 소격서를 폐지했다.
④ 『주자사절요』를 저술했다.
⑤ 안향을 기리기 위해 백운동 서원을 세웠다.

⑧ 사림의 대두와 붕당 정치

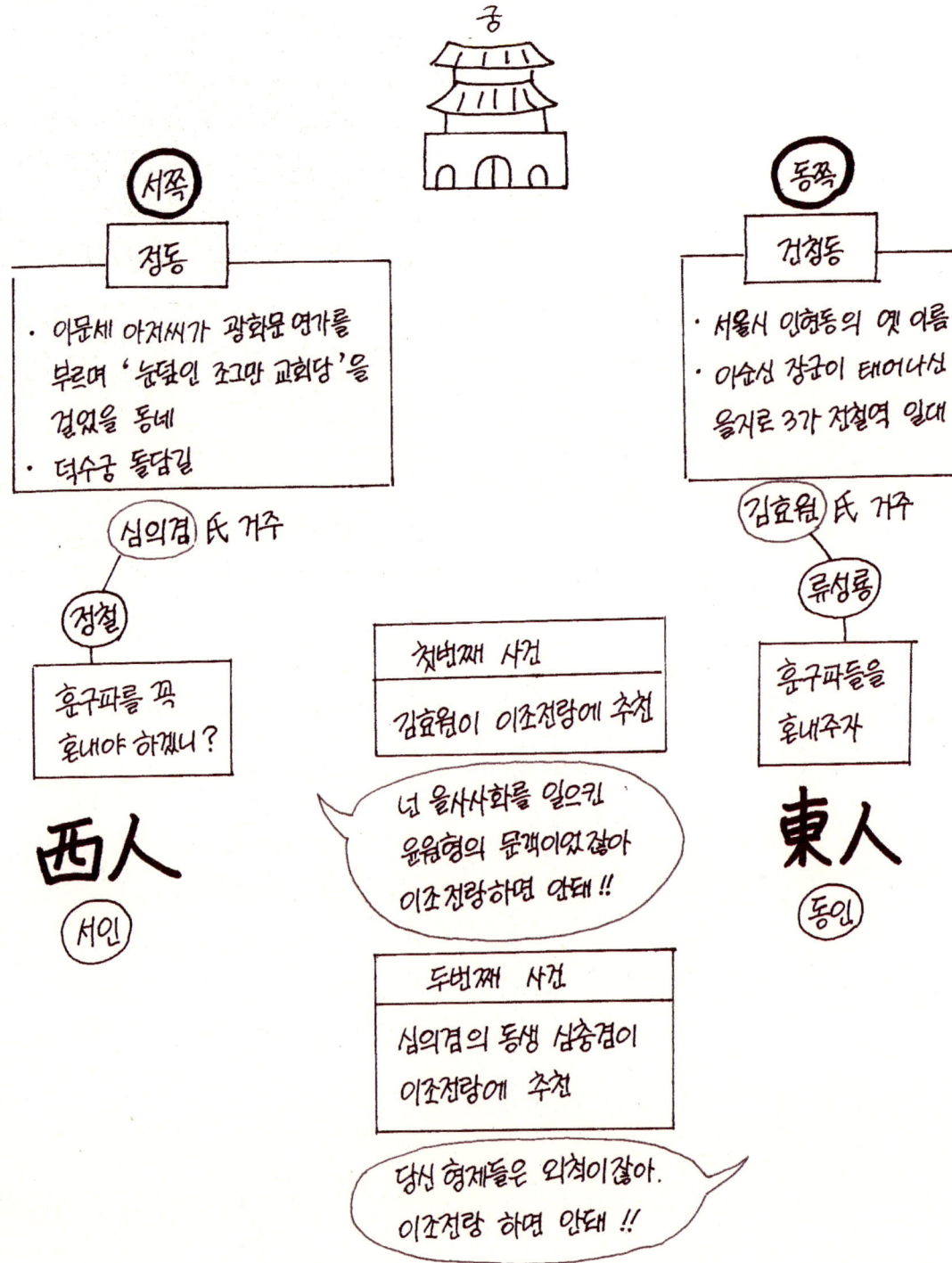

여러 번의 사화를 거치면서 번번이 훈구파에게 당했던 사림들은 선조가 왕위에 오른 이후 대거 정계로 진출했다. 선조가 즉위하기 직전 명종 때 을사사화를 겪기는 했지만 성리학 가치를 추구하는 사림들의 정권 장악은 시대의 흐름과도 같은 것이었다.

사림들이 붕당을 이루는 계기에 대해 살펴보자. 사림이 정권을 잡으면서 훈구파들을 어떻게 혼내줄까에 대한 격렬한 의견 대립이 있었다. 김효원을 따르는 인물들은 훈구 세력 척결에 아주 적극적이었고, 심의겸을 따르는 인물들은 훈구 세력 척결에 소극적이었다.

김효원과 심의겸은 훈구 척결에 대한 논의를 하기 이전부터 이조 전랑이라는 관직을 놓고 다툰 적이 있어 사이가 좋지 않았다. 이조 전랑은 품계는 낮지만 인사 추천권을 갖고 있어 아주 중요한 관직이었다.

🕊 이조 전랑은 이조 정랑(5품)과 이조 좌랑(6품)을 합친 말이다.
사람들을 관직에 추천하는 인사 추천권을 가지고 있었기에 투명하고 맑아야 하는 청요직으로 분류되었다.

🕊 이조 전랑과 청요직에 대한 이야기는 조선의 신분 제도를 설명하면서 서얼과 관련해 이미 서술했으니 참고하기 바란다.

김효원을 따르는 인물은 류성룡, 김우옹, 이발 등이었다. 김효원의 집이 도성 동쪽인 건청동에 있었던 이유로 이들을 동인이라 불렀다. 한편 심의겸을 따르는 정철, 윤두수 등은 심의겸의 집이 도성 서쪽인 정동에 있었던 이유로 서인이라 불렀다.

이조 전랑을 차지하기 위한 다툼과 훈구 세력 척결에 대한 견해 차이로 인해 사림은 동인과 서인으로 나뉘었다. 조선 중기의 붕당 정치는 이렇게 시작되었다.

동인과 서인은 기축옥사를 거치면서 서로 원수가 되었는데 기축옥사의 중심에는 정여립이란 인물이 있었다. 정여립은 천하는 황제의 것이 아니라 많은 사람이 함께 사용하는 공물이라는 평등 사상을 주장했다. 조선이란 엄격한 신분제 사회에서 정여립의 평등 사상은 충격적인 역모 사건이 아닐 수 없었다.

정여립 모반 사건을 조사하고 처벌하는 과정에서 조사를 담당한 서인 정철은 동인이었던 김우옹, 이발 등에게 지나치게 가혹한 처벌을 가했다. 이 과정에서 서인이 동인에게 가한 탄압을 기축옥사라 부른다. 기축옥사를 통해 동인과 서인은 돌이킬 수 없는 강을 건너버렸다.

# 4 임진왜란과 병자호란

> 조선 사회는 임진왜란과 병자호란이라는 두 번의 큰 전쟁을 치르면서 큰 변화를 겪게 된다. 이들 양란을 기준으로 조선 시대를 전기와 후기로 구분하는 것이 일반적이다.
> 두 전쟁이 어떻게 발생했고 조선 사회를 어떻게 변화시켰는지 살펴보자.

## ① 임진왜란

조선이 건국된 1392년에서부터 정확하게 200년 뒤인 1592년 임진왜란이 발생했다. 임진왜란이 발생한 원인을 알기 위해서는 조선 전기 일본과의 관계부터 살펴볼 필요가 있다.

고려 말 창왕 때 박위가 왜구들의 근거지인 쓰시마 섬을 정벌한 이후에도 왜구들의 노략질은 계속되었다. 그런 이유로 세종대왕 때 이종무가 200여 척의 배를 이끌고 쓰시마 섬을 다시 한번 토벌했다.

우리나라가 정벌한 지역은 일본 본토라고 할 수 있는 혼슈가 아니었다. 쓰시마 섬(대마도)에 살면서 노략질로 연명하는 왜구에 대한 토벌이었다.
하지만 임진왜란 때 조선을 침입한 왜는 일본 본토를 통일한 도요토미 히데요시 세력이었다. 시험에 출제되는 부분은 아니지만 이해해두면 일본과의 관계에 도움이 될 것이다.

이종무가 쓰시마 섬을 정벌한 후 왜인들은 계속적으로 관계 회복을 요청해왔다. 조선도 강경책만을 고수하기에는 어려운 점이 있어 그들의 요구를 받아들여 부산포, 염포, 제포(부산, 울산, 진해)를 개방했다. 이를 3포 개항이라고 한다. 한반도 동남쪽 해안의 일부만을 교역 통로로 열어준 것이다. 3포에는 왜관을 설치하고 그곳에서만 숙박과 무역이 가능하도록 허락했다.

이것만은 꼭!

★

3포 개항과 관련하여 부산포 · 제포 · 염포 중 간혹 제포를 제물포(인천)로 속이는 문제가 있으니 주의하도록 하자.

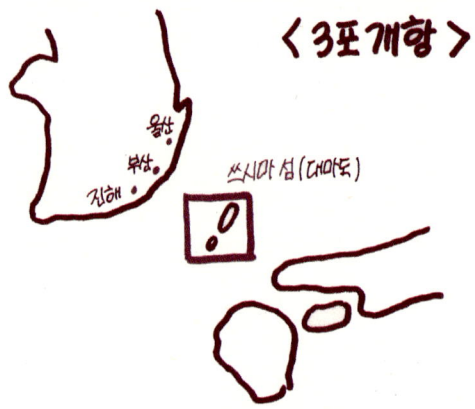

〈3포 개항〉

3포 개항이 있은 후 조선이 생각했던 것보다 교역량이 많아지자 문제가 발생했다. 왜냐하면 왜인들이 3포에 머무는 동안의 비용을 조선 측에서 부담했기 때문이다. 비용 감당이 힘들어지면서 조선은 세종 때 대마도 주(主)와 교역 규모를 제한하는 약조를 맺는다. 이를 계해약조라고 한다. 교역 규모는 세견선 50척과 세사미두 200석으로 한정했다.

🐦 세견선이란 해(year) 세(歲), 파견할 견(遣), 배 선(船)이라는 한자어를 사용한다. '한 해 동안 왜에서 조선으로 파견할 수 있는 배' 라는 뜻이다.

세사미두란 해(year) 세(歲), 지급할 사(賜), 쌀 미(米), 콩 두(豆)라는 한자를 사용한다.
'조선의 왕이 먹을 것이 부족한 왜에게 한 해 동안 하사하는 쌀과 콩' 이라는 뜻이다.

쓰시마 섬은 땅이 좁고 척박하기 때문에 먹을 것이 풍족하지 않았다. 따라서 조선에서 받아가고자 했던 것은 바로 쌀이나 콩 같은 곡물이었다. 세견선을 파견해 그 배에 조선에서 받은 세사미두를 가득 싣고 쓰시마 섬으로 돌아가는 왜인들의 모습을 떠올려보자.

먹을 것을 구할 수 있으니 왜의 입장에서는 세견선을 더 많이 보내려 했다. 조선 정부는 그것이 감당이 되지 않자 계

해약조를 맺었다. 1년에 세견선은 50척만 보내고, 쌀과 콩은 200석만 받아가기로 약속한 것이다.

하지만 이렇게 왜의 요구를 들어주었는데도 왜는 중종 때 삼포 왜란을 일으켰다. 세종대왕이 3포를 개방한 후 3포에 설치한 왜관에서 살 수 있는 왜인의 숫자는 60호로 한정됐다. 하지만 이를 엄격하게 지키지 않다 보니 3포에 들어온 왜인의 수는 엄청나게 늘어났다. 이를테면 불법 밀입국자의 수가 너무 많아 치안 문제에 심각한 위기를 맞이하게 된 것이다.

조광조를 등용해 개혁 정치를 실시한 중종 때에는 이러한 혜택을 용납하기 힘들어졌다. 그래서 허가된 수를 초과하는 왜인을 돌려보내려하자 3포에 머무르던 왜인들은 쓰시마 섬과 내통하며 폭동을 일으켰다. 이것이 바로 삼포 왜란이다.
삼포 왜란을 진압하기 위해 조선에서 임시 기구로 설치한 것이 비변사였다. 훗날 비변사는 세도정치의 본거지가 됐다.

삼포 왜란이 진압되고 3포에 있던 왜관을 폐쇄하자 왜인들은 또다시 개항을 요구해왔다. 이에 중종은 왜와 임신약조를 맺어 제포(진해)를 개방해준다. 하지만 이번에는 교역량을 절반으로 뚝 줄여 세견선 25척과 세사미두 100석으로 제한했다. 그렇지만 일본

국내 정세가 혼란스러웠던 탓에 일본 중앙 정부의 통제력은 미약했고 이런 상황을 틈타 쓰시마의 왜구들은 또 한번 폭동을 일으켰다. 이를 사량진 왜변이라 한다. 사량진은 경상남도 통영시 사량면을 말한다. 사량진 왜변을 진압한 후에 조선과 왜는 다시 교류를 중단했다.

그러나 명종이 즉위하면서 조선과 왜는 규정 위반시 강력한 벌칙을 받는다는 정미약조를 맺은 후 다시 교역을 재개했다.

🦅 당하고 화해하고 당하고 화해하는 반복되는 과정이 한편으로 답답하게 느껴질 수도 있겠지만 어쩌겠는가? 있었던 일인 것을…… 분노가 치밀어 올라도 조금만 참고 읽어보자. 아직 임진왜란은 시작도 하지 않았다.

**이것만은 꼭! ★★**

| 3포 개항 | 세종 | 부산포, 염포, 제포 (부산, 울산, 진해) |
|---|---|---|
| 계해약조 | | 50척 / 200석으로 교역량 제한 |
| 삼포 왜란 | | 임시 기구인 비변사 설치 |
| 임신약조 | 중종 | 25척 / 100석으로 교역량 제한 |
| 사량진 왜변 | | 경남 통영 |
| 정미약조 | 명종 | 유명 무실한 벌칙 규정 |
| 을묘왜변 | | 전라도 해안 습격, 비변사가 상설 기구로 바뀜 |

정미약조가 발효되고 교역이 재개되었지만 왜인들은 도무지 교역량이 성에 차지 않았다. 왜인들은 벌칙 규정 따위는 아랑곳하지 않고 전라도 해안 일대를 노략질했다. 이를 을묘왜변(1555)이라고 한다. 당시 조선의 진관 체제는 거의 구멍 난 상태나 다름없었고 관군은 왜구들에게 크게 패했다. 간신히 한양에서 중앙군을 파견해 진압에 성공할 수 있었다. 을묘왜변을 계기로 임시 기구였던 비변사는 상설 기구화 되었다.

임진왜란이 일어나기 직전 조선 정부는 일본 내의 이상한 움직임을 파악했다. 선조는 김성일과 황윤길을 통신사로 일본에 보내 정세를 살피게 했는데 두 인물은 돌아와서 서로 다른 보고를 했다. 서인이었던 황윤길은 일본의 침략을 대비해야 한다고 말했으나 동인이었던 김성일은 괜한 위기감을 조성할 필요가 없다며 침략 가능성을 부인했다. 당시에는 동인이 우세했던 탓에 김성일의 의견이 채택되면서 조선은 왜란에 대비할 마지막 기회마저 놓치고 말았다.

| 김성일 | 동인 | 일본은 침략하지 않는다. |
|---|---|---|
| 황윤길 | 서인 | 일본은 침략한다. |

일본의 전국 시대를 통일한 도요토미 히데요시는 지방 세력들의 불만을 외부로 돌리기 위해 임진년(1592)에 조선을 침략했다. 당시 조선의 지방 방위 체제는 제승방략 체제였다. 부산 동래성에서 동래부사 송상현이 결사 항전 끝에 전사한 후 충북 충주에 병사들을 집결시킬 때까지 변변한 싸움 한번 못해

보고 길을 내주었다. 한양에서 파견된 신립 장군이 충주에서 배수의 진을 펼치고 싸웠으나 패하고 말았다. 한양마저 쉽게 내어주고 선조는 피난길에 올랐다. 평안도와 함경도 지역까지 일본군의 신무기 조총의 위력에 무력하게 내어주었으나 전국 각지에서 의병들이 자발적으로 봉기해 일본군과 맞섰다. 또한 명나라가 조선을 돕기 위해 참전을 하고, 바다에서 이순신 장군이 활약하면서 전세는 조금씩 역전되기 시작했다.

조총의 위력 앞에 힘을 쓰지 못한 조선군은 이에 맞서기 위해 전쟁 도중에 역시 조총을 다루는 포수를 양성했다. 총을 쏘는 포수, 활을 쏘는 사수, 칼과 창을 들고 싸우는 살수의 삼수병으로 이루어진 훈련도감이 바로 그것이었다. 그리고 역시 왜란 중에 지방군 조직을 재편했다. 전쟁이 벌어지면 양인과 천민 모두를 동원하는 속오군 체제가 바로 그것이다.

전쟁은 잠시 소강 상태로 접어들었다가 1597년(정유년)에 일본은 다시 침입해 왔다. 이를 정유재란이라고 한다. 하지만 이순신 장군이 명량 앞바다에서 12척의 배로 대승을 거두고, 1598년 도요토미 히데요시가 사망하자 일본군은 철수하기 시작했다. 철수하는 일본 해군과 맞서 싸우던 이순신 장군은 적의 화살에 맞아 유명을 달리했다. 하지만 마지막 순간까지 "나의 죽음을 적에게 알리지 말라"고 말하며 병사들을 독려해 결국 승리를 거두었다. 이 전투가 바로 노량해전이다.

의병들까지 가세해 온 백성들이 일본군과 싸우고 있던 도중인 1596년에는 충청도 부여에서 이몽학이 전쟁으로 피폐해진 농민들을 선

동해 봉기를 일으키는 일도 있었다. 이를 이
몽학의 난이라 한다.

### 이몽학의 난
198쪽 조선 후기 반란 정리 참조

## ② 광해군과 중립 외교

임진왜란을 겪는 동안 무능한 모습을 보였던
선조와는 달리 광해군은 전국을 돌아다니며
의병을 일으킬 것을 독려하고 전투에 참가하
는 등 백성들로부터 신망이 두터웠다.

**42** 기|출|응|용|문|제

다음 자료와 관련된 전쟁에 대한 설명으로 옳은 것
은?

중국의 대병력과 도원수 휘하의 아군 병력이 가세
해 평양성을 포위하고 성문 밖에 진을 쳤다. 잠시
후 대포를 쏘면서 공격을 시작해 칠성문을 깨뜨리
고 들어갔다.

① 정봉수, 이립 등 의병장이 활동했다.
② 정부가 속오법을 실시해 지방군 편제를 개편했
   다.
③ 재조대장경을 만들어 외적을 물리치려 했다.
④ 서희의 외교 담판으로 강동 6주를 회복하였다.
⑤ 기벌포에서 당군을 격파했다.

광해군의 즉위 과정에 대한 이야기는
시험과는 무관하니 가볍게 읽어 보는 것으
로 충분하다.

광해군이 왕위에 오르기까지의 과정은 너무도 험
난했다. 첫 번째 위기는 명나라의 반대였다. 계비
였던 인목대비가 아들을 낳지 못하자 선조는 광
해군을 세자로 책봉하려 했다. 그런데 명나라 예
조가 장남 임해군을 제치고 차남인 광해군이 세
자가 될 수는 없다며 반대하고 나섰다. 하지만 임
진왜란이라는 국난을 겪는 상황에서 세자 자리를
공석으로 둘 수 없었기에 우여곡절 끝에 광해군이
세자에 책봉된다.

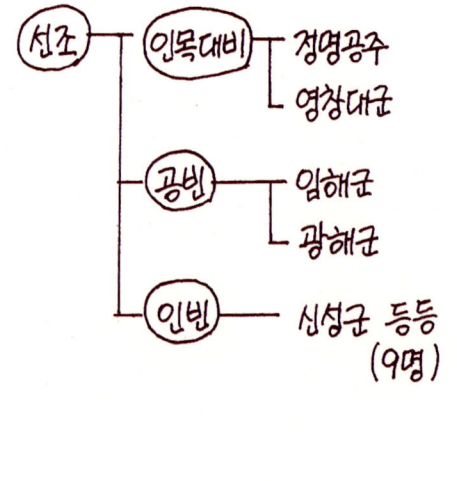

험난한 과정을 거쳐 왕위에 오른 광해군은
경기도 지역에 대동법을 실시했다. 토지를
측량하는 양전 사업을 단행했으며, 은을 캐
는 은광을 개발했다.

광해군의 세자 책봉과 관련하여 다음과 같은 이야기도 있다. 명나라에서는 사신을 보내 임해군이 세자가 될 수 없는 이유를 직접 확인하려 했고 이때 임해군은 동생 광해군을 위해 정신이 이상한 사람처럼 행동했다. 임해군의 연기에 속은 명나라에서는 어쩔 수 없이 광해군의 세자 책봉을 인정할 수밖에 없었다.

광해군이 세자로 책봉된 후에 선조의 계비인 인목대비가 아들 영창대군을 덜컥 낳아버렸다. 후궁의 아들이라는 콤플렉스 속에서 살았던 선조는 내심 적자인 영창대군을 세자로 다시 옹립하고 싶어 했다.

하지만 광해군을 추종한 대북 세력인 이이첨, 정인홍, 김개시 등의 도움으로 광해군은 왕위에 오를 수 있었다.

| 북인 | 광해군 지지 | 대북 | 이이첨, 정인홍 등 |
|---|---|---|---|
| | 영창대군 지지 | 소북 | 유영경 등 |

아버지 선조와 마찬가지로 후궁의 아들이라는 콤플렉스 속에서 살아가야 했던 광해군은 훗날 자신에게 칼을 겨눌 수 있을 것이라 염려해 어린 영창대군을 죽이고 만다. 결국 이런 사건은 서인 세력이 인조반정을 일으키는 명분을 제공했다.

한편 임진왜란 중에 불타버린 4대 사고를 재정비해 5대 사고에 『조선왕조실록』을 보관했다. 아울러 허준으로 하여금 한의학 서적인 『동의보감』을 저술하도록 했다.

| 4대 사고 | 5대 사고 |
|---|---|
| 춘추관, 전주, 충주, 성주 | 춘추관, 오대산, 태백산, 정족산(강화), 적상산(무주) |

 전주 사고만 불타지 않았다.

무엇보다 광해군의 능력이 빛났던 부분은 바로 외교 능력이었다. 광해군은 쓰러져가는 명나라와 새로 떠오르는 여진족 청나라 사이에서 균형 잡힌 중립 외교를 펼쳤다.

## 43 기|출|응|용|문|제

다음 (가) 왕에 대한 설명을 옳은 것은?

(가)왕은 의리를 저버린 채 오랑캐와 우호적인 관계를 맺었다. 민가를 철거하고 궁궐을 지었으며, 이복동생 영창대군을 죽이고 어머니를 폐했다.

① 정미약조를 맺고 왜와의 교역을 재개했다.
② 수시력과 회회력을 참고하여 새로운 역법을 편찬하게 했다.
③ 시시비비를 적극적으로 가리는 준론 탕평을 실시했다.
④ 강대국 사이에서 실리적인 중립 외교 정책을 펼쳤다.
⑤ 나선 정벌에 나섰다.

성리학을 신봉하는 사림들은 정통 한족인 명나라를 도울 군사를 파견하고 여진족을 공격해야 한다고 주장했지만 광해군의 생각은 달랐다. 광해군은 명나라를 도울 군대를 파견하면서도 지휘관인 강홍립에게 상황에 따라 처신할 것을 명했다. 명나라와의 의리도 지키면서 청나라의 강한 힘에 맞서지 않는 중립적인 실리 외교 정책을 펼친 덕분에 조선은 두 강대국 어느 쪽으로도 공격 받지 않을 수 있었다.

🦅 인조반정으로 광해군을 몰아낸 서인들에 의해 광해군이 폭군으로 묘사되기도 하지만 오늘날에는 광해군의 실리 외교를 높이 평가하는 견해가 대부분이다.

### ③ 인조반정과 두 번의 호란

광해군이 균형 잡힌 중립 외교로 실리를 챙겼지만 사림 중에서도 가장 보수적인 서인들은 광해군이 황제국 명나라를 배신한 것으로 여겼다. 가뜩이나 영창대군이라는 적자가 있는 상황에서 후궁의 자식인 광해군이 왕위에 오른 것이 불만이었는데 황제국 명나라를 돕지 않았으니 서인들에게는 광해군을 폐위시킬 명분이 생긴 것이나 다름없었다.

결국 서인들은 능양군(인조)을 왕으로 추대하며 반정을 일으켜, 광해군을 쫓아내고 능양군(인조)을 왕위에 앉히는데 성공했다. 이 사건을 인조반정(1623)이라 한다.

🦅 인조반정과 정묘호란 사이에 인조반정의 논공행상에 불만을 품은 이괄이 평안도의 군대를 이끌고 한양을 공격한 이괄의 난(1624)이 있었다.

인조반정이 성공하자 이번에는 여진족이 움직였다. 광해군 폐위를 빌미로 여진족이 세운 후금(청나라)이 조선을 침입한 것이다. 이를 정묘호란(1627)이라고 부른다. 정묘호란이 일어나자 인조는 강화도로, 소현세자는 전주로 내려갔다. 결국 오랑캐라고 무시했던 후금과 강화도에서 형제의 맹약을 맺고 나서야 정묘호란은 끝이 났다. 고려 시대 강동 6주 지역 내에 있던 용골산성에서 정봉수가 의병으로 활약하는 등 저항을 했지만 정묘호란은 조선의 패배였다. 조선과 형제의 맹약을 맺은 후금은 조선에 조공을 바칠 것을 요구했다. 한편 국경지역에서 관무역도 실시되었다.

1636년 후금 태종은 국호를 후금에서 청나라로 바꾼 후 형제 관계가 아닌 군신(임금과 신하) 관계를 요구했다. 이에 조선 조정은 청과 싸울 것을 주장하는 주전론과 군신 관계를 받아들일 것을 주장하는 주화론으로 의견이 갈렸다. 주전론(척화론)을 주장한 인물은 김상헌, 윤집 등이고, 주화론을 주장한 인물은 최명길이 대표적이다.

| 주전론 = 척화론 | 김상헌, 윤집 | 청나라와 다시 싸우자 |
|---|---|---|
| 주화론 | 최명길 | 군신 관계를 받아들이자 |

싸울 것을 주장한 주전론은 화친을 배척하는 척화론과 같은 의미이다.
주전론으로 표현하기도 하고 척화론으로 표현하기도 한다.

당시 정권을 잡고 있던 서인 세력은 청나라와 싸우자는 주전론이 우세했다. 결국 조선은 청나라의 군신 관계 요구를 거절했다.

🕊 대표적인 주전론자 김상헌의 이야기를 소설가 김훈 작가가 인문학적 상상력을 바탕으로 쓴 소설이 『남한산성』이다.

조선이 군신 관계를 거부하자 청나라는 다시 한번 조선을 침입해 왔다. 이것이 바로 1636년에 일어난 병자호란이다. 왕위에 있는 동안 여러 차례 피난을 떠난 인조는 다시 강화도로 피신하려 했는데 청나라 측에서 미리 예견하고 길목을 차단했다. 어쩔 수 없이 인조는 급하게 남한산성으로 피난길을 돌렸다. 남한산성은 당시만 해도 제대로 정비되어 있지 않았고 한겨울이었던 탓에 먹을 것도 부족했다. 결국 적과 대치하던 인조

는 항복할 수밖에 없었다.

남한산성에서 나온 인조는 삼전도(서울시 송파구 잠실 부근)에서 많은 신하들이 지켜보는 가운데 꽁꽁 얼어붙은 땅에 엎드려 머리를 세 번 조아리며 청나라 태종에게 항복했다. 이를 삼전도의 굴욕이라 부른다. 주전론을 주장했던 관리들과 소현세자, 그리고 봉림대군은 청나라에 인질로 잡혀갔다. 이때 수많은 백성들도 함께 청나라로 끌려갔다.

🕊 청나라에 인질로 끌려갔다가 훗날 조선에 다시 돌아온 여자를 환향녀라고 불렀다는 견해가 있다. 돌아올 환(還), 고향 향(鄕), 계집 녀(女)를 써서 고향으로 돌아온 여자를 뜻하는 환향녀는 고국에 돌아와서도 정조를 빼앗긴 여자라는 낙인이 붙어 환영받지 못했다. 환향녀는 화냥녀로 말이 바뀌어 오늘날에도 여성을 비하하는 표현으로 사용된다. 화냥년이란 욕에는 이런 역사적 아픔이 녹아있다.

병자호란에서 패배한 후에도 조선은 크게 달라진 것이 없었다. '오랑캐에게 복수해서 치욕을 씻어내자'라는 뜻을 가진 복수설치를 외치며 복수의 칼을 갈았다. 이를 북벌론이라고 한다. 북벌은 여진족에게 자존심을 짓밟힌 서인들의 숙원 사업과도 같은 것이었다. 서인들은 북벌을 실행에 옮기기 위해 어영청이라는 조직을 만들어 조선 후기 중앙군인 5군영으로 편입시켰다.

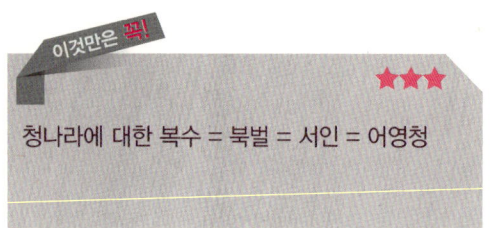

청나라에 인질로 끌려갔던 봉림대군이 조선에 돌아와 효종이 되었을 때 청과 러시아가 전쟁을 벌인 일이 있었다. 청나라는 조선에 도움을 요청했고 효종은 청나라를 돕기 위해 두 번이나 군사를 파병했다. 이를 나선 정벌이라 부른다. 복수를 위해 이를 갈던 청나라를 도왔다니 아이러니한 일이 아닐 수 없다.

나선은 러시아의 한자어 표기이다.
러시아=나선

# 5 붕당 정치의 전개와 예송 논쟁

선조 때 사림이 정계에 대거 등장하게 되면서 사림이 김효원을 중심으로 하는 동인과 심의겸을 중심으로 하는 서인으로 나뉘게 된 과정에 대해 살펴보았다. 사림이 붕당을 이뤄 당론에 따라 정쟁을 벌인 과정을 조금 더 살펴보자. 복잡하게 분화가 되더라도 그들이 사림이라는 전제를 잊지 말아야 한다는 것이다.

### ① 동인의 분화

동인이 북인과 남인으로 나뉘게 된 계기는 정여립 모반 사건과 정철의 세자 건저의 사건이었다.
평등이라는 진보적인 사상을 주장한 정여립 모반 사건을 처벌하는 과정에서 서인이었던 정철이 너무 가혹하게 동인을 몰아붙였다. 이를 기축옥사라 한다.

### 🔴 세자 건저의 사건

기축옥사에서 가혹하게 동인들을 처벌했던 송강 정철은 이후에 세자 책봉 문제와 관련해 선조의 눈 밖에 나게 된다. 선조에게는 후궁 공빈에게서 태어난 임해군·광해군과, 후궁 인빈에게서 태어난 신성군이 있었다. 선조는 내심 신성

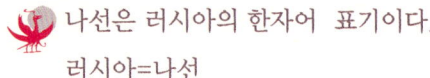

나선정벌

2차

단수          연해주

1차

백두산   두만강

압록강

군을 세자로 삼고 싶어 했으나 정철이 광해군의 편을 들고 나섰던 것이다.

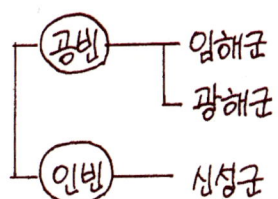

정철은 선조의 미움을 받아 지방으로 발령을 받게 된다. 정철은 선조가 다시 자신을 불러주기를 바라는 마음을 담아 유명한 '사미인곡'이라는 가사 문학을 완성했다. 이렇게 세자 책봉과 관련해 정철이 선조의 눈 밖에 난 것을 세자 건저의 사건이라고 한다.

세자 건저의 사건으로 인해 정철이 선조의 눈 밖에 나자 정철에게 반감을 갖고 있던 동인들은 정철에 대한 처벌 수위를 놓고 논쟁을 벌이기 시작했다.

기축옥사 때 정철에게 호되게 당한 이발, 이산해 등은 정철을 강경하게 처벌해야 한다는 입장이었다. 반면 류성룡, 우성전 등은 정철을 처벌하는데 미온적인 태도를 보였다.

당시 강경파의 핵심 인물이었던 이발의 집은 북악산 근처에 위치하고 있었기 때문에 이발과 뜻을 같이 하는 무리를 북인이라 불렀다. 한편 온건파였던 우성전의 집은 남산 근처에 있었기 때문에 이들 무리를 남인이라고 부르게 되었다.

북인들 중에는 남명 조식에게 학문적 영향을 받은 인물들이 많았고, 남인들 중에는 퇴계 이황에게 학문적 영향을 받은 인물들이 많았다.

조식의 영향을 받은 북인은 임진왜란 때 의병을 일으켜 큰 공을 세웠다.

| 동인 | |
|---|---|
| 이발, 이산해 | 류성룡, 우성전 |
| 서인(정철)처벌에 강경적 | 서인(정철)처벌에 미온적 |
| 북악에 거주 | 남산에 거주 |
| 북인 | 남인 |
| 조식 문파 | 이황 문파 |

붕당 정치의 전개 과정을 한꺼번에 정리해 보자. (188쪽 참고)

**기 | 출 | 응 | 용 | 문 | 제**

다음 (A)에 대한 설명으로 옳은 것은?

심환지는 (A) 벽파의 영수였다. 경신환국 이후 서인에서 갈라져 선왕 때에 권력을 장악했던 (A) 으로부터 다시 나뉘어진 당파가 벽파였다. 벽파는 사도세자의 죽음을 당연시했던 당파였다.

① 세자 건저의 사건 이후 두 파로 나뉘었다.
② 성리학 이해에 탄력적이었다.
③ 강대국 사이에서 중립 외교 노선을 취했다.
④ 인물성동론과 인물성이론으로 나뉘어 논쟁했다.
⑤ 훈구 척결에 적극적인 김효원을 중심으로 모인 사람들이다.

# 붕당 정치의 전개

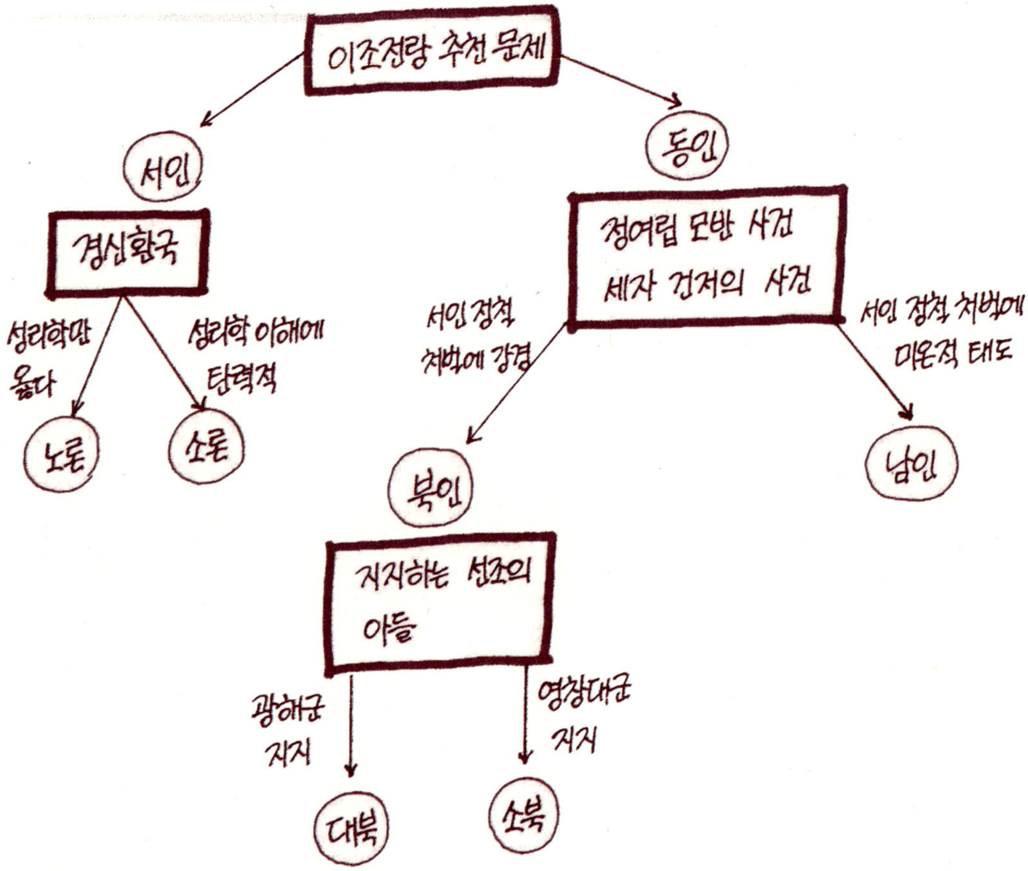

이조전랑 추천 문제

- 서인
  - 경신환국
    - 성리학만 옳다 → 노론
    - 성리학 이해에 탄력적 → 소론
- 동인
  - 정여립 모반 사건 / 세자 건저의 사건
    - 서인 정책 처벌에 강경 → 북인
      - 지지하는 선조의 아들
        - 광해군 지지 → 대북
        - 영창대군 지지 → 소북
    - 서인 정책 처벌에 미온적 태도 → 남인

## ② 예송 논쟁

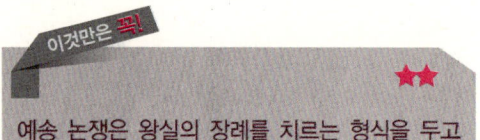

★★

예송 논쟁은 왕실의 장례를 치르는 형식을 두고 동인에서 분화된 남인과 서인이 논쟁을 벌인 것을 말한다. 동인과 서인간의 논쟁이 아님에 주의해야 한다.

기해년(1659년)에 벌어진 기해예송은 효종 임금이 죽은 후 효종의 어머니가 상복을 과연 몇 년 동안 입어야 하는지에 대한 논쟁이었다.

왜 다른 임금이 죽었을 때는 별 문제 없다가 효종이 죽자 이런 논쟁이 벌어졌을까? 그것은 바로 효종이 소현세자를 형으로 둔 차남이었기 때문이었다.

남인과 서인이기 이전에 성리학적 사고 방식으로 똘똘 뭉친 보수적 사림이라는 점을 떠올려 보자. 효종이 장남인지 차남인지는 정말 중요한 문제였을 것이다.

왕과 신하는 엄연히 신분이 다르므로 왕은

장남이든 차남이든 특별하게 대접해야 한다고 남인들이 주장했다. 반면 서인은 임금도 결국엔 양반 사대부 중에서 가장 높은 인물에 지나지 않으니 왕과 신하를 차별하는 것은 잘못되었다고 주장했다.

남인은 왕이 죽었을 때 신하들이 3년 동안 상복을 입는 것처럼 효종이 죽었으니 효종의 어머니도 3년 동안 상복을 입어야 한다고 주장했다. 그러자 서인은 왕과 신하를 차별할 필요 없이 일반적으로 차남이 죽었을 때 그 어머니는 1년 동안 상복을 입으니 효종의 어머니도 1년 동안 상복을 입어야 한다고 주장했다.
결국 서인들의 주장대로 효종의 어머니는 1년 동안 상복을 입었다.

| Fact ① | | |
|---|---|---|
| 왕 - 신하 | 왕실 예법 | 왕이 죽으면 신하는 3년 동안 상복을 입는다. |
| Fact ② | | |
| 차남 - 어머니 | 가정 예법 | 차남이 죽으면 어머니는 1년 동안 상복을 입는다. |

| 논점 |
|---|
| 차남인 왕이 죽으면 왕실의 예법? 가정의 예법? |

| 붕당 | 주장 | 근거 |
|---|---|---|
| 남인 | 효종의 어머니이기 이전에 신하이다 → 왕실 예법을 따른다 | 왕 ≠ 신하 |
| 서인 | 신하이기 이전에 효종의 어머니이다 → 가정 예법을 따른다 | 왕 = 신하 |

두 번째 예송 논쟁은 갑인년(1674년)에 벌어진 갑인예송이다. 이번에는 효종의 비(부인)가 죽자 시어머니인 인조의 비는 몇 년 동안 상복을 입어야 하는지를 놓고 서로 다퉜다.

남인은『국조오례의』에 적혀있는 대로 장남·차남을 가릴 것 없이 며느리가 죽었을 때 시어머니가 상복을 입는 기간인 1년을 적용하자고 했다. 반면 서인은『주자가례』에 적혀있는 대로 차남의 며느리가 죽었을 때 시어머니가 상복을 입는 기간인 9개월을 적용하자고 했다.

하지만 서인이었던 김석주 등이 서인의 핵심인물 송시열을 배신하고 남인의 의견에 힘을 실어주면서 갑인예송에서는 남인들의 주장이 채택되었다. 남인의 주장에 따라 인조의 비(자의대비)는 1년 동안 상복을 입었다.

갑인예송에서 다시 정권을 잡게 된 남인들은 기해예송에서 송시열이 예법을 잘못 적용한 것에 대한 책임을 물어 그를 유배 보냈다. 이후에도 계속해서 남인과 서인간의 대립이 끝날 기미를 보이지 않자 숙종은 "앞으로 한번만 더 예법을 가지고 왈가왈부하면 누구라도 가만두지 않겠다"고 으름장을 놓아 예송논쟁을 종식시켰다.

이를 두고 숙종이 남인과 서인 어느 쪽에도 치우지지 않는 탕평책을 실시했다고 평가한다. 즉 최초로 탕평책을 실시한 왕은 숙종이다.

이것만은 꼭!  ★★★

기해예송과 갑인예송을 한꺼번에 정리해 보자.
예송 논쟁 파트가 복잡하다면 이 표만이라도 암기하도록 하자.

| 남인 | | 서인 |
|---|---|---|
| 국조오례의 | 예법서 | 주자가례 |
| 왕권을 중시 | 주장의 근거 | 신권을 중시 |
| 3년 동안 상복 | 기해예송 (효종의 죽음–효종 엄마는?) | 1년 동안 상복 |
| 1년 동안 상복 | 갑인예송 (효종 비 죽음–인종 비는?) | 9개월 동안 상복 |

결론: 기해예송과 갑인예송 모두 1년 동안 상복을 입는 견해가 채택되었다.

## 45 기｜출｜응｜용｜문｜제

밑줄 친 '(A) 시기'의 상황으로 옳은 것은?

중전 한씨가 세상을 떠나자 나는 15세의 나이로 조선의 국모가 되었습니다. 26세가 되던 해에는 왕이 돌아가셔서 어린 나이에 대비가 되었습니다. 그리고 36세가 되던 해에는 비록 내가 낳은 아들은 아니지만 다음 왕마저 세상을 떠났습니다. 이때 정국이 많이 시끄러웠습니다. 죽은 왕이 차남이 아니고 장남이었다면 그런 논쟁은 일어나지 않았겠지요. 논쟁이 일어났던 (A) 시기가 내 인생에서 가장 힘들었습니다.

① 세자 건저의 사건이 있은 후 정철에 대한 처벌을 놓고 북인과 남인이 대립했다.
② 인물성을 놓고 노론 내부에서 호락 논쟁이 발생했다.
③ 숙종이 탕평책을 실시해 예송 논쟁을 종식시켰다.
④ 여러 차례의 환국으로 서인과 남인간의 정권 교체가 급격하게 일어났다.
⑤ 송시열과 윤휴가 중심이 되어 상복을 입는 기간을 두고 논쟁했다.

### ③ 서인의 분화

도성 서쪽인 정동에 살았던 심의겸을 중심으로 모인 서인들은 어떠한 계기로 나뉘었을까? 서인은 경신환국을 계기로 노론과 소론으로 나뉘게 되었다.

이것만은 꼭!  ★★★

시험을 위해서는 다음 세 문장만 알면 충분하다.
1. 서인은 경신환국을 계기로 노론과 소론으로 분화되었다.
2. 서인 송시열은 주자의 성리학 해석에 집착하는 노론을 형성했다.
3. 서인 윤증은 성리학 이해에 탄력적인 소론을 형성했다.

### 🦅 환국

환국이란 정권이 전환되었다는 말이다. 즉 숙종에 의해 일방적으로 서인과 남인 간의 정권이 급격하게 전환되었음을 뜻한다. 숙종은 총 4번의 환국을 단행했다.

첫 번째는 허적의 유악 남용을 계기로 남인에서 서인으로 정권을 교체한 경신환국이다.
두 번째는 숙종이 총애한 장희빈의 아들을 세자로 책봉하는 것을 서인이 반대하자 서인에서 남인으로 정권을 교체한 기사환국이다. 세 번째는 숙종이 폐비시켰던 인현왕후 민씨를 복위시키면서 남인에서 서인으로 정권을 교체한 갑술환국이다. 마지막 네 번째는 윤휴와 박세당을 사문난적으로 몰아 제거하면서 서인 중에서도 노론의 일당 전제화를 가져온 병신환국이다.

| 경신환국 | 허적의 유악 남용 | 남인 → 서인 |
|---|---|---|
| 기사환국 | 장희빈 아들의 세자 책봉 반대 | 서인 → 남인 |
| 갑술환국 | 기사환국 때 폐위된 인현왕후의 복위 | 남인 → 서인 |
| 병신환국 | 송시열과 윤증의 논쟁에 노론인 송시열의 손을 들어줌 | 노론의 일당 전제화 |

경신환국이 무엇인지에 대해 알아보자. 갑인예송에서 정권을 잡은 남인 세력의 우두머리는 영의정 허적이었다. 허적의 잔칫날 숙종

이 축하하는 의미로 기름을 발라 방수 기능이 있는 천막(유악)을 하사하려고 했는데 알고 보니 허적이 숙종에게 말도 없이 그 천막을 이미 가져간 것이었다. 그 유악이란 천막은 예법상 왕실에서만 쓸 수 있는 것이었다. 이에 숙종은 진노하여 당시 허적 등 남인들이 가지고 있는 군사 요직을 그날 밤 즉시 서인들로 교체해 버리는 긴급 명령을 내리게 된다.

영의정 허적에 대한 숙종의 분노가 하늘을 찌르던 상황에서 서인들은 결정타가 될 수 있는 음모를 꾸몄다. 서인들은 현종 때 없어진 도체찰사부라는 관직을 남인들이 다시 설치한 이유는 병권을 영의정 허적에게 집중시켜 역모를 꾀하기 위한 것이라고 주장했다. 마침 허적에 대한 분노를 참을 수 없던 상황

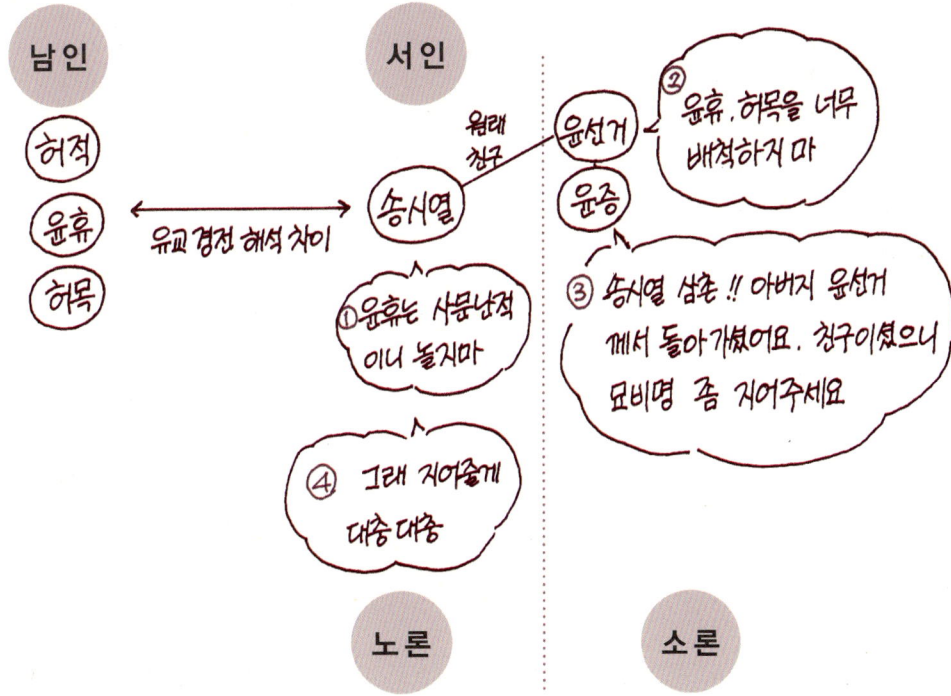

에서 이 말을 들은 숙종은 허적을 포함한 남인들을 대부분 정계에서 배제시켰다. 이렇게 서인들이 자신들의 손에 피 한 방울 묻히지 않고 정권을 다시 가져오게 된 사건을 경신환국이라 한다.

남인이었던 윤휴와 서인이었던 송시열은 유교 경전에 대한 해석 차이로 서로 대립하던 사이였다. 윤휴는 성리학 이해에 매우 탄력적이어서 다양한 견해를 수용할 수 있었던 반면에 송시열은 성리학의 시조였던 주자(주희)의 해석만이 옳다는 입장이었다. 송시열은 "윤휴와 박세당은 사문난적이다"라는 말을 하며 성리학 가치관을 흔드는 윤휴에게 반감을 표현했다.

한편 송시열과 윤선거는 같은 서인으로서 친구였다. 그런데 윤선거가 남인인 윤휴와 자주 어울리자 송시열은 윤휴 같은 사문난적과 어울리지 말라고 충고했다. 하지만 윤선거는 윤휴와 허목 같은 남인을 배척할 필요가 없다고 대답했다. 송시열은 윤선거의 그런 태도가 마음에 들지 않았다.

윤선거가 죽은 후 아들이었던 윤증은 송시열에게 윤선거의 묘비병을 지어달라고 부탁했다. 이미 윤선거에게 마음이 상했던 송시열은 성의 없이 지어서 윤증에게 주었다. 윤증이 여러 번 고쳐 줄 것을 요구하면서 이들 사이는 멀어지게 되었다고 전해진다.

송시열은 주자의 성리학 해석에 집착하는 노론을 형성했고, 윤증은 성리학 이해에 탄력적인 소론을 형성했다.

**46** 기|출|응|용|문|제

다음 (A)에 대한 설명으로 옳은 것은?

(A)는 본래 당색이 분명하지 않았으나 예송에 참여하면서 한쪽 붕당에서 활약하게 되었다. 「중용」을 독자적으로 해석하는 등 주자의 학문 체계와 다른 모습을 보여 사문난적으로 몰렸다.

① 임진왜란 때 조선을 도운 명 황제에 제사지내는 사당인 만동묘를 설립했다.
② 우리 풍토에 맞는 농서를 저술했다.
③ 제자백가의 사상에 포용적이었다.
④ 양지를 강조하고 지행합일을 중시했다.
⑤ 임진왜란 때 의병을 일으킨 북인들에게 학문적 영향을 끼쳤다.

# 6 조선 후기

## ① 수취 제도의 변화

수취 제도는 항상 조세·역·공납이라는 큰 틀 속에서 살펴보아야 한다. 조선 후기로 넘어오면서 조세의 수취 방법은 어떤 변화를 겪었을까?

답험의 폐단을 시정하기 위해서 15세기 세종대왕은 공법(전분 6등법, 연분 9등법)을 만들어 조세를 수취했다. 하지만 이마저도 등급을 산정하는 과정에서 관리들의 농간을 완전히 배제하기는 힘들었다.

그런 이유로 17세기 인조는 공법을 버리고 풍년과 흉년에 관계없이 전세를 대체로 1결당 4두로 낮추어서 고정시켰다. 이를 영정법이라 한다.(1635년) 세종이 만든 공법 하에서 풍년인지 흉년인지에 따라 1결당 4두에서 20두까지 수취한 방식을 버리고, 대체로 가장 낮은 기준인 1결당 4두씩으로 고정해서 전세를 수취한 것이다. 영정법은 1결당 4두로 전세를 정액(定額: 정할 정, 액수 액)화 했다고 표현한다.

1결당 4두로 전세가 정액화 되기는 했지만 실제 농민들의 부담은 경감되지 않았다. 군·현 단위로 내야 하는 세금의 액수를 국가에서 정해주는 총액제가 실시되었기 때문이다. 군·현 단위로 정해진 조세 총액을 맞추기 위해 이를 담당했던 수령과 향리들의 수탈은 더욱 심해졌다.

다음으로는 군역(役)의 변화에 대해 살펴보자.

16세기로 접어들면서 대가를 받고 군역을 대신해주는 대립제와 군역 의무를 방면해주는 대가로 포를 거두는 방군수포가 성행했다. 대립제와 방군수포가 성행하면서 군역 체계에 큰 구멍이 뚫렸다.

중종 때에는 방군수포의 관행을 법적으로 받아들였다. 군역을 부담하는 대신 1년에 군포 2필을 납부하고 직업 군인을 고용하는 군적수포제를 법으로 정했다.(1541)

군포 2필을 내는 것이 돈 없는 양인들에게는 부담스러운 일인데 시간이 흐를수록 관리들의 비리까지 더해졌다. 이미 죽은 사람을 살아있는 것처럼 문서를 조작해 군포를 뜯어가는 백골징포와 군역 대상자가 아니던 어린 아이들에게도 군포를 뜯어가는 황구첨정이 발생했다.

🐦 **백골징포**
죽어 백골이 된 사람에게 포를 징수함

🐦 **황구첨정**
어린 아이들이 손바닥 도장을 찍어 군역을 부담하기로 서약함

황구는 어린 아이를 뜻하고, 첨은 손바닥 도장을 찍는 것을 뜻한다. 정은 군역을 부담하는 정남을 의미한다.

한편 백골징포와 황구첨정보다 더 큰 문제점이 있었다. 바로 양반들은 군포의 부과 대상이 아니었다는 점이다. 조선 후기로 갈수록 납속책을 통해 공명첩을 발급받아 양반이 되는 경우가 늘어났는데 양반은 군포를 내지 않아서 그 부담은 고스란히 일반 백성들에게로 넘어갔던 것이다.

이러한 군적수포제의 폐단을 시정하기 위해 18세기 영조는 균역법을 단행해 농민이 부담해야 할 군포를 2필에서 1필로 줄였다. 균역법이란 말 그대로 역을 균등하게 부과하는 법을 의미한다. 하지만 양반들은 여전히 군포를 부담하지 않았다. 그렇다면 줄어든 군포로 인해 부족해진 국가 재정은 어떻게 충당했을까?

첫째, 선무군관이라는 일종의 명예 관직을 만들어서 관직을 팔았다. 이는 특히 문과에 응시가 불가능했지만 돈은 많았던 서얼들에게 인기가 좋았다. 선무군관이 되면 문과 시험에 응시할 수가 있었기 때문이다. 선무군관이라는 명예 관직을 주는 대가로 받은 포(옷감)를 선무군관포라고 한다.

둘째, 왕실에서 거두어 왕실 재정에 충당했던 어염선세(생선, 소금, 선박에 부가하던 세금)를 국가 재정으로 전환했다.

셋째, 토지 소유자에게 1결당 2두씩의 결작을 부과했다. 단 이때 평안도와 함경도의 토지는 제외했다.

『영조실록』에 실린 영조대왕 시책문에 따르면 "…정포(丁布)를 고루 줄이신 은혜로 말하면 천명(天命)을 받아 백성을 보전할 기회에 크게 부합되었거니와…"라고 기록하고 있다. 이때 정포(丁布)는 군포를 의미한다. 균역법은 당시 일시적으로 농민의 부담이 경감되는 효과가 있었으나 근본적인 해결이 되지 않았다.

마지막으로 공납에 대해 살펴보도록 하자.

공납이란 국가에서 필요한 특산물 등의 물품을 수취하는 제도를 말한다. 수취 계획인 공안을 작성해 각 고을에 통보하면 수령이 고을 주민들에게 징수한 후 그 고을에서 공납을 담당하는 향리를 한양에 보내 직접 납부했다.

예를 들어 국가에서 고등어 100마리가 필요하다고 계획한 후 그중 50마리는 부산에서 납부하고 10마리는 대전, 40마리는 통영에서 납부하라고 책정했다고 하자. 부산, 대전, 통영의 수령들은 고을 주민들에게서 고등어를 직접 거둬들인다. 그런데 대전은 바다가 없는 지역이라 도저히 고등어를 구할 방법이 없었다.

공납의 폐해는 이렇게 그 지역에서 생산되지

않는 공물을 납부하라고 강요하는 데에서 시작되었다. 생산되지도 않는 물품을 납부하라고 하면 무슨 수를 써서라도 납부를 해야 하는 공납 제도는 방납이라는 현상을 낳았다.

고등어를 구할 수 없는 대전 주민을 위해 고등어를 대신 구해서 국가에 납부해주는 것을 방납이라고 한다. 방납은 초기부터 폐단이 많았다. 방납인이 고등어 10마리를 2만원에 구해서 국가에 납부한 후 대전에는 고등어 값으로 10만원을 청구하는 일이 계속됐던 것이다. 그 피해는 고스란히 대전 백성들이 떠안을 수밖에 없었다. 이러한 방납의 폐단은 조광조, 이이, 조식 등과 같은 학자들에 의해 꾸준히 지적되기도 했다.
한편 지나치게 폭리를 취하는 방납인에게 방납을 맡기지 않으려고 하면 그 방납인은 부탁하지도 않았는데 미리 고등어 10마리를 국가에 갖다 바친 후 대전 고을에 10만원을 청구하는 행동까지 서슴지 않았다. 이러한 막무가내식 방납은 방납인과 공납을 담당하는 관리와의 결탁이 있었기 때문에 가능했던 일이었다.

방납의 폐단이 심해지자 자신이 살던 고을에서 도망치는 백성들이 늘어났다. 이렇게 방납의 폐단이 공납 제도의 근간을 흔들자 조광조와 이이는 공납을 현물(실제 물건)이 아닌 쌀로 걷자는 수미법을 주장하기도 했다.

방납의 폐단을 시정하기 위해서 발 벗고 나선 임금은 광해군이었다. 광해군은 호(戶)별로 부가했던 공납의 수취 대상을 토지로 바꿔 토지 1결당 8두의 쌀을 공납으로 납부하게 하는 대동법을 실시했다.

광해군은 대동법을 담당하는 관청으로 선혜청을 설치했다. 대동법은 경기도에서 시작해 전국으로 확대되었다. 전국으로 확대한 후에는 담당 관청의 명칭을 대동청으로 바꾸고 1결당 12두씩을 거두었다. 경기도에서 시작된 대동법이 전국으로 확대되는 데에는 100여 년이 걸렸다. 이는 대동법의 실시를 반대한 방납인과 그와 결탁한 관리들의 반대 때문이었다.

대동법의 실시는 조선에 여러 가지 긍정적인 변화를 불러왔다. 호(집)가 아닌 토지를 부과 대상으로 하면서 토지를 가진 자만이 공납을 내면 되었다. 즉 토지가 없는 농민들의 부담은 줄어들었다. 또한 쌀은 어느 지역에서나 쉽게 구할 수 있는 물품이어서 굳이 방납이 필요 없었다. 따라서 방납으로 인한 폐해도 줄어들었다.

대동법을 통해 전국에서 거둔 쌀로 각 관청에서 필요한 고등어도 사고, 돼지고기도 사고, 과일도 사야했다. 이렇게 거둔 쌀(대동미)로 각 관청에 필요한 물품을 사서 전문적으로 조달하는 사람을 공인이라고 불렀다.
공인은 각 관청에서 필요한 제품을 수공업자에게 대량으로 주문했다. 공인의 등장으로 수공업이 활기를 띠기 시작한 것이다. 또 물품을 구입할 때 지급한 화폐는 상품 화폐 경제를 발전시켰다.

또한 대동법이 시행되면서 공납은 쌀뿐만 아니라 포(옷감)나 돈으로도 대신 납부할 수 있었다. 이를 각각 대동미, 대동포, 대동전이라한다. 대동전으로 공납이 가능해지면서 조세금납화의 기틀이 마련됐다.

| 조선 후기 수취 제도의 변화 | | |
|---|---|---|
| 조세 | 영정법 | 전세를 1결당 4두로 고정 – 인조 |
| 역 | 균역법 | 농민이 부담할 군포를 2필에서 1필로 줄임 – 영조 |
| 공납 | 대동법 | 특산품 대신 1결당 8두의 쌀, 포, 돈을 납부 – 광해군 |

**47 기|출|응|용|문|제**

다음 (A)에 들어갈 내용으로 적절한 것은?

국왕은 그간 많은 폐단을 낳았던 양역의 개혁 방안을 발표했다. 군포의 부담을 2필에서 1필로 줄여주는 감필을 최종 선택한 것이다. 이렇게 되면 군포를 거두어 운영하던 각 군영의 재정이 절반으로 줄어들어 운영 자체가 어렵게 된다. 조정에서는 감필로 인한 군영의 손실을 보전하기 위해 (A)

① 육의전을 제외한 시전 상인의 금난전권을 폐지했다.
② 토지 1결당 2.2두의 삼수미세를 거두어 충당했다.
③ 포를 받고 선무군관이라는 관직을 부여했다.
④ 호조에서 재정을 통합하도록 했다.
⑤ 광산 채굴을 허용하고 세금을 받았다.

## ② 향촌 사회의 변화

조선 후기로 가면서 돈으로 양반 사족의 신분을 산 신향들이 원래 향촌 사회의 지도층이었던 구향들의 권위를 인정하지 않았다. 이로 인해 사족들의 총회라고 할 수 있는 향회에서는 구향과 신향의 전쟁인 향전이 발생하게 되었다.

향촌 자치 기구인 유향소가 기존에 갖고 있던 수령을 보좌하고 향리를 규찰하는 기능은 조선 후기로 갈수록 크게 약해졌다. 유향소의 권력 기구였던 향회는 수령을 보좌하는 역할에서 묻는 말에 대답 해주는 자문 기구로 격하됐다.

신향은 납속책을 통해 공명첩을 부여받고 양반으로 신분 상승의 꿈을 이룬 농민층을 말한다. 이들은 지방관인 수령과 결탁해 유향소 회원 명부라고 할 수 있는 향안에 이름을 올렸다. 향임직으로 진출하기도 했다.

### 🔥 향임과 향회

유향소의 회원 명부라고 할 수 있는 향안에 이름을 등록한 사족들이 스스로 선출한 대표를 향임이라고 한다. 이들 향임들이 모여서 권력 기구인 향회를 운영했다. 조선 후기로 갈수록 향임은 선출직이 아니라 수령이 임명하는 임명직으로 변해갔다.

구향은 이런 신향의 성장에 어떻게 대응했을까? 구향은 자신들이 뼈대 있는 집안 출신임을 강조하며 문중 의식을 강화했다. 문중에서 중하게 여기는 선조들에게 제사 지내는 사우를 건립하는 등 오히려 시대에 역행하는 행동을 보였다.

조선 후기로 갈수록 반촌에서는 군·현 단위의 향약보다 촌락 단위의 동계·동약이 강화되었다. 한편 사족이 아닌 농민들도 포함하는 상하합계 형태가 나타났다. 반촌의 동계와 민촌의 향도·계가 하나로 합쳐지는 사례도 있었다.

| 향촌 | 반촌 | 군·현 | 향약 |
|---|---|---|---|
| | | 촌락 | 동계, 동약 |
| | 민촌 | | 향도, 두레, 계 |

임진왜란과 병자호란 이후 조선 후기에는 기존의 사족들이 가지고 있던 향촌 사회에 대한 지배력이 무너졌다. 납속책을 통해 양반이 된 신향들이 기존 구향의 권위를 인정하지 않으면서 사림이 강조한 성리학적 향촌 질서는 무너져 갔다.

## ③ 영조와 정조

조선 후기 왕들 가운데 가장 출제 빈도가 높은 영조와 정조에 대해 알아보자.
영조와 정조의 업적을 각각 파악하고, 영조와 정조를 비교하는 문제에도 대비하자.

붕당 간의 당쟁이 극심해지는 분위기 속에서 영조는 즉위한지 얼마 되지 않아 탕평 교서를 발표했다. '무리를 짓지 않는 것이 곧 군자의 마음'이라는 내용이 적힌 탕평비(비석)를 성균관 입구에 세웠다.

**영조의 탕평 교서**
붕당의 폐단이 요즘보다 심한 적이 없었다… 인물을 임용하는 것은 모두 같은 붕당의 인물들만이니 이렇게 하고도 천리의 공에 부합하고 온 세상의 마음을 복종시킬 수 있겠는가.
…귀양간 인물들은 그 경중을 참작해 풀어주고 관리의 임용을 담당하는 관서에서는 탕평(蕩平)하게 거두어 쓰도록 하라.

한편 영조 집권 초기인 1728년에 소론과 일부 남인 세력은 경종이 갑작스럽게 죽은 의혹을 밝혀 달라며 중소 상인 세력들까지 규합해 청주성을 점령했다. 이를 이인좌의 난이라 한다. 이인좌의 난은 영조가 탕평책을 실시하는 명분을 제공해 주었다.

영조는 온화한 인물들로 탕평파를 육성했다. 영조의 이런 탕평책을 정조의 준론 탕평과 비교해 완론 탕평이라고 부른다.

경사가 완만한 산이 있고, 험준한 산이 있다. 완만하다는 단어에서 완론을 따오고, 험준하다는 단어에서 준론을 따오면 완론과 준론이 입체적으로 이해될 것이다.

### 🔴 조선 후기 반란 정리

| 이몽학의 난 | 1596 (왜란 중) | • 충청도에서 왜란으로 궁핍해진 농민을 선동 |
|---|---|---|
| 이괄의 난 | 인조 | • 인조반정 후 논공행상에 불만<br>• 평안도로 좌천되었던 이괄의 반란군이 한양을 점령<br>• 인조는 공주의 공산성으로 피신<br>• 허술해진 평안도 – 정묘호란 (1627)의 계기<br>• 이괄의 난을 계기로 어영청 설립 |
| 이인좌의 난 | 영조 집권 초 | • 경종 죽음의 원인에 대한 의혹과 영조 즉위에 불만<br>• 소론과 일부 남인이 주동<br>• 영조가 탕평책을 추진하는 명분을 제공 |

아울러 영조는 관직에서 물러난 후 재야에서 공론(당론)을 조성하는 존재였던 산림의 존재를 부정하는 한편 이들의 근거가 되었던 서원을 정리했다.

영조는 붕당으로 갈라지게 된 원인이 이조 전랑이라는 관직 때문이라고 생각했다. 이조 전랑은 삼사의 관리를 선발하고, 후임을 추천할 수 있어 인사권을 장악할 수 있는 요직이었다. 이에 영조는 이조 전랑이 후임자를 추천하는 관행을 없애버렸다.

이것만은 꼭!

> ⭐
> 영조가 이조 전랑의 후임 추천 관행을 없애려 노력했지만 이조 전랑의 특권이 완전히 폐지된 것은 정조 때였다.

탕평책을 통해 정국을 안정시킨 후에 영조는 속대전이라는 법전을 편찬했다. 한편 청계천 준설(하천 바닥의 흙을 파 물길을 정비하는 작업)을 실시했으며 군역 제도를 정비할 목적으로 양역사정청을 설치하고 양인의 호구를 조사한 후 균역법을 실시했다.

또한 노비 소유권을 놓고 다툼이 많아지자 영조는 노비 소유권은 어머니 쪽을 따른다는 '노비종모법'을 실시했다. 한편 수도 방어 체제를 개편하기 위한 수성윤음을 반포하는 등의 업적을 남겼다.

영조 때에 간행된 주요 간행물을 모아보면 다음과 같다.

| 동국문헌비고 | 동국(조선)의 각종 제도와 문물을 모아 놓은 일종의 백과사전 |
|---|---|
| 여지도서 | 같은 규격으로 각 읍의 지리지를 작성해 전국적으로 모은 지리지 성종 때 노사신 등 훈구파가 만든 관찬 지리지였던 『동국여지승람』이 너무 오래 되어서 새로운 정보로 쇄신 |
| 동국여지도 | 신경준이 감수 |
| 동국지도 | 정상기가 그린 최초로 축척이 표시된 지도 |

다음으로 정조에 대해 살펴보자.

정조 역시 탕평책을 실시했다. 정조는 잠을 자는 침전 입구에 '탕탕평평실'이라고 적힌 편액을 내걸었다. 또한 각 붕당의 옳고 그름을 토론을 통해 명백하게 가려냈다. 그래서 정조의 탕평을 준론 탕평이라고 부른다. "하나의 달이 모든 강물에 비치니 달은 태극이며 그 태극은 바로 나다"라는 정조의 말에서 정조의 탕평에 대한 생각을 엿볼 수 있다.

정조는 아버지 사도세자를 정쟁으로 잃은 아픔을 거울 삼아 자신을 온전히 지지해줄 수 있는 세력을 만들기 위해 애썼다. 정조는 자신의 새로운 근거지로 수원 화성을 건축했으며, 그 건축 비용은 대유둔전이라는 국영 농장을 만들어 조달했다. 화성을 건축하는 과정을 그림으로 남긴 책을 『화성성역의궤』라고 한다.

한편 정조는 친위부대인 장용영을 만들어 병권을 장악하고, 규장각을 설치해 기존 정치에 물들지 않은 신진 인사를 대거 등용해 자신의 세력으로 삼았다. 이때 서얼 출신 유득공, 박제가, 이덕무 등이 규장각 검서관으로 등용되었다. 아울러 젊은 문신들을 재교육해 자신의 사람으로 만드는 초계 문신제도 이러한 맥락에서 파악할 수 있다.

정조는 종로 일대 시전 상인이 노론 세력의 재정 기반이라는 점을 파악하고 시전 상인에 대한 압박을 가했다. 조정이 시전 상인들로부터 물품을 조달받으면서 시전 상인들에게 부여한 독점 판매권인 금난전권(난전을 금하는 권리)이 시전 상인을 활개치게 하는 원인이라 생각했다. 그래서 정조는 육의전 이외의 금난전권을 폐지했다. 신해통공(1791)이라 불리는 이 사건으로 난전에서 자유로운 상업이 가능해졌다. 금난전권이 폐지되면서 관허(官許: 관청 관, 허락할 허) 상인인 시전 상인의 힘은 약해지고, 사상(私商)이 성장하게 되었다.

정조는 대전통편이라는 법전을 마련했다. 한편 할아버지 영조가 청계천을 준설한 것처럼 정조는 수리 시설(논에 물을 대는 시설)정비에 힘을 쏟아 만석거와 만년제라는 저수지를 조성했다.

정조 때 편찬된 간행물로는 『동문휘고』라는 외교 문서집과 영조 때 편찬한 『동국문헌비고』를 업그레이드한 증보판인 『증보동국문헌비고』가 있다. 그리고 청나라로부터 백과사전인 『고금도서집성』을 들여오기도 했다.

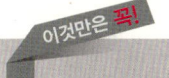 

정조가 실학자 박지원이 쓴 『열하일기』의 문체가 마음에 들지 않는다며 예전의 고문체로 되돌릴 것을 명령한 일이 있다. 이를 문체반정이라 부른다.

---

## 48 기｜출｜응｜용｜문｜제

다음 조치를 내린 왕이 시행한 정책으로 옳은 것은?

시전 상인들의 폐단을 막기 위해 육의전을 제외한 시전의 금난전권을 철폐했다.

① 경국대전을 편찬해 통치 체제를 정비했다.
② 산림의 존재를 부정하고 서원을 대폭 정리했다.
③ 시시비비를 가리는 적극적인 준론 탕평을 펼쳤다.
④ 공노비를 해방시켰다.
⑤ 청계천 준설을 실시했다.

### ④ 조선 후기의 사상

조선 후기의 사상이라면 양명학이나 실학을 먼저 떠올리지만 집권층은 여전히 성리학을 신봉하고 있었다. 권력의 최고 정점에 있던 노론 내부에서는 18세기 중엽 인물성(인간과 사물의 성질)에 관한 호락 논쟁이 발생했다.

| 조선 후기 호락 논쟁 | |
|---|---|
| 18세기 중엽 노론 내부에서<br>호락 논쟁 발생 | |
| 호론 | 낙론 |
| 한원진 등 | 이간 등 |
| • 인물성이론<br>• 충청<br>• 화이 사상<br>• 쇄국 사상<br>• 위정 척사 사상 | • 인물성동론<br>• 경기<br>• 자연 과학 사상<br>• 개화 사상<br>• 북학 사상 |

🔥 호락 논쟁은 노론 내부의 논쟁이지 노론과 소론 간의 논쟁이 아니었다.

인간과 사물은 다른 성질을 띠고 있다는 생각은 다를 이(異)라는 글자를 써서 인물성이론이라 부른다. 반면 인간과 사물의 성질은 같다는 생각은 같을 동(同)이라는 글자를 써서 인물성동론이라고 부른다. 여기에서 사물은 식물이나 동물도 다 포함하는 개념이다.

인물성동론은 인간과 동·식물 중에서 무엇이 더 귀하고 천한지 가치를 배제한다. 따라서 인물성동론은 자연 과학 사상을 수용할

수 있는 토대가 되었고 북학파의 사상, 개화 사상 등으로 이어졌다.

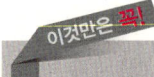

이것만은 꼭!  ★★

인물성동론을 기준으로 삼아 인물성동론이 자연 과학과 개화 사상으로 이어졌다는 흐름만 확실하게 정리해 놓자. 그와 반대되는 움직임은 인물성이론으로 자연스럽게 연결시킬 수 있기 때문이다. 인물성동론 – 인간과 사물의 본성은 같다 – 자연 과학 – 개화 사상 – 북학 사상

🔥 외암 민속 마을

흔히 민속 마을이라고 하면 용인 민속촌을 떠올릴 텐데 충청남도 아산시에도 외암 민속 마을이 존재한다. 외암은 인물성동론의 대표적 학자 이간의 호이다.

다음으로 양명학에 대해 살펴보자.

명나라에서는 사색을 통해 깨달음을 추구하는 학문이 새롭게 유행했다. '마음이 곧 진리'라는 심즉리(心卽理) 이론을 주장한 양명 왕 수인이란 인물에 의해 발전했기 때문에 이를 양명학이라 부른다. 양명학에서는 아는 것을 실천하는 지행합일의 실천성을 중시했다.

양명학은 양지(良知: 좋을 량, 알 지)를 강조하고 그 양지에 이르기 위해서 실천해야 한다고 가르쳤다.

우리나라에서 양명학 사상을 확립하고 발전시킨 사람은 정제두였다. 그가 훗날 집을 강화도로 옮기면서 강화학파라는 학맥을 형성하게 된다.

서인들이 노론과 소론으로 나눠지고 소론 계열은 이인좌의 난을 계기로 정권에서 배제되었다. 이때 배제된 소론을 중심으로 양명학이 연구되었다. 다른 사상을 수용하는 자세를 보였던 양명학은 노장사상과 불교에 대한 연구를 하기도 했고, 박은식, 이상설 등의 국학자들에게도 영향을 미쳤다.

한편 퇴계 이황은 『전습록변』을 지어 양명학을 비판했다.

 『전습록』은 양명 왕수인의 말을 모은 책이다. 성리학에 입각하여 양명학을 비판한 책이 『전습록변』이다. 두 책을 구분하도록 하자.

마지막으로 실학에 대해 살펴보자. 실학은 실사구시(실제 사실 속에서 옳음을 구함)의 이념으로 나라를 부강하게 하고 백성들의 삶을 윤택하게 하는 학문을 말한다.

**이것만은 꼭!**

한 가지 오해하지 말아야 할 것이 있다. 실학도 어디까지나 유학의 한 범주라는 점이다. 조선 사회를 관통한 성리학도 유학의 한 범주에 지나지 않듯 실학 역시 유학의 한 범주였다. 실학은 결코 반유교적인 학문이 아니었다.

조선 후기의 실학은 크게 두 가지로 나누어 볼 수 있다. 하나는 상업을 중시하고 이용후생을 중시한 중상학파이고, 다른 하나는 나라가 부강해지는 길은 농업에 있다고 생각한 중농학파이다. 중상학파는 노론 계열의 인물들이 청나라에서 선진 문물과 과학 기술을 배워왔다고 해서 북학파라고도 부른다. 반면 중농학파는 주로 남인 계열의 인물들이었다.

먼저 이용후생을 강조한 중상학파(북학파) 인물들에 대해 알아보자.

| | |
|---|---|
| **박지원** | • 청 황제의 별장이 있던 중국 열하를 둘러보고 쓴 기행문 『열하일기』를 통해 청과 서양의 과학 문물을 받아들여야 한다고 주장했다. <br> • 홍대용, 유덕무 등 그를 따르는 인물들을 북학파라고 불렀다. <br> • 상업과 화폐 유통을 강조했고, 수레와 선박을 이용하자고 말했다. <br> • 『허생전』, 『양반전』, 『호질』 등의 한문 소설을 남겼다. <br> ※ 한글 소설이 아니라 한문 소설임에 주의! <br> • 농업 기술에 관심을 가져 『과농소초』와 같은 농서를 남겼다. <br> 『한민명전의』에서는 토지 개혁을 주장하기도 했다. |
| **홍대용** | • 기술 문화를 장려하고 조선·중국·서양의 수학을 정리한 인물이다. <br> • 그는 우주에 관심을 가졌다. 실옹과 허자라는 인물이 서로 묻고 답하는 문답 형식으로 서술한 『의산문답』이란 책에서 지구가 우주의 중심이 아니라는 무한우주론을 이야기했다. 이는 중국이 세계의 중심이라는 화이사상을 비판한 것이다. <br> → 지구가 우주의 중심이 아니듯 이 세상은 바라보는 관점에 따라 중심과 주변부가 바뀔 수 있다. 중국만이 중심이란 생각은 틀렸다. <br> • 김석문의 영향을 받아 지구가 자전한다는 지전설을 주장했다. |

| | |
|---|---|
| **홍대용** | ※ 홍대용이 지전설의 최초 주장자는 아님에 주의!<br><br>• 『임하경륜』이란 책에서 성인 남성에게 각각 2결의 토지를 나누어 주자는 병농일치적 균전제를 주장했다.<br><br>• 『담헌집』 – 자신의 글을 모은 문학책 |
| **유수원** | • 『우서』 – 묻고 답하는 형식으로 사회 개혁 방안을 기술하고 있다.<br><br>• 사농공상의 직업적 평등과 제도 개혁 필요성을 강조<br><br>• 나주괘서 사건에 얽혀 역모죄로 처형당했다.<br><br> **나주괘서 사건**<br>이인좌의 난 때 유배를 떠난 소론 출신 윤지가 나주에서 왕실과 노론을 비방하는 글을 써 처형된 사건 |
| **박제가** | • 서얼 출신으로 규장각 검서관으로 임용되었다.<br><br>• 무역선을 파견해 청나라 등과의 국제 무역에 참여해야 한다고 주장했다.<br><br>• 절약보다는 소비를 강조 – 재물은 샘과 같아서 퍼내어도 마르지 않는다.<br><br>• 『북학의』 – 유덕무와 함께 청나라에 다녀온 내용을 적은 책 |

북학파의 사상은 박규수, 오경석, 유홍기 등 통상개화론자들에게 영향을 주었다.
후에 개화론자는 온건 개화파와 급진 개화파로 나누어진다.

다음으로 경세치용을 주장한 중농학파 실학자들에 대해 알아보자. 경세치용이란 말은 '쓰임새 있게 세상을 경영한다'라는 뜻이다. 이들 중농학파 실학자들은 지주·전호제가 보편화되면서 소작농이 많아지는 현실을 보며 자영농(토지를 가지고 스스로 농사를 짓는 농민)을 육성하려 했다. 중농학파 실학자들은 농촌 문제를 해결하기 위해서는 지주층보다는 농민층을 중심으로 해법을 찾아야 한다고 생각했다.

| | |
|---|---|
| **유형원** | • 『반계수록』에서 사회 개혁안들을 주장<br><br>• 사농공상의 신분에 따른 토지의 균등한 분배 (균전제)<br><br>※ 유형원은 사농공상을 차별하는 것이고, 유수원은 차별하지 않는 것이다!<br><br>유형원은 신분 차별을 전제로 해서 각각의 신분들끼리는 균등하게 토지를 분배하자는 균전제를 주장했다. 예를 들어 양반에게는 12경씩 균등하게, 농민에게는 1경씩 균등하게, 수공업자에게는 1/2경씩 균등하게 나눠주었다. 즉, 신분 차별을 전제로 같은 신분 내에서는 균등하게 지급할 것을 주장했다.<br><br>• 병농일치(병사+농민)의 군사조직 – 부병제<br><br>• 과거제의 모순을 지적했다.<br><br>• 수확량과 토지 면적을 연관시켜 이해하는 결부제의 폐지를 주장했다.<br><br>• 『동국여지지』를 편찬 – 전국 단위의 지리지 |
| **이익** | • 『성호사설』 – 5개 파트로 나누어 중국과 조선의 문화를 설명한 백과사전<br><br>• 매 호(戶)마다 생존에 꼭 필요한 토지를 영업전으로 정해 매매를 금지하고 나머지 토지만 매매를 허용하자. (한전제)<br><br>• 6좀론(나라를 좀 먹는 6가지)<br> – 노비제, 과거제, 승려, 게으름, 기교(미신과 사치), 양반 문벌 제도<br><br>• 고리대업 비판<br><br>• 박지원과는 다르게 화폐의 폐단을 비판했다. |

| 이 익 | • 『곽우록』 – 국가의 당면 과제에 대한 해결책을 제시 |
| | |

<table>
<tr><td rowspan="6">이 익</td></tr>
</table>

| 이 익 | • 『곽우록』 – 국가의 당면 과제에 대한 해결책을 제시 <br><br> "당쟁은 선비들의 밥그릇 싸움 때문이니 3년마다 실시했던 과거시험을 5년마다 실시해 합격자의 숫자를 줄여나가자"고 주장했다. <br><br> • 역사를 움직이는 힘을 시세(時勢: 때와 형세) → 행·불행→ 시비(옳고 그름)의 순서로 파악했다. 이는 도덕 중심의 사관을 비판하는 것이다. |
| --- | --- |
| 정약용 | • 『전론』이란 책에서 주장한 토지 개혁안: 여전제 <br> → 30호를 1여로 묶어서 여장이 통솔한다. 공동 생산해서 수확한 곡식은 농사일에 기여한 만큼 '노동력에 따라' 분배한다. <br><br> • 천주교 탄압인 신유박해 때 강진으로 유배를 가서 지은 『경세유표』에서 주장한 토지 개혁안 : 정전제 <br><br> 〈 원래 주나라의 정전제 〉 <br> 정(井 : 우물 정) 전(田 : 밭 전) <br> ⇒ 토지를 우물 정(井) 모양으로 나눔 <br><br> 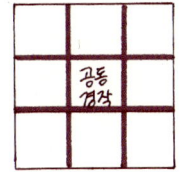 <br><br> ⇒ 가운데는 공동경작하여 조세를 내고 나머지는 개인 소유 <br><br> 〈 정약용의 정전제 〉 <br> 조선의 지형적 특성을 고려 <br> (땅이 좁고 산이 많다) <br><br> 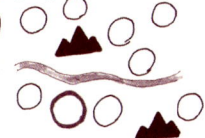 <br><br> ◯ : 사전(私(사)⇒ private ) 8개 <br> ◯ : 공전(公(공)⇒ public ) 1개 |

| 정약용 | 아방강역고 | 역사지리서 |
| --- | --- | --- |
| | 마과회통 | 종두법(천연두라는 질병을 없애는 예방법)을 최초로 소개한 의학 서적. 이후 지석영에 의해 종두법 실시 |
| | 탕론 | 역성혁명(성을 바꾸어 나라를 건국하는 것)을 정당화 |
| | 여유당전서 | 정약용의 저술을 정리한 책. 담배와 채소 등 특화 작물 재배 언급 |
| | 기예론 | 중국의 기예(기술, 문화) 수용 주장 |

**49** 기│출│응│용│문│제

다음 주장을 한 인물에 대한 설명으로 옳지 않은 것은?

한 농가의 기본적인 토지 규모를 정하여 그 규모의 토지는 매매를 일절 금지하고, 그 규모 이상의 토지만 매매하도록 허가하면 각 농가의 토지 규모가 균등하게 될 것이다.

① 나라를 좀 먹는 6가지를 제시했다.
② 고리대를 비판했다.
③ 절약보다는 소비를 강조했다.
④ 후학을 양성해 학파를 형성했다.
⑤ 조선과 중국의 문화를 설명한 백과사전을 남겼다.

## ⑤ 상업의 성장

원래 조선의 전통적인 상인은 관청의 허가를 받은 관허 상인을 뜻하는 것이었다. 독점적인 판매권을 부여받는 대가로 관청에 필요한 물품을 조달했던 시전 상인, 그리고 대동법 실시 이후 등장한 공인, 그리고 보따리 장수와 등짐 장수를 뜻하는 보부상이 관허 상인에 속했다.

| 관허 상인 | 시전 상인 | 독점적 판매권을 부여 받는 대가로 관청에 물품 조달 |
|---|---|---|
| | 공인 | 대동법 실시 이후 등장 |
| | 보부상 | 보상(보따리 장수) + 부상(지게에 등짐을 멘 장수)<br>결속력이 강해서 각자의 조합을 운영하다가 둘이 합쳐 혜상공국이라는 보부상 조합을 조직했다. |

관허 상인이 아닌 난전, 경강 상인, 만상, 송상, 내상, 유상 등을 사상(私商: 사사로울 사, 상인 상)이라고 불렀다. 이들 사상은 금난전권(4대문 안에서는 난전을 금한다)이 실시될 때에는 4대문 밖에서 명맥만 유지했다. 하지만 정조의 신해통공으로 금난전권이 폐지되자 4대문 안에서 시전 상인과 경쟁하며 성장했다.

| 사상의 종류 | |
|---|---|
| 난전 | 이현(동대문 밖), 칠패(남대문 밖), 송파 등 4대문 밖에서 활동한 사상 |
| 경강 상인 | 한강 일대에서 배를 이용해 물건을 실어 나르는 운송업에 종사하다가 시간이 지나자 배를 만드는 조선업에도 관여했다.<br>경강은 동쪽의 광진부터 서쪽 양화진에 이르는 한강 유역을 말한다.<br>광진은 워커힐 호텔이 있는 광장동 일대이고, 양화진은 양화대교 일대이다. |

| 만상 | 의주(북한 압록강 하구에 있는 신의주)에서 청나라와 무역 |
|---|---|
| 송상 | 개경에서 인삼을 거래하고 청과 일본 사이에서 중계 무역 |
| 내상 | 부산 동래에서 일본과 무역 |
| 유상 | 평양 |

17세기 이후 독점을 통한 거대 상인의 성장은 상인층의 분화를 가져왔다. 상인층의 분화는 규모가 큰 상인인 거상과 규모가 작은 상인으로 나누어졌다는 뜻이다. 하지만 보부상만큼은 도고로 성장하지 못했다.

도고는 원래 공납으로 납부할 물품을 보관하던 창고를 뜻했다. 이후에 도고는 독점 판매업을 하는 상인이나 독점 행위 자체를 뜻하기도 했다. 도고는 조선에도 근대 자본주의가 성장하고 있었음을 보여주는 '근대 자본주의의 맹아(싹, 시초)'로 평가받는다.

상인들이 성장하면서 상인들의 활동 무대였던 장시(시장)도 발달했다. 15세기 말 전라도에서 발생한 장시는 16세기 전국으로 확대되었고, 18세기에는 1,000여 개에 이를 정도로 성장했다.

| 15세기 | 전라도에서 발생 |
|---|---|
| 16세기 | 전국으로 확대 |
| 18세기 | 전국에 1,000여 개 |

보부상들은 물건을 사고 팔 때 상평통보를 사용했다. 상평통보는 흔히 엽전이라 불린다. 인조 때 만들어진 동전으로 교환 수단이 되기도 했고 재산 축적의 수단이 되기도 했다.

상평통보는 숙종 때 법적 화폐인 법화로 지정되었다. 처음에는 쌀과 포(옷감)를 거래 수단으로 이용하던 사람들도 점점 화폐를 이용하기 시작했다. 화폐 유통은 점점 활성화되었고 조선 후기에는 전황(錢荒:돈 전, 가뭄 황)에도 불구하고 소작료를 화폐로 지불하는 현상이 발생하기도 했다.

< 상평통보 >

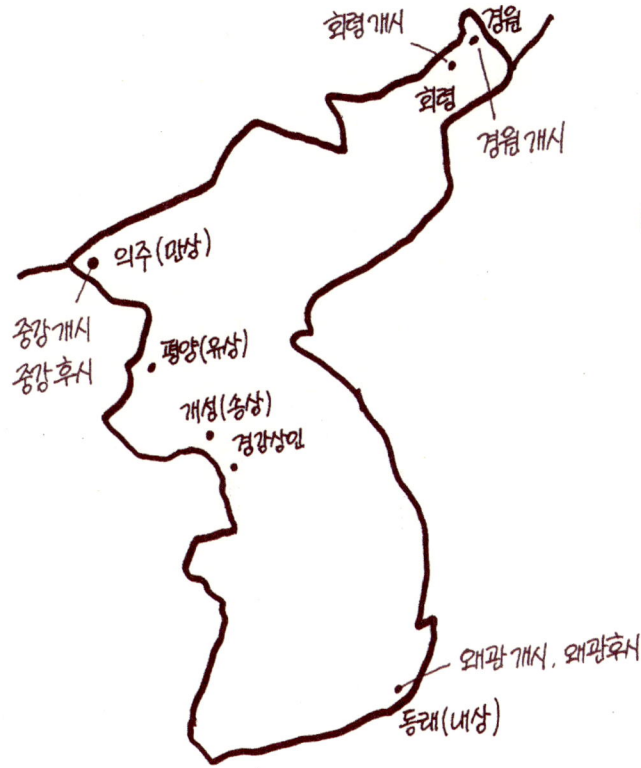

* 개시 : 나라에서 허가 받은 국경무역
  開 (열다 open 개 )

* 후시 : 밀무역
  後 (뒤 후 )▶뒷구멍 무역

## 50 기│출│응│용│문│제

다음 (가)~(라) 지역을 기반으로 활동한 상인에 대한 설명으로 옳지 않은 것은?

(가) : 종로 일대
(나) : 숭례문 외곽의 칠패
(다) : 마포 나루
(라) : 동대문 외곽의 이현

① (가)지역 상인이 가졌던 금난전권의 특권은 정조 때 폐지되었다.
② (가)지역 상인은 (라)지역 상인에게 금난전권을 행사했다.
③ (나)지역 상인은 청과 일본 사이에서 중계 무역으로 이익을 얻었다.
④ (다)지역 상인은 운송업과 조선업 등에 종사했다.
⑤ (나)지역 상인은 18세기 이후 상품 화폐 경제와 함께 발전했다.

## ⑥ 광업과 수공업

조선 후기 개인적인 채굴을 허용하고 이에 세금을 부과하는 설점수세 제도가 실시되면서 광산 개발이 촉진됐다. 더구나 청나라에서 화폐의 기준으로 지정은제를 실시하면서 은이 많이 필요해지자 은광 개발은 더욱 활발해졌다.

자본은 있는데 땅속으로 들어가 광물을 캐낼 능력이 없는 자본가가 물주가 되었다. 물주는 덕대에게 광산 경영을 맡기고 덕대는 채굴을 전문으로 하는 혈주에게 일을 맡기는 방식으로 광산이 운영되었다.

| 물주 | 상업 자본가 |
|------|------------|
| 덕대 | 광산 경영 |
| 혈주 | 채굴 전문가 |

**51** 기|출|응|용|문|제

다음 광고가 게시된 시기에 대한 설명으로 옳은 것은?

> **인력 모집**
> 근무처 : 함경도 OO 광산
>
> 덕대 OOO 알림

A. 이 시기 대표적 농서는 『농상집요』이다.
B. 광작의 성행은 농민층의 분화를 가져왔다.
C. 2년 3작의 윤작이 보급되기 시작했다.
D. 이앙법이 전국적으로 확대되었다.

① A, B  ② A, C  ③ B, C  ④ B, D  ⑤ C, D

## ⑦ 농업

★★★

조선 후기에 마침내 이앙법이 전국적으로 보급되면서 넓은 면적의 토지를 경작하는 광작이 가능해졌다. 광작은 농민들 사이에도 빈익빈 부익부 현상을 발생시켜 농민층의 분화를 가져왔다. 가난한 농민들은 농촌을 떠나 임노동자가 되었다.

🔥 임노동자는 임금을 받고 일하는 노동자라는 뜻이다.

이앙법을 하려면 모내기를 할 시기에 논에 물을 가득 채워야 했다. 따라서 가뭄이 들면 1년 농사를 완전히 망칠 수도 있다는 단점이 있었다. 그래서 국가에서는 이앙법을 금지했다. 하지만 힘은 적게 들고 수확은 많이 할 수 있는 장점 때문에 이앙법이 전국으로 확산되는 것을 막을 수 없었다. 이앙법이 대세가 되었음을 인정한 정부는 모내기철에 물이 모자라 농사를 망치는 일이 없도록 하기 위해 저수지를 설치하고 관리했다.
현종은 저수지와 수리 시설(논에 물을 대는 시설)을 관리하는 관청인 제언사를 설치했고, 정조는 저수지 물을 한 사람이 독점적으로 사용하지 못하도록 저수지를 관리하는 법인 제언절목을 반포했다.

농업 기술이 발달한 조선 후기에는 쌀의 생산량이 증가하면서 소비하고 남은 쌀을 시장에 내다 팔기도 했다. 쌀의 상품화로 인해 농민들이 밭을 논으로 바꿔 벼농사를 짓는 현상이 벌어지기도 했다.

| 밭 | 전(田) | 감자, 고구마, 옥수수 등 |
|---|---|---|
| 논 | 답(畓) | 쌀(벼), 보리 |

조선 후기에는 기존 우리나라에서는 생산되지 않던 외래 작물이 들어왔다. 바로 고추, 고구마, 감자이다. 고추는 임진왜란 때 일본에서 들어왔고, 고구마는 18세기 일본에서 그리고 감자는 19세기에 청나라에서 들어왔다.

🦃 견해 대립이 존재하지만 수험용으로는 이렇게 정리하면 충분하다.

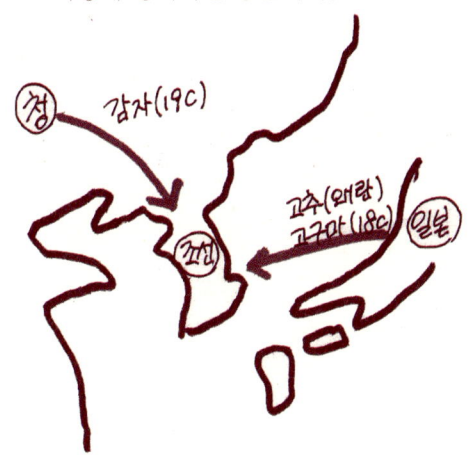

한편 조선 후기에는 견종법이라는 농법이 보급되었다.

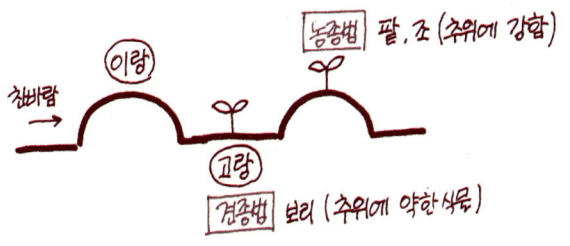

견종법은 움푹 패인 고랑에 씨앗을 뿌리는 방식이다. 견종법은 찬바람을 막아줄 수 있어 추위에 약한 보리 같은 작물의 재배에 적합했다.

🦃 간혹 볼록하게 올라와 있는 부분을 두둑이라 부르고 고랑과 두둑을 합친 것을 이랑이라고 설명하는 분들도 있다. 필자는 국사편찬위원회 신편한국사 33권에서 설명한 방식을 따랐다.

 **52** 기|출|응|용|문|제

다음 시기 농촌 상황으로 옳지 않은 것은?

일정 비율로 걷던 소작료를 일정액으로 내기 시작했다.

① 가난한 농민들은 농촌을 떠나 임노동자가 되었다.
② 세금 등을 동전으로 내는 사람이 많아 전황이 일어났다.
③ 이앙법이 전국적으로 확대되었다.
④ 보리, 콩 등을 2년에 3번씩 돌려짓기 시작했다.
⑤ 채소, 담배, 약초 등이 상품 작물로 재배되었다.

## ⑧ 세도정치와 농민 봉기

| 순조 | 헌종 | 철종 |
|---|---|---|
| 안동 김씨(김조순) | 풍양 조씨(조만영) | 안동 김씨(김좌근) |
| 1800 ~ 1834 | 1834 ~ 1849 | 1849 ~ 1863 |
| 홍경래의 난 | | 임술민란 |

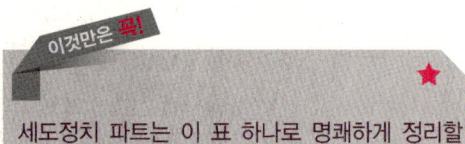

세도정치 파트는 이 표 하나로 명쾌하게 정리할 수 있다. 필자뿐만이 아니라 많이 사용하는 표이다. 설명을 참고해 꼭 정리해두길 바란다.

정조의 뒤를 이은 순조는 정확하게 1800년에 즉위했다. 정조가 비록 탕평책을 실시하였다고는 하지만 실질적으로 아버지 사도세자의 죽음을 동정하는 노론 시파가 득세할 수밖에 없었다. 하지만 순조가 즉위함과 동시에 어린 순조를 대신해 정순왕후가 수렴청정을 시작하면서 노론 벽파가 짧게나마 정권을 잡을 수 있었다.

| 정조 | 순조 |
|---|---|
| 노론 시파 | 노론 벽파(정순왕후) |
| 사도세자의 죽음을 동정 | 사도세자를 배척 |

노론 벽파는 집권 후 얼마 지나지 않아 정조의 세력 기반이었던 장용영을 혁파했다. 노론 벽파는 천주교 탄압을 명목으로 노론 시파와 남인 세력을 탄압했으며(1801: 신유박해), 공노비 제도를 폐지했다.(1801)

공노비와 달리 사노비는 갑오개혁 때 비로소 폐지됐다.

노론 벽파의 집권이 끝난 후 순조의 장인인 김조순이 집권을 하게 되면서 본격적인 세도정치가 시작됐다. 왕이 아닌 특정 외척에게 모든 권력이 집중되고 그를 따르는 몇몇 소수에 의해 지배되는 정치 체제를 세도정치라고 한다. 세도정치 시기에는 소수의 가문에 권력이 집중되어 나는 새도 떨어뜨릴 정도로 강한 권세를 누렸다.

세도정치 시기의 최고 권력 기구는 비변사였다. 비변사는 공조판서를 제외한 주요 관직자가 참여하는 합좌 기구였다. 삼포 왜란 때 임시 기구로 설치해 을묘왜란 때 상설 기구로 만들어진 비변사는 임진왜란을 계기로 본격적으로 정치에 간섭하기 시작했다. 그로 인해 의정부와 6조는 유명무실한 기구가 되었다. 비변사는 19세기 세도정치의 중심이었다가 흥선대원군에 의해 폐지되었다.

| 비변사 | 삼포 왜란 | 임시 기구로 설치 |
|---|---|---|
| | 을묘왜란 | 상설 기구 |
| | 임진왜란 | 본격적 내정 간섭 |
| | 흥선대원군 | 폐지 |

세도정치의 폐단으로 '삼정의 문란'을 꼽을 수 있다. 삼정이란 전정, 군정, 환정을 합친 말이다. 전정은 토지 정책, 군정은 군역 정

책, 환정은 환곡(먹을 것이 부족한 봄에 곡식을 빌려주고 가을에 돌려받는 일)을 뜻한다. 세도정치 시기의 부정부패로 인해 삼정이 문란해져 크고 작은 민란(=농민 봉기)이 일어났다. 말단 관직이라도 받고 싶었던 인물들이 앞다투어 세도가에게 뇌물을 상납하고, 그렇게 벼슬 자리를 얻은 후에는 상납한 것 이상으로 백성들에게서 수탈하는 악순환이 계속되었다.

| 전정의 문란 | 백지징세 | 실제로 소유하지도 않은 토지에 세금을 부과 |
|---|---|---|
| 군정의 문란 | 황구첨정 | 어린 아이(황구)에게 군역을 부담할 것을 서약 받음 |
| | 백골징포 | 죽어서 백골이 된 인물에게 포를 거둠 |
| 환정의 문란 | | 원치 않는 자에게 억지로 곡식을 빌려주고 높은 이자를 받음 |

순조가 왕으로 있던 1811년에는 평안도 지역에서 홍경래의 난이 일어났다. 홍경래는 가산(嘉山)의 토적이라 불리기도 했다. 몰락한 양반이었던 홍경래는 평안도(=서북면=서토=西土)에 대한 극심한 차별과 수령의 지나친 수탈에 불만을 품고 난을 일으켰다.
평안도 지역은 광업이 발달하고 중강개시, 중강후시를 통해 무역도 발달한 지역이었다. 국가에서 자유로운 경제 활동을 간섭했기 때문에 난이 일어났을 때 신흥 상공업 세력과 광산 노동자들이 대거 참여했다. 홍경래 세력은 청천강 이북 지역을 점령하기도 했다.

철종이 병사하기 직전인 1862년에는 몰락 양반 유계춘이 진주에서 일으킨 민란이 전국으로 퍼져나갔다. 이를 계기로 한 해 동안 70여 건이 넘는 민란이 발생했다. 이를 임술민란(1862)이라 한다.

세도정치 시기에는 중앙 정치에 참여하는 계층이 극소수 가문으로 벌열화되었다. 서울 사림과 지방 사림간의 연계가 단절되면서 전통적인 사림의 공론 형성은 불가능해졌고 붕당 정치는 사실상 막을 내렸다고 볼 수 있다.

 **기|출|응|용|문|제**

다음 (A) 기구에 대한 설명으로 옳지 않은 것은?

대신들이 아뢰기를 "(A)가 설치된 이후 의정부가 한가한 관청이 되어버려 식견있는 사람들이 항상 개탄했습니다....(중략)...(A)가 창설된 지도 이미 300년이나 되었으니 국왕에게 아뢰거나 관리 후보자를 추천하는 등의 일은 두 관청에 적당히 나누어 담당시켜 마치 송나라 때에 중서성과 추밀원에서 하던 것과 마찬가지로 해야 할 것입니다"고 하였다.

① 삼포 왜란을 진압하기 위한 임시 기구로서 설치되었다.
② 을묘왜변 이후 상설 기구화 되었다.
③ 세도정권 시기에 핵심 권력 기구였다.
④ 흥선대원군에 의해 폐지되었다.
⑤ 왕명의 출납과 군사 기밀을 담당했다.

# 5 근대

**1 개항**
① 개항 과정
② 흥선대원군의 쇄국정책
③ 개화 사상과 위정척사 운동
④ 갑신정변
⑤ 동학농민운동
⑥ 갑오개혁
⑦ 삼국간섭과 을미개혁
⑧ 아관파천
⑨ 독립협회
⑩ 대한제국과 광무개혁
⑪ 열강의 이권 침략
⑫ 화폐 정리 사업
⑬ 국채보상운동
⑭ 애국계몽운동과 신민회

**2 일제 강점기**
① 1910년대 주요 사건
② 1920년대 주요 사건
③ 1930년대 주요 사건(중일 전쟁 이전)
④ 중일 전쟁 이후 민족 말살 정책
⑤ 대한민국 임시정부

**요약정리**

우리 역사에서 개항을 전후한 시기부터 일제 강점기에서 벗어나기까지의 시기를 근대라고 부른다. 세계 각국의 통상 요구에 대항해 흥선대원군은 쇄국정책을 고수했고, 유생들은 통상 반대와 개항 반대를 외치며 위정척사 운동을 전개했다. 하지만 병인양요(1866)와 신미양요(1871), 운요호 사건(1875) 등을 거친 조선은 일본과 1876년 2월 불평등 근대 조약인 강화도 조약(조일수호조규)을 체결했다. 강화도 조약은 부산, 인천, 원산 3개의 항구를 열고, 일본 외교관에 대한 치외법권을 인정했으며 일본에 의한 조선 해안 측량을 허용한 불평등 조약이었다. 강화도 조약이 체결된 후 같은 해 8월에는 강화도 조약의 규정에 따라 조일수호조규 부록과 조일무역규칙도 체결되었다. 흔히 통상장정이라고도 불리는 조일무역규칙은 1883년 개정되었다.

강화도 조약 이후 조선은 미국과 조미수호통상조약, 청과 조청상민수륙무역장정 등을 체결하며 열강들의 이권 침탈에 노출된다. 김옥균 등 급진 개화파가 시도한 갑신정변은 실패로 돌아갔고, 동학 농민군은 반외세, 반봉건을 주장하며 봉기했지만 결국 청과 일본 세력이 조선에 들어오는 결과를 가져오고 말았다. 이에 조선 정부는 갑오개혁과 을미개혁을 통해 근대화에 대한 노력을 기울였지만 일본에 의존한 개혁이라는 뚜렷한 한계를 가진다.

고종이 러시아 공사관으로 거처를 옮긴 아관파천 이후에는 열강의 이권 침탈이 본격화되었다. 그러자 독립협회와 보안회가 나서서 이권 침탈을 저지했다. 비슷한 시기 민간에서는 독립협회가 입헌군주제를 지향하며 자주국권, 자유민권, 자강개혁 운동을 펼쳤다. 한편 고종은 대한국 국제를 선포하고 광무개혁을 실시했다.

일본은 제1차 한일협약을 통해 메가다를 재정고문에 앉힌 뒤 금본위 화폐 개혁을 단행했다. 그리고 1905년 을사조약(을사늑약)이라 불리는 제2차 한일협약을 통해 대한제국의 외교권을 강탈하고 통감부를 설치했다. 1907년에는 정미 7조약에 의해 대한제국의 군대가 해산당했다. 이런 일본의 국권 침탈 과정에서 을미사변 후, 을사조약(을사늑약) 후, 군대 해산 후에는 각각 의병이 봉기했다. 한편 1907년에는 신민회가 조직되어 애국계몽운동과 해외 독립운동 기지 건설을 위해 노력했다. 하지만 결국 1910년 한일병합조약에 의해 대한제국의 국권이 강탈되는 치욕을 겪게 된다.

일제는 1910년대 무단통치를 실시했다. 하지만 3·1 운동이 일어나자 1920년대에는 문화 통치로 전환했다. 1930년대 초 만주사변 직후에는 우리 땅을 전쟁을 위한 군수 기지로 만들기 위해 병참기지화 정책을 실시했으며, 1937년 중일 전쟁 이후에는 본격적으로 민족 말살 정책을 실시했다. 이에 맞서 우리 민족은 항일 무장 투쟁을 통해 일제와 직접 싸우기도 하고, 애국계몽운동을 통해 실력을 키우기도 했으며 외교 활동을 통해 일제의 만행을 세계에 알리기도 했다. 1945년 8월 15일 일제가 태평양 전쟁에서 항복을 선언하면서 일제 강점기는 끝을 맺었고 우리 민족은 광복을 맞이하게 되었다.

보편적인 세계사적 시대 구분을 우리나라에 직접적으로 적용하기에는 어려운 부분이 많다. 그래서 우리나라의 경우 언제부터가 근대인지에 대해서는 학자들마다 의견이 분분하다. 최근에는 세계 각국에 문호를 연 개항을 전후로 한 시기를 근대의 시작으로 보는 견해가 일반적이다.

# 1 개항 ★★★

## ① 개항 과정

개항 과정은 내용은 물론 발생 순서까지 알고 있어야 한다. 모든 시험에 자주 출제되는 부분이다. 물론 그 연도를 다 외울 필요는 없지만 강화도 조약이 1876년에 일어났다는 사실 정도는 암기해두자.

| | | |
|---|---|---|
| 제너럴 셔먼호 사건 | 1866 | • 미국 상선 제너럴 셔먼호가 그들을 저지하는 평양 군민들과 대치하는 과정에서 평양 감사 박규수가 상선을 불태움<br>• 신미양요가 발생하는 계기 |
| 병인양요 | 1866 | • 강화도 문수산성(한성근), 정족산성(양헌수)에서 전투<br>• 외규장각 문화재 등 약탈 (ex.조선왕조의궤)<br>• 척화비 비문을 만드는 계기(병인년에 만들고 신미년에 세움) |
| 오페르트 도굴 사건 | 1868 | 독일인 오페르트가 흥선대원군의 아버지 남연군의 묘 도굴을 시도하다가 실패 |
| 신미양요 | 1871 | 강화도 광성보(어재연 장군)에서 전투 |
| 운요호 사건 | 1875 | 일본의 개항 요구 |
| 강화도 조약<br>(조일수호조규) | 1876 | • 제1조에서 조선이 자주국임을 명시했다. 이는 오랜 세월 조선 문제에 관여해온 청나라를 의식한 일본이 조선에 대한 청의 종주권을 부정하기 위한 것이었다.<br>• 불평등 조약<br>　① 부산, 인천, 원산 개항<br>　② 치외법권(영사재판권) – 조선에 머무는 일본 외교관이 조선 법이 아닌 일본 법을 적용 받는 권리.<br>　③ 조선 해안 측량권 허용<br>• 부록<br>　① 거류지 무역 – 외국인의 거주와 무역을 위해 개방한 자국 영토를 거류지라고 하는데 이는 조계지와도 같은 표현이다. 인천에 가면 청과 일본의 조계지를 구분하는 돌계단이 있다.<br><br>　'부산에서 일본인 간행이정(間行里程)은 10리로 한정' |

**간행이정이 무엇일까?**

별로 어려운 한자도 아닌데 뜻을 유추할 수 없는 이유는 일본식 한자어이기 때문이다. 군대에 가면 이런 일본식 한자어가 아직 남아있는데 예를 들면 총을 닦는 행동을 총기수입이라고 하는 것이다. 이런 일본식 한자어는 집착하지 말고 넘어가는 것이 좋다.

간행장(=거류지=조계지=개항장)에서 10리(4km) 이내에서만 자유롭게 이동하고 교역을 할 수 있다는 뜻이다.

일본인이 면직물을 가져와 조선의 쌀과 교환했는데 일본인은 거류지에서 4km 밖으로 나갈 수가 없었으므로 보부상과 객주들이 중간 상인 역할을 했다.

② 일본인은 일본 화폐로 조선 국민의 물자와 교환 가능
③ 일본 외교관의 여행 자유

• 통상장정(조일무역규칙) – 3無(3무)
① 무관세
② 양곡의 무제한 유출
⇨ 쌀값이 폭등하고 쌀의 상품화가 촉진
③ 무항세

• 개정 통상장정(1883)
① 관세 조항
② 방곡령(곡식 유출을 막는 것) 선포 가능 – 일본 영사관에 사전 통보해야 함
③ 최혜국 대우 – 최고 혜택을 받는 나라라는 뜻
⇨ 일본과 조약을 맺은 후에 다른 나라와 더 좋은 조건으로 조약을 맺으면 일본과 맺었던 조약은 자동적으로 그 정도 수준으로 상향 조정

★★

통상장정이 3무를 적용해 국제 통상 관례에 크게 어긋나자 조선은 이를 개정하려고 노력했다. 무관세로 들여오던 일본 제품에 관세를 부과하고, 양곡의 무제한 유출을 막는 방곡령을 내릴 수 있는 것은 조선에게 유리한 것이었지만 일본은 기존 통상장정에 없던 최혜국 대우 조항을 개정 통상장정에 삽입해 버린다. 1882년에 있었던 조미수호통상조약에 최초로 최혜국 조항을 싣는 것을 보고는 따라한 것이다.

 통상장정과 개정 통상장정은 ① ② ③ 번호별로 각각 비교해가며 이해해야 한다.

• 조약 체결의 답방으로 1차 수신사 파견(김기수)
• 조약 내용에 따라 2차 수신사 파견(김홍집)

| | | |
|---|---|---|
| | | • 조선책략의 영향으로 미국과 체결 |
| 조미수호<br>통상조약 | 1882 | **조선<br>책략**<br><br>• 일본에 있던 청 외교관 황쭌셴(황준헌)이 쓴 글을 2차 수신사 김홍집이 일본에 갔다가 들여온 것<br><br>• 러시아의 남하를 막기 위해 친중국, 결일본, 연미방 해야 한다.<br>→ 중국과 친하고, 일본과 결탁하고 미국과 연합해야 한다.<br>→ 이 중 '미국과 연합해야 한다'라는 '연미방' 부분이 서양 오랑캐에 반대하는 유생들의 반발을 불러왔다.<br><br>• 영남 만인소(유생 이만손) → 조선책략에 반대<br>① 일본 : 우리에게 매여 있던 나라<br>② 미국 : 우리가 본래 모르던 나라<br>③ 러시아 : 본래 조선과는 싫어하고 미워할 이유가 없는 나라이다. |
| | | • 거중 조정 규정 – 조선이나 미국 중 한 나라가 제3국에게 핍박을 받으면 나서서 분쟁 해결을 주선한다.<br><br>🕊 "우리 친구 맺었으니까 다른 사람이 우리 중 한 명을 괴롭히면 함께 혼내주자"라는 내용이 거중 조정 규정이다. 우리가 일본에게 외교권을 박탈당했을 때 이 거중 조정을 들어 미국에게 도움을 요청했으나 미국은 이미 일본과 가쓰라–태프트 밀약을 맺어 일본의 조선 점령을 인정해준 뒤였다.<br><br>• 청의 알선(일본의 알선X)으로 조약 성사<br><br>• 강화도 조약과 달리 관세 조항 있었다 – 5% 관세 부과하지만 최초로 최혜국 대우 규정 – 불평등 조약<br><br>🕊 일본과의 통상장정(조일무역규칙)에서 무관세를 합의했다가 경제적으로 큰 낭패를 본 조선이 미국과의 수교에서는 관세를 부과함. 관세는 수입품에 부과하는 세금으로 관세를 부과하지 않을시 자국의 취약한 산업이 큰 타격을 받을 수 있다.<br><br>• 미국에 보빙사라는 외교 사절 파견 |
| **임오군란** | 1882 | • 5군영은 고종이 군대를 재편성한 1881년에 무위영과 장어영의 2영으로 축소되었다. 신식 군대인 별기군을 창설하고 무위영, 장어영 군사들을 푸대접하기 시작했는데 월급으로 지급받은 쌀에 모래까지 섞여 있자 군인들의 불만이 폭발하면서 월급을 지급하던 관리를 폭행하는 사건이 발생한다. |

| | | |
|---|---|---|
| **임오군란** | 1882 | • 농민들까지 반란에 가담하며 사태가 커지자 고종은 다시 아버지 대원군에게 도움을 요청했고 일시적으로 대원군이 재집권하는 계기가 되었다.<br><br>• 청에서 군대를 보내 대원군을 압송하면서 마무리 되었고 3차 수신사(박영효)를 보내 일본에 사과 – 일본으로 가는 배 안에서 박영효가 태극기를 제작 |
| **제물포 조약** | 1882 | • 조선과 일본간의 조약<br><br>• 임오군란으로 인한 일본측 피해 보상 문제를 논의<br><br>• 일본군이 서울에 주둔하기 시작 |
| **조청상민 수륙무역장정** | 1882 | • 조선 – 청<br><br>• 청의 종주권을 명시 – 청의 종주권을 부정하고 조선이 자주국임을 명시한 강화도 조약과 대조되는 부분<br><br>• 치외법권<br><br>• 상인들이 개항장(인천) 밖을 벗어나 한양의 양화진까지 들어가서 장사를 할 수 있는 내지 통상권을 인정<br>　　　→ 최혜국 조항(통상장정)에 따라 일본 역시 내지 무역 가능<br>　　　→ 청나라와 일본 상인의 경쟁 가속화<br>　　　→ 거류지 인천과 한양을 돌아다니며 중개 무역을 하던 보부상들에게는 타격<br>　　　→ 보부상들은 혜상공국 설립 |

제너럴 셔먼호는 미국 상선이다. 조선에 통상을 요구했지만 당시는 흥선대원군이 쇄국정책을 고수하던 시기였기 때문에 거절당했다. 그러자 제너럴 셔먼호는 대동강을 거슬러 올라 평양에서 난폭한 행위를 자행했다. 이에 분노한 평양 백성들은 관군과 협공해 제너럴 셔먼호를 불태운다. 이 사건은 미국이 개항을 요구하며 무력 침략한 신미양요의 빌미가 되었다.

그리고 프랑스 신부가 조선 정부의 천주교 탄압을 청나라에 머물던 프랑스 극동함대 사령관 로즈에게 알리게 된다. 그러자 로즈는 프랑스 함대를 이끌고 강화도를 점령했다. 조선은 프랑스에 맞서 문수산성에서 한성근의 항전과 정족산성에서 양헌수 부대의 승리를 계기로 프랑스 함대를 몰아냈다. 이를 병인양요(1866년)라 한다. 이때 프랑스군은 도망가면서 외규장각 도서 등의 문화재를 약탈해 갔다. 이는 흥선대원군이 척화비 비문을 작성하고 쇄국정책을 강화하는 계기가 되었다.

흥선대원군의 쇄국정책에 기름을 부은 사건이 오페르트 도굴 사건(1868년)이다. 오페르트라는 독일인이 대원군의 아버지 남연군의 무덤을 도굴하려 실패하고 도망간 사건을 말한다. 아버지의 무덤을 파헤쳐 놓았으니 흥선대원군이 얼마나 분노했을지 눈에 선하다.

제너럴 셔먼호가 불탄 것을 구실로 미국은 아시아 함대 로저스 제독을 보내 통상을 요구했다. 이를 신미양요(1871년)라고 한다. 강화도로 올라온 미군을 맞아 조선은 광성보 등에서 항전했으나 어재연 장군이 전사하고 말았다. 대원군은 전쟁을 장기전으로 끌고 가면 미군이 물러날 수밖에 없을 것이라 생각하고 '양이(서양 오랑캐)가 침범하는데 싸우지 않고 화친을 맺자고 주장하는 것은 나라를 팔아먹는 것이다'라는 교서를 발표했다. 아울러 병인양요 후에 비문을 만들어 두었던 척화비를 전국 각지에 설치했다. 이렇게까지 강한 통상 거부에 당황한 미국 함대는 물러난다.

1873년 쇄국정책을 고집하던 흥선대원군이 정권에서 물러났다. 아들 고종이 직접 나라를 다스리기 시작하자 기회를 엿보던 일본군은 1875년 운요호를 이끌고 강화도 초지진 방면으로 올라와 개항을 요구했다. 조선은 포를 쏘며 저항했지만 결국 패배하고 말았다.

★★★

강화도 조약은 매우 중요하다. 1876년에 맺은 강화도 조약(조일수호조규)은 부록에 있는 내용인지, 통상장정이라 불리는 조일무역규칙에 있는 내용인지, 1883년에 개정한 개정 통상장정에 있는 내용인지 구분해서 이해해야 한다.

강화도 조약 이후부터는 너무 중요한 사건들이라 소설처럼 읽으면 아무 것도 남는 것이 없다. 표에서 자세히 기술했으니 설명까지 꼼꼼하게 읽어보길 바란다.

〈 강화도 조약(1876)의 뼈대 〉
· 조일 수호 조규 + 부록
· 조일무역 규칙 (통상장정)
  → 조일무역 규칙 개정 (1883)

 기 | 출 | 응 | 용 | 문 | 제

다음 사절단에 대한 설명으로 가장 적절한 것은?

그들은 뉴욕에서 아서(Arthur) 대통령을 접견한 후 우체국과 전신회사를 방문했다. 보스턴에서는 방직 공작을 시찰하고 박물관을 관람했다.

① 이때 김옥균은 일본과 차관 도입에 관한 교섭을 실시했다.
② 일본은 미국의 필리핀 지배를, 미국은 일본의 한반도 지배를 인정한 조약을 체결했다.
③ 사절단 파견의 계기가 된 조약에는 조선이나 미국이 제3국에게 핍박을 받으면 분쟁을 조절하는 규정이 담겨 있었다.
④ 근대 문물을 배우기 위해 청에 파견된 사절단이다.
⑤ 강화도 조약 체결에 대한 답방으로 파견되었다.

### ② 흥선대원군의 쇄국정책

흥선대원군 이하응은 어린 나이에 왕위에 오른 아들 고종을 대신해 섭정을 시작했다. 우선 세도정치를 혁파하기 위해 세도정치의 심장이라 할 수 있는 비변사를 폐지했다. 한편 환정(환곡)의 폐단을 시정하기 위해 사창제를 실시했다. 흥선대원군은 그 지방에서 존경받는 인물을 사수로 삼아 사창의 운영을 맡겼다.

성현들에게 제사를 지내고 지방의 중등 교육을 담당했던 서원이 후기로 오면서 변질되어 백성들을 괴롭히는 경우가 많았다. 흥선대원군은 "백성을 해치는 자는 공자가 다시 살아난다고 해도 용서하지 못한다"라고 말하며 서원을 철폐했다. 이때 국가에서 인정한 서원을 뜻하는 사액서원 47곳은 남겨두었다.

> **이것만은 꼭!**
>
> 서원을 향교나 유향소와 바꿔서 출제하는 문제에 조심해야 한다. 대원군이 철폐한 것은 서원이지 향교나 유향소를 철폐한 것이 아니었다.

세도정치기에 문란해진 삼정 중 군정의 폐단을 극복하기 위해 대원군은 호포제를 실시했다. 균역법 하에서는 군포를 부담하지 않았던 양반들에게도 군포를 부담시킨 것이다.

 역사서에서는 군포가 동포(洞布)라는 표현으로 기록되기도 한다.

아울러 흥선대원군은 송시열 등 서인들이 임진왜란 때 조선을 도와준 명나라의 은혜에 보답하고자 만든 만동묘를 철폐했다. 만동묘는 충청북도 괴산에 위치하고 있었다. 한편 정조 이후로 이어져 내려오던 법전을 정비해 대전회통과 육전조례를 만들었다.

| 성종 | 경국대전 |
|---|---|
| 영조 | 속대전 |
| 정조 | 대전통편 |
| 흥선대원군 | 대전회통 |

세도정치의 폐단을 시정하려고 노력했던 흥선대원군은 왕실의 권위를 높이기 위해서 임진왜란 때 불탄 경복궁을 중건한다. 흥선대원군은 경복궁 중건에 필요한 돈을 마련하기 위해서 고액권이라 할 수 있는 당백전을 마구 찍어냈다. 그로 인해 돈의 가치가 떨어져 물

**55** 기|출|응|용|문|제

다음 중 흥선대원군에 대한 설명으로 옳지 않은 것은?

① 군정의 폐단을 극복하기 위해 호포제를 실시했다.
② 사액 서원 47개를 제외하고 서원을 철폐했다.
③ 경복궁을 중건하기 위해 당백전을 발행했다.
④ 충북 괴산에 만동묘를 설치했다.
⑤ 『대전회통』과 『육전조례』등의 법전을 정비했다.

가가 폭등하는 현상이 벌어졌다. 물가가 폭등하니 자연스레 민심은 멀어질 수밖에 없었다.

🕊 원래 상평통보는 당일(1)전, 당오(5)전, 당백(100)전 등 돈의 가치가 달랐다.

한편 흥선대원군은 병인양요를 계기로 만든 척화비를 신미양요 때 세우기 시작해 전국 각지로 확대했다. 이렇게 쇄국정책을 고수해 조선의 근대화가 늦어졌다는 비판도 받는다. 흥선대원군의 집권기는 1863년부터 1873년까지였다.

### ③ 개화 사상과 위정척사 운동

세계 각국의 개항 요구에 조선은 개항을 하자는 쪽과 서양 오랑캐는 받아들일 수 없다는 쪽으로 의견이 나뉘었다. 세계 각국과의 교류에 찬성하는 것은 개화 사상, 반대하는 것은 위정척사 사상이라고 한다.

먼저 개화 사상에 대해 알아보자.

박규수, 오경석, 유홍기로 대표되는 통상개화론자들은 중상학파(북학파) 실학자들의 영향을 받았다. 개화론자들은 천천히 개항하자는 온건 개화파와 서둘러 개항하자는 급진 개화파로 갈라졌다. 온건 개화파는 청나라의 양무개혁을 본뜨려 했고, 급진 개화파는 일본의 메이지 유신을 본뜨려 했다.

| 온건 개화파 | 양무개혁 | 김홍집, 어윤석 | 개화정책 추진 |
|---|---|---|---|
| 급진 개화파 | 메이지 유신 | 김옥균, 박영효, 홍영식 | 갑신정변 일으킴 |

온건 개화파 사람 수가 훨씬 많았으므로 급진 개화파는 상황을 타개하고자 갑신정변(1884년)을 일으켰다. 갑신정변은 뒤에 상세히 설명할 것이다.

이번에는 세계 각국과의 개항에 반대했던 위정척사 운동에 대해 알아보자. 일단 위정척사라는 단어부터 한글자씩 해석해보자. 지킬 위(衛), 바를 정(正), 배척할 척(斥), 사악할 사(邪)를 쓰는 위정척사는 '바른 것을 지키고 사악한 서양 무리는 배척하자'는 의미이다.

| 1860년대 | 병인양요 | 통상 반대, 척화주전론(이항로), 양이론 |
|---|---|---|
| 1870년대 | 운요호 사건 | 개항 반대 (최익현 – 5불가소), 왜양일체론 "저들의 욕심은 물화를 교역하는데 있습니다" (⇨ 경제적 인식의 존재) |
| 1880년대 | 조선책략 | 영남 만인소 (이만손 外) |

위 표에서 보이는 것처럼 위정척사 운동은 크게 3단계로 나눌 수 있다. 이 3단계는 1860년대 병인양요가 벌어졌을 때 서양에 대한 통상 반대의 단계, 1870년대 운요호 사건이 벌어졌을 때 일본에 대한 개항 반대의 단계, 그리고 1880년대 수신사로 일본에 갔던 김홍집이 가져온 『조선책략』이란 책에서 '미국과 연합해야 한다(연미방)'란 표현 때문에 촉발된 단계로 요약할 수 있다.

통상 반대 단계에서는 서양은 오랑캐라는 '양이론'과 서양과의 화목을 배척하고 싸워야 한다는 '척화주전론'이 주된 사상이었다. 이를 이끈 인물은 이항로였다.

개항 반대 단계에서는 일본이 곧 서양 오랑캐와 같다는 왜양일체론이 주된 사상이었다. 개항이 불가한 5가지 이유인 '5불가소'를 지어 올린 최익현이 위정척사 운동을 주도했다. '미국과 연합해야 한다'는 『조선책략』의 문장으로 유생들의 반발을 불러온 3단계에서는 이만손 등 영남의 사림들이 집단 상소문을 올렸다. 이를 영남 만인소라고 한다.

외양(외적인 모양)을 위해서 내수(내면을 닦음)를 강조한 위정척사 운동은 항일 의병 운동으로 이어졌다. 평민 출신 의병장이었던 신돌석을 제외하면 유학을 공부한 유생들이 의병 운동을 주도했던 것이다. 의병 운동 역시 3단계로 나눌 수 있다.

| 의병 운동 | |
|---|---|
| 을미의병 (1895) | • 명성황후 시해, 단발령에 반발<br>• 이인영, 유인석<br>• 고종의 권고로 자진 해산 |
| 을사의병 (1905) | • 을사조약(을사늑약)의 외교권 박탈, 통감부 설치에 반발<br>• 신돌석 – 평민 출신 의병장<br>• 최익현 – 전북 태인에서 의병 시작, 순창에서 패배 → 대마도로 유배<br>• 의병장 민종식 |
| 정미의병 (1907) | • 고종 강제 퇴위와 군대 해산에 반발<br>• 13도 창의군 – 창의대장 이인영, 해산된 군인들을 의병으로 조직<br>• 서울 진공 작전(이인영, 허위) |

다음 표를 통해 알 수 있는 의병에 대한 설명으로 옳은 것은?

| 의병장 출신 비율 | 양반, 유생 | 24% |
|---|---|---|
| | 농민 | 19% |
| | 군인 | 29% |
| | 무직 | 14% |
| | 기타 | 14% |

① 고종의 권고를 받아들여 자진 해산했다.
② 평민 출신 의병장이 활동했다.
③ 13도 창의군이 조직되어 서울 진공 작전을 실시했다.
④ 외교권 강탈에 반발해서 일어났다.
⑤ 명성황후 시해와 단발령에 반발해서 일어났다.

## ④ 갑신정변

임오군란 이후 조선 정부는 친청(청나라와 친함) 성향을 띠고 있었다.

급진 개화파 김옥균, 박영효, 홍영식은 일본과 미리 소통한 후 친청적 성향의 민씨 정권을 무너뜨리기 위해 지금의 종로 조계사 옆에 위치한 우정총국(우편 업무 담당) 개국 축하 파티에 들어가 민영익에게 중상을 입히는 등 무력을 행사했다. 이를 갑신정변(1884년)이라 한다. 갑신정변을 통해 정권을 장악한 급진 개화파는 '신정부강령 14개조'를 발표했다.

**신정부강령 14개조**

1. 임오군란 때 청에 끌려간 대원군을 돌아오게 하며 아울러 청나라에 대한 조공을 없앤다.
2. 문벌을 폐지해 사민(士民) 평등을 실현하고, 능력에 따라 관리를 임명한다.
3. 지조법(전세 수취)을 개혁한다.

⭐⭐

지조법의 개혁은 전세를 수취하는 방법에 대한 개혁이지 토지 제도 자체를 개혁하는 것이 아님에도 주의해야 한다.

4. 내시부를 없애고 그중에서 우수한 인재를 등용한다.
5. 부정 관리를 처벌한다.
6. 각 도의 환곡 제도를 없앤다.
7. 규장각을 폐지한다.
8. 순사를 두어 도둑을 방지한다.
9. 혜상공국(보부상 조합)을 혁파한다.
10. (생략)
11. (생략)
12. 재정은 호조에서 통할한다.

⭐⭐

이제부터 쏟아져 나올 각종 개혁들에는 비슷한 부분들도 많아 헷갈릴 때가 많다. 그럴 때 특징을 짓는 단어 하나를 선택해서 암기하는 것이 좋은데 재정을 관할한 기관에 따라 기억해보도록 하자. 갑신정변의 재정 담당 기구는 호조였다. 뒤에서 설명하겠지만 갑오개혁의 재정은 탁지아문, 독립협회가 주장한 재정 담당 기구는 탁지부였다.

13. (생략)
14. 의정부와 6조 이외에 불필요한 기관은 없앤다.

⭐⭐

갑신정변의 내용은 꼼꼼하게 알아두어야 한다. 주어진 지문을 보고 갑신정변의 내용인지, 동학농민운동의 내용인지, 갑오개혁의 내용인지를 구분하는 것은 근대사 파트에서 가장 중요한 부분이기 때문이다.

14개조의 신정부강령을 의욕적으로 발표했지만 청나라 군대가 진입하면서 갑신정변은 사흘 만에 끝나고 말았다. 오히려 갑신정변 과정에서 일본 공사관이 피해를 입어 그 배상 문제를 놓고 1884년 조선과 일본은 한성 조약을 맺었다. 이듬해인 1885년에는 청과 일본이 톈진 조약을 맺어 군대를 파병할 때에는 미리 상대국에 통보할 것을 약속했다. 갑신정변은 오히려 외세의 조선 침략을 더욱 촉진하는 결과를 낳고 말았다.

**57 기|출|응|용|문|제**

다음 사건에서 제기된 개혁 방안으로 옳은 것은?

그들은 청을 추종하는 세력으로부터 권력을 빼앗은 후 우리나라의 완전한 자주 독립 정치를 이룩하기 위해 일본의 군사적 지원을 믿고 우정총국 개국 축하연을 이용해 정변을 일으켰다.

A. 재정의 탁지아문 관할
B. 인민 평등권 제정
C. 토지를 평균해 분작
D. 흥선대원군의 송환

① A, B　② A, C　③ B, C　④ C, D　⑤ B, D

## ⑤ 동학농민운동

우리나라 역사에서 1894년처럼 굵직한 사건이 연달아 일어난 해도 없을 것이다. 1894년 갑오년에는 전주 땅에서 동학을 믿는 농민들이 봉기를 일으켰고, 청나라와 일본이 우리나라 땅에서 전쟁을 했다. 또 갑오개혁을 계기로 신분제가 폐지되었다. 1894년 갑오년에 일어난 일련의 사건들 중 시기적으로 가장 앞서는 동학농민운동에 대해 알아보자.

동학에 대해서는 이미 원포인트 레슨(30쪽)에서 설명을 했다. 여기서는 1894년 전라도 고부 땅에서 일어난 동학 농민군의 봉기가 어떻게 진행되었고 그들이 무엇을 주장했는지 살펴보도록 하겠다.

동학농민운동 초기는 혹세무민(백성을 현혹시킴)의 죄목으로 처형당한 동학 창시자 최제우의 누명을 풀어주기 위한 교조 신원 운동 성격을 띠고 있었다. 전라도 삼례 집회와 충북 보은 집회를 통해 교조 신원 운동을 벌였으나 성과 없이 끝나고 말았다. 그런 와중에 전라도 고부(정읍) 군수 조병갑의 폭정을 계기로 대대적인 봉기가 일어났다.

고부 관아를 습격하기 전 농민 봉기를 주도한 전봉준은 접주 20여 명을 모았다. 사발통문에 가담자의 이름을 적고, 동학 농민군의 행동 강령 4가지를 정했다.

사발통문이란 사발(bowl) 모양으로 우선 순위 없이 둥글게 이름을 적어 주동자를 알아볼 수 없게 한 가담자 명단을 말한다.

| | |
|---|---|
| **제1차** | 전라도 고부 군수 조병갑 폭정<br>→ 동학 접주 전봉준이 사람들을 모아 고부 관아 습격 후 해산<br>→ 사태 수습을 위해 파견된 안핵사 이용태의 일방적 횡포<br>→ 이에 반발한 동학군이 호남창의문(척왜양창의)을 발표함<br><br>🐦 창의란 나라가 어려울 때 의병을 일으키는 것을 뜻한다.<br>척왜양은 왜와 서양을 배척한다는 뜻이다. 동학 농민군의 대의 명분이 잘 드러나는 대목이다.<br><br>→ 황토현, 황룡촌에서 관군 격파<br>→ 동학군이 전주성을 점령<br>→ 조선은 청에 원병 요청<br>→ 갑신정변 후 체결된 톈진 조약에 따라 일본군도 출병<br>→ 폐정 개혁안을 제시한 농민군과 관군이 전주 화약을 맺음<br>→ 농민군은 전라도에 집강소를 설치해 폐정 개혁 실시 |
| **제2차** | 일본의 경복궁 점령과 청일 전쟁<br>→ 2차 봉기(전라도 남접과 충청도 북접의 연합)<br>→ 공주 우금치 전투에서 동학 농민군 패배 |

| **동학 농민군<br>4대 행동 강령** | 1. 사람을 해치지 않는다.<br>2. 충효를 다하고 세상을 구하고(보국) 백성을 평안하게 한다.(안민) – 보국안민<br>3. 일본 오랑캐를 몰아내고 나라의 정치를 깨끗이 한다.<br>4. 군대를 몰아 서울로 들어가 권세가와 귀족을 없앤다. |
|---|---|

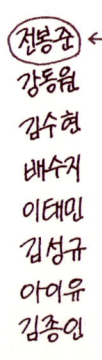

< 사발통문 >

전봉준 ← 주동자가 누구인지 쉽게 알수 있음

강동원
김수현
배수지
이태민
김성규
아이유
김종인

→

← 주동자가 누구인지 알수 없음

●예를 들어 전봉준과 함께 가수·배우들의 이름을 위에서부터 아래로 주욱 내려쓰지 않고 사발 모양으로 빙 둘러 쓰면 누구를 주축으로 하는지 드러나지 않는다.

| **동학 농민군의<br>폐정 개혁안** | 1. 동학 농민군은 정부와의 원한을 씻고 정부에 협력한다.<br>2. 탐관오리는 그 죄를 조사해 엄벌에 처한다.<br>3. 횡포한 부호들을 징벌한다.<br>4. 불량한 유림과 양반 무리를 징벌한다.<br>5. 노비 문서를 소각한다. – **노비제 폐지 주장**<br>6. 일곱 종류의 천인에 대한 차별을 개선하고 백정이 쓰는 평량갓을 없앤다.<br>7. 청상과부(어린 나이에 남편을 잃은 미망인)의 재가(재혼)를 허용한다.<br>8. 이름도 없는 잡세를 폐지한다.<br>9. 관리를 채용할 때는 지연을 타파하고 인재를 등용한다.<br>10. 왜와 통하는 자는 엄징한다.<br>11. 공사채(채권 – 돈 받을 것이 있음을 증명하는 증서)와 기왕의 것을 무효로 한다.<br>                              – **빚 탕감 주장**<br>12. 토지는 평균해 분작한다. |
|---|---|

이렇게 다양한 동학 농민군의 주장은 반봉건, 반외세로 요약할 수 있다. 봉건제도에 반대하고, 외세의 침략에 반대한다는 의미이다.

동학 농민군은 부패한 정치를 개혁하고자 폐정 개혁안을 만들었다. 한편 자치 기구인 집강소를 설치해 폭력적인 분위기에 휩쓸려 애꿎은 백성들이 위험에 처하거나 피해를 입지 않도록 내부를 단속했다.

동학농민운동은 양반과 부호들이 만든 민보군, 조선 관군, 그리고 일본 연합군에 패배해 그 꿈이 좌절되고 말았다. 하지만 동학 농민 군은 을미의병 이후 해산하지 않은 무리와 합세하여 활빈당과 영학당을 만들고 반봉 건·반외세의 운동을 계속 이어 나갔다.

**기|출|응|용|문|제**

갑신정변과 동학농민운동에서 공통적으로 주장된 내용이 아닌 것은?

① 토지 제도의 개혁을 주장했다.
② 신분제의 폐지를 주장했다.
③ 조세 제도의 개혁을 요구했다.
④ 능력에 따라 인재를 등용할 것을 주장했다.
⑤ 외세의 개입으로 좌절되었다.

| | | |
|---|---|---|
| **제1차 갑오개혁** | 제1차 김홍집 내각 | • 일본군이 경복궁을 침입하면서 집권한 친일 성격의 김홍집 내각이 주도한 개혁<br>• 동학 농민군의 폐정 개혁 요구를 일부 받아들이기 위해 설치했던 교정청을 폐지하고 군국기무처를 설치해 개혁을 단행<br>• 신분제 폐지<br>• 과거제 폐지<br>• 고문 금지<br>• 연좌제(범죄자의 가족과 마을 인물들까지 처벌) 금지<br>• 청상과부의 개가 허용<br>• 조혼(어린 나이에 결혼) 금지<br>• 조세 금납제 (세금을 옷감이나 쌀이 아닌 화폐로 납부)<br>• 은(silver)본위 화폐 제도<br>• 행정기구: 6조→ 8아문<br>• 삼사(사헌부, 사간원, 홍문관) 폐지 |
| **청일 전쟁**에서 일본의 승리 | | |
| **제2차 갑오개혁** | 제2차 김홍집 내각 | • 군국기무처 폐지<br>• 고종이 독립서고문 발표<br>• 홍범 14조(뒷장에서 상세히 설명)<br>• 전국을 23부 337군으로 개편<br>• 교육 입국 조서 발표 → 한성사범학교·한성중학교 설립하겠다.<br>• 박영효가 김홍집과 힘을 합친 친일 성격의 연립내각이 주도한 개혁<br>• 재판소 설치 – 행정권과 사법권을 분리 |

**⑥ 갑오개혁**

갑오개혁(1894년)은 모두 3차례에 걸쳐 일 어났다. 그중 제3차 개혁은 갑오년인 1894 년을 넘겨 을미년인 1895년 을미사변을 계 기로 일어났기 때문에 별도로 을미개혁이라 고 부르는 것이 일반적이다. 그럼 1차 갑오 개혁과 2차 갑오개혁 때에는 어떤 일이 일어 났는지 알아보자.

★★★

원래 역사 공부를 할 때 가장 재미없고 지루한 부분이 제도와 사상이다. 그렇지만 갑신정변 신정부 강령 14조, 동학 농민군의 폐정 개혁안, 갑오개혁 홍범 14조는 개별적인 내용을 모두 알고 있어야 한다. 개별적인 문제뿐만 아니라 서로를 비교하는 문제도 풀 수 있어야 한다.

갑오개혁은 이렇게 많은 성과를 냈음에도 불구하고 토지 제도와 군사 제도 개혁에 소홀

**기|출|응|용|문|제**

다음 중 갑오개혁의 내용으로 옳지 않은 것은?

① 고문을 금지하고 연좌제를 폐지했다.
② 은 본위의 화폐 제도를 실시했다.
③ '개국기년' 연호를 사용했다.
④ 양전 사업을 실시했다.
⑤ 지방 제도를 23부 337군으로 개편했다.

했다는 한계를 갖고 있다. 아울러 백성들이 개혁의 중심이 되지 못하고 일본에 의존한 개혁이라는 한계점도 가지고 있다.

### ⑦ 삼국간섭과 을미개혁

청일 전쟁에서 일본에게 패배한 청나라는 시모노세키 조약을 맺고 요동 지역과 대만을 일본에 할양(분할해서 넘겨 줌)했다.

시모노세키 조약을 통해 일본이 요동 지역을 점령하자 겨울에도 바닷물의 표면이 얼지 않는 부동항을 찾던 러시아가 태클을 걸고 나섰다. 러시아가 프랑스, 독일과 합세해 일본의 요동 점령은 부당하다며 청국에 반환하라고 외교적으로 압박하자 일본은 요동 지역을 청나라에 돌려준다. 이것을 삼국(러시아, 프랑스, 독일)간섭이라고 한다.

거대한 청나라와 싸워서 이긴 일본이 러시아와는 싸워보지도 않고 요동 지역을 다시 돌려주는 것을 본 조선에서는 친러시아 성향의 정권(제3차 김홍집 내각)이 들어섰다. 명성황후는 이완용, 이범진 등 친러시아 세력과 손을 잡고 일본 세력을 몰아내려 했다. 그러자 일본은 자객을 보내 명성황후를 암살하는 만행을 저지른다. 이를 을미사변(1895년)이라 한다.

을미사변 후 친러파를 몰아내고 다시 정권을

잡은 친일 성향의 인물들(제4차 김홍집 내각)은 을미개혁을 서둘러 시행했다. 제3차 갑오개혁이라고 부르는 게 맞지만 해를 넘겨 1895년에 시행되었기에 을미개혁이란 표현이 일반적으로 사용된다. 을미개혁의 내용은 다음과 같다.

- 연호 – 건양
- 단발령 – 상투를 자르도록 내린 명령
- 태양력 – 음력이 아닌 양력 달력 사용
- 종두법 – 천연두라는 질병을 예방하기 위해 맞는 예방 접종
- 황제를 호위하는 친위대(서울)와 진위대(지방) 설치

## ⑧ 아관파천

일본이 을미사변을 일으켜 친러파를 쫓아내자 이번에는 러시아가 움직였다. 러시아 공사관을 보호한다는 명목으로 러시아 공사 베베르가 무장한 러시아 병사를 이끌고 서울에 들어온 것이다. 그러자 이완용과 이범진 등은 경운궁(덕수궁)에 있던 고종을 러시아 공사관으로 모셔왔다.

 실제로 덕수궁에서 러시아 공사관이 있던 정동 공원까지는 도보로 5분이면 이동이 가능한 짧은 거리이다.

러시아 공사관을 줄여서 아관이라 하고, 임금이 난리를 피해 피난 가는 것을 파천이라 한다.

고종이 덕수궁에서 러시아 공사관으로 옮긴 이 사건을 아관파천(1896)이라 부른다.

아관파천은 이렇게 러시아와 일본 사이의 주도권 다툼으로 인해 촉발된 사건이었다. 러시아 공사관에서 고종은 친일파 김홍집 내각을 처형하라는 명령을 내렸다. 이렇게 해서 조정에는 친러파 내각이 다시 들어서고, 열강들의 이권 침탈은 본격화되었다.

## 60 기|출|응|용|문|제

밑줄 친 (A), (B)와 관련된 설명으로 옳은 것은?

바다 건너 오랑캐가 변경을 침범하자 고을들이 모두 폐허가 되었습니다. 아! 2백년 동안 조종(祖宗)이 쌓아온 결과가 하루아침에 이 지경이 되었습니다. (A)파천하는 위태로움이 머리카락 한 올에 매달린 듯했는데 아직 한번도 백성들의 마음을 위로하고 그들의 눈과 귀를 감동시킨 적이 없습니다.

전하가 (B)파천한 것은 변고에 대처하는 일시적 조치라고 여겼는데 경황없던 그때를 새삼스럽게 생각하면 어찌 위태로움과 두려움을 금할 수 있겠습니까? 옛 임금들도 그러한 경우가 있었지만 그래도 관리들이 지키는 곳에 있었지 외국의 신하가 있는 곳을 빌려 가지고 세월을 보낸 적이 언제 있었습니까?

① (A)는 삼포 왜란 시기에 발생했다.
② (A)를 계기로 어영청이 설립되었다.
③ (B)의 상황에서 벗어나기 위해 명에 원군을 청하였다.
④ (B) 이후 을미사변이 발생했다.
⑤ (B) 이후 열강의 경제적 이권 침탈이 심해졌다.

## ⑨ 독립협회

1896년 4월 7일 서재필이 고종의 지원을 받아 독립신문을 발간했다. 국문판과 영문판 두 종류로 발간된 이 신문은 우리나라 최초의 민영 신문이라는 점에서 의의를 가진다.

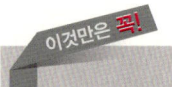

독립신문은 1896년 4월 발간된 신문으로 그 후 7월에 설립된 독립협회의 공식적인 기관지가 아니라는 사실에 유념하자.

이후 1896년 7월 서재필은 이상재, 윤치호, 남궁억 등의 인물들과 함께 독립협회를 창설했다. 이들은 독립협회를 통해 민중들에 대한 계몽 운동에 나섰고, 1898년 관민 공동회를 개최해 헌의 6조를 결의했다.

### 관민 공동회 헌의 6조

1. 외국인에게 의지하지 말고 관(정부)과 민(백성)이 힘을 합쳐 전제 황권을 견고하게 할 것

2. 외국과의 조약은 각 대신과 중추원 의장이 합동해 날인(도장 찍음)할 것

3. 국가 재정은 탁지부에서 관리할 것

4. 중대 범죄를 공판(재판)하고 피고인의 인권을 존중할 것

5. (생략)

6. (생략)

제1조에서는 황제의 권위를 존중하고, 제2조에서는 근대적 의회인 중추원을 언급하고 있

다. 이 두 조항을 합쳐서 독립협회는 입헌군주제를 추구했다고 평가한다.

입헌군주제란 군주는 명예직으로 두고 의회를 통해 국정을 운영하는 체제를 말한다. 대표적인 입헌군주제 국가인 일본에서 천황은 상징적인 존재로 두고 실질적 통치는 총리가 하는 것과 비슷하다.

헌의 6조의 내용 중 제2조가 고종의 심기를 불편하게 만들었다. 제1조에서 전제 황권을 공고히 하자고 했지만 제2조를 보면 외교적 활동을 할 때 중추원의 동의를 받으라고 적혀있기 때문이다. 중추원은 우리나라 최초의 의회로 평가받는다.

한편 독립협회가 지향한 사상은 자주국권, 자유민권, 자강개혁으로 요약된다. 자주국권과 자유민권 사상을 강조해 국민이 정치에 참여하는 참정권 운동까지 전개했다.

독립협회는 청나라 사신이 오면 머물던 모화관과 그 출입문인 영은문을 허물고 독립문을 설립하기도 했다.

백정 출신 박성춘이 관민 공동회에서 연설을 했을 정도로 독립협회는 근대적인 정치 체제를 꿈꾸었다. 황제의 특권을 빼앗기기 싫었던 고종은 보부상 단체인 황국협회를 이용해 독립협회를 해산시켜 버렸다. 독립협회 해산 뒤에는 헌정 연구회와 대한 자강회가 그 뒤를 이었다.

| 헌정 연구회 | • 일제의 통감부 설치 반대<br>• 입헌군주제의 수립을 목적으로 설립<br>• 한일합방을 청원한 일진회를 규탄하다<br>  해산 |
|---|---|
| 대한 자강회 | • 헌정 연구회의 후신<br>• 독립협회의 활동과 정신 계승<br>• 고종 퇴위를 반대하다 강제 해체<br>• 정미 7조약 반대<br>• 교육과 산업이 곧 자강의 방도<br>  → 식산흥업<br>• 일진회에 대항 |

 ### 관민 공동회와 만민 공동회

일반적으로 만민 공동회는 '개화' 와 '민중' 의 결합, 관민 공동회는 확고히 자리잡은 '민중 차원의 개화'로 표현된다. (신용하) 하지만 수험생이 이해하기에 명쾌하지 않은

**61 기│출│응│용│문│제**

다음 신문이 창간된 당시의 국내 상황으로 옳은 것은?

우리가 이 신문을 창간한 것은 이익을 취하려는 것이 아니다. 국문으로 쓴 이유는 남녀 상하 귀천이 모두 볼 수 있도록 함이다...(중략)...한 쪽에 영문으로 기록한 것은 외국 인민이 조선 사정을 알게 하고자 하여 영문으로 조금 기록한 것이다.

① 민립대학 설립운동이 전개되고 있었다.
② 을사조약(을사늑약)으로 외교권을 강탈당했다.
③ 나운규 감독의 영화 '아리랑'이 개봉되었다.
④ 이완용 등이 고종의 거처를 러시아 공사관으로 옮겼다.
⑤ 독립협회가 이권 수호 운동을 전개하고 있었다.

부분이 있어 필자의 견해를 적어본다.

아관파천 이후 열강의 이권 침탈이 심해지자 고종은 이런 열강의 만행을 언론을 통해 알리려 했다. 이에 고종은 서재필을 시켜 국문판과 영문판 2종류로 독립신문을 만들었다. 독립협회에서 의회를 강조하기 전까지만 해도 독립협회와 고종 사이는 좋았다. 고종의 지원이 있었기에 관과 민이 함께 하는 관민 공동회를 개최할 수 있었을 것이다.

하지만 관민 공동회가 막상 개최되고 보니 독립협회는 고종의 생각과는 다르게 의회를 만들어 자신을 허수아비 황제로 전락시키려 했다는 것을 알게 되었다. 이런 이유로 관청에서는 독립협회에 대한 지원을 끊었고 관민 공동회는 백성들만이 참여하는 만민 공동회의 형태로 운영되었다.

### ⑩ 대한제국과 광무개혁

삼국간섭과 아관파천으로 일본의 세력이 약화되고, 청일 전쟁 이후로 청의 위상이 바닥에 떨어진 상황에서 고종은 경운궁(덕수궁)으로 환궁한다. 경운궁으로 돌아간 후 고종은 대한제국을 선포(1897)한다. 즉 제후국 조선이 아니라 중국과 동등한 황제의 나라 대한제국을 열겠다는 뜻이 담겨있다. 고종 황제는 광무라는 독자적인 연호를 사용했다. 대한제국 시기에 이루어진 이러한 일련의 정책들을 광무개혁이라고 부른다.

고종은 '옛것을 근본으로 새로운 것을 섞는다'는 의미를 가진 구본신참을 내세워 점진적인 개혁 정치를 펼쳤다. 1899년 선포한 '대한국 국제'를 보면 고종이 추구하고자 하는 정치의 방향성을 엿볼 수 있다.

## 대한국 국제(1899)

1. 대한국은 자주독립 제국이다
2. 대한제국은 전제 정치를 표방한다
3. 대한국 대황제는 무한한 군권(군사권)을 누린다
4. 백성들은 대황제의 군권을 침해할 수 없다
5. 대한국 대황제는 육군과 해군을 통솔한다
6. 대한국 대황제는 법률을 제정하고 반포한다
7. 대한국 대황제는 관제를 정비한다
8. 대한국 황제는 관리 임면(임명+ 파면)권을 가진다
9. 대한국 대황제는 조약 체결의 권한을 가진다

위 '대한국 국제'의 내용에서 살펴볼 수 있듯이 고종이 추구했던 나라는 어디까지나 황제가 권력의 중심이 되는 나라였다.

고종은 독립협회를 해산한 뒤 대한국 국제에서 대한제국은 입헌군주제가 아니라 전제군주제(군주가 모든 것을 통제) 국가임을 명시했다.
고종은 토지를 측량하는 양전(量田: 측량할 량, 밭 전) 사업을 실시하고 근대적 개념의 토지 소유 증서인 지계를 발급해 주었다. 양전 사업을 담당한 관청을 양지아문, 지계 발급을 담당한 부서를 지계아문이라고 불렀다. 그러나 러일 전쟁이 발발하면서 양전 사업은

마무리 짓지 못하고 흐지부지 되었다.

대한국 국제 3, 4, 5번에서도 알 수 있듯이 고종은 군사권을 장악하는데 관심이 많았다. 고종은 군을 통수하는 기구인 원수부를 설치하고, 황제를 호위하는 시위대와 지방군인 진위대를 증강했다. 그리고 장교를 육성하기 위해 무관학교를 설립하기도 했다.
고종은 전제 군주를 지향한 황제답게 황실 재정을 담당할 내장원을 설치했다. 한편 서경(현 북한 평양)에 풍경궁이란 행궁(지방 행차시에 쓰는 궁)을 건립해 황제의 권위를 높이려고 노력했다.
고종은 상공업 분야에도 관심을 기울여 식산흥업(산업시설을 확충하고 산업을 부흥한다) 정책을 펼쳐 나갔다. 민간 회사의 설립을 지원했고, 독립협회 해산 과정에 도움을 준 보부상들을 지원하기 위해 상무사를 조직하기도 했다.

## 62 기│출│응│용│문│제

다음 중 대한제국 시기 일제가 주도한 정책은 무엇인가?

① 상무사를 조직하여 보부상을 지원했다.
② 간도 파출소를 설치하였다.
③ 원수부 설치하고 시위대와 진위대를 증강했다.
④ 양전 사업을 실시하고 지계를 발급했다.
⑤ 한성 전기 회사를 설립했다.

아울러 고종은 화폐 개혁을 단행해 갑오개혁 때부터 이어져 온 은(銀)본위 화폐 제도를 금(金)본위 화폐 제도로 바꾸었다. 그리고 실패로 끝나긴 했지만 중앙은행을 설립하려는 시도를 하기도 했다.

경의선(서울–신의주) 철도 개통을 위해 서북 철도국을 설립한 것도 고종 때의 일이다.

고종은 영토 문제에도 관심이 많았다. 울릉도를 울릉군으로 승격시켜 강원도에 속하게 했고, 간도를 관리할 간도 관리사 이범윤을 파견했다.

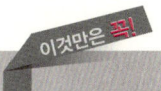

이것만은 꼭! ★

현재 대한민국은 독도를 강원도가 아닌 경상북도 관할에 두고 있다. 한편 고종이 파견한 간도 관리사와 을사조약(을사늑약) 이후 일본 통감부가 설치한 간도 출장소는 구분해야 한다.

| 열강의 이권 침략 | | | 저지 단체 |
|---|---|---|---|
| 러시아 | • 절영도(부산 영도) 조차 요구(1898) *조차: 영토를 빌림 | 한 자, 한 치라도 다른 나라에 빌려주면 선왕의 죄인이요… | 독립 협회 |
| | • 용암포 사건 (1903) | • 압록강 하구에 있는 용암포를 무단 점령하고 나무를 자르는 벌채권 조차 요구 • 영국과 일본의 간섭으로 실패 ⇒러일 전쟁의 발단 | |
| 일본 | • 시설 개선 명목으로 차관을 제공 (1905) • 황무지 개간권 요구 (1904) | | 보안회 |
| 프랑스 독일 | • 광산 채굴권 요구 | | 독립 협회 |
| 미국 | • 광산 채굴권 요구(운산 광산) • 전등·전차 부설권 요구 • 경인선(서울–인천) 부설권 요구 | | |
| 영국 | • 광산 채굴권 요구(은산 광산) | | |

## ⑪ 열강의 이권 침략

이것만은 꼭! ★★

열강이란 식민지를 경영한 제국주의 국가들을 말한다. 열강의 이권 침략이 본격화된 것은 고종이 러시아 공사관으로 옮겨 간 아관파천이 계기가 되었다. 각 나라별로 어떤 이권(경제적으로 이익을 볼 수 있는 권리)을 요구했는지 정리하고, 열강의 불합리한 요구를 어떤 단체가 저지했는지 함께 알아 두어야 한다. 특히 러시아와 일본이 시험에 자주 출제된다.

**63** 기|출|응|용|문|제

다음 중 독립협회의 활동 내용으로 옳은 것은?

① 재판소를 설치해 행정권과 사법권을 분리했다.
② 한국광복군을 조직했다.
③ 일제의 황무지 개간권 요구를 저지했다.
④ 러시아의 용암포 벌채권 요구를 저지했다.
⑤ 일제의 통감부 설치에 반대했다.

## ⑫ 화폐 정리 사업

| 메가다<br>화폐<br>정리<br>사업<br>(1905) | • 1904년 제1차 한일협약으로 파견된 일본인 재정 고문 메가다<br>• 금(gold)본위 화폐 개혁<br>• 갑오개혁 때부터 사용된 백동화 남발에 따른 물가 상승이 계기<br>• 백동화 1개는 금 2전5푼(상평통보 25개)의 가치를 지닌 새 화폐로 교환<br>　→ 교환 사무는 탁지부 대신이 감독<br>※ 화폐에 적힌 액면가 교환이 아니었다<br>• 백동화를 외관 상태에 따라 3종으로 나누어 차등 교환<br>　① 갑종: 외관 상태 깨끗<br>　　　　 － 100% 가치로 교환<br>　② 을종: 외관 상태 다소 불량<br>　　　　 － 40% 가치로 교환<br>　③ 병종: 외관 상태 불량 － 교환해 주지 않음 |
| --- | --- |

**기|출|응|용|문|제**

밑줄 친 (A), (B)에 대한 설명으로 옳지 않은 것은?

(A) 신식 화폐 발행 장정
정부는 조세 금납화 법령을 반포한 데 이어 은화를 본위로 하는 화폐 제도를 실시한다고 공표했다. 본 제도 하에서는 5냥의 은화가 최고 등급의 본위 화로 지정되었다.

(B) 화폐 조례
정부는 메가다 재정 고문의 지침에 따라 금화를 본위로 하는 화폐 제도를 시행한다고 전격 발표했다. 구 백동화는 지정된 장소에서 신화폐로 교환해야 하는데 교환 기간이 종료된 후에는 사용이 금지된다고 한다.

① (A)는 일본의 간섭 하에 이루어졌다.
② (A)가 공표된 해에 신분제와 과거제가 폐지되었다.
③ (B)의 교환 사무는 탁지부 대신이 감독했다.
④ (B)에 의해 백동화는 외관 상태에 따라 4종으로 나뉘어 신화폐로 교환되었다.

## ⑬ 국채보상운동

화폐 정리 사업이 이루어진 후 일본은 조선의 시설을 개선한다는 명목으로 차관을 제공했다. 돈을 빌려주어 조선이 많은 빚을 지게 되면 그만큼 이권 침탈이 쉬워지기 때문이었다.

일본의 차관 제공으로 국채(나라 빚)가 많아지자 대구에서 서상돈이 국채보상운동을 시작했다. 서상돈은 양기탁과 영국인 베델이 운영하던 대한매일신보에 광고를 실었다. 우리 국민들이 3개월 동안 담배를 끊어서 그 돈을 모아 나라 빚을 갚자는 광고였다. 이를 본 국민들이 적극적으로 호응하면서 서울에서는 국채보상 기성회가 발족되었다.

국채보상운동이 처음 시작된 곳은 서울이나 평양이 아닌 대구였다는 점이 중요하다.

모든 국민이 하나로 뭉쳐 위기를 극복하려는 의식이 돋보였던 국채보상운동은 일본 입장에서는 성가신 일이 아닐 수 없었다. 그래서 통감부는 대한매일신보 양기탁을 모금액 횡령이라는 누명을 씌워 구속시켰다. 그로 인해 대한매일신보에는 빼돌린 돈을 돌려달라는 항의가 빗발쳤다.

국민들이 자발적으로 참여한 국채보상운동은 통감부의 탄압으로 끝나고 말았다.

## 각종 신문 정리

| 한성순보 | • 우리나라 최초의 신문(1883년)<br>• 순 한문<br>• 박문국에서 발행 → 관보의 성격 |
|---|---|
| 만세보 | • 천도교 기관지<br>• 국한문 혼용<br>• 『혈의 누』를 쓴 이인직 인수 후 친일 성향의 대한신문으로 재창간 |
| 대한매일신보 | • 국한문 혼용<br>• 영문판, 국문판 별도 간행<br>• 국채보상운동<br>• 고종이 을사조약(을사늑약)의 부당성 폭로<br>• 신채호(대한매일신보 주필)가 역사서 『독사신론』 연재<br>• 신민회의 기관지 역할 |
| 황성신문 | • 국한문 혼용<br>• 을사조약(을사늑약) 후 장지연이 '시일야방성대곡' 게재<br>• 일본의 황무지 개간권 요구를 저지한 보안회를 지원 |
| 제국신문 | • 순 한글<br>• 국민계몽, 자강사상 |

## ⑭ 애국계몽운동과 신민회

신민회는 1907년 안창호와 양기탁이 중심이 되어 만든 비밀 결사체이다. 사회진화론을 사상적 기반으로 하는 애국계몽운동 계열의 인물들이 신민회에 대거 참여했다.

사회진화론 → 애국계몽운동 → 실력 양성 운동

사회진화론은 사회 역시 약육강식의 논리가 지배한다는 이론이다.

애국계몽운동은 사회도 생물과 마찬가지로 힘 있는 자만이 살아남고 힘이 없으면 도태된다는 사회진화론의 영향을 받은 만큼 교육과 산업 등의 방면에서 활동을 보였다.

| 신민회<br>4대 강령 | ① 민족 의식과 독립 사상 고취<br>② 국민 운동의 역량 축적<br>③ 청소년 교육 진흥<br>④ 상공업 기관 만들어 국민 부력 증진 |
|---|---|

신민회는 평양에 대성학교, 정주에 오산학교를 설립해 젊은이들의 교육에 힘을 쏟았다.

한편 민족 산업을 육성하기 위해 평양에 자기 회사를 설립하고, 대구에는 태극서관이라는 서점을 설립했다.

지금까지의 모든 개혁 시도들은 왕의 존재를 부정하지 않았다. 하지만 신민회는 모든 백성들이 참정권을 갖는 공화국을 이상적인 정치 체제로 내세웠다.

또한 신민회는 국내에서 교육과 산업에 힘을 쏟는 것에 안주하지 않고, 국외 무장 항쟁도 준비했다. 신민회는 1911년 만주 삼원보(싼위안푸)에 해외 독립운동 기지를 만들었다. 그리고 만주에 있는 조선인들의 자치 기관인 경학사를 건설했다. 1912년에는 많은 독립군 장교를 길러낸 신흥무관학교의 전신인 신흥강습소를 설치하기도 했다. 이렇게 만주 해외 독립운동 기지를 건설하는 데에는 이회영 일가족의 헌신이 컸다.

신민회는 신(新: new)정신, 신단체, 신국가를 표방하며 국내에서의 애국계몽운동과 해외 독립운동 기지 건설에 힘을 쏟았다.

그러다 1911년 일제가 독립 운동가들을 소탕하기 위해 날조한 '데라우치 총독 암살 음모 사건'에 연루되면서 신민회는 비밀 결사체라는 사실이 드러나 해체되고 말았다.

 데라우치 암살 음모 사건은 105명에게 실형이 내려졌다고 해서 일명 105인 사건으로 불린다.

### 안중근 의사, 이토 히로부미 저격

일제 강점기가 본격화 조짐이 보일 무렵인 1909년 10월 26일 안중근 의사는 하얼빈 정거장에서 초대 조선통감 이토 히로부미를 저격하며 이토의 죄목을 동양평화 교란 등 15가지로 지적했다. 안 의사는 이듬해 2월 14일 사형 선고를 받고 31세 나이로 3월 26일 뤼순 감옥에서 순국했다.

 **65** 기|출|응|용|문|제

다음 공소장의 사건에 대한 설명으로 옳은 것은?

**피고는 양기탁 등의 명령에 따라 총독 암살 모의에 동의했으므로 살인죄로 기소한다.**

① 이 사건으로 드러난 조직에는 사이토 총독에게 폭탄을 던진 강우규가 속해 있었다.
② 이 사건으로 드러난 조직은 입헌군주제를 지향했다.
③ 피고는 치안 유지법으로 처벌되었다.
④ 이 사건을 통해 신민회가 해체되었다.
⑤ 이 사건으로 드러난 조직은 만주에서 김원봉의 주도로 조직되었다.

# 2 일제 강점기

일제는 일본 제국주의를 줄여서 부르는 말이다. 1910년 한일 강제 병합으로 조선의 국권이 빼앗긴 때부터 1945년 8월 15일 해방을 맞이하기까지의 기간을 일제 강점기라고 부른다.

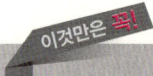 이것만은 꼭! ★★

일제가 조선의 외교권→군사권→사법권→경찰권을 차례로 강탈해가는 과정은 원포인트 레슨(20세기 한일 외교 관계)에서 서술하였으니 반드시 다시 한번 읽어보기 바란다.

일제 강점기는 크게 무단통치 시기, 문화통치 시기, 민족말살통치 시기로 구분한다. 각 시기별로 어떠한 일이 있었는지 정리해야 한다. 한편 독립운동을 실력양성론, 무장투쟁론, 외교론의 3가지 흐름으로 나누어 각각의 활동 모습을 그릴 수도 있어야 한다.

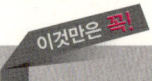 이것만은 꼭! ★★★

각종 시험에서는 일제 강점기를 10년(decade) 단위로 구분해 같은 시대에 있었던 사건들을 묻는 형태가 많이 출제된다. 이 책에서는 1910년대, 1920년대, 1930년대 중일 전쟁 이전, 중일 전쟁 이후 1940년대의 순서대로 일제 강점기의 모습을 살펴보겠다.

## ① 1910년대 주요 사건

- **무단통치 시기**

  데라우치 총독에 의해 무단통치 실시

- **헌병경찰 제도**

  선생님들이 교실에서 수업을 할 때에도 칼을 착용

- **회사령(1910)**

  회사 설립은 총독의 허가를 받아야 한다.

  조선인들이 마음대로 회사를 설립하지 못하도록 법령 제정

- **자문 기관인 중추원을 설치해 조선인도 참여시킴**

  조선인도 참여시킨다는 것은 형식적일 뿐 실제로 소집은 안 됨

- **제1차 조선교육령(1911)**

| 제1차 교육령 | 1911 | 대학 교육 금지, 보통학교에서 일본어 보급 |
|---|---|---|
| 제2차 교육령 | 1922 | 보통학교 수업 연한: 4년→ 6년<br>조선인과 일본인이 함께 공부하는 것이 원칙<br>사범학교(선생님 양성) 설치<br>대학 교육 허용 |
| 제3차 교육령 | 1938 | 황국 신민 서사 제정<br>조선어를 수의 과목(선택 과목)으로 바꿈 |
| 제4차 교육령 | 1943 | 조선어 과목 폐지<br>황국 신민 양성 |

- **조선 태형령(1912)**

  벌금·과료처럼 돈을 내고 끝날 수도 있는 범죄임에도 일정한 주소가 없거나 재산이 없을 때는 회초리로 볼기를 때리는 태형으로 처벌하는 것이 가능

  태형은 감옥에서 비밀리에 집행되었고, 조선인에 한해 적용

- **토지 조사 사업(1912)**

| 토지 조사령 |
|---|
| • 토지 소유권은 조선 총독이 결재한다.<br>• 소유권 주장은 신고만 하면 허가까지는 받지 않아도 된다.(신고주의)<br>• 지주는 총독이 정한 기간 내에 이름, 주소, 결수를 토지 조사 국장에게 통지해야 한다.<br> → 기간 내에 신고하지 않은 조선인 토지 약탈 |

① 자영농 몰락

🔥 지주 계급의 몰락이 아니다.

② 공유지에 대한 농민 입회권이 부정 – 소작농은 산과 같은 마을 공유지에서 소에게 먹일 여물 등을 채취해올 수 없게 되었다.

③ 일본인 지주가 늘어나면서 농민들은 대부분 소작농으로 전락

④ 전체 농토의 40% 이상 수탈 ⇒ 만주 등으로 이주 급증

🔥 조선으로 이주하는 일본인들에게 토지를 나눠주기 위해 조선인의 토지를 빼앗고 조선의 자원을 수탈한 동양척식주식회사는 1908년에 설립되었다.

- **(대한)독립의군부(1912)**
'일본이 강탈한 조선의 권리를 돌려달라' 고종이 유생이었던 임병찬에게 밀명을 내려 총독에게 국권 반환을 촉구하는 문서를 보냄

- **(대한)광복회(1915)** 대구에서 박상진 등 과거로 돌아가자는 복벽주의를 주장한 유학자들이 공화정을 주장한 애국계몽운동 세력과 조직을 합침 ⇒ 유학자들이 군주를 부정하고 공화정을 주장하는 인물들과 힘을 합쳤다고 해서 혁신 유림이라고도 부름

부호(富豪:부자 부, 호걸 호)들에게 독립에 쓸 의연금을 모집하고 일본인들이 불법으로 징수하는 세금을 빼앗아 무장 항쟁 준비

- **제1차 세계대전(1914~1918)**
(235쪽 참고)

- **러시아에서 볼셰비키 혁명 발생(1917)**
사회주의가 조선으로 유입(1919)

- **대한노인회(1919)** 노인회 회원 강우규는 사이토 총독에게 폭탄을 투척

★★

**의열단 조직(1919)**
1931년에 설립된 한인애국단과 꼭 비교할 것

- **1910년대 활동**
  - 만주 길림에서 김원봉의 주도로 조직(1919)
  - 일제 요인 암살, 식민 통치 기관 파괴
  - 무정부주의 사상 (=아나키즘=테러리즘)

- **1920년대 활동**
  ① 박재혁(부산경찰서에 폭탄 투척)
  ② 김익상(총독부에 폭탄 투척)
  ③ 김상옥(종로경찰서에 폭탄 투척)
  ④ 나석주(동양척식주식회사와 그 산하기관 식산은행에 폭탄 투척)
  ⑤ 김지섭(일본 도쿄 황궁 이중교에 폭탄 투척)

  ⑥ 중국 국민당이 군벌을 타도하기 위해 벌인 북벌에 가담하면서 국민당 총재였던 장제스(장개석)의 지원을 이끌어 내었다.

- **1930년대 활동**
  - 김원봉이 국민당의 지원을 받아 난징에 조선혁명간부학교 설립(1932)
  - 행동 강령 : 신채호 '조선혁명선언'
  "강도(強盜) 일본이 우리의 국호를 없이 하며 우리의 정권을 빼앗았다… 우리는 혁명수단으로서 강도 일본을 살벌함이 우리의 정당한 수단임을 선언하노라…."
  - 의열단 단원들은 황푸 군관학교에서 간부 교육을 받았다.

## • 3·1 운동(1919)

1918년 상하이에서 김규식과 여운형 등이 중심이 되어 만든 신한청년당은 1919년 제1차 세계대전에서 승리한 연합국이 패배한 동맹국들과의 평화 조약을 논의하기 위해 개최한 파리 강화 회의에 김규식을 파견했다.

| 연합국(승리) | 미국, 영국, 프랑스, 이탈리아, 러시아, 일본 |
|---|---|
| 동맹국(패배) | 독일, 오스트리아–헝가리 제국 |

신한청년당이 김규식을 파리에 보낸 것은 미국 윌슨 대통령이 "파리 강화 회의는 특히 약소 민족의 해방을 위해 절호의 기회가 될 것"이라고 말한 민족자결주의 (민족의 문제는 스스로 결정)발언 때문이었다.

그런데 이것은 모든 식민지 국가에 해당되는 것이 아니라 전쟁에서 패배한 독일 등 동맹국의 식민지에만 해당되는 말이었다.

 즉 전쟁에서 승리한 미국과 일본 등의 식민지에서는 여전히 민족 자결이 적용되지 않고 식민지를 유지하겠다는 뜻이었는데 우리가 너무 순진하게 생각한 나머지 파리까지 김규식을 파견해 우리 민족의 상황을 설명하려 했던 사건이었다.

★★★

### 3·1 운동(1919)의 배경

① 윌슨의 민족자결주의
② 러시아 볼셰비키 혁명 후 레닌 발언 "약소 식민지를 돕겠다"
③ 무오 독립선언(1918) – 만주 길림성에서 대종교 계열의 지도자들을 중심으로 우리나라 최초의 독립선언서 작성
④ 2·8 독립선언(1919) – 도쿄에서 일어난 조선 청년 독립단의 독립선언

1919년에 일어난 3·1 운동은 크게 3단계로 나누어 볼 수 있다.

| 1단계 | 민족 대표 33인과 학생들이 주도한 시기 |
|---|---|
| 2단계 | 학생들이 주도하고 노동자와 상인 등이 호응한 시기 |
| 3단계 | 농민이나 노동자들이 주도하면서 무력을 사용한 시기 |

### • 3·1 운동의 영향

① 이승만, 이동휘가 주축(김구는 빠짐)이 된 한성 임시정부가 설립되었고,
② 연해주(대동강과 접한 러시아 지역)에 대한국민의회가 설립되었고,
③ 비폭력 만세 시위만으로는 부족하다는 것을 깨닫고 국외 무장투쟁이 본격적으로 벌어지기 시작했으며,
④ 일제가 무단통치를 버리고 교묘하게 문화통치로 통치 방식을 바꾸었다.

### • 3·1 운동 이후 독립운동의 흐름

| 외교론 | 이승만 – 워싱턴에 구미위원부 설치 |
|---|---|
| 실력양성론 | 성과가 없자 타협적 성격으로 변질되는 부작용 |
| 무장투쟁론 | 신채호 – 조선혁명선언 |

## 연해주 지역의 독립운동

두만강과 국경을 접한 러시아 연해주 지역의 상황을 살펴보자.

연해주 지역에 어떤 단체가 있었는지만 기억해두면 된다. 만주에서 조직된 많은 단체들 사이에 연해주 단체를 슬쩍 끼워 넣는 문제, 지도를 제시한 후 연해주에 있었던 단체를 고르는 문제 정도로 출제된다.

- **권업회(1911)** – 의병 출신들과 계몽 운동가들이 힘을 모아 신한촌에 조직

### 🔥 신한촌

1870년대부터 연해주로 이주한 한인(조선인)들은 블라디보스토크에 개척리라는 한인 타운을 형성하고 살았는데 페스트(흑사병)라는 전염병이 창궐한 것을 이유로 시내 중심에서 변두리의 척박한 땅으로 쫓겨났다. 하지만 그곳을 열심히 개척해 새로운 한인촌을 만들었고 그곳을 신(新)한촌이라 부른다.

- **대한광복군 정부** – 이상설, 이동휘가 창설

- **대한국민의회** – 러시아에 설립된 임시정부였는데 상하이와 한성에 임시정부가 설립되면서 해산

- **성명회(1910)** – 한일합방의 부당함을 세계 각국에 알리기 위해 설립

- **한인사회당** – 강화도 군인이었던 이동휘가 연해주에 세운 최초의 사회주의 단체

### ② 1920년대 주요 사건

1919년 3·1 운동은 무력으로 조선인을 억누르기만 했던 일제의 통치 전략에 근본적인 수정을 가져왔다. 일본은 무단통치 대신 문화통치로 전환했다.

- **문화통치** 사이토 총독에 의한 문화통치 실시

- **고등경찰 제도** 1910년대 헌병경찰과 비교되는 개념으로서 보통경찰이라고도 불림

- **회사령 철폐(1920)** 회사 설립은 허가 받을 필요없이 그냥 신고만 하면 된다.
  - → 형식이 간소화되면서 일본 자본이 조선으로 자유롭게 유입

- **제2차 조선교육령(1922)**
  보통학교 수업 연한: 4년→ 6년
  조선인과 일본인이 함께 공부하는 것이 원칙
  사범학교(선생님 양성) 설치
  대학 교육 허용
  (233쪽 제1차 조선교육령 참고)

 기|출|응|용|문|제

다음 중 3·1 운동에 대한 설명으로 옳은 것은?

① 만주 길림성에서 일어난 무오 독립선언에 자극을 받았다.
② 평양에서 조만식에 의해 시작되었다.
③ 조선일보 등 언론의 지원을 받았다.
④ 6·10 만세 운동의 영향을 받았다.
⑤ 광주학생 항일운동의 영향을 받았다.

• **물산장려운동(1922)** ★★

일상 생활에서 사용되는 제품은 우리 조선에서 생산된 제품을 사용하자는 일종의 국산품 애용 운동이다.

원래 자국의 산업을 보호하기 위해 수입 물품에 관세를 붙여 가격을 올리는 정책을 쓴다. 그렇게 되면 상대적으로 질이 떨어지더라도 자국 제품을 어느 정도 보호할 수 있기 때문이다. 그런데 일본에서 들여오는 면직물과 같은 공업 제품에 관세를 철폐하기로 하면서 상대적으로 열악했던 조선의 산업은 타격을 입을 수밖에 없었던 것이다.

이런 위기를 극복하기 위해 민족주의 우파(타협적 민족주의)들이 조선물산장려운동을 실시했다. 평양에서 조만식이 가장 먼저 시작해 전국으로 확대되었다.

실력 양성 운동의 일환으로 시작된 이 운동은 큰 성과를 거두지는 못했고 이후 타협적 민족운동이 일제의 지원 하에 강화되었다.

• **민립대학 설립운동(1923)**

제2차 교육령을 통해 대학 교육이 허용되기 시작하면서 우리 민족은 대학을 설립하기 위해 민립대학 설립 기성회를 발족시켰다. 조선교육회의 이상재 선생이 주도해 전국적인 모금 운동을 벌였으나 일제가 경성제국대학(서울대)을 설립하면서 방해해 결국 실패로 돌아갔다.

• **산미증식계획(1920~1934)** ★★

일본은 도시화로 도시 노동자들의 식량이 부족해지자 조선에서 생산되는 쌀(산미)의 양을 늘려(증식) 일본으로 가져가려는 계획을 세웠다.

수리 조합비·비료대금 등 비용은 조선인이 내야했으므로 조선인 농민들의 삶이 궁핍해졌지만 일부 조선인 지주는 산미증식계획을 이용해 토지를 넓히기도 했다. 조선에서 생산되는 쌀이 대량으로 일본으로 넘어가면서 조선의 백성들이 먹을 것이 부족하게 되자 일제는 만주에서 값싼 조와 콩 등의 잡곡을 대량으로 들여와 조선인들이 굶어죽지 않고 목숨만 이어가게 했다.

1930년대 초반 조선과 대만에서 대량으로 들어온 쌀 때문에 일본 내 쌀값이 폭락해 오히려 일본 농민들이 피해를 보게 되자 산미증식계획은 끝이 났다.

• **카프(KAPF) (1925~1935)**

진보적인 조선 프롤레타리아 문학 단체

• **조선공산당(1925)**

화요회 중심 + 북풍회 + 상해파

★

조선공산당 창당을 계기로 일제는 사유 재산을 부정하고, 천황을 부정하는 사상범들을 탄압하기 위해 치안유지법(1925)을 제정

• **6·10 만세운동(1926)**

순종 장례일에 맞춰 만세를 외침

★★★ ★★

## 민족 유일당 운동 – 신간회(1927~1931)

• 사회주의 계열이 정우회 선언(1926)을 한 것을 계기로 창립 – "…민족주의적 세력에 대해서도 그것이 타락한 형태로 나타나지 않는 한 적극적으로 제휴해…"

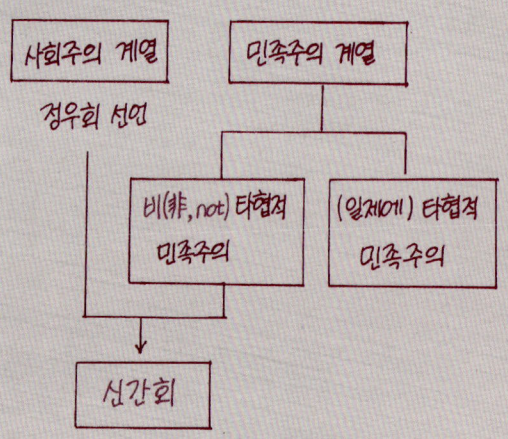

• 비타협적 민족주의와 사회주의 연합전선
⇒ 일제에 타협적인 민족주의 세력과는 함께 하지는 않았다.

**타협적 민족주의 = 자치론자 = 민족주의 우파**

6·10 만세운동을 준비하는 과정에서 사회주의 계열과 비타협적 민족주의 계열간의 민족 유일당 운동에 대한 공감대가 형성되었지만 신간회가 6·10 만세운동을 전개한 것은 아니었다. 6·10 만세운동은 신간회가 설립되기 전에 일어난 사건이다. 자주 출제되는 문장이다.

• 신간회 본부는 비타협적 민족주의 세력이 주류, 지회는 사회주의 세력이 대부분

• 총독부의 승인을 받은 합법적 단체

• 기회주의(개량주의)를 배격하고 자치론자를 비판

• 자매단체인 '근우회' 설립 – 김활란

• 노동쟁의, 소작쟁의 등 주도

• 이 외에도 최저 임금제를 주장했고, 동양척식주식회사의 폐지를 주장하며 일본인의 조선 이민을 반대했다. 조선인 위주의 교육을 주장했으며 여성에 대한 차별을 없애자는 주장도 했다.

• 활발한 활동을 하던 신간회는 조직 내부에서 차츰 타협적 민족주의 세력까지 끌어들이려는 움직임이 일어났다. 그러자 조직을 해산하자는 해소론이 등장했고 1931년 일제에 의해서가 아니라 자발적으로 해산했다.

---

 ★

## 광주학생 항일운동(1929)

일본인 남학생들이 조선인 여학생을 희롱한 것을 계기로 일본 학생과 조선 학생이 충돌했고 시민들까지 가담하면서 전국적으로 확대

**신간회는 광주학생 항일운동을 지원했고, 사건 보고를 위해 민중 대회를 계획했다.**

★

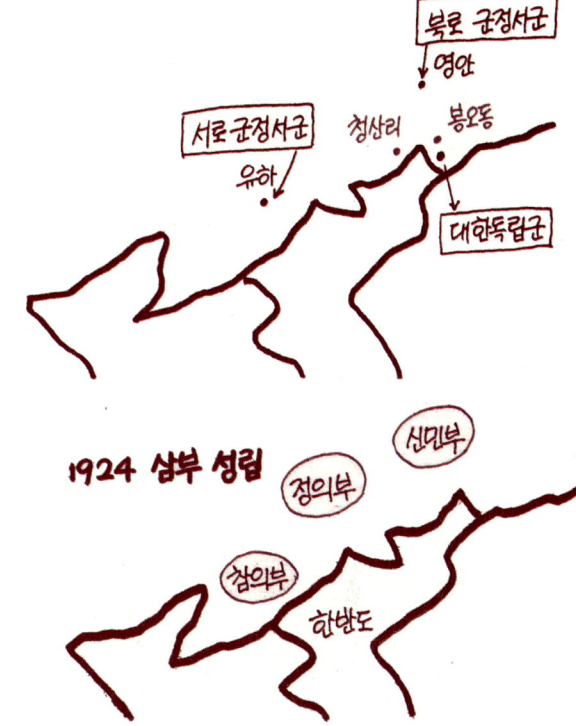

### • 1920년대 만주와 연해주 지역의 주요 사건
( * 순서가 중요)

| | | |
|---|---|---|
| 청산리 대첩 | 1920. 10. | • 북로군정서군(김좌진) + 대한독립군(홍범도) 연합 |
| 간도 참변 | 1920 | • 청산리대첩에 대한 일제의 보복으로 간도 용정촌에서 있었던 조선인 학살 |
| 대한독립 군단 결성 | 1920. 12. | • 간도 참변으로 타격을 입고 북만주 밀산부로 옮김<br>• 서일, 김좌진 |
| 자유시 참변 | 1921 | • 러시아 볼셰비키당과 연결된 이르쿠츠크파 고려공산당과 상해파(이동휘) 고려공산당의 대립<br>• 간도 참변으로 타격을 입고 연해주로 옮겨간 독립군 세력을 소탕해 달라는 일제의 요구를 받아들여 러시아 적색군이 독립군을 무장 해제 시킨 사건<br><br>🐦 자유시 참변은 독립군 내부의 갈등과 적색군에 대한 일제의 요구가 복합적으로 작용하여 발생했다.<br><br>🐦 하지만 독립군 내부의 갈등이 주원인이고 일제의 주도로 벌어진 사건은 아니라고 출제한 문제도 있으니 정답을 고를 때는 이런 부분을 감안해서 상대적으로 선택할 필요가 있다. |
| 삼부 성립 | 1924 | • 자치 정부의 성격<br>• 참의부, 정의부, 신민부<br>• 참의부: 임시정부의 직할(직접 다스리는)부대<br>• 삼부는 각각 입법부·행정부·사법부를 구성 |
| 미쓰야 협정 | 1925 | • 만주에서 활약하는 조선인 독립운동가를 잡으면 보상금 지급<br>• 총독부 미쓰야와 만주 군벌 장쭤린이 협정<br>• 독립군의 만주 활동에 큰 타격 |
| 국민부 | 1929 | • 참의부, 정의부, 신민부를 통합 |

• **중화학공업 육성** 부전강 수력발전(1926), 흥남 질소비료공장(1927)

• **남만주에서 조선혁명당 산하 조선혁명군 창설(1929)** – 만주사변 이전에 창설

• **조선일보의 문자 보급 운동(1929)**
조선인에게 가장 필요하고 긴급한 것은 지식 보급이며 간단하고 쉬운 문자의 보급은 민족 최대의 긴급 사안이다.

• **소작쟁의**
1923년 전라남도 신안군 암태도에서 일어난 암태도 소작쟁의에서는 조선인 지주 문재철을 상대로 소작료를 40%로 낮추는 성과를 올림

암태도 소작쟁의는 일본인 지주를 상대로 한 성과가 아니었음에 주의하자.

 소작쟁의는 소작인 조합을 중심으로 생존권을 보장해 달라는 투쟁에 그치는 경우가 많았다. 하지만 1930년대에는 적색 농민 조합을 중심으로 소작쟁의가 절정에 이르고 과격해진다.

**• 노동쟁의**

함경남도 원산에서 노동자 총파업(1929)이 벌어졌고, 1930년대에 노동쟁의는 절정을 맞는다.

### 67 기｜출｜응｜용｜문｜제

다음 민족 운동에 대한 설명으로 옳은 것은?

경찰은 이번 사건을 학생 간의 사소한 충돌을 이용한 일부 공산주의자 등의 선동의 결과로 돌리는 듯하다. 그러나 사건이 이같이 커진 것은 검찰이 일본인 학생을 석방하고, 조선인 학생 다수를 검거한 데 있다.

A. 도쿄에서 일어난 2·8 독립선언의 영향을 받았다.
B. 신간회의 지원을 받았다.
C. 광주에서 발생했다.
D. 이 사건 이후 신간회가 조직되었다.

① A, B ② A, C ③ B, C ④ B, D ⑤ C, D

### ③ 1930년대 주요 사건 (중일 전쟁 이전)

1930년대는 1937년 중일 전쟁을 기점으로 그 이전과 이후로 나누어 살펴볼 필요가 있다. 먼저 중일 전쟁 이전의 주요 사건에 대해 살펴보자.

**• 남면 북양 정책**

일제가 섬유 공업을 위한 질 좋은 원자재를 값싸게 조달하기 위해 조선의 남쪽에서는 목화(면)를 기르고, 북쪽에서는 양(sheep)을 길렀던 정책. 서양 여러 나라들에 비해 상대적으로 경쟁력이 약했던 일제의 섬유 공업은 식민지 조선에서 원자재를 싸게 들여오면서 가격 경쟁력을 확보할 수 있었다.

**• 동아일보의 브나로드 운동(1931)**

브나로드는 '민중 속으로'를 뜻하는 러시아어이다. 심훈의 소설 『상록수』에서 묘사했던 농촌 계몽 운동이 여기에 속함

• 조선어학회(1931) ★★

| 국문 연구소 (1907) | 지석영, 주시경 – 통일된 문자체계의 확립 |
|---|---|
| 조선어 연구회 (1921) | 가갸날(한글날) 제정 |
| 조선어학회 (1931) | 맞춤법 통일<br>표준어 제정<br>우리말 큰사전 준비<br>조선어학회 사건으로 해산(1942) |
| 한글학회 | 우리말 큰사전 편찬(1957) |

## 만주사변(1931)

1929년에 일어난 대공황으로 세계 경제가 갑자기 어려워지자 일제는 만주를 식민지화 하여 주요 자원과 군수 물자의 공급처로 삼으려는 계획을 세웠다.

일제 관동군은 유조구(류타오후)에서 일본 소유이던 철도를 일부러 파괴하는 자작극을 벌인 후 만주 군벌 장학량의 소행으로 몰아간다. 그런 후에 자국 시설물을 보호한다는 명목으로 만주를 점령하고 만주국이라는 괴뢰(꼭두각시) 정부를 세웠다.

장학량이 국제 사회에 일제의 만행을 알리자 일본은 국제 연맹을 탈퇴해 버리고 전체주의를 뜻하는 파시즘 체제로 전환했다.

파시즘은 국가를 최우선으로 하는 정치이념 또는 그 이념을 따르는 지배체제를 말한다. 제1차 세계대전에서 패한 이탈리아에서 혼란한 상황이 계속되자 무솔리니가 등

장해 파시스트당을 만든 것이 그 시작이다. 독일의 히틀러가 뒤를 이었고, 파시즘 체제에 일제가 가담하면서 제2차 세계대전을 일으킨 추축국이 완성되었다.(이탈리아, 독일, 일본)

### 한인애국단 (1931)

• 1931년 상하이에서 김구를 중심으로 조직

• 이봉창 – 천황 암살 미수(1932)
'불행히' 빗나갔다는 중국 언론의 보도 →
일본이 중국을 침략한 계기(상하이 사변)

• 윤봉길– 상하이 훙커우 공원에서 벌어진 일본 전승 기념식에 물통 폭탄, 도시락 폭탄을 숨기고 들어가 물통 폭탄을 던져 군 간부들을 살해. 중국 국민당 정부가 임시정부를 지원하는 계기가 됨(1932)

1919년 조직된 의열단 활동과 비교해서 정리해 두자.

• 농촌진흥운동(1932)

소작농들의 불만을 무마시키기 위해 스스로 일어서자는 자력 갱생을 강조한 운동

• 영릉가 전투(1932), 흥경성 전투(1932)

참의부·정의부·신민부를 통합한 국민부 인사들이 30년대 남만주에서 조선혁명당을 만들고 조선혁명군(1929)을 창설했다. 조선혁명군을 이끈 양세봉은 1930년대 초

반 중국 의용군과 연합해 일제와 영릉가, 홍경성 등에서 전투를 벌였다.

## • 쌍성보 전투(1932), 대전자 전투(1933)

북만주 지역에서 혁신의회가 조직한 한국독립당이 한국독립군(1931)을 만들었다. 지청천이 이끈 한국독립군은 중국 호로군과 힘을 합쳐 쌍성보, 대전자 등에서 일제와 싸웠다.

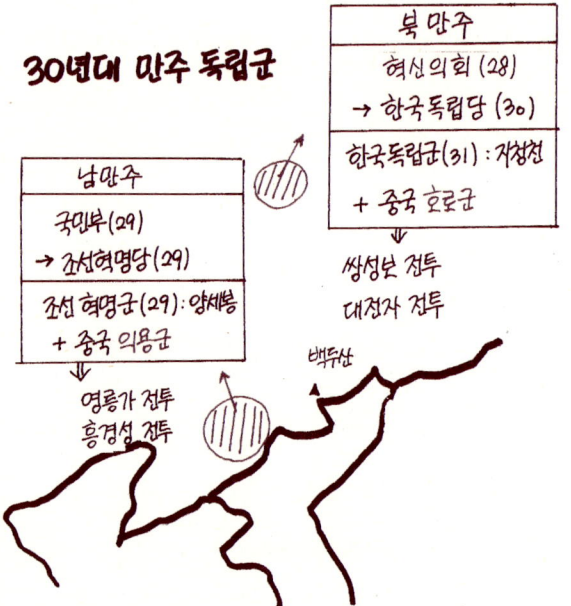

30년대 만주 독립군

남만주
국민부 (29)
→ 조선혁명당 (29)
조선 혁명군 (29) : 양세봉
＋ 중국 의용군

영릉가 전투
흥경성 전투

북 만주
혁신의회 (28)
→ 한국독립당 (30)
한국독립군 (31) : 지청천
＋ 중국 호로군

쌍성보 전투
대전자 전투

백두산

## • 조선학 운동(1934)

정인보, 안재홍 등 민족주의 세력이 주도한 학술 운동

## • 동북항일연군 결성(1936)

조선공산당과 중국공산당 그리고 만주 지역에서 활동한 민족주의자들이 사상과 관계없이 일제에 저항하기 위해 조직되었다. 동북항일연군에서 결성한 항일유격대가 한반도 내에 있는 보천보 전투에서 승리하면서 김일성이 유명해졌다.

**68** 기 | 출 | 응 | 용 | 문 | 제

다음 상황이 나타난 시기의 민족 운동으로 옳은 것은?

수리시설 확충과 토지 개량으로 미곡 생산량이 늘었지만 총수입은 생산 비용을 밑돌고 있었다. 그 결과 소지주 및 자작농이 몰락하고, 소작농이 농토에서 쫓겨나는 추세가 강화되고 있다. 소작농이 쫓겨나면 노동시장으로 가는 것이 보통이지만 재작년에 시작된 세계 대공황으로 인한 도시 소자본가들의 몰락은 장차 노동복을 입으려는 소작인의 앞길을 막고 있다.

① 조선공산당이 설립되었다.
② 회사령이 철폐되었다.
③ 원산에서 총파업이 일어났다.
④ 미쓰야 협정이 체결되어 독립운동가들이 타격을 입었다.
⑤ 동아일보에서 브나로드 운동을 실시했다.

## ④ 중일 전쟁 이후 민족 말살 정책

중일 전쟁이 일어나기 이전의 1930년대에 대해 살펴보았다. 이제부터는 1937년 중일 전쟁 이후부터 1945년 8월 15일 광복을 맞이하기까지 민족 말살 통치 시기에 대해 이야기해보자.

중일 전쟁 이후 일제는 조선 민족성을 완전히 말살하기 위해 일본과 조선이 하나라는 내선일체를 주장했다. 아울러 일본과 조선이 같은 조상을 가지고 있다는 일선동조론을 주장하기도 했다. 이는 조선을 완전히 일본으로 편입시키기 위한 정신 개조 작업이라고 볼 수 있다. 아울러 중일 전쟁 이후에는 조선을 전쟁에 필요한 보급을 담당할 병참기지로 만들기 위한 정책을 실시했다.

### • 중일 전쟁(1937)

만주사변 이후 국지적으로 전투를 벌이던 중국과 일본은 노구교 사건을 계기로 본격적인 전쟁에 돌입했다. 1937년 베이징 외곽에서 총성이 들린 후에 일본군이 실종되는 일이 있었는데 일제는 이를 구실로 노구교라는 다리를 점령하고 베이징을 공격하기 시작했다. 국민당과 공산당으로 나뉘어 싸우던 중국은 이를 계기로 국공합작을 맺고 본격적으로 일제와의 중일 전쟁에 돌입했다.

### • 국가 총동원법(1938)

'모든 것을 다 동원'

일제는 전쟁에서 이기기 위해 인적·물적 자원을 총동원하는 법령을 제정·공포했다.

### • 제3차 조선교육령(1938)

학교와 직장 등에서 황국 신민 서사를 외워서 낭송토록 강요했다.

### • 국민 징용령(1939)

일제는 전쟁 수행을 위해 조선인들의 노동력을 강제로 수탈했다. 많은 조선인들이 하시마 섬(일명 군함도) 등에서 열악한 대우를 받으며 일제의 전쟁 수행을 위한 작업에 동원됐다.

### • 창씨개명(1939)

조선인의 이름을 일본식으로 바꿔 일본 천왕의 신민으로 의식을 개조하려는 일제의 의도였다.

### • 보국대(1938)

국가 총동원법에 따라 여성과 학생, 농촌 노동력을 강제 동원하기 위해 조직됐다. 이때 일하기 편하도록 여성들에게 통이 넓고 헐렁한 일본 농촌 여성의 작업복인 '몸뻬' 바지를 입게 했다.

### • 산미증식계획 재개(1939)

일본 내 쌀값 폭락으로 중지되었던 산미증식계획을 다시 실시해 전쟁 수행을 위한 군량미로 사용하려 했다.

### • 한국광복군(1940)

임시정부 산하 한국광복군이 일본에 선전포고를 했다.

## 비슷한 명칭의 조직 정리

| 대한독립군 | • 이범석 – 봉오동 전투 |
|---|---|
| 한국독립군 | • 중국 호로군과 연합해 쌍성보 전투 등에서 일본군 격파<br>• 북만주 일대<br>(242쪽 참고) |
| 한국광복군 | • 대한민국 임시정부의 정규군 |
| 대한광복군 정부 | • 연해주의 권업회를 모체<br>• 이상설, 이동휘가 창설<br>• 임시정부 수립의 계기<br>(236쪽 참고) |

### • 한글 신문 강제 폐간(1940)

1940년 8월 동아일보, 조선일보가 강제 폐간됐다.

### • 국민학교령(1941)

소학교 대신 국민학교라는 명칭을 사용했다. 1996년 일제의 잔재를 청산하기 위해 초등학교로 명칭을 변경했다.

### • 태평양 전쟁(1941)

천연 자원이 풍부한 동남아시아를 식민지로 경영하려는 일본의 계획이 미국에 의해 난관에 부딪히자 일본이 미국 하와이의 진주만을 선전 포고도 없이 기습해 일어난 전쟁이다.

### • 조선어학회 사건(1942)

우리말 큰사전 편찬을 준비하고 있던 조선어학회를 일제가 독립운동 단체로 조작해 치안유지법으로 기소한 사건이다. 이 사건으로 인해 조선어학회는 해산되었다.

### • 제4차 조선교육령(1943)

제3차 조선교육령에서 선택 과목이었던 조선어 과목이 아예 폐지됐다.

### • 학도 지원병제(1943), 징병제(1944)

전쟁이 막바지에 이르자 조선인 청년들을 닥치는 대로 전쟁터에 끌고 갔다.

### • 정신대 근로령(1944)

여성 조선인들의 노동력을 강제로 수탈하기 위한 법령. 많은 조선 여성들이 미쯔비시와 같은 공장 등에서 일했으나 이 중 몇몇은 위안부로 동원되어 성적 자기 결정권을 박탈당한 채 육체적·정신적으로 견디기 힘든 고통을 받았다.

**69 기|출|응|용|문|제**

다음 사건이 있었던 시기 일제가 실시한 정책으로 옳은 것은?

**총독부의 신문통제 방침에 따라 동아일보와 조선일보가 폐간되었다.**

① 조선교육령이 처음 발표되어 일본어가 보급되었다.
② 조선 태형령을 실시했다.
③ 신문지법을 공포해 검열을 강화했다.
④ 데라우치 총독에 의해 무단통치가 실시되었다.
⑤ 치안유지법을 적용해 조선어학회를 해산시켰다

## ⑤ 대한민국 임시정부

대한민국 임시정부는 1919년 3·1 운동을 계기로 상하이에서 수립되었다.

임시정부의 정규군이었던 한국광복군이 상하이가 아닌 충칭에서 조직됐다는 사실을 잘 알아둬야 한다.

연해주에 있던 대한국민의회와 한반도 내에 있던 한성정부 그리고 상하이 임시정부가 한성정부의 정통성을 계승하는 방식으로 통합을 이룬 형태였다.

임시정부는 삼권 분립에 기반한 공화국이었다. 신민회가 1907년 공화정 체제를 주장한 이후 공화국이 성립된 것은 우리나라 역사상 최초의 일이었다.

| 입법 | 의정원 |
|------|--------|
| 행정 | 국무원 |
| 사법 | 법원 |

임시정부는 1919년 기관지인 독립신문을 발간했다. 이는 독립협회가 발간한 독립신문과 구분해야 한다. 독립협회가 발간한 독립신문은 독립협회의 기관지가 아니었다.

임시정부는 연통제라는 비밀 행정조직망을 갖추고 있었다. 연통제를 통해 만주에 위치한 무역회사 이륭양행, 부산에 위치한 무역회사 백산상회로부터 군자금을 지원받았다.

### 이륭양행

아일랜드인 조지 쇼가 만주 단둥에 세운 무역회사이다. 조지 쇼는 자신의 조국 아일랜드가 영국의 식민 통치를 받고 있던 상황에서 비슷한 처지의 식민지 조선이 안타까워 임시정부의 교통국 역할을 수행했다.

아울러 군자금을 모집하기 위해 애국 공채를 발행하기도 했다. 이렇게 모은 돈은 연통제와 교통국을 통해서 임시정부로 전달되었다.

임시정부 초기에는 무장 투쟁보다 외교 활동에 주력한 경향이 있었다. 임시정부가 수립되기 전에 신한청년당에서 파리 강화 회의에 김규식을 파견했다. 임시정부 수립 이후에는 파리 위원부를 설치하고 김규식을 위원으로 임명했다. 미국에는 이승만을 위원으로 파견해 구미 위원부를 설치하고 외교 활동을 벌였다.

임시정부는 사료 편찬소를 두고 『한일 관계 사료집』을 간행했다. 1920년대 중반 남만주의 참의부를 직할 부대로 거느리기도 했고, 1930년대 초반에는 한인애국단을 조직해 이봉창·윤봉길 의사의 의거를 이끌어내기도 했다.

임시정부는 총 5차례의 개헌(헌법 개정)을 단

행했다. 각 시기별로 임시정부가 어떠한 모습을 보였는지 자세히 들여다보기로 하자.

1차 개헌에서는 이승만을 대통령으로 하는 대통령제를 채택했다. 하지만 이승만이 1919년 파리 강화 회의에서 미국 대통령에게 국제연맹이 우리나라를 위임 통치하는 의안을 제출한 사실이 알려졌다. 임시정부 내부에서는 한바탕 소동이 벌어졌고 대통령 이승만은 탄핵을 받아 물러나게 되었다.

임시정부 초기의 이런 혼란을 극복하기 위해 신채호의 요구로 국민대표회의(1923)가 개최됐다. 연해주 지역 대한국민의회 계열이었던 신채호, 문창범 등의 창조파는 기존 임시정부를 해체하고 새 정부를 만들자고 주장했던 반면 안창호, 이동휘 등의 개조파는 임시정부를 해체할 필요까지는 없으니 그냥 개편만 하자고 주장했다.

| 국민 대표회의 (1923) | 창조파 | 임정을 해체하고 다시 만들자 | 무장투쟁론 |
|---|---|---|---|
| | 개조파 | 임정을 개편하자 | 실력양성론 |
| | 임정 고수파 | 임정을 그대로 유지하자 | - |

갈등을 겪던 임시정부는 개조파와 창조파가 모두 임시정부를 떠나버리고 임정 고수파만 남게 되어 큰 위기를 맞게 되었다.

이렇게 해서 1925년 2차 개헌을 단행했다. 2차 개헌에서는 대통령이 아닌 국무령을 중심으로 한 내각책임제를 채택했다. 하지만 오래

가지 못하고 1927년 다시 개헌을 하게 된다. 1927년 3차 개헌에서는 국무령이 아닌 국무위원들이 집단을 이루어 통치하는 방식을 채택했다. 임시정부 역사상 가장 오랫동안 유지되었던 통치 방식이다. 이 시기는 임시정부가 이동하던 시기와도 맞물린다. 상하이에서 수립된 임시정부는 항저우→ 난징→ 우한 등을 거쳐 충칭으로 이동했다.

| 임시정부의 이동 | | | | | |
|---|---|---|---|---|---|
| 상하이 | 항저우 | 난징 | 우한 | …… | 충칭 |
| 1919 | 1932 | 1935 | 1937 | …… | 1940 |

충칭에 정착한 임시정부는 1940년 4차 개헌을 단행한다. 김구를 주석으로 하는 주석제를 실시하고, 조소앙의 삼균주의를 기본 이념으로 하는 임시정부 건국 강령을 공포한다.

| 삼균주의 | 정치 균등화 |
|---|---|
| | 경제 균등화 |
| | 교육 균등화 |

아울러 임시정부는 조선민족혁명당 산하의 조선의용대를 흡수해 지청천, 이범석이 이끄는 한국광복군을 창설(1940)하고 국내 진입 작전을 계획하기도 했다.

마지막으로 1944년 임시정부는 5차 개헌을 단행해 김구를 주석으로 하고, 김규식을 부주석으로 하는 주석-부주석제를 실시했다.

| 연도 | 개헌 | 통치 방식 | 중심 인물 | 활동지 |
|------|------|-----------|-----------|--------|
| 1919 | 1차 개헌 | 대통령 | 이승만 | 상하이 |
| 1925 | 2차 개헌 | 국무령 | 김구 | |
| 1927 | 3차 개헌 최장 기간 유지 | 국무위원 집단 | 국무위원 | (상하이, 난징) 계속 이동 |
| 1940 | 4차 개헌 | 주석 | 김구 | 충칭 |
| 1944 | 5차 개헌 | 주석 부주석 | 김구 김규식 | |

🔥 충칭으로 이동하는 과정
　　(단순히 참고만 해도 무방하다.)

국무위원 집단 통치 방식의 임시정부는 상하이에서 한국독립당(1930)을 조직했다가 임시정부에 반대하는 민족혁명당 세력이 빠져 나간 후 김구를 중심으로 난징에서 한국국민당(1935)을 조직한다. 무장 투쟁을 주장했던 한국국민당은 조선혁명당, 한국독립당과 합쳐 충칭에서 새로운 한국독립당(1940)을 설립했다.

표로 정리하면 아래와 같다.

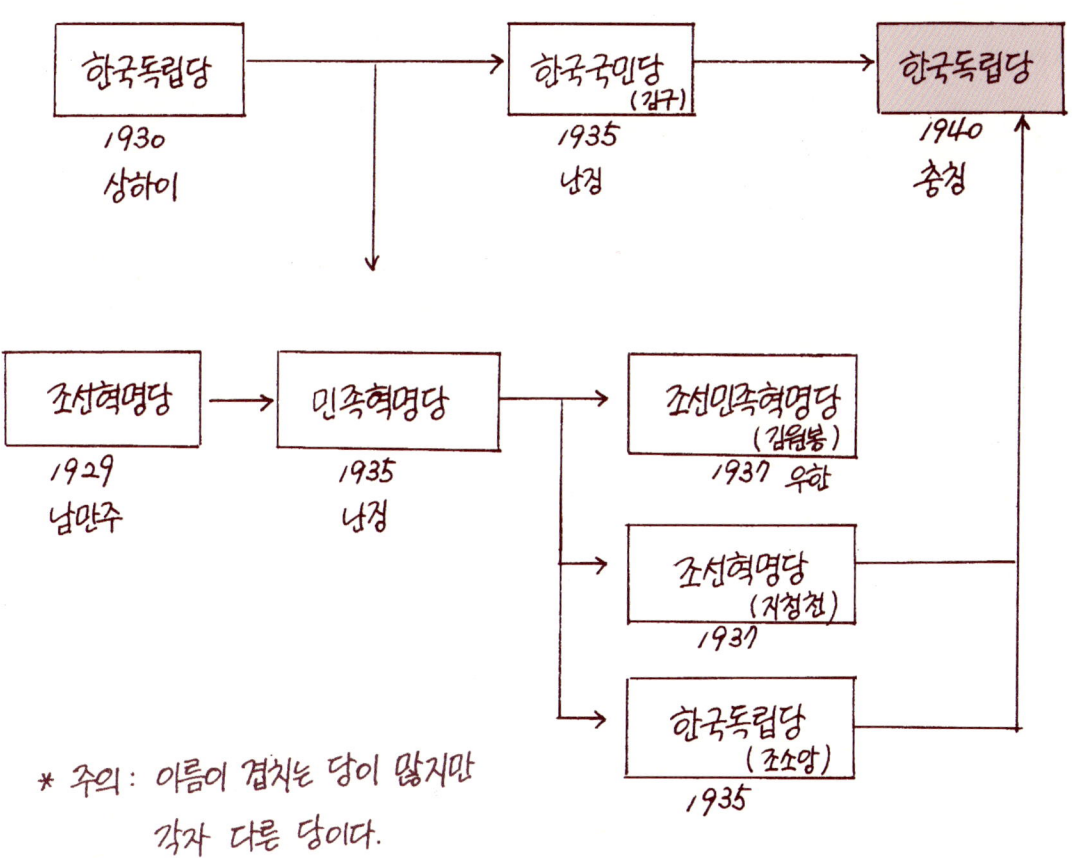

* 주의 : 이름이 겹치는 당이 많지만 각자 다른 당이다.

## 중국 관내 독립운동

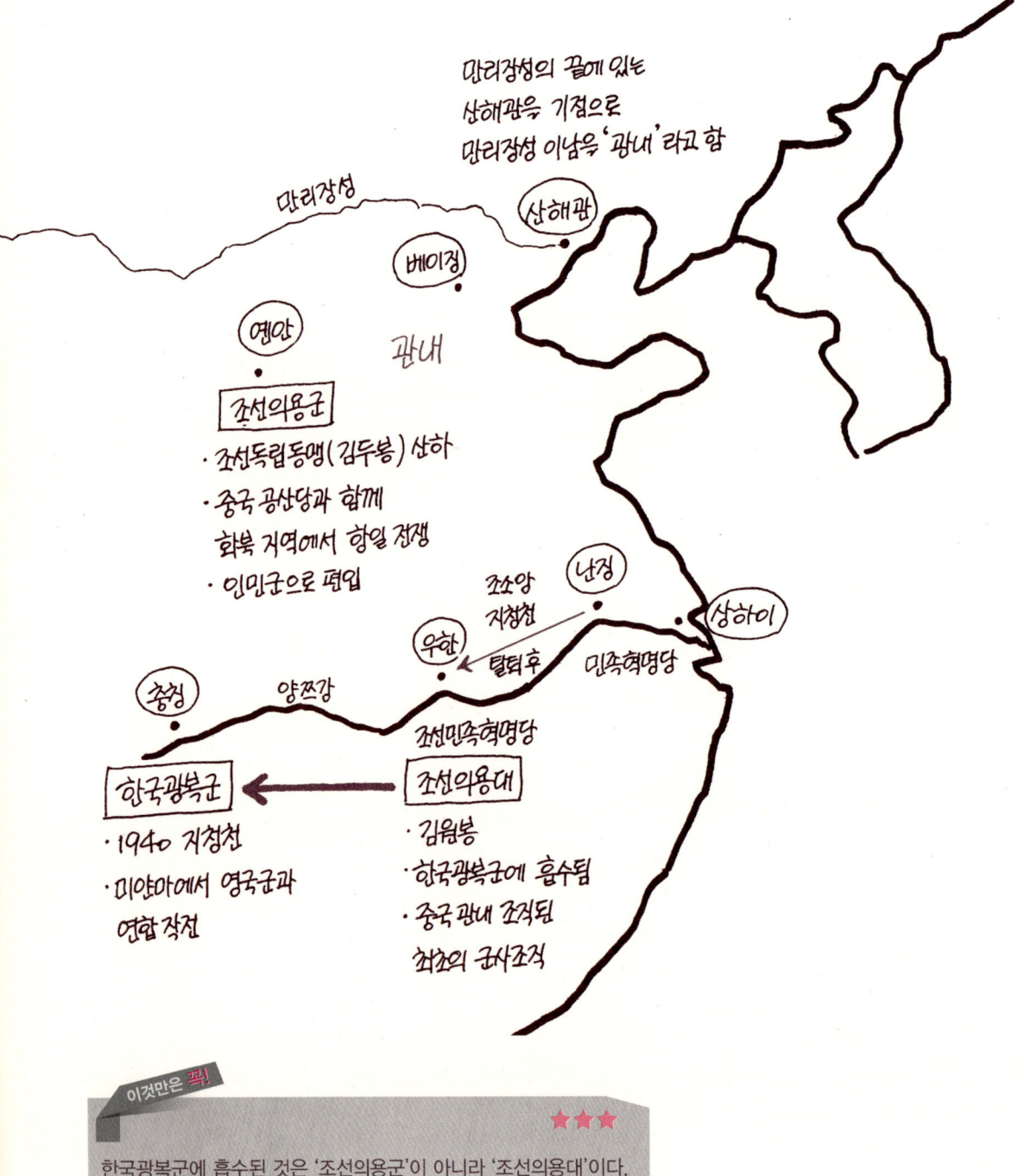

만리장성의 끝에 있는
산해관을 기점으로
만리장성 이남을 '관내'라고 함

만리장성

산해관

베이징

옌안

관내

**조선의용군**
· 조선독립동맹 (김두봉) 산하
· 중국 공산당과 함께
  화북 지역에서 항일 전쟁
· 인민군으로 편입

조소앙
지청천

난징

우한

탈퇴 후

상하이

민족혁명당

총칭

양쯔강

조선민족혁명당

**한국광복군** ← **조선의용대**
· 1940 지청천          · 김원봉
· 미얀마에서 영국군과   · 한국광복군에 흡수됨
  연합 작전            · 중국 관내 조직된
                       최초의 군사조직

이것만은 꼭!

★★★

한국광복군에 흡수된 것은 '조선의용군'이 아니라 '조선의용대'이다.

## 자주 출제되는 역사학자 정리

| | | |
|---|---|---|
| 박은식<br>(임정 대통령) | 유교구신론 | • 주자학과 양명학 모두 유교<br>• 양명학을 토대로 **대동사상** 주장 → 대동교 조직<br>• "유교가 민주적이고 평등한 종교로 거듭나야 한다" 주장 |
| | 한국통사 | • **"나라는 형(形), 역사는 신(神)"** – 나라는 없어질 수 있으나 역사는<br>　　　　　　　　　　　　　　　　　　없어질 수 없다.<br>• 민족사의 중요성 강조<br>• 통사(고통의 역사)는 쇄국정책에서부터 시작<br>• **혼백** 사상 강조 |
| | 한국독립운동지혈사 | – |
| 정인보 | 조선사연구 | • 광개토왕비문 연구　　• 고대사의 왜곡을 바로 잡음　　• **얼** 사상 |
| 신채호 | 조선상고문화사 | • **역사는 아(我)와 비아(非我)의 투쟁** → 문학화: 꿈하늘<br>• 대종교와 연결되는 전통적 민간 신앙에 관심<br>• **화랑**사상(낭가사상) 강조 |
| | 월남망국사 | • 번역 |
| | 을지문덕전, 최도통전 | • 영웅전기 저술　　• 최도통은 고려 최영 장군을 의미 |
| | 독사신론 | • 대한매일신보(1908)에 연재 |

 기|출|응|용|문|제

다음에서 밑줄 친 '이 회의'에 대한 설명으로 옳은
것은?

베이징 방면 인사는 분열을 통탄하며 통일을 촉진하
는 단체를 출현시키고, 상하이 일대 인사는 이를 고
려해 개혁를 제창하고 있다. 임시 의정원은 국민을
대표하여 정부를 감독하는 기관이지만 현재 그 자체
의 실권을 행사해 정부의 득실을 교정하고 시국의
문제를 해결하기 어려운 처지에 있다. …(중략)… 근
본적 대개혁으로서 통일적 재조를 꾀하여 독립 운동
의 신국면을 타개하려고 함에는 다만 민의뿐이므로
우리 국민은 노력 분투하지 않으면 안 된다. 이에 <u>이</u>

<u>회의</u>의 소집을 제창한다.

A. 임시정부 초기 혼란을 수습하기 위해 신채호의
　요구로 소집되었다.
B. 삼균주의를 바탕으로 한 건국 강령을 채택했다.
C. 안창호, 이동휘 등은 임시정부를 해체할 것을 주
　장했다.
D. 신채호 등 창조파는 임시정부를 해체할 것을 주
　장했다.

① A, B ② A, C ③ A, D ④ B, D ⑤ C, D

# 6 현대

1 광복 전후의 역사

2 대한민국 정부 수립과 제헌의회

3 헌법 개정과 각 공화국의 특징
   ① 제1공화국과 한국전쟁
   ② 제2공화국과 '5·16'
   ③ 제3공화국
   ④ 제4공화국
   ⑤ 제5공화국
   ⑥ 제6공화국

4 대한민국의 경제 발전

5 대한민국 현대사 연표

1945년 광복 이후의 역사를 현대사라고 한다. 한국의 독립을 처음 논의한 것은 카이로 회담이었다. 이후 포츠담 회담에서는 한국의 독립을 재확인했다. 광복과 함께 여운형은 건국준비위원회를 창설하고 조선인민공화국을 선포했으나 맥아더 장군은 일반명령 1호를 발표해 건국준비위원회와 조선인민공화국을 부정하고 미 군정청을 설치했다.

카이로 선언의 원칙을 실현하기 위해 미국, 영국, 소련의 외무부 장관들이 모스크바에 모여 모스크바 3상회의를 열고 한반도에 대한 4개국(미국, 영국, 중국, 소련) 신탁통치를 결정했다. 이에 신탁통치를 반대하는 반탁 운동이 거세게 일어났지만 좌익 세력은 찬탁으로 전환했다. 이후 모스크바 3상회의의 결정에 따라 제1차 미·소 공동 위원회가 설치되었지만 미국과 소련의 견해 차이로 인해 결렬됐다. 이승만은 남한만의 단독 정부를 설치하자는 '정읍발언'을 했고 중도 우파와 중도 좌파 지도자들을 중심으로 좌우합작의 움직임이 펼쳐졌다.

하지만 제2차 미·소 공동 위원회가 결렬되면서 한국 문제는 UN으로 넘어갔고, UN 소총회의 결정에 따라 1948년 5월 10일 남한에서만 총선거가 이뤄졌다. 남한만의 총선거를 통해 구성된 제헌의회에서는 동년 7월 17일 제헌헌법을 공포한 후 이승만을 대통령으로 선출했다. 그리고 1948년 8월 15일 대한민국 정부가 수립됐다. 제헌의회는 반민족행위 처벌특별법을 제정했고, 유상매수·유상분배를 기초로 한 토지 제도의 개혁을 위해 농지개혁법을 제정했다.

1950년 6월 25일 북한의 남침을 시작으로 발발한 한국전쟁은 1953년 판문점에서 UN측 대표와 북한 및 중국측 대표가 정전협정에 서명하면서 종전이 아닌 정전(휴전) 상태로 오늘날에 이르고 있다.

장기 집권을 꿈꿨던 이승만 정부가 4·19 혁명으로 막을 내리면서 장면 내각이 들어섰으나 박정희를 중심으로 '5·16'이 일어나 군정이 실시되었다. 박정희 정부는 경제개발 5개년 계획을 실시하는 등 경제 재건을 위해 노력했지만 유신헌법으로 개헌함으로써 장기 집권을 도모했다는 비판도 함께 받는다. 박정희 대통령이 시해된 이후 신군부 세력인 전두환 정부(5공화국)가 들어섰다. 하지만 간선제 헌법을 수호하겠다는 전두환 정부의 호헌 조치에 반발해 6월 민주항쟁이 일어났고 직접선거를 통해 노태우 대통령이 당선됐다. 노태우 정부(6공화국)는 소련, 중국과 수교를 맺는 북방 외교를 펼쳤다. 이후 김영삼 대통령의 '문민정부', 김대중 대통령의 '국민의 정부'를 거쳐 노무현 대통령의 '참여정부'가 들어섰고 이명박 정부와 박근혜 정부로 이어졌다.

대한민국은 1950년대 원조 경제를 기반으로 삼백 산업을 발전시켰고, 1960년대에는 경공업, 1970년대에는 중화학 공업을 중심으로 경제 성장을 이루었다. 1980년대에는 저금리, 저유가, 저달러의 3저 호황에 힘입어 무역 흑자를 기록했고 1988년 올림픽을 개최했다. 1997년 IMF 외환 위기를 잘 극복하고 2002년 한·일 월드컵을 공동 개최했다.

# 1 광복 전후의 역사

일본이 일으킨 태평양 전쟁의 막바지였던 1945년 미국은 원자폭탄을 히로시마(8월 6일)와 나가사키(8월 9일)에 투하한다. 그 가공할 파괴력에 일본은 무릎을 꿇었고, 우리 민족은 1945년 8월 15일 꿈에 그리던 광복을 맞이하게 된다.

사실 제2차 세계대전 종식 후의 문제를 논의하기 위한 회담은 독일, 이탈리아, 일본의 패색이 짙어지기 시작할 때부터 이루어지고 있었다. 그중 한국의 독립 문제에 대한 논의는 1943년 11월 카이로 회담에서 처음으로 이루어졌다. 미국·영국·중국 3국의 정상이 이집트 카이로에서 모여 제2차 세계대전 종식 후의 문제를 논의했다. 중국의 장제스는 한국을 즉시 독립시켜야 한다고 주장했지만 미국의 루즈벨트와 영국의 처칠은 적당한 시기에 한국을 독립시키겠다는 미온적인 반응을 보였다.

구체적인 논의가 오가진 않았지만 한국의 독립 문제가 논의되었고 어떠한 형태로든 한국의 독립을 보장했다는 점에서 제1차 카이로 회담은 큰 의의를 가진다. 카이로 회담 후 발표된 선언문은 다음과 같다.

일본은 폭력과 탐욕으로 약탈한 다른 일체의 지역으로부터 축출될 것이다. 미국·영국·중국은 한국민의 노예 상태에 유의해 적당한 절차(in due course)를 거쳐 한국이 자유롭고 독립적인 상태가 되어야 한다고 결의한다.

★★

위의 선언문 중 적당한 절차(in due course)라는 표현이 제1차 카이로 회담을 상징하는 가장 대표적인 표현이다. 이 표현을 기억해두었다가 시험 문제에 대처해야 할 것이다. 한편 이후에 설명할 다른 회담들은 미국·영국·소련의 정상이 모여서 논의한 회담이지만 카이로 회담은 미국·영국·중국의 모임인 것도 주목해야 한다. 즉 카이로 회담에 소련은 참가하지 않았다.

카이로 회담 후 이란의 테헤란에서는 미국·영국·소련의 정상이 모여서 유럽 동부 전선에서 소련이 독일을 압박하는 문제에 대해 논의한 테헤란 회담이 열렸다. 테헤란 회담이 끝난 직후에는 카이로에서 제2차 회담이 열려 터키가 연합국에 참전하는 문제를 논의했다.

테헤란 회담과 제2차 카이로 회담은 우리나라와는 별로 상관없는 내용들이니 순서 정도만 기억하고 있으면 충분하다.

2년 후, 1945년 2월 우크라이나 얄타에서 미국·영국·소련의 정상이 다시 모였다. 얄타 회담에서는 독일 항복 후의 독일에 대한 연합국의 분할 점령을 논의했고, 유럽 동부 전선을 맡았던 소련이 일본과의 극동전에 참여할 것을 결의했다. 아울러 패배한 추축국(독일·이탈리아·일본)이 점령했던 지역은 임시 정부를 구성한 후 자유 선거를 통해 정부를 수립하기로 의견을 모았다. 얄타 회담에서는 한반도를 위도 38°를 기준으로 남북으로 분할해 점령하기로 하는 결정을 했다.

마지막으로 1945년 독일의 포츠담에서는 미국·영국·소련의 정상이 모여 한국의 독립을 재확인하는 포츠담 회담이 있었다. 이상의 회담을 정리하면 다음과 같다.

| | |
|---|---|
| **제1차 카이로 회담**<br>(1943.11) | • 적당한 절차(in due course)로 한국의 독립 보장(미국·영국·중국 참가) |
| **테헤란 회담**<br>(1943.11) | • 소련의 유럽 동부 전선 참전 문제(미국·영국·소련 참가) |
| **제2차 카이로 회담**<br>(1943.12) | • 터키를 연합국에 참전시키려다 실패 |
| **얄타 회담**<br>(1945.2) | • 미국·영국·소련 참가<br>• 독일의 분할 점령<br>• 패전국과 그 점령국은 임시정부 구성하고 자유 선거 통해 정부 수립<br>• 소련의 극동전(일본과의 전쟁) 참전<br>• 한반도 38선 분할 점령 |
| **포츠담 회담**<br>(1945.7) | • 미국·영국·소련 참가<br>• 한국 독립의 재확인 |

소련은 소비에트(soviet) 연방을 줄인 말이다. 제2차 세계대전 후 소련은 미국과 함께 세계 초강대국의 지위를 누리며 냉전 시대를 이끌었다. 소련이 해체된 후 러시아를 중심으로 한 독립국가연합(CIS)으로 이어졌다.

광복을 맞이한 후 한반도 내에서 벌어진 주요 사건들에 대해 알아보도록 하자. 광복 직후인 1945년 9월 2일 미국의 맥아더(D. MacArthur) 장군이 일반명령 제1호를 발표해 일본의 육·해군은 북위 38도 이북의 조선에서 소련 극동군 최고사령관에게 항복하며 북위 38도 이남의 조선에서는 태평양 지역 미군 총사령관에게 항복한다고 규정했다. 이후 대한민국의 임시정부, 건국준비위원회, 조선인민공화국 등 모두를 부정하고 미 군정청을 설치했던 것이다.

| 건국준비위원회(1945.8.15~9.7) | |
|---|---|
| **강령** | ① 우리는 완전한 독립 국가의 건설을 기한다.<br>② 우리는 전 민족의 기본 요구를 실현할 수 있는 민주주의 정권의 수립을 기한다.<br>③ 우리는 일시적 과도기에 국내 질서를 자주적으로 유지해 대중 생활의 확보를 기한다. |
| **요구 사항** | • 정치범 즉시 석방할 것<br>• 서울에 3개월 분량 식량 확보해줄 것<br>• 치안 유지·건설 사업에 대해 간섭하지 말 것<br>• 학생의 훈련과 청년의 조직에 간섭하지 말 것<br>• 전 조선의 노동자들을 우리 건설 사업에 협력시키며 아무런 괴로움을 주지 말 것 |
| **특징** | • 일제 타도, 민주 국가 건설을 주장한 조선건국동맹(1944)을 모체로 창설<br>• 위원장: 여운형<br>• 부위원장: 안재홍(탈퇴)<br>• 송진우 등 우익 인사들은 건국준비위원회 외면<br>• 태평양 전쟁에서 패배할 기미가 보이자 아베 총독은 일본인들의 안전한 귀국을 책임질 치안 조직이 필요했고, 총독의 지시를 받은 엔도 정무총감이 조선인 민족 지도자들에게 협상을 제안했다. 여운형은 위에서 기술한 주장을 내세우며 일본의 제안을 수락하고 치안대를 조직했다.<br>• 현재의 강남으로 이전하기 전 창덕궁 옆에 있던 휘문고 교정에서 여운형이 건국준비위원회 조직을 알리는 연설을 했다.<br>• 9월 6일 대표자 회의에서 조선인민공화국을 선포한 후 9월 7일 건국준비위원회를 해체했다. |

**특징**

- 하지만 10월 미 군정청은 건국준비위원회가 선포한 조선인민공화국에 대한 승인을 거절했고 조선인민공화국은 자연스럽게 해체

여운형을 중심으로 조직된 건국준비위원회는 조만식이 조직한 평남건국준비위원회와 구분해야 한다.

**조만식**

- 평양에서 물산장려운동 실시
- 북한 지역에서 평남건국준비위원회를 결성
- 45년 11월 조선민주당을 창당해 공산당에 반대하고, 신탁통치에 반대하는 반공·반탁 운동 전개
- 소련 군정청과 공산주의자들의 감금·협박
  → 제자들이 월남(남한으로의 도피)을 권유했지만 거절
- 한국전쟁 때 공산당에 의해 평양에서 처형

### 모스크바 3상회의 결정서

① 조선을 독립국가로 재건설하며…조선의 공업·교통·농업과 조선 인민의 민족문화의 발전에 필요한 모든 시책을 취할 임시 조선 민주주의 정부를 수립한다.

② 조선 임시정부 구성을 원조할 목적으로 먼저 …공동 위원회가 설치될 것이다. 그 위원회는 조선의 민주주의 정당 및 사회단체와 협의해야 한다. …

③ …조선 국가독립의 수립을 원조 협력 후견할 방책을 작성할 것도 또한 임시 조선 민주주의 정부 및 조선 민주주의 단체의 참여하에 공동 위원회가 수행할 과업이다.

공동 위원회의 제안은 최고 5개년 기간의 4개국 후견의 협약을 작성하기 위해…임시 조선 정부와 협의한 후 제출되어야 한다.

④ …2주일 이내에 조선에 주둔하는 미·소 양군 사령부 대표로서 회의를 소집한다.

- 소련의 한반도 독식을 염려한 미국의 신탁통치안과 소련의 즉시 독립안이 절충된 형태이다.
- 미·소 공동 위원회에서 미국은 표현의 자유를 내세워 모든 단체의 회담 참여를 주장했다.
- 우익(반탁)과 좌익(반탁에서 찬탁으로 태도 전환)은 입장이 달랐다.

※ 좌익도 처음부터 찬탁한 것은 아니라는 것에 주의

- 조선공산당은 모스크바 3상회의를 지지하는 시위를 벌이기도 했다.

1945년 12월 모스크바에서는 카이로 선언의 원칙을 실행하기 위해 미국·영국·소련의 3국 외무부(외교부)장관들이 모였다. 모스크바 3상회의에서는 한반도에 대한 4개국(미·영·중·소) 신탁통치를 결정했다. 이에 국내에서는 신탁통치에 반대하는 반탁 운동이 거세게 일어났다.

1946년 3월에는 모스크바 3상회의 결정서에 따라 미·소 공동 위원회가 설립되었지만 양국 간의 의견 차이만 확인한 채 결렬되고 말았다.

1946년 6월에는 임시정부의 대통령을 지낸 이승만이 움직이기 시작했다. 이승만은 전라북도 정읍에서 남한만의 단독 정부를 설치하자는 소위 '정읍발언'을 했다.

46년 10월에는 이념적으로 대립하던 우리나라 지도자들이 좌우 합작 7원칙을 발표했다. 좌우 합작 7원칙에 대해 살펴보자.

| 좌파 | 중도 좌파 | 중도 우파 | 우파 | | |
|---|---|---|---|---|---|
| 박헌영 | 여운형 | 안재홍,<br>김규식 | 김구 | 이승만 | 송진우,<br>김성수 |
| 조선<br>공산당 | 조선<br>인민당 | 국민당 | 한국<br>독립당 | 독립<br>촉성중앙<br>협의회 | 한국<br>민주당 |
| | └ 좌우 합작 ┘ | | | | |

### 좌우 합작 7원칙

1. 모스크바 3상회의 결정에 의해 좌우 합작으로 임시정부를 수립할 것

2. 미·소 공동 위원회의 속개를 요청하는 공동 성명을 발표할 것

3. 몰수 또는 조건부 몰수 등으로 농민에게 토지를 무상으로 분여하고, 중요 산업은 국유화하며, 지방자치제의 확립을 신속히 실시하여 민주주의 건국과업 완성에 매진할 것

4. 친일파 및 민족 반역자를 처리할 조례를 좌우 합작 위원회에서 입법기구에 제안해 입법기구로 하여금 심리·결정하게 할 것

5. 정치범 석방과 테러 행위의 중단을 위해 노력할 것

6. 좌우 합작 위원회에 의해 입법기구의 구성방법·운영 등을 작성·실행할 것

7. 언론·출판·집회·결사의 자유 등을 절대적으로 보장할 것

좌우 합작 위원회는 남한만의 단독 정부 수립에 반대하고 휴회된 미·소 공동 위원회의 속개를 요구했다. 하지만 좌파는 토지의 유조건 몰수가 지주의 이익을 대변하는 것이라며 반대 입장을 보였고, 우파는 토지 무상 분배에 거부감을 보이며 좌우 합작 7원칙에 반대했다. 김구 역시 이 7원칙에 찬성하기는 했지만 좌우 합작 위원회에는 참여하지 않았다.

> 좌우 합작 위원회는 모든 좌파, 우파가 참여한 조직은 아니었다. 중도 우파와 중도 좌파를 중심으로 좌우 합작에 대한 논의가 오고 갔다.

여운형이 암살당하고, 냉전의 시작을 알린 트루먼 독트린(1947)이 선언된 후 미 군정청 역시 좌우 합작 위원회에 대한 지지를 철회하면서 좌우 합작 위원회는 실패로 끝나고 말았다.

### 🐦 트루먼 독트린

독트린(doctrine)은 원칙을 뜻한다.

제2차 세계대전이 끝난 후 소련과 지리적으로 가까웠던 지중해 연안 국가들이 공산주의의 영향 아래 놓일 위기에 처하게 되자 그리스와 터키는 미국에게 경제 원조를 요청한다. 트루먼 대통령은 이들 나라가 공산주의화 되는 것을 막기 위해 미국 의회에서 자유를 억압하는 세력들로부터 자유를 지켜내는 것이 중요하다

는 연설을 실시한다.

이 연설을 계기로 미국과 소련을 중심으로 하는 민주주의와 공산주의 간의 냉전(cold war, 무기를 사용하지 않는 이념의 전쟁)이 시작되었다. 이를 트루먼 독트린이라 부른다.

1947년 5월에는 휴회되었던 미·소 공동 위원회가 재개되었다. 하지만 제2차 미·소 공동 위원회 역시 소득 없이 끝나고 말았다. 이에 미국은 한국 문제를 UN(국제연합)으로 이관하게 된다. 이관이란 관할을 옮긴다는 뜻이다.

한국 문제를 이관 받은 UN은 선거를 통해 독립 정부를 수립할 것을 총회 의결로 결정했다. 하지만 소련이 다시 이를 반대하고 나서면서 1948년 2월 UN 소총회에서는 남북한에서 동시에 선거를 치르는 것이 불가능하다면 UN 위원단의 활동이 가능한 지역에서만이라도 선거를 실시해야 한다는 결정을 내렸다. 이같은 결정에 분단의 위기를 느낀 김구와 김규식은 북측에 남북 지도자 협상을 제안했다.

### 김구 '삼천만 동포에게 읍고함(울면서 고함)'

조국이 있어야 한국 사람이 있고, 한국 사람이 있어야 민주주의도 공산주의도 무슨 단체도 있을 수 있는 것이다. … 나의 유일한 염원은 삼천만 동포가 다 손을 잡고 통일된 조국의 달성을 위해 공동 분투하는 것 뿐이다. … 나는 통일된 조국을 건설하려 38도선을 베고 쓰러질지언정 일신의 안일을 위해 단독 정부를 세우는 데는 협력하지 않겠다.

마침 북한에서도 김일성과 김두봉이 남북 연석회의를 제안했으므로 김구와 김규식은 평양을 방문해 남북 지도자 협상을 가졌다. 이들은 미·소 양군 철수에 관한 결의문을 채택했다. 하지만 냉전 체제에서 약소국인 우리 민족들끼리의 결의문은 큰 영향력을 행사하지 못했고 48년 5월 10일 결국 남한에서만 총선거가 이루어지게 되었다.

이상에서 살펴본 광복 직후 일련의 흐름을 표로 정리하면 다음과 같다.

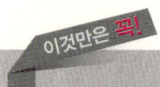

이것만은 꼭!

★★★

아래 표는 사건의 순서를 잘 알고 있어야 한다. 연도는 기억하지 않아도 좋다.
자주 출제되는 부분이니 반복해서 읽을 것을 권한다.

| 1945.12. | 모스크바 3상회의 – 신탁통치 결정 |
|---|---|
| 1946. 3. | 제1차 미·소 공동 위원회(결렬) |
| 1946. 6. | '정읍발언'(이승만) – 남한만이라도 정부든 위원회든 구성하자 |
| 1946.10. | 좌우 합작 위원회 구성 – 7원칙 발표 (김규식& 여운형)<br>① 남한만의 단독 정부 수립 반대<br>② 미·소 공동 위원회의 속개 요청<br>③ 미 군정청: 초기에는 지원했지만 나중에 지지 철회<br>④ 김구: 7원칙에 찬성했지만 좌우 합작 위원회에 참여하지는 않음<br>⑤ 한국민주당, 조선공산당: 좌우 합작 7원칙에 반대 |
| 1947. 3. | 트루먼 독트린 (냉전의 시작) |

| 1947. 5. | 제2차 미·소 공동 위원회(결렬) |
|---|---|
| 1947. 9. | 한국 문제의 UN 이관 |
| 1948. 2. | UN 총회 결의 – 선거를 통한 독립 정부 수립 |
| 1948. 2. | UN 소총회 결의 – UN 임시 위원단이 입국할 수 있는 남한만이라도 선거 |
| 1948. 3. | 김구·김규식 – 남한만의 5·10 총선거 반대 →남북한 지도자 간 협상 제안 김일성·김두봉과 함께 평양에서 미·소 양군 철수에 관한 결의문 채택 |
| 1948. 5. | 남한에서만 5·10 총선거 실시 |

 ## 이승만과 김구

| 이승만 | • 남한만이라도 임시정부 혹은 위원회를 설치해 38도선 이북에서 소련이 철회하도록 세계 공론에 호소해야 할 것(정읍발언) • 임시정부 구미위원회를 설립해 외교 활동 |
|---|---|
| 김 구 | • 나는 통일된 조국을 건설하려 38도선을 베고 쓰러질지언정 일신의 구차한 안일을 위해 단독 정부를 세우는 데는 협력하지 않겠다. • 5·10 총선거에 참여하지 않았기에 제헌의회에 참여하지 못함 따라서 반민족행위 특별조사위원회(반민특위)에 직접 참여하지 못함 ※ 대통령 선거에는 참여했다는 점에 주목 |

**공통점**

**모스크바 3상회의 결정에 반대 → 신탁통치 반대**

남한만의 총선거에 반대해 제주도에서는 1948년 4·3 사건(항쟁)이 발생했다. 이에 대한 진압을 명령 받은 여수와 순천의 군인들은 같은 민족에 대한 진압 명령을 거부하면서 전라남도 일대를 점령했다. 여수·순천 반란 사건을 계기로 이승만 정권은 48년 12월 국가보안법을 제정하고 반공 체제를 더욱 다져나가게 되었다.

 **71** 기|출|응|용|문|제

다음 (가), (나)에 대한 설명으로 옳은 것은?

지난 3월 개막된 (가)는 임시정부 수립을 위해 토의를 거듭해 공동성명을 일곱 차례 발표했다. 특히 제5차 공동성명에서는 조선의 민주주의 정당 및 사회 단체와 협의할 구체적 방법을 명시해 임시정부 수립의 앞길이 밝았다. 그러나 (나)의 결정을 지지하는 정당 및 사회 단체만 임시정부 구성에 참여할 수 있다는 주장과 반탁 단체에도 표현의 자유가 보장되어야 한다는 주장이 팽팽하게 맞서 결론을 내리지 못한 채 중단되고 말았다.

A. (가)에서 미국은 표현의 자유를 내세워 모든 단체의 참여를 주장했다
B. 시간 순서는 (가)→(나)이다.
C. (나)에는 미국, 중국, 소련의 외교 대표가 참석했다.
D. (나)에서 한반도에 대한 4개국 신탁통치가 결정되었다.

① A, B ② A, C ③ A, D ④ B, D ⑤ C, D

## 2 대한민국 정부 수립과 제헌의회

남한만의 5월 10일 총선거를 통해 제헌(헌법을 제정)의회가 구성되었다. 제헌의회는 1948년 7월 17일 헌법을 공포했고 간접선거를 통해 이승만을 대통령으로, 이시영을 부통령으로 선출했다. 그리고 8월 15일 드디어 대한민국 정부가 수립되었다.

제헌의회는 곧장 친일파를 청산하기 위한 반민족행위 처벌특별법을 제정(1948)했다. 민족에 반하는 행위를 일삼은 자들을 처단하려 했으나 여전히 만만찮은 세력을 가지고 있던 친일파들의 반대에 부딪혔다.
1949년 국회의원 10여 명이 UN 한국위원단에 외국군 철수에 관한 의견을 제출했다가 남조선 노동당의 사주를 받은 국회 프락치로 몰려 재판을 받았다. 이를 국회 프락치 사건이라 한다.

🌺 남조선 노동당이란 현재 북한의 최고 권력 기관인 북조선 노동당의 창설에 발맞춰 남한에서 박헌영 계열의 조선공산당이 조직한 정당을 말한다.

국회 프락치 사건을 계기로 친일파를 처벌할 수 있는 반민족행위 처벌특별법의 공소시효가 1949년 8월까지로 단축되는 개정안이 통과되었다.

이는 친일파들의 과거 행적을 밝히고 그들을 처벌할 수 있는 시간 자체가 부족해졌다는 것을 의미했다. 이로써 반민족행위 특별조사위원회는 친일파를 청산하는 성과를 거두지 못한 채 해체되었다.

🌺 일제 강점기를 막 벗어난 직후라 경찰 조직 내부의 친일파 청산이 미흡했고, 1949년에는 경찰이 반민특위(반민족행위 특별조사위원회)를 습격하는 일도 있었다. 정권의 기반이 약했던 이승만 정권은 반공(공산주의에 반대)을 내세워 반민특위를 탄압하면서 자신의 세력 기반을 지키려고 했다.

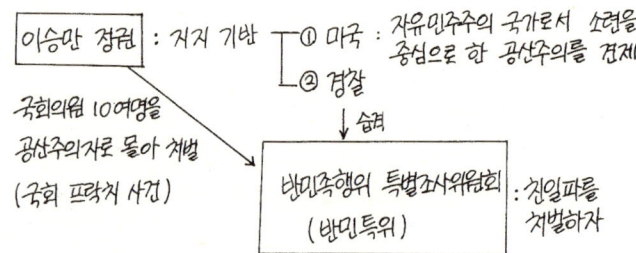

제헌의회는 농지개혁법(1949)을 제정했다. 일제와 친일파가 가지고 있던 토지를 몰수해서 다시 우리 국민들에게 불하하는 문제는 대한민국 토지 제도의 근간을 형성하는 아주 중요한 문제였다. 북한은 무상몰수·무상분배를 주장했고 남한은 유상매수·유상분배를 주장했다. 북한에서 먼저 무상몰수·무상분배를 기초로 토지 제도의 개혁을 단행했다. 이어 남한에서도 유상매수·유상분배를 기초로 토지 제도의 개혁을 단행했다. 토지 개혁을 가능하게 한 법은 바로 농지개혁법이다.

농가 1가구당 소유할 수 있는 농지의 한도를 5정보로 했던 북한과는 다르게 우리의 농지 개혁은 농가 1가구당 3정보로 소유를 제한했다. 우리나라의 경우 임야와 산림과 같은 비경작지는 농지 개혁의 대상에서 제외한 것이 특징이다.

농지개혁법은 토지 자본을 산업 자본으로 전환하려는 의도가 깔려 있었다.

하지만 한국전쟁으로 인해 인플레이션(물가 상승)이 심화되자 지주들은 지가증권을 헐값에 팔아버려 결국 산업 자본으로의 전환은 실패하고 말았다.

하지만 농지개혁법은 지주 중심의 토지 구조를 자영농 중심으로 전환시켰고, 대한민국의 공산화를 방지하는 데에도 일정 부분 기여했다.

**72** 기|출|응|용|문|제

대한민국의 농지개혁법에 대한 설명으로 옳지 않은 것은?

A. 미군정 아래에서 실시되었다.
B. 임야와 산림 등 비경작지는 제외되었다.
C. 무상몰수, 무상분배가 원칙이었다.
D. 농가 1가구당 3정보로 소유를 제한했다.
E. 북한이 먼저 농지개혁을 단행했다.

① A, B  ② A, C  ③ B, C  ④ B, D  ⑤ C, E

# 3 헌법 개정과 각 공화국의 특징

대한민국 헌법은 오늘날까지 총 9차례 개정이 되었다. 짧은 역사에도 불구하고 9차례나 헌법을 개정했다는 것은 그만큼 우리 역사가 혼란스러웠음을 보여주는 대목이다.

이것만은 꼭! ★★

우리 현대사는 중요한 정치적 변화가 있었던 시기를 기준으로 편의상 제1공화국부터 제6공화국까지로 나눈다. 공화국의 분류와 헌법 개정, 그리고 공화국과 대통령을 연결시키는 것이 현대사 공부에서 가장 중요하다. 다음 도표를 반복해 읽으며 정리해 두자.

| 헌법제정 1948 | 1차 개헌 52 | 2차 개헌 54 | 3차 개헌 60 | 4차 개헌 60 | 61 | 5차 개헌 62 | 63 | 6차 개헌 69 | 7차 개헌 72 | 8차 개헌 80 | 9차 개헌 87 |
|---|---|---|---|---|---|---|---|---|---|---|---|
| 제 1 공화국 | | | | 제 2 공화국 | | | | 제3공화국 | | 제4공화국 | 제5공화국 | 제6공화국 |
| 대통령 : 이승만 | | | | 대통령: 윤보선 국무총리: 장면 | 국가재건 최고회의 | | | 대통령 : 박정희 | | 전두환 | 노태우, 김영삼, 김대중 노무현, 이명박, 박근혜 |

## ① 제1공화국과 한국전쟁

1948년 8월 15일 대한민국이 성립한 때부터 1960년 4·19 혁명으로 이승만 대통령이 하야(대통령 직에서 물러남)할 때까지를 제1공화국이라고 한다.

반민족행위 처벌특별법과 농지개혁법이라는 굵직한 법안을 처리한 이승만 정부는 우리 민족이 겪은 가장 아픈 상처라고 할 수 있는 한국전쟁에 직면한다. 6·25 전쟁, 한국동란 등으로 불리는 한국전쟁은 한반도 내에서 벌어진 치열한 좌우 대립, 중국의 공산화, 그리고 미국의 애치슨 선언 등이 복잡하게 맞물려서 일어난 전쟁이다. 한국전쟁은 1950년 6월 25일 일요일 새벽 4시 북한군이 남침하며 시작되었다.

남침 준비를 꾸준히 해왔던 북한군은 거침없이 남쪽으로 내려왔다. 남한의 방어선은 낙동강 일대까지 밀리게 되었다. 하지만 UN군이 한국전쟁에 참전하고 맥아더 장군의 인천상륙작전이 성공하면서 반격에 성공했다. UN군과 국군은 혜산과 청진까지 북진해 통일을 바로 목전에 두었다. 하지만 1950년 11월 중공(중국 공산당)군이 개입하면서 상황이 달라졌다. 엄청난 병력으로 밀어 붙이는 인해(人海:사람 인, 바다 해) 전술에 밀려 UN군과 국군은 철수할 수밖에 없었다. 1950년 12월 함경도 흥남항에서 UN군과 국군이 대규모 해상 철수를 감행한 것을 흥남 철수라 부른다.

### 애치슨 선언

미국이 극동 방위선(방어선)을 알류산 열도, 일본, 오키나와, 필리핀으로 이어지는 가상의 라인으로 설정한 선언. 한반도가 극동 방위선에서 제외되었다. 미군이 한반도에서 철수하면서 북한이 남침을 개시한 주요 원인이 되었다.

애치슨 선언 (1950년 1월)

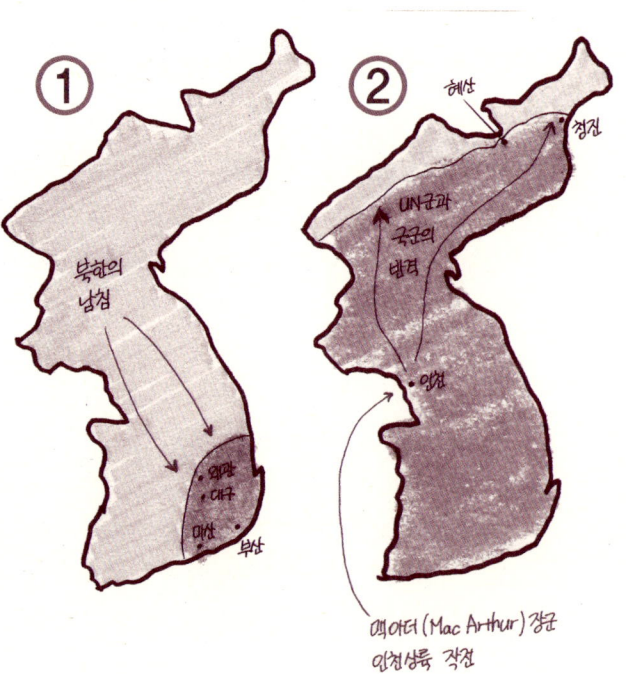

맥아더 (Mac Arthur) 장군
인천상륙 작전

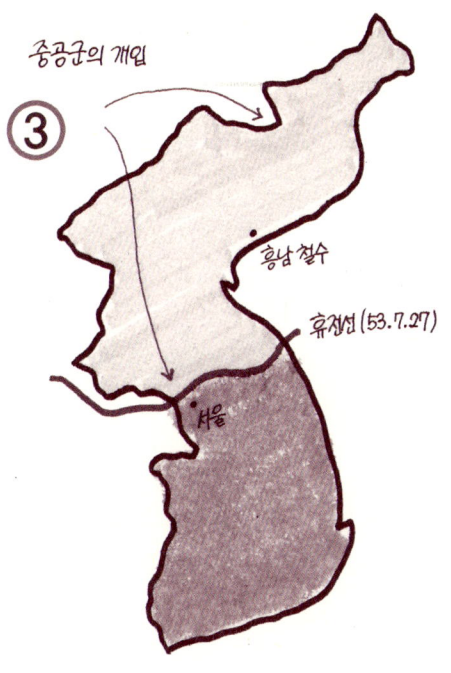

중공군의 개입

③

흥남 철수

휴전선 (53.7.27)

서울

흥남 철수만큼 유명한 것이 1·4 후퇴이다. 1·4 후퇴는 인천상륙작전으로 서울을 수복한 국군이 중공군의 개입으로 인해 전략적으로 서울을 잠시 비워둔 채 내려갈 수밖에 없었던 후퇴를 말한다. 하지만 이내 서울은 재탈환되었고 지금의 휴전선 언저리에서 밀고 밀리는 공방전이 정전협정 때까지 계속되었다.

한국전쟁은 1953년 7월 27일 판문점에서 UN 대표와 북한 대표, 그리고 중국 대표가 정전협정에 서명하면서 완전히 전쟁을 끝내지 못한 채 정전 상태로 오늘날에 이르고 있다. 실질적으로 북한의 남침을 지휘했던 소련은 대외적으로는 한국전쟁에 참가하지 않은 것으로 되어 있었기 때문에 정전협정에 서명한 나라에 소련은 포함되지 않는다. 아울러 남한

역시 정전협정에 서명하지 않았다. 정전협정에 서명한 것은 UN, 북한, 중국이다.

🌺 최인훈의 소설 『광장』 마지막 부분에는 주인공이 남한과 북한 중에 어느 나라를 선택할 것인지 묻는 질문에 '중립국'이라고 고집스럽게 대답하는 장면이 나온다. 이는 정전협정에서 다루어진 포로 소환 방식을 잘 보여주는 대목이다.

전쟁에서 잡힌 포로들을 어디로 돌려보낼지에 대해 UN과 북한의 의견은 달랐다. UN은 포로들이 자기가 가고 싶은 나라를 선택할 수 있는 자유 송환을 주장한 것에 반해 북한측은 원래 포로들의 국적으로 강제 송환할 것을 주장했다. 양측은 의견 대립을 거듭하다가 송환을 원하지 않는 포로는 중립국 포로 송환 위원회에 맡기기로 하고서야 정전협정을 마무리 지을 수 있었다. 『광장』의 주인공은 강제 송환을 원하지 않았기 때문에 중립국 포로 송환 위원회에서 중립국을 택할 수 있었던 것이다.

한국전쟁이 한창이던 1952년 이승만 정부는 임시 수도였던 부산에서 첫 번째 헌법 개정을 단행했다.

🌺 **제1차 개헌 과정** ( * 단순 참고만 할 것)
정부는 이승만의 재선을 용이하게 하기

위해서 직선제와 양원제를 골자로 한 개헌안을 제출했다. 하지만 국회를 통과하지 못했다. 이에 이승만 정부는 부산 정치 파동이라 불리는 계엄(전쟁이나 이에 준하는 교전이 있을 때 대통령이 국민의 기본권을 부정할 수 있는 비상 조치)을 선포하고 공산주의자들과 결탁했다는 명분으로 국회의원 12명을 체포했다. 트루먼 미국 대통령이 민주주의에 반하는 조치라고 언급하고 나서야 국회의원들을 풀어주었다.

이승만 정부의 개헌안과 국회의 개헌안에서 필요한 부분만 뽑아서 개헌이 이루어졌다고 해서 제1차 개헌을 발췌 개헌이라고 부른다.

소련의 스탈린이 사망하고 한국전쟁이 막바지로 치닫던 53년 6월 이승만 대통령은 거제 포로 수용소에 있던 북한 인민군 포로를 석방했다. 즉, 정전협정이 체결되기도 전에 인민군 포로를 석방했다. 그리고 정전협정이 체결된 후 53년 10월에는 대한민국과 미국이 한미 상호방위조약을 맺고 한반도 내에 미군 기지를 설치했다.

이승만 정부는 1954년 이승만 대통령의 영구 집권을 위해 두 번째 개헌을 단행했다. 오늘날 대한민국 헌법에는 대통령은 딱 한 번만 할 수 있고 중임이나 연임은 할 수 없다고 규정하고 있지만 이승만 정부는 초대 대통령에

한해서만 아무런 제한없이 대통령을 할 수 있는 헌법 개정안을 국회에 상정했다.

## 🐦 제2차 개헌 과정

원래 헌법 개정이 이루어지기 위해서는 재적의원의 2/3이상이 찬성해야 한다. 당시 국회의원은 총 203명으로 재적의 2/3는 135.333…명이 된다. 즉 136명 이상이 찬성해야 헌법 개정안을 통과시킬 수 있는데 드라마틱하게 135명이 헌법 개정안에 찬성했던 것이다.

딱 1표가 모자라 헌법 개정안이 국회를 통과하지 못하면서 영구 집권에 제동이 걸린 이승만 정부는 사사오입이라는 수학 이론을 들고 나왔다. 소수점 이하가 4이하이면 버리고 5이상이면 올린다는 이론인 사사오입을 적용하면 재적의 2/3는 136이 아니라 135라는 논리를 적용해 헌법 개정안을 통과시켰던 것이다.

사사오입 이론을 적용했다는 의미에서 제2차 개헌을 사사오입 개헌이라고 부른다.

| ※ | 1차 개헌 | 발췌 개헌 |
|---|---|---|
| ※ | 2차 개헌 | 사사오입 개헌 |

한미 상호방위조약의 후속 조치로 한미 의사 합의록이 작성되고 전시 작전 통제권(전쟁이 났을 때 군사 작전을 통제할 수 있는 권한)을 UN에 양도하게 된 것도 1954년의 일이다. 1958년 이승만 대통령의 자유당 정권은 평화

통일을 주장하며 새롭게 떠오른 인물인 조봉암으로 인해 강한 위기감을 느꼈다.

이에 조봉암이 이끌던 진보당을 해산하고, 조봉암을 국가보안법으로 처형했다. 진보당이 정당으로서 우리 역사상 처음으로 해산당하기는 했지만 이는 헌법재판소의 정당 해산 결정을 통해서 이루어진 것이 아니라는 점을 주의해야 한다. 헌법재판소의 위헌정당 심판제도를 통해 해산된 정당은 2015년의 통합진보당이 최초이다.

이승만 정권의 영구 집권 야욕은 1960년 그 최후를 맞게 되었다. 1960년 3월 15일에 있었던 대통령·부통령 선거에서 이승만과 이기붕을 당선시키기 위해 여러 가지 부정한 방법을 동원한 사실이 드러나 경상남도 마산에서 이승만 독재 정권에 반대하는 3·15 의거가 일어났던 것이다.

이 과정에서 마산상고 김주열 학생이 실종되는 사건이 발생했다. 그의 시신은 4월 11일 눈에 최루탄을 맞은 처참한 모습으로 마산 앞바다에 떠올랐다.

김주열 열사의 처참한 시신에 분노한 마산 시민들은 4월 11일 다시 의거를 일으켰고, 4월 18일에는 고려대학교 학생들이 시위에 참가했다. 4월 19일 전국적인 시위로 확산되면서 결국 이승만 대통령은 대통령직에서 물러났다. 장기 집권을 저지하고 민주주의의 가치를 수호한 이 사건을 4·19 혁명이라 부른다.

이 4·19 혁명을 통해 이승만 정부는 끝이 나고 대한민국은 제2공화국 시대를 맞이하게 되었다.

## 기|출|응|용|문|제

다음에 대한 설명으로 적절하지 않은 것은?

부산에서 열린 국회에서 개헌안이 통과되었다.

① 한국전쟁 중에 개헌이 이루어졌다.
② 호헌 철폐를 주장하는 항쟁이 일어났다.
③ 정부의 개헌안과 국회의 개헌안을 각각 발췌해 개헌했다.
④ 이 개헌 후에 정전협정이 체결되었다.
⑤ 이 개헌 후에 한미 상호방위조약이 체결되었다.

## ② 제2공화국과 '5·16'

1960년 4·19 혁명을 통해 새로 들어선 과도기 정부는 허정이라는 인물이 이끌었다. 허정이 이끄는 과도 정부는 3차 개헌을 단행해 통치 구조를 대통령제에서 의원내각제로 전환했다.
의회를 미국처럼 상원과 하원으로 나누는 양원제도 실시했다.

간접선거를 통해 민주당 윤보선이 대통령으로, 장면이 국무총리로 당선되면서 이른바 장면 내각이 들어서게 되었다.

하지만 장면 내각은 1961년 박정희를 중심으로 일어난 '5·16'에 의해 무너졌다. 이후 국가재건 최고회의를 통한 군정이 실시되었다.

공산주의에 반대하는 반공을 강조하고, 국가 경제 재건을 위해 경제개발 5개년 계획을 수립(1961)한 군사 정권은 62년 5차 개헌을 단행했다. 통치 체제를 의원내각제에서 대통령제로 되돌리고 양원제 의회를 다시 단원제 의회로 돌려놓았다. 직접선거를 통해 박정희가 대통령으로 당선되고 대한민국은 제3공화국 시대를 맞이한다.

### ③ 제3공화국

1962년에 시작된 박정희 정부의 제3공화국은 혁명 공약에서 강조한 경제 재건을 위해 1961년에 수립했던 경제개발 5개년 계획을 본격적으로 실시한다. 경제개발 5개년 계획이란 1962년부터 5년 단위로 7차례에 걸쳐 시행된 경제 개발에 관한 밑그림을 말한다.

| 제1차 경제개발 5개년 계획 | 1962~1966 |
|---|---|
| 제2차 경제개발 5개년 계획 | 1967~1971 |
| 제3차 경제개발 5개년 계획 | 1972~1976 |
| 제4차 경제개발 5개년 계획 | 1977~1981 |
| 제5차 경제사회발전 5개년 계획 | 1982~1986 |
| 제6차 경제사회발전 5개년 계획 | 1987~1991 |
| 제7차 경제사회발전 5개년 계획 | 1992~1996 |

경제개발 5개년 계획은 1982년부터 그 명칭이 경제사회발전 5개년 계획으로 변경

그리고 1965년에는 한일협정을 맺고 일본으로부터 무상자금과 차관 등의 지원을 받아내 그 자금을 경제 재건에 쏟아부었다.

일본의 진정한 사과 없이 금전 배상에 치중했던 한일협정에 반대해 1965년 6월 3일에는 학생들이 시위를 일으켰다. 이를 6·3 사태라고 한다.
한일협정을 체결한 직후에는 베트남 전쟁에 국군 전투 부대를 파병하는 등 1965년은 굵직한 사건이 많았던 해였다.

흔히 월남전이라고 부르는 베트남 전쟁 파병은 우리 국군이 해외로 파병된 첫 번째 사례에 해당된다.
미국의 요청으로 시작된 이 파병은 1964년 의무병과 태권도 교관을 보내는 것을 시작으로 1965년 본격적으로 전투 부대인 청룡부대와 맹호부대 등이 파병되었다.
북한과 대치하고 있는 상황에서 많은 반대를 무릅쓰고 우리 국군을 파병하기 위해서는 명분이 필요했는데 박정희 정부는 1966년에 브라운 각서를 체결하면서 경제적 보상을 지원받았다. 박정희 정부가 추구한 핵심 가치는 반공과 경제 개발이었다.

1966년에는 국군을 베트남에 파병하는 조건
으로 미국으로부터 보상 받을 사항을 명시한
브라운 각서가 작성되었다. 브라운 각서에는
베트남 전쟁에서 사용되는 군수물품 중 일부
를 한국에서 구매한다는 내용과 함께 한국의
경제 개발을 위한 차관 제공, 주한 미군의 지
위에 관한 협정(SOFA) 등이 명시되어 있다.

1968년에는 '우리는 민족 중흥의 역사적 사
명을 띠고 이 땅에 태어났다'라는 문장으로
시작하는 국민교육헌장을 반포해 모든 학생
들이 외우도록 했다.

1969년에는 그동안 소련과 냉전(cold war)을
지속해 오던 미국이 닉슨 독트린을 통해 냉
전 체제의 종식을 선언하는 중요한 사건이
있었다. 동(공산주의)·서(민주주의)로 나뉘
어 총성 없는 전쟁을 계속했던 세계가 화합
할 수 있는 큰 계기가 마련된 것이었다.
한편 같은 해 우리나라에서는 제6차 개헌을
통해 박정희 대통령이 대통령을 3번 연임할
수 있도록 헌법을 개정했다. 이를 3선 개헌이
라고 부른다.

1970년에는 그동안 반공을 강조했던 박정희

정부가 남북 관계의 큰 변화를 가져올 8·15
선언을 발표했다.
광복절 기념 행사에서 박정희 대통령이 북한
이 무력에 의한 적화(공산주의)통일의 야욕
을 버린다면 남과 북이 '선의의 경쟁'을 할 수
있다고 언급한 8·15 선언은 이후 민간 차원
의 남북적십자회담과 1972년에 있었던 7·4
남북공동성명으로 이어져 일련의 화해 분위
기를 조성했다.

한편 1970년대 박정희 정부는 경제 성장을
우선시 했다.
지역 사회 환경 개선을 위한 새마을운동이
시작되었고, 국가 산업의 기반이 될 경부(서
울-부산)고속도로가 개통되었다. 하지만 경
제 성장에 치중한 나머지 근로자들의 노동3
권 보장은 잘 이뤄지지 않아 동대문 평화시
장에서 재단사로 일하던 전태일이 근로 조건
의 개선을 외치며 분신 자살을 하는 일도 있
었다.

8·15 선언 이후 민간 차원에서만 남북적십자
회담이 이루어지다가 1972년에 이르러 남북
은 7·4 남북공동성명을 발표했다.
남한의 이후락 중앙정보부장(오늘날의 국가
정보원장)이 서울에서, 북한의 노동당 부장
이 평양에서 각각 동시에 발표한 이 성명은
서로를 적대시하던 분위기를 극복하고 통일
에 관한 원칙을 마련했다는 점에서 의의를
갖는다.

## 7·4 남북공동성명 ★★

1. 통일 원칙 (자주, 평화, 민족적 대단결)
   ① 통일은 외세의 간섭을 받지 않고 자주적으로 해결한다.
   ② 통일은 평화적 방법으로 실현한다.
   ③ 하나의 민족으로서 민족적 대단결을 도모한다.
2. 남과 북은 서로 비방하지 않으며 무장 도발을 하지 않는다.
3. 남과 북은 남북적십자회담이 하루 빨리 성사되도록 적극 협조한다.
4. 남과 북은 서울과 평양 사이에 상설 직통 전화를 놓는다.
5. 남과 북은 남북조절위원회를 구성·운영한다.

## 74 기|출|응|용|문|제

다음 밑줄 친 '합의'에 대한 설명으로 옳지 않은 것은?

정부는 미국 대통령의 새로운 외교로 미국과 중국의 관계가 개선되는 등 국제적으로 평화 분위기가 조성된 것을 계기로 북한 공산 집단과 대화의 필요성을 인정하여 밀사를 통해 몇 번에 걸쳐 대화의 가능성을 타진해 왔다고 밝혔다. 유혈 없는 평화적 접근이 가장 좋은 통일 방안이라는 판단 아래 사상, 이념, 체제, 생활이 다른 상대를 이해시켜 극히 초보적인 <u>합의</u> 단계에 이르렀다고 말했다.

① 통일의 3대 원칙으로 자주, 평등, 민족적 대단결을 언급했다.
② 남과 북 사이에 직통 전화 개설에 합의했다.
③ 남북조절위원회가 설치되었다.
④ 남과 북은 각각 서울과 평양에서 이를 발표했다.
⑤ 이 발표 이후 남한에서는 유신헌법이 공포되었다.

하지만, 7·4 남북공동성명 직후 북한은 김일성 주석에게 절대적 지위를 부여하는 사회주의 헌법을 채택했고, 우리나라는 10월 유신을 통해 대통령이 강력한 권한을 갖는 유신헌법을 통과시키며 제4공화국이 시작되었다.

## ④ 제4공화국

제4공화국을 이해하는 핵심 단어는 유신이다. 낡은 것을 새롭게 고친다는 의미를 갖고 있는 유신(維新)은 일본의 근대 개혁을 지칭하는 메이지 유신을 통해 널리 알려졌다. 1972년 제7차 개헌을 통해 유신헌법이 시행된 시기를 제4공화국이라고 부른다.

### 🔥 제7차 개헌 과정

박정희 정부는 1971년 12월 국가 보위에 관한 특별조치법을 제정했다. 이 특별조치법에 근거해 1972년 10월 17일 여당을 비롯한 모든 정당과 정치 활동을 금지하고, 국회를 해산하는 국가 비상조치를 단행했다. 그리고 비상조치의 원활한 실행을 위해 전국에 계엄령을 선포한 후 비상 국무회의에서 헌법 개정안을 마련해 국민투표에서 90%가 넘는 압도적인 찬성표를 얻어 유신헌법을 통과시켰다.

유신헌법의 내용을 대략적으로 살펴보면 다음과 같다. 통일주체 국민회의라는 기구를 설치해 간접선거를 통해 대통령을 선출했으며, 국회의원 정수의 1/3도 통일주체 국민회의에서 선출하게 했다.

대통령에게는 오늘날 긴급명령과 유사하지만 훨씬 강력한 긴급조치권을 부여했고, 국회의원 정수의 1/3을 대통령이 추천할 수 있는 권한도 부여했다. 또한 대통령의 임기를 6년으로 정하면서 중임이나 연임 등의 제한을 철폐해 버렸다. 대통령이 국회를 해산할 수 있었고, 제헌 헌법 때부터 존재했던 국회의 국정 감사권을 폐지해 버리기도 했다.

박정희 정부는 1974년 1월 긴급조치 1호를 발표해 유신헌법을 반대하는 인물들을 재판에 회부하며 유신 체제를 다졌다. 이에 1976년에는 긴급조치 철폐를 촉구하는 민주구국선언문이 작성되어 윤보선, 김대중 등 각계 인사들이 형사 입건되기도 했다.

1976년에는 우리나라도 쌀을 수입하지 않고 우리나라에서 생산되는 물량으로 소비할 수 있는 쌀의 자급자족이 가능해졌다.

한편 중동 지역에서 이스라엘과 주변 아랍국 간의 전쟁이 벌어지면서 석유 가격이 폭등하는 석유파동(oil shock)이 일어났다. 전 세계 경제에 큰 타격을 준 석유파동은 2차례에 걸쳐 일어났다.

| ※ | 제1차 석유파동 | 1973년~1974년 |
|---|---|---|
| ※ | 제2차 석유파동 | 1978년~1980년 |

박정희 정부의 장기 집권을 가능하게 했던 유신 체제도 1979년에 이르러 그 한계를 맞게 된다. 2차 석유파동이 가져온 경제 불황으로 인해 YH무역이라는 가발 공장이 문을 닫게 되자 YH무역 여공들은 부당한 폐업에 반대하며 야당(신민당) 당사 내에서 시위를 벌였다. 이때 1,000여 명의 경찰들이 신민당 당사 내로 들어가 YH무역 여공들을 진압한 일이 벌어졌다. 이 과정에서 김경숙이란 여공이 사망하고, 항의하던 신민당 총재 김영삼이 국회의원에서 제명되면서 김영삼의 정치적 기반이었던 부산·마산 지역에서 1979년 10월 부마 항쟁이 일어났다.

부마 항쟁을 진압하는 방식을 놓고 대통령 경호실장 차지철의 강경한 태도에 반대한 중앙정보부장 김재규가 차지철과 박정희 대통령을 시해(10·26 사태)하면서 제4공화국은 막을 내렸다.

**75** 기|출|응|용|문|제

다음 중 대통령에게 막강한 권한이 부여된 유신헌법 체제 하에서의 경제 상황에 대한 설명으로 옳은 것은?

① 경제개발 5개년 계획이 처음으로 실시되었다.
② 저금리, 저유가, 저달러의 3저 호황으로 수출이 증가했다.
③ 제1차 석유파동이 일어났다.
④ 밀가루, 설탕, 면화의 삼백 산업이 중심을 이루었다.
⑤ IMF에 구제 금융을 신청한 외환 위기가 발생했다.

## ⑤ 제5공화국

박정희 대통령이 시해당한 10·26 사태 이후 혼란한 정국을 수습한다는 명분을 내세우며 국정 운영에 나선 것은 전두환과 노태우를 중심으로 한 신(new)군부 세력이었다. 대통령의 권한을 대행하게 된 최규하 국무총리는 1979년 12월 통일주체 국민회의에서 대통령으로 당선된 후 혼란한 정국을 수습하기 위해 전국에 비상계엄을 선포했다. 하지만 신군부 세력인 전두환과 노태우 등이 당시 계엄 사령관이었던 육군 참모총장 정승화를 불법으로 연행하는 12·12 사태가 발생했다.

한편 10·26 사태가 일어난 후 1980년 5월 17일까지 민주화를 요구하는 시위가 많이 발생했다. 이 시기를 '서울의 봄'이라고 한다.

이런 민주화에 대한 열망에도 불구하고 신군부는 1980년 5월 18일 0시를 기해 비상계엄을 서울에서 전국으로 확대 실시하기로 결정한다. 그러자 광주광역시에서 이를 반대하는 시위가 일어났고 신군부는 이에 강경 진압으로 대응했다. 공수부대가 투입된 이 강경 진압이 기폭제가 되어 광주 지역의 일반 시민들까지 합세해 신군부의 퇴진과 비상계엄 해제를 요구했다. 이를 5·18 민주화 운동이라 한다.

신군부는 1980년 10월 제8차 개헌을 단행하고, 국가보위 비상대책위원회에서 간접선거를 거쳐 전두환을 대통령으로 선출했다. 8차 개헌으로 탄생한 전두환 정부를 제5공화국이라고 부른다.

전두환 정부는 국정 운영의 목표를 '민족 대행진'이라고 정했다. 당시 대표적인 쇼·오락 프로그램 제목 역시 '젊음의 행진'이었다. 1985년에는 국내 최초로 이산가족 상봉이 이뤄졌다.

하지만 전두환 정부는 1987년 국민들의 직선제(직접 선거제) 요구를 무시하고 간선제(간접 선거제) 헌법을 수호하겠다는 4·13 호헌(護憲: 보호할 호, 헌법 헌) 조치를 단행했다. 그러자 호헌 철폐를 주장하는 6월 민주항쟁이 전국적으로 일어났다.

### 76 기│출│응│용│문│제

다음 중 신군부 세력이 비상계엄을 전국으로 확대하면서 발생한 일로 옳은 것은?

① 김영삼 신민당 총재가 제명되면서 부산과 마산에서 시위가 일어났다.
② 국가재건 최고회의가 구성되었다.
③ 광주에서 학생과 시민들에 대한 강경 진압이 벌어졌다.
④ 직선제 개헌을 요구하는 대규모 시위가 벌어졌다.
⑤ 대통령에게 막강한 권한을 부여하는 유신헌법이 만들어졌다.

차기 여당 대통령 후보였던 노태우는 결국 대통령 직선제를 약속하는 6·29 선언을 발표하게 된다. 신군부의 간선제 시도를 좌절시키고 국민이 직접 대통령을 선출하는 직선제를 되찾았다는 점이 6월 민주항쟁의 의의이다. 6월 민주항쟁 이후 9번째 개헌을 통해 제6공화국이 성립되었다.

## ⑥ 제6공화국

1987년 대통령 직접선거를 주요 내용으로 하는 9차 개정 헌법이 실시되면서 우리나라는 제6공화국 시대를 맞이한다.
서울대 민주화추진위원회 가담자를 조사하는 과정에서 박종철 학생이 고문을 당해 죽은 것으로 밝혀지면서 촉발된 6월 민주항쟁은 연세대학교에서 시위를 하던 이한열 학생이 경찰이 쏜 최루탄에 머리를 맞고 사망하는 일까지 발생하면서 뜨겁게 타올랐다. 결국 4·13 간선제 호헌 조치를 철폐하고 대통령 직선제를 이뤄냈다.

이렇게 이뤄낸 직접 선거에서 민주정의당(민정당) 소속 후보 노태우가 대통령에 당선되었다. 노태우 대통령은 1988년에 열린 제24회 서울올림픽의 개최를 선언하기도 했다.

노태우 정부는 6·29 선언 이후 높아지는 급진적 통일에 대한 요구를 잠재우고 서울올림픽을 성공적으로 개최하기 위해 1988년 7월 7일 '민족 자존과 통일 번영을 위한 특별선언'을 발표했다.

흔히 7·7 선언이라 불리는 이 선언문에서 북한을 대결 관계가 아닌 선의의 동반자 관계로 정립했다. 그리고 우리의 우방국(친구처럼 가까운 나라)들이 북한과 교역하는 것을 반대하지 않기로 입장을 정리했다.

이어서 1989년 노태우 대통령은 전두환 정부의 '민족화합 민주통일' 방안을 바탕으로 만든 새로운 통일 방안을 국회 특별 연설에서 발표했다. '한민족공동체 통일방안'이라 불리는 이 통일 정책은 자주·평화·민주라는 3대 원칙을 기초로 남북연합이라는 과도기적 단계를 거쳐 통일을 이룩한다는 방안이다. 이는 북한의 '고려 연방제 통일방안'과 차이점을 줄였다는 점에서 의의를 찾을 수 있다.

| 전두환 정부 | 민족화합 민주통일 |
|---|---|
| 노태우 정부 | 한민족공동체 통일 |
| 김영삼 정부 | 민족공동체 통일 |

노태우 정부는 북방 외교로 불리는 대외 정책을 통해 그동안 문을 닫고 있던 공산주의 국가와의 외교 관계를 회복했다. 제일 먼저 1990년 노태우 대통령과 소련의 고르바초프 대통령이 한국과 소련의 수교에 합의하면서 소련과의 관계를 회복했다.
1991년에는 우리나라와 북한이 UN에 동시 가입했다. 그리고 남북 고위급 회담에서 '남

북기본합의서'를 채택하고, 1991년의 마지막 날에는 한반도 비핵화에 대한 공동 선언문을 채택하면서 북한과의 관계를 회복했다.

그리고 1992년에는 죽(竹)의 장막이라 불리던 중국과 수교를 맺으면서 중공군의 한국전쟁 참전으로 단절되었던 중국과의 관계도 회복했다. 한중 수교에서 한국이 중국의 합법 정부로 중화 인민 공화국을 인정했기에 대만과는 교류를 끊을 수밖에 없었다.

---

**중국 공산당→ 중화 인민 공화국→ 중국**

**중국 국민당→ 자유 중국→ 대만(타이완)**

---

| 북방 외교 | 소련 (한·소 수교) | 1990년 |
| | 북한 (남북기본합의서) | 1991년 |
| | 중국 (한·중 수교) | 1992년 |

남북기본합의서는 박정희 정부 때 있었던 7·4 남북공동성명의 3대 원칙(자주, 평화, 민족 대단결)을 재확인하고, 북한과의 관계를 국가와 국가의 관계가 아닌 통일을 지향하는 과정에서 잠정적으로 형성되는 특수한 관계로 규정했다. 하지만 북한을 정식 국가로는 인정하지 않았기 때문에 남북기본합의서를 국가와 국가 간에 체결한 조약이라고는 할 수 없다.

---

**남북기본합의서(남북 사이의 화해와 불가침 및 교류·협력에 관한 합의서)**

• 남과 북은 상대방의 체제를 인정하고 존중한다.

• 남과 북은 상대방을 비방하지 않는다.

• 남과 북은 평화가 이룩될 때까지 현재의 정전협정을 준수한다.

• 판문점에 남북 연락 사무소를 설치·운영한다.

• 남과 북은 상대방에 대해 무력을 사용하지 않는다.

• 남과 북은 우발적인 무력 충돌을 방지하기 위해 군사 당국자 사이에 직통 전화를 설치·운영한다.

• 남과 북은 여러 분야에서 교류와 협력을 실시한다.

---

| 1991년 남북 관계 | UN 동시 가입 | 1991년 9월 |
| | 남북기본합의서 | 1991년 12월 |
| | 한반도 비핵화 공동 선언 | 1991년 12월 |

노태우 대통령의 뒤를 이어 김영삼이 1993년 대통령에 당선되면서 문민정부 시대가 열렸다. 문민정부란 군인이 아닌 일반 국민이 통치하는 정부를 뜻한다.

김영삼 정부는 1993년 모든 금융 거래를 할 때 자신의 실명을 사용해야 하는 금융실명제를 실시했다. 그리고 1995년에는 도지사·시장·군수 등을 주민 손으로 뽑는 본격적인 지방 자치 시대를 열었다.

또한 1996년 북한의 경수로 사업을 지원하기 위해 한반도 에너지개발기구인 KEDO를 발족했고, 경제협력개발기구(OECD)에 세계에서 29번째로 가입했다.

하지만 1997년에는 외환 보유고가 감소하면서 국제통화기금 IMF에 구제 금융을 신청했고 이를 통해 대한민국의 경제, 사회, 문화 모든 부분은 큰 변화를 겪기도 했다. 외환 위기가 닥치자 우리 국민들은 자발적인 금 모으기 행사를 통해 국난을 함께 극복했다.

1998년 김대중은 여야 교체를 이뤄 대한민국 최초 야당 출신 대통령이 되었다. 김대중 정부는 북한과의 관계에서 햇볕 정책이라는 노선을 확실히 했다. 햇볕이 비추는 것처럼 따뜻하게 북한을 품는 정책을 통해 남과 북은 화해무드가 조성되었다. 1998년에는 현대그룹 정주영 명예회장이 1,001마리의 소떼를 트럭에 싣고 판문점을 통해 북한을 방문했다. 이때 금강산 관광에 관한 논의가 이루어져 1998년에는 금강산 관광이 시작되었다.

그리고 2000년 6월 13일 북한 평양에서 대한민국의 김대중 대통령과 북한의 김정일 국방위원장이 만나 정상회담을 개최했고, 6월 15일에는 6·15 남북공동선언문을 발표했다.

---

### 6·15 남북공동선언

1. 통일 문제의 자주적 해결

2. 남한의 연합제(남북연합)와 북한의 연방제(고려 연방제 통일방안)의 공통성을 인정

3. 이산가족 방문단 교환

4. 경제 협력 및 모든 분야의 협력과 교류 활성화

5. 합의 사항의 빠른 실행을 위한 당국 간 대화

---

이를 계기로 경의선(서울-신의주) 철도를 복원하기 시작했다. 김대중 대통령은 남북 정상회담을 이뤄낸 공로를 인정받아 한국인 최초로 2000년 노벨평화상을 수상했다. 2003년에는 개성공단이 착공되어 우리 기업들이 개성공단에서 물품을 생산할 수 있게 되었다.

뒤를 이어 당선된 노무현 대통령은 국민의 참여를 도모하는 참여정부를 출범시켰다. 참여정부 초기인 2003년 경의선이 도라산역까지 복원되었고, 2007년에는 노무현 대통령과 김정일 국방위원장이 평양에서 만나 3일간의 남북 정상회담을 나눈 후 '남북관계 발전과 평화 번영을 위한 선언(10·4 선언)'을 발표했다.

---

### 남북관계 발전과 평화 번영을 위한 선언(10·4 선언)

1. 남과 북은 6·15 공동선언을 고수하고 적극 구현해 나간다.

2. 남북관계를 상호 존중과 신뢰 관계로 전환시켜 나간다.

3. 한반도 내에서의 어떤 전쟁도 반대하며 불가침 의무를 확고히 준수한다.

   서해에서의 우발적 충돌을 방지하기 위해 공동 어로 수역을 지정한다.

4. 정전 체제를 종식시키고 항구적인 평화 체제를 구축하기 위해 협력한다.

   한반도 비핵화에 관한 6자회담 합의 사항이 이행되도록 노력한다.

5. 해주 지역에 서해 평화 협력 특별 지대를 설치한다.

   개성공단 1단계 건설을 빨리 완공하고 2단계 건설에 착수한다.

6. 백두산 관광을 실시하고, 경의선 열차를 이용해 2008 북경올림픽에 남과 북 공동 응원단이 참가한다.

---

뒤를 이은 이명박 대통령은 4대강 정비 사업을 실시했고, 2010년에는 G20 세계 정상 회담, 2011년에는 대구 세계 육상 선수권 대회를 개최했다. 2012년에는 한국과 미국 간의 무역 장벽을 없애는 한미 자유무역협정(FTA :Free Trade Agreement)을 발효했다.

**기│출│응│용│문│제**

다음 개헌이 이루어진 시기에 대한 설명으로 적절한 것은?

5년 단임의 대통령 직선제를 기조로 여야가 합의하여 이루어진 개헌이다.

① 직선제 개헌이 한국전쟁 중에 일어났다.
② 경부고속도로가 개통되었다.
③ 제2차 석유파동의 여파로 YH무역 여공들이 신민당사에서 시위를 벌였다.
④ 노태우 대통령이 올림픽 개최를 선언했다.
⑤ 한미 상호방위조약이 체결되었다.

# 4 대한민국의 경제 발전

광복 이후 대한민국의 경제 발전 과정은 10년 단위로 '삼백 산업/원조 경제' '경공업' '중화학 공업' '3저 호황'으로 요약할 수 있다.

| 1950년대 | 삼백 산업<br>원조 경제 | 밀가루, 설탕, 면화 – 삼백 산업(3가지 하얀 산업)<br>1957년에 무상 원조가 유상 차관으로 전환되면서 1960년 4·19 혁명의 배경이 되기도 했다. |
|---|---|---|
| 1960년대 | 경공업 위주 발전 | 경제개발 5개년 계획 1차~2차 |
| 1970년대 | 중화학 공업 발전 | 경제개발 5개년 계획 3차~4차<br>1972년 8·3 조치를 통해 재벌에 특혜<br>수출 자유 지역 조성(익산, 마산) |
| 1980년대 | 3저(三低) 호황 | 저금리, 저유가, 저달러에 힘입어 1986년~1988년 무역 흑자를 기록하며 호황을 누리던 상황<br>경제 호황의 영향으로 자식들을 대학 교육까지 시키는 부모가 늘어나 대학교 숫자 증가 |
| 1990년대 | | 우루과이 라운드 타결(1993) → 쌀을 제외한 농산물 시장 개방(1994)<br>OECD(경제협력개발기구) 가입(1996)<br>IMF(국제통화기금) 구제 금융 신청(1997) → 금융 시장 개방 |

# 5 대한민국 현대사 연표

우선 현대사 파트 내용을 충분히 읽은 후 아래 연표를 살펴보며 요점을 정리해 두도록 하자.

| | |
|---|---|
| 1945 | 9월 2일 맥아더 일반명령 1호 |
| 1946 | 신한공사 설립(미 군정청 법령33호)<br>정판사 사건 – 화폐를 찍어내던 정판사에서 근무하던 조선 공산당원이 위조지폐를 찍어낸 사건<br>과도 입법 의원(1946년 12월) – 미 군정청이 민선 · 관선 의원들로 구성한 자문기관<br>→ 남조선 과도 정부 발족(1947년) |
| 1948 | 제주 4 · 3 사건(항쟁) 발생<br>대한민국 정부 성립<br>반민족행위 특별조사위원회 구성<br>미 군정청의 농지 개혁 |
| 1949 | 농지개혁법 제정 |
| 1950 | 대한민국 정부의 농지 개혁 |
| 1952 | 1차 개헌 – 발췌 개헌 |
| 1953 | 인민군 포로 석방 (1953년 6월)<br>정전협정(1953년 7월 27일)<br>한미 상호방위조약(1953년 10월) |
| 1954 | 2차 개헌 – 사사오입 개헌 |
| 1958 | 진보당 사건 발생 |
| 1960 | 4 · 19 혁명 → 허정 과도 정부 → 3차 개헌 → 의회에서 윤보선 · 장면 선출 |
| 1961 | '5 · 16'(박정희) → 국가재건 최고회의 구성 |
| 1962 | 경제개발 5개년 계획 착수 |
| 1965 | 한일회담 → 6 · 3 사태(학생) →한일협정→ 베트남에 전투 부대 파병(7월) |
| 1966 | 브라운 각서 – 베트남 파병에 대한 보상 |
| 1968 | 국민교육헌장 선포 |
| 1969 | 닉슨 독트린(냉전 종식) 선언<br>6차 개헌 – 3선 개헌(대통령 3번 연임 가능) |
| 1970 | 전태일 분신 자살<br>새마을운동 출범<br>경부고속도로 개통 |
| 1972 | 7 · 4 남북공동성명(자주, 평화, 민족 대단결) → 남북조절위원회 설치<br>북한은 주석에게 절대적 지위를 부여하는 사회주의 헌법 채택<br>우리나라는 긴급조치 발령 → 7차 헌법 개정을 통해 유신 체제 돌입<br>남북적십자회담 개최 |
| 1973 | (~1974년) 제1차 석유파동(oil shock) |

| | |
|---|---|
| 1976 | 민주구국선언문(긴급조치 철폐를 요구) 발표<br>쌀의 자급자족 성공 |
| 1978 | (~1980년) 제2차 석유파동(oil shock) |
| 1979 | YH무역 여공 사망<br>김영삼 신민당 총재 국회의원에서 제명<br>부마 항쟁<br>10 · 26 사태(박정희 대통령 서거) |
| 1980 | 신군부(전두환, 노태우) 세력의 12 · 12 사태<br>국가보위 비상대책위원회 성립<br>8차 개헌(대통령 – 간선제, 7년 단임)<br>북한의 고려민주연방공화국 통일방안 발표: 1국가 2체제 |
| 1981 | 민족 대행진(5공화국 국정 목표) |
| 1985 | 최초의 이산가족 상봉 |
| 1987 | 4 · 13 호헌 조치<br>박종철 · 이한열 학생 열사 사망<br>6월 민주항쟁 → 6 · 29 선언(노태우 후보가 대통령 직선제 약속) |
| 1988 | 민족 자존과 통일 번영을 위한 특별선언(7 · 7 선언) – 남과 북은 대결 관계가 아닌 동반자 관계 |
| 1989 | 전교조(전국 교직원 노동조합) 결성 |
| 1990 | 한국 – 소련 수교 |
| 1991 | 남북 UN 동시 가입<br>남북 사이의 화해와 불가침 및 교류 · 협력에 관한 합의서 채택(남북기본합의서)<br>한반도 비핵화에 대한 공동 선언 |
| 1992 | 한국 – 중국 수교 |
| 1998 | 정주영 회장 소떼 몰고 방북<br>금강산 관광 시작 (주의: 육로를 통한 금강산 관광은 2003년) |
| 2000 | 6 · 15 남북공동선언 (김대중 – 김정일)<br>→ 경의선 복원 시작 |
| 2003 | 개성공단 착공식 |
| 2003 | 경의선 복원 완료(도라산역까지) |
| 2007 | 남북관계 발전과 평화 번영을 위한 선언 (10 · 4 선언) : 노무현 – 김정일 |

시험에 잘 나오는 한국사

# 정답과 해설

**1** **정답** ③

**해설** 울주 반구대 암각화이다. 바위에 다양한 사냥감을 새겨놓은 반구대 암각화는 청동기 시대의 유적이다. 나머지 보기는 구석기 시대를 설명하고 있다.

**2** **정답** ②

**해설** (가)는 신석기 시대 빗살무늬 토기, (나)는 청동기 시대 미송리식 토기이다.

① 고조선의 세력 범위를 알 수 있는 토기는 (나)이다.
② 청진 농포동 여인상은 신석기 시대 유물이다.
③ 고인돌은 청동기 시대 유물이다.
④ 미송리식 토기는 청동기 시대의 토기이다.
 뗀석기는 구석기 시대의 특징이다.
⑤ 계급이 등장한 것은 청동기 시대이다.

**3** **정답** ②

**해설**

① 철제 무기를 만들기 시작한 것은 철기 시대이다.
③ 빗살무늬 토기는 신석기 시대를 대표하는 토기이다.
④ 불과 언어가 사용되기 시작한 것은 구석기 시대이다.
⑤ 봉산 지탑리에서 발견된 불에 탄 좁쌀은 신석기 시대의 특징이다.

**4** **정답** ③

**해설** 고인돌은 청동기 시대를 대표하는 유적이다.

① 가락바퀴와 뼈바늘을 이용한 직조 활동은 신석기의 특징이다.
② 동굴이나 막집에 살면서 수렵과 채집을 한 것은 구석기의 특징이다.
③ 환상석부라 불리는 바퀴날도끼는 청동기 시대의 유물이다.
④ 신석기 시대에는 조개껍데기로 가면을 만들어 신앙

활동에 이용했다.
⑤ 오수전, 반량전 등의 청동 화폐는 철기 시대의 특징이다.

**5** **정답** ⑤

**해설** 특히 문제를 꼼꼼히 읽어야 하는 문제 유형이다. (가)와 (나) 사이에 일어난 일들을 묻고 있다. (가)는 위만이 처음 고조선으로 망명해 준왕의 신임을 얻는 시기이고 (나)는 한나라가 고조선을 정복하고 한사군을 설치한 시기이다. (가)와 (나) 사이의 시기에는 위만이 준왕을 축출한 사건이 있었다. 즉 이 문제는 위만조선에 대해 묻고 있다.

A. 연나라와 대립할 만큼 강성했던 것은 위만조선 이전이다.
B. 직접 교류하는 것을 막았다는 것은 중계 무역으로 이익을 얻었음을 뜻한다.
 중계 무역으로 번성한 것은 위만조선의 특징이다.
C. 위만조선은 임둔과 진번을 무력으로 복속시켰다.
D. 한나라가 고조선을 정복한 후 풍속이 각박해지고 범죄를 다루는 법조항이 늘어났다.
 이는 (나) 이후에 벌어진 상황이다.

**6** **정답** ④

**해설**

(가)는 산악 지대가 많고, 지도부의 성이 계루부 고씨였던 고구려이다.
(나)는 송화강 유역 송눈 평원 일대에 자리 잡은 부여이다.

① 골장제의 풍습이 있었던 나라는 옥저이다.
② 고구려는 연맹 왕국 단계에서 멸망하지 않고 고대국가로 발전했다. 오히려 연맹 왕국 단계에서 멸망한 것은 (나) 부여였다.
③ 국동대혈에 모여 하늘에 제사를 지내는 동맹은 고구

려의 특징이다.
④ 고구려와 부여의 공통점으로 볼 수 있다.
⑤ 데릴사위제는 고구려의 풍습이다.

 **정답** ②

**해설** 옥저의 가족 공동 무덤과 골장제 풍습에 대한 설명이다.

① 동맹은 고구려의 제천 행사이다.
② 옥저는 고구려 태조왕의 공격을 받아 멸망했다.
③ 신지, 견지는 삼한의 군장 세력이다.
④ 기후가 온화하고 땅이 비옥했던 삼한 지역에선 일찍이 소를 이용한 벼농사가 행해졌다.
⑤ 책화라고 불리는 동예의 특징이다.

**8** **정답** ⑤

**해설** (A)는 삼한에 대한 설명이다.

① 삼한은 철기 문화를 바탕으로 소를 이용한 벼농사를 지었다.
② 마한, 진한, 변한의 삼한 가운데 마한 세력이 가장 컸다. 변한에서는 철이 생산되어 낙랑과 왜에 철을 수출했다.
③ 반움집과 귀틀집은 삼한의 특징이다.
④ 삼한은 제정 분리 사회였다.
⑤ 단궁과 과하마는 동예의 특산물이다.

**9** **정답** ①

**해설**

이렇게 사료가 주어지는 문제는 모든 것을 알고 풀 수 없다. 특히 이렇게 낯선 사료가 주어지고 낯

선 이름들이 연속해서 등장하면 지레 겁을 먹고 포기해 버리는 경우가 많은데 출제자는 바로 그 점을 노리고 있다는 것을 알아야 한다.

낯선 단어가 등장한다고 해서 당황하지 말고 끝까지 가벼운 마음으로 읽자. 그러면 마지막 부분에 익숙한 단어가 등장한다. 금관국과 수로왕이다. 수로왕은 금관가야의 시조이자 오늘날 김해 김씨의 시조이다.

우리가 상세하게 배운 가야 연맹은 금관가야와 대가야 2가지 밖에 없고 출제도 그 둘을 벗어나지 않는다. 자료에서 '뇌질청예는 금관국의 시조인 수로왕의 별칭이다'라고 제시되어 있으므로 밑줄 친 <u>이 나라</u>는 대가야가 될 수밖에 없다. 즉 이 문제는 대가야의 특징을 고르는 문제이다. 금관가야의 특징을 오답으로 배열할 것이다.

A. 6세기 말 진흥왕에게 멸망한 것은 대가야이다.
B. 6세기 초 법흥왕에게 병합된 것은 금관가야이다.
C. 대가야는 전성기에 신라 법흥왕과 결혼 동맹을 맺었다.
D. 금관가야에 대한 설명이다. 이 지문을 모르더라도 대가야는 오늘날 경상북도 고령에 위치해 바다가 없는 곳이라는 점을 떠올려 보면 답이 될 수 없음을 알 수 있다.

명심하자. 객관식은 모든 것을 알지 못해도 풀 수 있다. 자신이 알고 있는 것만으로 풀 수 있는 문제가 많으니 문제에 주눅들지 말자.

**⑩ 정답 ⑤**

**해설** 신라 법흥왕의 업적이다. 국적이 신라가 아닌 왕을 고르는 문제이다.

| | 고구려 | 백제 | 신라 |
|---|---|---|---|
| 고대국가의 기틀 | 태조왕 | 고이왕 | 내물왕 |
| 율령반포 | 소수림왕 (4세기) | 고이왕(3c) | 법흥왕 (연호사용:건원) |
| 불교공인 | | 침류왕(4c) | |
| 최대영토 | 문자왕 | 근초고왕 | 진흥왕 |

① 신라 지증왕의 업적이다.

② 신라 진흥왕의 업적이다.

③ 신라 선덕여왕의 업적이다.

④ 국학을 설립하고 유학 교육을 강조한 것은 신라 신문왕이다.

⑤ 백제 무령왕의 업적이다. 보기 중 유일하게 법흥왕과 국적이 다르므로 정답이다.

**⑪ 정답 ④**

**해설** 국동대혈에서 제사를 지낸 것은 고구려이다.

① 부여의 특징이다.

② 삼한의 특징이다.

③ 동예의 특징이다.

④ 서옥제(데릴사위제)는 고구려의 특징이다.

⑤ 책화라는 동예의 특징이다.

**⑫ 정답 ②**

**해설** (A)는 백제 근초고왕이다.

① 근초고왕은 정복 활동으로 백제의 전성기를 이끌었고 고국원왕을 죽음에 이르게 했다.

② 고구려 소수림왕의 업적이다.

③ 근초고왕은 낙동강 유역의 가야에 대해 지배권을 행사했다.

④ 근초고왕 때 고흥이라는 박사가 『서기』를 저술했다.

⑤ 백제는 근초고왕 때 부자상속이 확립되었다.

**⑬ 정답 ⑤**

**해설** 6세기 진흥왕의 영토 확장을 설명하는 지도이다.

① 신라 원성왕 때의 관리 선발 제도이다.

② 신라 문무왕의 업적이다.

③ 신라 신문왕의 업적이다.

④ 고구려 영양왕이 수나라를 먼저 공격한 후 수나라가 고구려를 침입했다.

⑤ 백제 성왕과 신라 진흥왕이 연합하여 한강 하류는 백제가, 한강 상류는 신라가 차지했다. 하지만 신라 진흥왕의 배신으로 백제 성왕은 곧 한강 하류를 빼앗기고 만다.

**⑭ 정답 ③**

**해설**

㉠ 일본에 논어와 천자문을 전파한 왕인은 아스카 문화의 시조로 불린다.

㉡ 백제 노리사치계는 처음으로 불교를 전파했다. 화엄종을 전파한 인물은 통일신라 심상이다.

㉢ 다카마쓰 고분 벽화는 고구려 수산리 고분 벽화와 유사하다.

㉣ 쇼토쿠 태자의 스승이 된 것은 고구려 혜자이다.

**⑮ 정답 ④**

**해설** 발해에 대한 설명이 아닌 것을 고르는 문제이다. 『신당서』에 기록된 내용이 굉장히 낯설다. 이 내용을 알고 풀기란 까다롭다. 이 중 문제를 풀 수 있는 키워드는 솔빈부의 말이다. 솔빈부의 말은 발해의 주요한 특산품이었다.

사료의 내용을 알 수 없을 때에는 5가지의 보기 가운데 다른 나라를 설명하는 한 가지를 고르는 것도 시험에 대처하는 한 방법이다.

★

① 발해 문왕은 신라와의 교통로인 신라도를 두었다.
② 빈공과 합격자를 배출한 것은 발해와 신라 모두 해당한다.
③ 산둥 반도 등주에는 신라인과 발해인의 숙박을 위해 신라관과 발해관이 있었다.
④ 일본도를 통해 일본과 교류한 것은 맞는 말이지만 칠지도를 하사한 것은 백제 근초고왕이다.
⑤ 문왕은 당의 수도 장안성을 본떠 상경에 남북으로 곧게 뻗은 주작대로를 건설했다.

**16** 정답 ②
**해설** (A)는 고려 성종 때 설치되어 물가 조절을 담당했던 상평창에 대한 설명이다.

① 향교와 서원에 대한 설명이다.
② 상평창의 가장 중요한 기능은 바로 물가 조절이다.
③ 유랑자 수용과 빈민 구휼을 담당한 것은 조선 시대 동서 활인서이다. 동서 활인서는 의료 기관이었던 고려의 동서 대비원을 이어받은 기관이다.
④ 고려 시대의 의료 기관인 동서 대비원에 대한 설명이다.
⑤ 고구려 진대법과 고려 의창에 대한 설명이다.

상평창은 문제에 나오는 것처럼 국가 기관이 주체가 되어 쌀을 비축하고 배포했다. 풍년에는 쌀을 비축하고, 흉년에는 쌀을 배포하여 쌀값 즉 물가의 안정을 꾀한 것이 상평창이다.

봄에 백성들에게 곡식을 빌려주고 추수한 이후에 갚게 하는 의창과 비교하자.
의창은 고구려 진대법과 태조 왕건의 흑창에서 이어지는 제도이다.

**17** 정답  ④
**해설** 위의 주장은 고려 문벌 귀족을 대표하던 이자겸이 금(여진)의 사대 요구를 받아들일 것을 주장하는 내용이다.

① 초조대장경은 거란의 침입 때 만들어졌고, 재조대장경은 무신 집권기 몽골의 침입을 물리치고자 만들어졌다.
② 최영이 홍산 싸움에서 왜구를 물리친 것은 고려 말 14세기의 일이다.
③ 최충헌의 노비 만적에 대한 설명이다.
④ 문벌 귀족인 이자겸 등이 금과의 사대를 주장한 것과 반대로 과거를 통해 진출한 지방 출신 신진 세력인 서경파는 금나라를 정벌할 것을 주장했다.
⑤ 고려 말 14세기의 일이다.

**18** 정답  ②
**해설** 문무백관의 공복을 제정한 것은 왕권을 강화하기 위한 광종의 업적이다.

① 광종의 노비안검법 이후 노비들이 원래의 주인을 모함하는 일이 잦아졌고, 성종은 최승로의 건의를 받

아들여 이들을 다시 노비로 되돌리는 환천법을 실시했다.

② 광종은 과거제를 실시하면서 승려들을 뽑는 승과 제도도 함께 실시했다.
태조 왕건이 승록사를 설치하여 불교 사무를 관장하게 한 것과 비교하자.

③ 무신 집권기 이후로 전시과 제도가 붕괴되면서 강화도에서 개경으로 환도한 원종은 현직 관리에게만 녹봉의 부족액을 보충하기 위해 녹과전을 지급했다.

④ 고려 숙종이 설치한 주전도감에서는 삼한통보 이외에 해동통보와 해동중보, 그리고 우리나라의 지형을 본떠 만든 은병인 활구를 만들었다.

⑤ 태조 왕건에 대한 설명이다.

 **19** **정답** ①

**해설**

① 고려의 중앙군인 2군과 6위는 직업 군인으로 편성되었다. 이들은 군인전을 지급 받았고, 그 역은 세습되었다. 2군은 왕을 호위했고, 6위는 수도 개경의 경비를 담당했다.

| 고려 중앙 | 2군, 6위 |
|---|---|
| 고려 지방 | 주현군, 주진군 |

② 5위는 조선 전기의 중앙군을 말한다.

| 조선 전기 | | 조선 후기 | |
|---|---|---|---|
| 중앙 | 5위 | 중앙 | 5군영 |
| 지방 | 영진→ 진관→ 제승방략→ 진관 | 지방 | 속오군 |

③ 이괄의 난을 계기로 조직된 것은 어영청이다.

④ 임오군란은 2영(무위영, 장어영)에 속했던 구식 군인들이 신식 군대인 별기군과의 차별에 불만을 품고 일으켰다.

⑤ ㉠~㉣은 모두 중앙군에 대한 설명이다.

 **20** **정답** ⑤

**해설** 망이, 망소이가 난을 일으킨 곳은 공주 명학소이다. (A)는 고려 시대 특수 행정구역인 '소'를 의미한다.

⑤ 향, 소, 부곡에 사는 사람들은 과거에 응시할 수 없었다.

**21** **정답** ①

**해설** 자료 자체를 해석하기 힘든 난이도가 높은 문제이다. 자료에 나타난 도평의사사에서 도병마사의 관제가 격하된 고려 시대를 유추할 수 있고, 고려 시대의 백성들이 농사짓던 토지라는 부분에서 고려의 민전을 유추할 수 있다.
즉 이 문제는 고려 민전에 대해 묻는 문제이다. 고려 시대의 대부분 경작지는 개인 소유지인 민전이었다.

A. B. 민전은 매매나 상속이 가능했다. 증여(공짜로 주는 것)나 임대도 가능했다.
고려 민전은 국가에 생산량의 약 1/10을 세금으로 내야 했다.
C. 외역전에 대한 설명이다.
D. 공음전에 대한 설명이다.

**22** **정답** ④

**해설** 고려 시대 귀향형에 대한 설명이다. '고려'에 대한 설명을 고르는 문제이다.

① 백제 무령왕 때의 일이다.
② 발해의 천도에 대한 설명이다.
③ 조선 세종 때의 일이다.
④ 고려 시대 거란의 1차 침입에 대한 설명으로 정답이다.

⑤ 황룡사 9층 목탑은 신라 선덕여왕 때 자장 스님의 건의로 만들어졌다.

**23**  정답 ③

**해설** 모든 아들과 딸이 비슷한 숫자의 노비를 상속한 것으로 보아 고려 시대의 상속 제도란 사실을 알 수 있다. 이러한 상속 제도는 조선 시대에도 이어져 사림에 의해 적장자 우선 상속제가 확립될 때까지 지속되었다.

① 사우가 많이 세워진 것은 조선 후기이다.
② 신부의 집에서 결혼한 후 신랑 집에서 생활하는 것을 친영제라 한다.
　친영제는 성리학 윤리가 가족 깊숙이 들어온 조선 중기 이후부터 정착됐다.
③ 고려 시대에는 자녀들이 돌아가면서 제사를 지냈다.
④ 아들이 없는 경우 대를 잇기 위해 양자를 들이는 것은 조선 후기이다.
⑤ 고구려 데릴사위제에 대한 설명이다.

**24** 정답 ①

**해설** 지눌의 '돈오점수'를 설명한 내용이다. '진리는 한 번에 깨닫는' 것이 바로 '돈오'이다.

① 정혜쌍수는 참선을 뜻하는 선정과 지혜의 말씀을 담은 경전 공부는 함께 수행해야 함을 뜻하는 지눌의 사상이다.
② 신라 의상에 대한 설명이다.
③ 신라 원효에 대한 설명이다.
④ 신라 혜초에 대한 설명이다.
⑤ 불교계의 폐단을 비판하고 교단을 통합하려 한 것은 고려 의천이다.

**25**  정답 ③

**해설** 이곡의 상소는 고려의 여자들을 원나라로 데려간 공녀에 대해 말하고 있다.
원의 공녀 수탈이 심해지면서 고려에서는 조혼이 유행했다.
원 간섭기에 대한 설명을 고르는 문제이다.

③ 원 간섭기가 아닌 무신 집권기에 대한 설명이다.

**26** 정답 ④

**해설** 자료는 원나라의 간섭에서 벗어나려는 공민왕의 개혁 정치를 말한다.

① 고려 광종의 업적이다.
② 고려 정종은 광군사를 설치해 거란에 대비했다.
　참고로 광군도감을 광군사로 재편한 것은 고려 현종 때이다.
③ 고려 광종의 노비안검법에 대한 설명이다.
⑤ 고려 성종이 문신들에게 매월 과제를 부여하는 제도이다.

**27**  정답 ④

**해설** '은병'이라는 단어가 문제를 푸는 키워드이다. 고려 숙종 때 우리나라의 모양을 본떠 은으로 만든 고액 화폐가 은병이다.
은병은 병 입구가 넓어 활구라고 불리기도 했다.
주전도감을 설치한 고려 숙종 때의 설명을 고르는 문제이다

① 관료전을 지급하고 녹읍을 폐지한 것은 신라 신문왕이다
② 조선 후기 방납의 폐단을 시정하기 위해 실시한 대동법을 말한다.
③ 작황을 살피는 관리들이 많이 수취하기 위해 농작물 수확량을 부풀리는 폐단이 있자 세종대왕은 공법을

시행한다.

④ 의천은 고려 숙종에게 건의해 화폐를 만드는 주전도 감을 설치했다.

⑤ 이앙법이 전국으로 보급된 것은 조선 후기이다.

**㉘ 정답 ②**

**해설** '활구'라는 단어에서 고려 시대임을 유추할 수 있다. (A)는 개경과 가까웠으며 고려 시대를 대표하는 항구인 벽란도이다.

① 원산에 대한 설명이다.

③ 신라 당항성에 대한 설명이다.

④ 전남 완도에 대한 설명이다.

⑤ 평양에 대한 설명이다.

**㉙ 정답 ③**

**해설** "임금의 직책은 재상 한 명을 잘 뽑는데 있다"라는 표현은 정도전이 『조선경국전』에서 주장한 내용이다. (A)는 정도전이다.

① 정도전은 왕권보다는 신권을 강조한 인물이다.

② 정도전은 고려 말 토지 제도 개혁인 과전법을 적극 실시했다.

③ 정도전은 『불씨잡변』(부처의 잡소리라는 뜻)이란 책을 남겼다

④ 길재, 정몽주, 이색 등 온건파 사대부는 역성혁명에 가담하지 않고 재야로 물러나 후진 양성에 힘을 쏟아 사림 형성에 영향을 주었다.

⑤ 신권을 강조한 정도전의 생각은 '의정부 서사제'와 유사한 측면이 있다.

**㉚ 정답 ②**

**해설** 수신전과 휼양전에 대한 설명이 나온다. 수신전과 휼양전은 과전법 체제에서 예외적으로 세습이

가능한 토지였다. 따라서 이 제도는 과전법임을 알 수 있다.

A. 과전법에서는 땔감을 얻는 시지가 지급되지 않았다

B. 수조권을 가진 자는 수확량의 1/10을 직접 거두었다. 옳은 설명이다.

C. 조세 징수 권한 외에 노동력(요역)까지 징발할 수 있었던 가장 강한 특권을 부여한 것은 신라의 녹읍이다.

D. '성행의 선악' 즉 인품을 고려해 토지를 분급한 것은 고려 초 역분전이다.

**㉛ 정답 ①**

**해설** 협의의 중인인 기술관들의 대화이다. 협의의 중인들은 조선 철종 때 서얼들이 차별에서 해방되는 것을 지켜보며 그들도 처우를 개선해 보고자 철종에게 상소문을 올리는 연합 상소 운동을 펼쳤지만 실패로 돌아가고 말았다. 즉 이 문제는 조선 후기 철종 때를 전후한 세도정치 시기의 상황을 묻는 문제이다.

① 이인좌의 난이 일어난 것은 영조 때의 일이다.

② 세도정치 시기에는 비변사가 권력의 중심으로 중시되었다.

③ 철종 후반부인 1862년 전국적 농민 봉기인 임술민란이 일어났다.

④ 세도정치 시기에는 서울 사림과 지방 사림간의 연계가 단절되면서 전통적인 사림의 공론 형성은 불가능해졌다.

⑤ 세도정치 시기에는 전정, 군정, 환정의 삼정이 문란해졌다.

**㉜ 정답 ④**

**해설** 아들과 딸을 차별하지 않고 자녀들이 돌아가면서 제사를 지냈던 고려와는 다르게 조선 후기에는 사림의 성리학 가치가 깊숙이 스며들면서 적자와 장자를 중

시하는 문화가 보편화되었다. 조선 후기에는 제사를 주재하는 장남이 재산을 단독으로 상속했고, 아들이 없으면 딸이 제사를 지내는 것이 아니라 양자를 입양해서 대를 이었다.

A. C. 고려 시대 가족 제도에 대한 설명이다. 이 시기에는 여성의 권리가 상대적으로 강해서 딸도 차별받지 않았고, 여성의 재혼도 자유로웠다.

 **정답 ③**

**해설** (A)는 중인 신분 가운데 통역을 담당하는 역관이다. 이 문제의 출제 의도는 중인과 서얼을 구별하는 것이다.

A. 서얼 출신 유득공, 박제가에 대한 설명이다.
B. 중인에 대한 설명이다.
C. 서리, 향리, 기술관(협의의 중인) 등의 중인들은 그 직역을 세습했다.
D. 철종은 서얼금고법을 폐지하고 서얼에게 문과 응시 기회를 부여했다(신해허통). 중인들은 원칙적으로 문과 응시에 제한이 없었다.

 **정답 ②**

**해설** 서원에 대한 설명이다. 서원과 향약을 비교하며 주의해서 풀어야 한다.

① 대원군은 47개 사액 서원만 남기고 서원을 철폐했다.
② 향약에 대한 설명이다.
③ 서원과 향교에 대한 공통적인 설명이다.
④ 사림은 향약과 서원을 통해 향촌 사회에 자신들의 영향력을 확대했다.

**35 정답 ③**

**해설** 조선 세조가 왕위를 찬탈한 계유정난에 대한 설명이다.

① 향약은 중종 때 조광조의 주장으로 시행되었다.
② 전시과 제도가 처음 마련된 것은 고려 경종 때이다.
③ 세조 때 만들어진 보법에 대한 설명이다. 보법은 정군과 보인을 1보로 묶는 군역 체제이다. 전투에 동원되는 정군은 농사를 짓다가 교대로 군역을 부담했다. 보인은 비용만을 부담했다.
④ 조선 태종 때의 일이다.
⑤ 공법은 조선 세종 때 실시되었다.

 **정답 ③**

**해설** 질문을 잘 읽어야 한다. (가)와 (나) 사이에 있었던 일을 묻는 문제이다. (가)는 일본이 부산을 공격하는 임진왜란의 시작을 말하고, (나)는 적군이 다시 쳐들어온 정유재란에 대한 설명이다.

③ 명량해전은 이순신 장군이 정유재란에서 12척의 배를 이끌고 적군을 물리친 해전을 말한다. 즉 명량해전은 (나) 이후의 사건이다.

 **정답 ④**

**해설**

(가)는 세종 때 연분 9등법이다.
(나)는 1결당 최대 생산량을 300두로 정하고 풍흉에 따라 생산량의 1/10을 조세로 거둔 과전법이다. 일반적으로 1결당 30두씩 거두었다.
(다)는 1결당 4두에 단서가 있다. 풍흉에 관계없이 1결당 4두를 조세로 거둔 영정법이다.

① (가) 연분 9등법과 (나) 과전법은 풍흉에 따라 조세를 부과했고 (다) 영정법만 풍흉에 관계없이 조세를 1결당 4두씩 거두었다.
② 세종 때에는 토지를 비옥도에 따라 6등급으로 나눈 전분 6등법과 풍흉에 따라 9등급으로 나눈 연분 9

등법이 실시되었다.
③ 과전법에서는 최대 생산량을 300두로 정했다.
④ 대동법에 대한 설명이다.
⑤ 답험의 폐단을 없애기 위해 실시한 공법이 전분 6등법, 연분 9등법이다.

★
칠정산에 관한 내용은 어느 시험이나 자주 출제되는 내용이니 확실하게 정리하자.

**38 정답 ④**
 (가)는 조선 시대 조광조의 건의로 시행된 향약에 대한 설명이다.

① 유향소를 통제하기 위해 설치된 기구는 경재소이다.
② 서원에 대한 설명이다.
③ 매향을 하는 무리인 향도에 대한 설명이다.
⑤ 조광조의 건의로 처음 실시되었다.

**39 정답 ③**
 당나라의 선명력을 역법으로 사용하다가 세종 때 원나라의 수시력과 아라비아의 회회력을 참고하여 새로운 역법인 칠정산을 만들었다.
즉 세종 때의 과학 기술을 묻는 문제이다.

A. 태종 때에는 구리로 계미자를 만들었다. 뒤를 이은 세종은 밀랍 대신 식자판을 조립하는 갑인자를 만들었다.
B. 조선 후기 만들어진 김정호의 대동여지도에 대한 설명이다.
C. 『향약구급방』은 고려 후기의 의서이다. 세종 때 만든 의서는 『향약집성방』이다.
D. 세종 때 편찬된 우리 풍토에 맞는 농서 『농사직설』에 대한 설명으로 옳다

**40 정답 ④**
 선비를 천거한 현량과, 향약 시행, 기묘사화 등에서 조광조의 개혁 정치를 설명한 내용임을 알 수 있다. 조광조를 등용한 왕은 조선 중종이다.

① 세종대왕의 업적이다.
② 세조 때 완성된 보법에 대한 설명이다.
③ 성종 때의 일이다.
④ 중종 때 일어난 삼포 왜란을 계기로 비변사가 설치되었다.
⑤ 정조 때의 일이다.

**41 정답 ④**
 성학(聖學)과 도(圖)라는 단어에서 이황이 저술한 『성학십도』임을 유추할 수 있다.

① 고려 시대 최충에 대한 설명이다.
② 성학집요는 율곡 이이의 저서이다.
③ 조광조에 대한 설명이다.
⑤ 백운동 서원을 세운 인물은 주세붕이다.

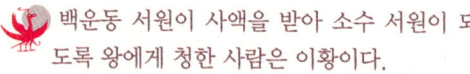 백운동 서원이 사액을 받아 소수 서원이 되도록 왕에게 청한 사람은 이황이다.

사액(賜額: 지급할 사, 액자(현판) 액)
– 임금이 서원에 현판을 내리는 것.
임금의 사액을 받은 서원을 사액 서원이라 부른다.

**42 정답 ②**

**해설** 중국과 우리나라가 평양성을 공격한 것으로 미루어 임진왜란 당시의 평양성 수복에 대한 설명임을 알 수 있다.

 당나라와 신라의 나당 연합군이 고구려 평양성을 함락시킨 것으로 착각할 수도 있다. 하지만 도원수라는 관직은 고려와 조선의 관직이므로 나당 연합군에 대한 설명이 될 수 없다.

① 후금이 쳐들어 온 정묘호란 때의 의병이다.
② 속오군으로의 군제 개편은 임진왜란 중에 일어났다.
③ 몽골의 침입과 관련된 내용이다.
④ 고려 시대 거란의 1차 침입과 관련된 내용이다.
⑤ 삼국통일을 완성한 신라와 당나라간의 전쟁이다.

 **43 정답 ④**

**해설** (가)는 오랑캐 여진족이 세운 후금과 우호적인 관계를 맺어 명나라를 돕지 않았다고 비난받는 광해군에 대한 설명이다.

① 조선 명종에 대한 설명이다.
② 세종 때 만들어진 칠정산에 관한 설명이다.
③ 정조에 대한 설명이다.
④ 광해군의 중립 외교를 잘 설명하고 있다.
⑤ 서인을 등용하여 북벌을 추진한 효종에 관한 설명이다.

 **44 정답 ④**

**해설** 경신환국을 계기로 서인은 노론과 소론으로 나뉘어졌다. 이어 노론은 사도세자의 죽음을 바라보는 태도 차이로 벽파와 시파로 갈라졌다. 즉 (A)는 노론에 대한 설명이다.

① 정여립 모반 사건과 세자 건저의 사건 이후 동인은 서인 척결에 적극적인 북인과 서인 척결에 온건한 남인으로 갈라졌다. 즉 ①은 동인에 대한 설명이다.
② 윤증 등 소론에 대한 설명이다.
③ 광해군과 그를 지지하는 북인에 대한 설명이다.
④ 조선 후기 인물성동이론에 기원을 둔 호락 논쟁은 노론 간의 의견 대립이었다.
⑤ 훈구 척결에 대한 견해 차이로 인해 사림은 동인과 서인으로 분화되었다. 김효원을 중심으로 모인 동인은 훈구 척결에 적극적이었다.

**45 정답 ⑤**

**해설** 위와 같은 말을 한 인물이 효종의 계모인 자의대비라는 사실은 몰라도 좋다.
4번째 줄 '죽은 왕이 차남이 아니고 장남이었다면 그런 논쟁은 일어나지 않았다'라는 부분에 주목해야 한다.
차남인 효종이 죽으면서 일어난 상복에 관한 논쟁인 기해예송에 관한 설명이다.

예송 논쟁은 기본적으로 서인과 남인간의 대립이었다. 서인을 대표하는 송시열과 남인을 대표하는 윤휴가 상복을 입는 기간을 두고 대립했다고 설명한 ⑤번이 정답이다.

① 동인은 정철에 대한 처벌 문제로 남인과 북인으로 나뉘었다.
② 노론 내부의 호락 논쟁은 조선 후기인 18세기의 일이다.
③ 갑인예송 이후에도 논란이 끊이지 않자 숙종이 탕평책으로 이를 종식시켰다.
④ 환국이 일어난 것은 숙종 때의 일이다.

**정답** ③

**해설** '사문난적으로 몰렸다'라는 부분에서 남인이었던 윤휴임을 알 수 있다.

① 서인의 거두 송시열에 대한 설명이다.
② 우리나라 풍토에 맞는 농서인 『농사직설』을 저술한 이는 정초이다.
③ 성리학은 주자(주희)를 숭상하는 학문이다. 남인은 주자 외에 모든 제자백가에 사상적 기반을 두고 있었기에 주자의 해석을 절대시하는 서인의 공격을 받았다.
남인인 윤휴에 대한 설명으로 정답이다.
④ 소론 계열의 학자로서 양명학을 발전시킨 정제두에 관한 설명이다.
⑤ 조식에 대한 설명이다. 남인들은 이황에게 학문적 영향을 받았다.

 **정답** ③

**해설** 군포를 2필에서 1필로 줄인 것은 영조가 실시한 균역법의 내용이다. 군포를 줄이면서 부족해진 재정의 충당 방안은 자주 출제되는 부분이다.

① 조선 정조의 신해통공에 대한 설명이다.
② 삼수미세는 훈련도감 삼수군에게 면포를 지급하기 위해 거두었다.
③ 균역법 시행으로 부족해진 재정 충당을 위해 선무군관이라는 일종의 명예 관직을 만들어서 관직을 팔았다. 이때 받은 포가 선무군관포이다.
④ 재정을 호조로 통할하는 것은 갑신정변에서 주장한 내용이다.
⑤ 조선 후기 광산 개발을 활성화시킨 설점수세에 대한 내용이다.

**48** **정답** ③

**해설** 신해통공을 통해 금난전권을 철폐한 것은 정조

의 업적이다.

① 성종 때 경국대전이 완성되었다.
② 공론(당론)의 주재자로 인식되어 오던 산림의 존재를 부정하고 붕당의 뿌리를 없애기 위해 서원을 대폭 정리한 것은 영조의 업적이다.
④ 공노비의 해방은 순조 때 이루어졌다. (1801년) 사노비까지 포함한 노비 제도가 폐지된 것은 갑오개혁 때의 일이다.
⑤ 영조의 업적이다.

 **정답** ③

**해설** 이익이 주장한 '한전론'의 내용이다.

① 이익의 6좀론에 대한 설명이다.
③ 박제가에 대한 설명이다.
④ 이익의 호를 딴 성호학파에 대한 설명이다.
⑤ 5개 파트로 나누어 중국과 조선의 문화를 설명한 『성호사설』에 대한 설명이다.

 **정답** ③

**해설**

(가)는 종로 일대의 시전 상인이다.
(나)는 숭례문 밖 '칠패' 지역의 사상인 난전이다.
(다)는 한강 유역의 경강 상인을 말한다.
(라)는 동대문 밖 '이현' 지역의 사상인 난전이다.

① 정조 때 신해통공으로 인해 금난전권이 폐지되면서 사상들이 시전 상인과 경쟁할 정도로 성장했다.
③ 청과 일본 사이의 중계 무역으로 성장한 상인은 개성의 송상이다.

 **정답** ④

**해설** 광산을 전문적으로 경영하는 덕대가 조선 후기

광산에서 일할 사람을 뽑는 광고이다.
민영 광산이 늘어난 조선 후기의 상황이다.

A. 『농상집요』는 고려 후기의 농서이다.
B. 조선 후기에 광작이 나타나 농민층이 분화되었다.
C. 고려 후기에 대한 설명이다.
D. 조선 후기에 대한 설명이다.

**52** 정답 ④
**해설** 소작료를 일정한 비율로 걷던 타조법에서 일정액으로 걷는 도조법으로 바뀐 것은 조선 후기의 일이다.

① 조선 후기 광작으로 인해 농민층이 분화된 결과 농촌을 떠난 농민은 임노동자가 되었다.
② ③ ⑤는 조선 후기에 대한 설명으로 옳다.
④ 2년 3작이 시작된 것은 고려 후기의 일이다.
　2년 3작이 일반화된 것은 조선 전기이다.

**53** 정답 ⑤
**해설** 의정부가 한가한 관청이 되는 상황을 초래한 기관인 비변사에 대한 설명이다.

① ② ③ ④ 모두 비변사에 대한 설명으로 옳다.
⑤ 고려 시대 중추원(추밀원)의 기능에 대한 설명이다.

**54** 정답 ③
**해설** 조선에서 미국에 파견한 보빙사에 대한 설명이다. 보빙사는 1883년 조미수호통상조약의 결과로 파견되었다.

① 김옥균이 차관 교섭을 벌인 것은 일본에 제3차 수신사로 가게 된 때였다.
　제3차 수신사는 임오군란에 대해 일본에 사과하기 위해서 파견되었다.

② 러일 전쟁 직후 미국과 일본이 맺은 가쓰라 태프트 밀약에 대한 설명이다.
　일본은 미국의 필리핀 지배를 인정하고, 미국은 일본의 한반도 지배를 인정했다.
③ 조미수호통상조약에 규정된 거중 조정 규정이다.
④ 영선사에 대한 설명이다.
⑤ 강화도 조약 체결의 답방으로 파견된 것은 제1차 수신사이다.

| | | |
|---|---|---|
|  | 1차 | 강화도 조약 체결의 답방으로 일본에 파견 |
| | 2차 | 강화도 조약의 내용에 따라 일본에 파견 |
| | 3차 | 임오군란에 대한 사과를 위해 일본에 파견 |
| 보빙사 | | 1883년 조미수호통상조약의 결과로 미국에 파견 |
| 영선사 | | 1881년 근대 문물을 배우기 위해 청나라에 파견 |

**55** 정답 ④
**해설** ④ 만동묘를 설치한 사람은 송시열이고, 흥선대원군은 이를 철폐했다.

**56** 정답 ③
**해설** 을미의병, 을사의병, 정미의병 가운데 군인의 비율이 상대적으로 높은 정미의병에 대한 표이다. 정미의병은 고종 강제 퇴위와 군대 해산에 반발해서 일어났다. 해산된 군인들을 흡수하면서 의병의 화력이 강해진 계기가 되었다.

① 을미의병에 대한 설명이다.
② 평민 출신 의병장 신돌석은 을사의병 때 활동했다.
④ 을사의병에 대한 설명이다.
⑤ 을미의병에 대한 설명이다.

**정답** ⑤

**해설** 갑신정변의 내용을 찾는 문제이다.

A. 재정을 탁지아문에서 관할하는 것은 갑오개혁의 내용이다.

C. 갑신정변과 갑오개혁은 상대적으로 토지 제도의 개혁에 소홀했다는 한계를 지닌다.
'토지를 평균해 분작한다'는 동학 농민군의 폐정 개혁안이다.

 **정답** ①

**해설** 갑신정변과 동학농민운동의 공통점을 묻는 문제이다. 중요한 내용이므로 반복해서 읽어 정리해야 한다.

동학 농민군이 토지의 평균 분작을 주장한 것에 반해 갑신정변을 주도한 세력은 토지에 대한 조세(지조)를 수취하는 방법의 개혁만을 주장했을 뿐 토지 제도 자체에 대한 개혁을 주장하지는 않았다. 따라서 ①은 공통점이 아니다.

② ③ ④ 갑신정변과 동학농민운동의 공통점으로 옳은 설명이다.

⑤ 갑신정변은 청의 개입으로, 동학농민운동은 일본의 개입으로 좌절되었다.

 **정답** ④

**해설**

① ② ⑤ 갑오개혁에 대한 설명으로 옳다.

③ 갑오개혁 때 정치 개혁의 일환으로 채택한 연호이다.

④ 토지를 측량하는 양전 사업은 갑오개혁이 아닌 광무 개혁 때 실시되었다.

 **정답** ⑤

**해설** '파천'이란 임금이 거처를 옮기는 것을 말한다

(A)파천은 바다 건너 오랑캐 때문에 2백년 조종이 폐허가 된 것으로 비추어 임진왜란 때 선조가 의주로 피난한 것을 의미한다.

조선의 건국은 1392년, 임진왜란은 1592년으로 정확하게 2백년 차이가 난다.

(B) 3째줄 '외국의 신하가 있는 곳을 빌려' 파천했다는 부분에 주목하자.

고종이 러시아 공사관으로 피신한 아관파천을 의미한다.

굉장히 중요한 문장이므로 문장 통째로 숙지하도록 한다.

① 선조가 의주로 피난한 것은 임진왜란이다. 삼포 왜란은 중종 때 일어났다.

② 어영청은 이괄의 난을 계기로 설치되어 북벌의 핵심 기구로 기능했다.

③ 명에 원군을 청한 것은 (A) 때의 일이다.

④ 을미사변은 (B) 이전에 있었다.

⑤ 아관파천 이후 열강의 경제적 이권 침탈이 심해졌다.

 **정답** ④

**해설** 국문과 영문으로 기록된 점을 통해 1896년 발간된 독립신문임을 알 수 있다.

① 민립대학 설립운동은 1923년에 일어났다.

② 1905년 을사늑약으로 일제에 외교권을 강탈당했다.

③ 아리랑은 1926년 단성사에서 개봉되었다.

④ 아관파천은 삼국간섭 이후인 1896년에 일어났다.

⑤ 독립협회의 이권 수호 운동은 러시아의 절영도 조차

요구를 저지한 1898년 이후이다.
독립신문에 관한 문제라고 해서 섣불리 함정에 넘어
가서는 안 될 것이다.

###  62 정답 ②

**해설**
① 고종은 독립협회 해산에 도움을 준 보부상들을 지원
하기 위해 상무사를 조직했다.
② 간도 파출소는 1907년 일제의 통감부가 설치한 것
이다. 대한제국에서 파견한 것은 간도 관리사였다.
③ 1899년 원수부를 설치하고 황제를 호위하는 시위대
와 지방군인 진위대를 증강했다.
④ 각각 양지아문과 지계아문이 담당한 업무이다.
⑤ 1898년에 설립된 한성 전기 회사는 대한제국 황실
이 출자하고 미국의 도움을 받았다.

| | | | |
|---|---|---|---|
| **서양식** | 병원 | 1885 | 광혜원 |
| | 전기 | 1887 | 경복궁 전기 가설 |
| | 전차 | 1899 | 서대문~청량리 |
| | 극장 | 1908 | 원각사 (이인직) |

### 63 정답 ④

**해설**
① 제1차 갑오개혁 때 군국기무처에 의해 실시된 개혁
내용이다.
② 한국광복군은 1940년에 조직된 임시정부의 군대
이다.
③ 보안회의 활동 사항이다.
④ 러시아의 절영도 조차 요구를 저지한 것과 더불어
독립협회의 활동 내용이다.
⑤ 헌정 연구회의 활동 내용이다.

### 64 정답 ④
**해설**　(A)는 조세 금납화를 실시하고, 은본위 화폐 제

도를 실시한 제1차 갑오개혁에 대한 설명이다. 한편 (B)
는 금본위 화폐 제도를 실시한 메가다의 화폐 정리 사
업에 대한 설명이다.

① 갑오개혁은 일본의 간섭 하에 이루어졌다.
② 신식 화폐 발행 장정은 1894년에 갑오개혁의 일환
으로 시행되었으며 신분제와 과거제 폐지 역시 갑오
개혁의 내용이다.
③ ④ 메가다의 화폐 정리 사업을 통해 일본 제일은행
이 중앙은행이 되었고, 제일은행권이 공식 화폐로
사용되었다. 백동화는 외관 상태에 따라 갑종, 을종,
병종 3종으로 나뉘어 차등적으로 교환되었다.

###  65 정답 ④

**해설**　1911년 일제가 독립운동가들을 소탕하기 위해 조
작한 '데라우치 총독 암살 음모 사건'을 말한다. 이 사건
에 연루된 것을 계기로 신민회는 비밀 결사체의 실체가
드러나 해체되고 말았다. 105명에게 실형이 내려졌다고
하여 '105인 사건'으로도 불린다.

① 강우규는 대한 노인회 소속이다.
② 신민회는 공화정을 지향했다.
③ 조선공산당 창당을 계기로 1925년에 치안 유지법이
만들어졌다.
　신민회는 1907년~1911년에 활동한 조직이므로 치안
유지법이 적용될 수 없었다.
⑤ 1919년 만주에서 김원봉의 주도로 조직된 것은 의열
단이다.

### 66 정답 ①
**해설**
② 물산장려운동에 대한 설명이다.
③ 3·1 운동을 통해 일제가 무단통치에서 문화통치로
전환한 후 1920년에 조선일보가 창간되었다. 따라서
조선일보의 지원을 받았다는 것은 잘못된 설명이다.

④ 6·10 만세 운동은 3·1 운동보다 늦은 1926년 순종의 장례식을 기해 일어났다.
⑤ 광주학생 항일운동은 3·1 운동보다 늦은 1929년에 일어났다.

**67 정답 ③**

**해설** 1920년대 후반 광주학생 항일운동(1929)에 대한 설명이다.

A. 2·8 독립선언의 영향을 받은 것은 3·1 운동이다.
B. 신간회는 광주학생 항일운동을 지원하고, 진상 조사단을 파견했다.
D. 신간회가 조직된 것은 1927년의 일이다.

**68 정답 ⑤**

**해설** '재작년에 시작된 세계 대공황'이라는 문구에 주목해야 한다.
1929년에 발생한 세계 대공황이 재작년 일이니 다음의 상황은 1930년대 초반이라는 것을 유추할 수 있다.

성급하게 첫 부분만 읽고 산미증식계획이 실시되었던 1920년대로 판단하는 것을 가장 조심해야 하는 문제이다.

① 조선공산당이 설립된 것은 1925년이다.
② 회사령이 철폐된 것은 1920년이다.
③ 원산 총파업은 1929년이다.
④ 만주의 조선인 독립운동가를 잡으면 보상금을 지급하는 미쓰야 협정이 체결된 것은 1925년이다.
⑤ 브나로드 운동은 1931년의 일이므로 정답이다.

**69 정답 ⑤**

**해설** 동아일보와 조선일보가 폐간된 것은 1940년이다.

① 제1차 교육령이 발표된 것은 1911년이다.
② 조선인만 태형으로 다스리는 조선 태형령은 1912년에 시행되었다.
③ 언론에 대한 검열을 강화하는 신문지법은 한일강제병합 이전인 1907년에 공포되었다.
④ 1910년대 3·1 운동 이전의 상황이다.
⑤ 1942년 조선어학회 사건이다.

**70 정답 ③**

**해설** 2번째 줄의 '임시 의정원'이란 기구를 통해 임시정부에 관한 글임을 유추할 수 있다.
한편 '분열을 통탄'하는 내용이나 '근본적 대개혁' 등의 내용을 통해 대한민국 임시정부의 국민대표회의(1923)에 대한 설명임을 유추할 수 있다.

A. D. 1923년 국민대표회의에서 독립운동의 방략(방법과 계략)을 둘러싼 논쟁이 벌어졌다.
국민대표회의에는 연해주 대한국민의회 계열의 창조파, 안창호와 이동휘 등의 개조파, 그리고 임정 고수파가 대립했다. 창조파는 기존 임시정부를 해체하고 새로운 정부를 만들 것을 주장했다.
B. 삼균주의를 바탕으로 한 건국 강령이 채택된 것은 1941년의 일이다.
C. 안창호, 이동휘 등 개조파는 임시정부를 해체할 필요까지는 없으니 그냥 개편만 하자고 주장했다.

**71 정답 ③**

**해설** 모스크바 3상회의(나)의 결정을 지지하는 정당 및 단체만 임시정부 구성에 참여할 수 있다는 주장과 표현의 자유를 내세워 모든 정당이 참여할 수 있다는 주장이 팽팽하게 대립한 탓에 미·소 공동 위원회(가)는 미국과 소련 양국의 의견 차이만 확인한 채 결렬되고 말았다.

A. 미·소 공동 위원회에서 미국은 표현의 자유를 내세워 모든 단체의 회담 참여를 주장했다.
B. 모스크바 3상회의 결정에 따라 미·소 공동 위원회가 소집되었다.
　즉 (나)→(가)의 순서가 옳다.
C. 모스크바 3상회의에 참석한 3개국은 미국, 영국, 소련이다. 중국은 포함되지 않는다.
D. 모스크바 3상회의에서 미,영,중,소 4개국에 의한 신탁통치가 결정되었다.

 **72 정답 ②**

**해설**

A. 제헌의회가 1949년 제정한 농지개혁법은 미군정 아래에서 실시된 것이 아니라 대한민국 정부 수립 이후에 제정되었다.
C. 북한의 농지개혁 원칙이다.
　대한민국은 유상매수, 유상분배가 원칙이다.

**73 정답 ②**

**해설** '부산에서 열린 국회에서 개헌안이 통과되었다'는 부분이 핵심이다.
한국전쟁 중이던 1952년에 이승만 정부는 임시 수도였던 부산에서 첫 번째 헌법 개정을 단행했다. 1차 개헌을 발췌 개헌이라 부른다.

① 한국전쟁은 1950년~1953년 동안 벌어졌으므로 옳은 설명이다.
② 1987년 6월 민주항쟁에 대한 설명이다.
③ 제1차 개헌을 발췌 개헌이라 부르는 이유이다.
④ 정전협정은 1953년 7월 27일에 체결되었다.
⑤ 한미 상호방위조약은 1953년 체결되었다.

**74 정답 ①**

**해설** 공산주의 국가와 평화 분위기가 조성된 미국 대통령의 새로운 외교는 냉전의 종식을 선언한 1969년 닉슨 독트린을 말한다. 이런 분위기 속에서 중앙정보부장 이후락을 밀사로 하여 남북은 1972년 7·4 남북공동성명에 합의했다.

① 자주, 평화, 민족적 대단결이 3대 원칙이다. '평등'이 아니라 '평화'가 들어가야 한다.

3대 원칙은 중요한 내용이라 명확하게 기억하고 있어야 한다.

③ 7·4 남북공동성명 이후 대화를 이어나가기 위해 남북조절위원회를 설치했다.
⑤ 7·4 남북공동성명 이후 남한에서는 유신헌법, 북한에서는 사회주의 헌법이 채택되었다.

**75 정답 ③**

**해설** 유신헌법은 1972년에 공포되어 1980년에 개헌되기 전까지 유효했다.
즉 1970년대의 경제 상황을 묻는 문제이다.

① 경제개발 5개년 계획이 처음 실시된 것은 1962년이다.
② 3저 호황은 1980년대의 경제 상황이다.
③ 제1차 석유파동은 1973년, 제2차 석유파동은 1978년에 일어났다.
④ 1950년대에 관한 설명이다.
⑤ IMF에 구제 금융을 신청한 외환 위기는 1997년의 일이다.

**정답** ③

**해설**

① YH무역 여공 사망에 항의하던 김영삼 총재가 국회
의원에서 제명되어 발생한 부마항쟁은 박정희 대통
령이 시해되기 직전인 1979년에 있었던 일이다.

② 국가재건 최고회의는 '5·16' 이후 만들어졌다.

③ 1979년 박정희 대통령이 시해된 후 1980년 5월 17일
까지 민주화를 원하는 시위가 많이 발생했다. 이 시
기를 '서울의 봄'이라고 한다. 이런 민주화에 대한
열망에도 불구하고 신군부는 1980년 5월 18일 0시
를 기해 비상계엄을 서울에서 전국으로 확대 실시하
기로 결정한다. 그러자 광주광역시에서 이를 반대하
는 시위가 일어났고 신군부는 이에 강경 진압으로
대응했다.

④ 1987년 6월 항쟁에 대한 설명이다.

⑤ 1972년의 일이다.

 **정답** ④

**해설** 6월 민주항쟁으로 얻은 오늘날의 제9차 개정 헌
법(1987년)에 대한 설명이다.

① 1952년 제1차 개헌에 대한 설명이다.

② 경부고속도로는 1970년에 개통되었다.

③ 석유파동이 야기한 불황으로 1979년 YH무역이 폐업
하면서 벌어진 사건이다.

④ 서울올림픽은 1988년에 개최되었다.

⑤ 1953년에 일어난 일이다.

**수고하셨습니다**

우리 설화 속에 나오는 도깨비는 인간과
닮은 모습으로 초인간적인 재주를 부려
사람들에게 기쁨을 전해 주기도 합니다.
수험생 여러분에게 행운이 깃들길 소망합니다.

시험에 **잘** 나오는 한국사　**모의고사**

## 1. 다음에서 설명하는 시대로 옳은 것은?

> • 반달돌칼이 농경에 사용되었다.
> • 충남 부여 송국리에서 탄화미가 발견되었다.

① 구석기 시대
② 신석기 시대
③ 청동기 시대
④ 철기 시대
⑤ 삼국 시대

## 2. 신라의 삼국통일에 대한 설명으로 옳지 않은 것은?

① 진덕여왕의 명을 받은 김춘추가 당에 원병을 청했다.
② 신라와 당의 연합군은 평양성을 함락시킨 후 사비성을 함락시켰다.
③ 당은 웅진과 금성에 도독부를 설치해 한반도에 대한 야욕을 드러냈다.
④ 당을 견제하기 위해 신라는 고구려 부흥운동 세력을 은밀하게 후원했다.
⑤ 기벌포에서 설인귀가 이끄는 당의 군대를 격파했다.

## 3. 다음 중 삼국이 일본에 전파한 문화의 내용으로 옳지 않은 것은?

① 가야의 토기는 일본 스에키 토기에 영향을 주었다.
② 신라인들은 일본에 제방 축제술을 전파했다.
③ 아직기의 추천을 받은 왕인은 아스카 문화의 시조로 불린다.
④ 일본은 통일신라에 견신라사를 파견해 하쿠호 문명을 이룩했다.
⑤ 심상 스님은 일본에 법상종을 전해주었다.

## 4. 다음에서 설명하는 나라에 대한 특징으로 옳은 것은?

> • 영주에서 동쪽으로 2천 리 밖에 위치하며 남쪽은 신라와 맞닿아 있다. 동쪽은 바다에 닿고  서쪽은 거란과 접한다.
> • 학생들을 자주 파견하여 제도를 배우고 익히더니 결국 해동성국이 되었다.
>
> 『신당서』

① 후, 읍군, 삼로라고 불리는 군장이 통치했다.
② 낙랑과 왜에 철을 수출하였다.
③ 사람이 죽으면 임시로 매장했다가 뼈만 파내 가족 공동묘에 안치했다.
④ 국동대혈에서 모여 하늘에 제사를 지냈다.
⑤ 인안, 대흥, 건흥 등의 연호를 사용했다.

## 5. 고려 시대 대몽 항쟁에 대한 설명으로 옳지 않은 것은?

① 몽골군의 침입으로 초조대장경이 소실되었다.
② 무신 정권은 강화도로 천도해 몽골군에 맞섰다.
③ 대몽 항쟁을 주도한 삼별초는 원래 무신 정권의 사병이었다.
④ 삼별초는 강화도에서 완도 용장성, 제주 항파두리성으로 이동하며 저항했다.
⑤ 삼별초는 왕온을 왕으로 추대했다.

**6. 고려 말 신진 사대부에 대한 설명으로 옳은 것은?**

① 사패 토지를 개간해 대규모 토지를 경작하며 부를 축적했다.
② 친원적인 성향을 가지고 있었다.
③ 서경 천도를 주장하는 세력과 대립했다.
④ 과전법을 실시해 토지 제도를 개혁했다.
⑤ 서방이라는 문신 숙위 기구를 두었다.

**7. 다음과 같은 주장을 한 인물에 대한 설명으로 옳은 것은?**

- 외관을 파견하고, 연등회와 팔관회를 축소하자.
- 양인 신분이 된 노비들이 원래의 주인들을 모함하는 일이 비일비재하니 이들을 원래의 주인에게 돌려주는 노비환천법을 실시하자.

① 주전도감의 설치를 건의했다.
② 광종에게 과거제의 실시를 건의했다
③ 9재 학당을 설립했다.
④ 5조 정적평을 작성했다.
⑤ 지눌의 수선결사를 지원했다.

**8. 다음 국왕에 관한 설명으로 옳지 않은 것은?**

- 조선 제4대 국왕(재위기간 : 1418–1450)
- 업적 : 의정부 서사제를 실시하고 경연을 활성화 했다. 전분 6등법과 연분 9등법을 시행했으며 『삼강행실도』, 『칠정산』, 『농사직설』 등을 편찬했다.

① 정간보라는 악보를 제작했다.

② '백성과 함께 즐긴다'는 의미를 가진 음악을 만들었다.
③ 4군과 6진을 설치했다.
④ 노비 출신 장영실을 등용해 과학 기술을 발전시켰다.
⑤ 『동국통감』 등의 역사서를 만들었다.

**9. 다음 제도 시행으로 부족해진 세수를 확보하는 방안으로 옳지 않은 것은?**

양인의 군포 부담이 많아 영조는 군포를 1필로 줄였다.

① 선무군관이라는 관직의 대가로 포를 받았다.
② 1결당 2두의 결작을 부과했다.
③ 생선과 소금에 부과하던 세금을 국가 재정으로 전환했다.
④ 1결당 2.2두의 삼수미세를 거두었다.
⑤ 선박에 부과하던 세금을 국가재정으로 전환했다.

**10. 다음 중 실학자들에 대한 설명으로 옳지 않은 것은?**

① 유형원 : 『반계수록』을 저술하여 사회 개혁을 주장했다.
② 이  익 : 『임하경륜』이란 책에서 병농일치적 균전제를 주장했다.
③ 정약용 : 『경세유표』를 지어 정전제라는 토지 개혁을 주장했다.
④ 박제가 : 국제 무역과 소비를 강조했다.
⑤ 홍대용 : 『의산문답』을 저술해 무한 우주론을 주장했다.

**11. 다음 사건이 발생한 시기로 옳은 것은?**

> • 김옥균 등 급진 개화 세력이 주도했다.
> • 흥선대원군의 송환을 주장했다.
> • 지조법 개혁을 주장했다.
> • 재정은 호조에서 관할할 것을 주장했다.
> • 이후 배상 문제를 해결하기 위해 일본과 한성 조약을 체결했다.

제너럴 셔먼호 사건
(가)
강화도 조약 체결
(나)
임오군란
(다)
동학농민운동
(라)
갑오개혁
(마)
아관파천

① 가 ② 나 ③ 다 ④ 라 ⑤ 마

**12. 갑오개혁에 대한 설명으로 옳지 않은 것은?**

① 청상과부의 재혼을 허용했다.
② 토지 개혁을 단행했다.
③ 연좌제를 금지했다.
④ 은본위 화폐 제도를 실시했다.
⑤ 신분제를 폐지했다.

**13. 다음 주장과 관련된 설명으로 옳은 것은?**

> • 우리는 퇴위시킨 고종 황제를 복위시킬 것을 요구한다.
> • 우리는 군대 해산에 반대한다.

① 을사늑약(을사늑약) 이전에 의병 봉기했다.
② 일제의 외교권 박탈에 반발해 의병 봉기했다.
③ 13도 창의군을 조직해 서울 진공 작전을 펼쳤다.
④ 고종의 권고로 자진 해산했다.
⑤ 평민 출신 의병장이 활동했다.

**14. 다음 판결문의 내용 중 밑줄 친 '신문'에 대한 설명으로 옳은 것은?**

> 피고인은 '장인환이 스티븐스를 저격했으니 애국지사'라는 내용의 기사를 게재했다. 이를 본 사람은 누구나 피고인이 항일을 주장한다는 것을 알 수 있었다. 아울러 피고인은 치외법권에 의지하여 신문지법의 규제를 벗어났다. 이 때문에 일본에 저항하는 사람들은 피고인이 양기탁과 함께 발행하는 **신문**을 이용하려 한다. 따라서 본 재판관은 영국 법령에 따라 피고인을 3주간 수감할 것을 명한다.

① 을사조약(을사늑약) 후 장지연이 '시일야방성대곡'을 처음 게재했다.
② 임시정부의 기관지였다.
③ 국문판과 영문판이 별도로 간행되었다.
④ 보안회를 지원하였다.
⑤ 순 한문으로 발행했으며 관보로서의 성격이 강했다.

**15.** 다음 (A)계획에 대한 설명으로 옳지 않은 것은?

> 1920년대 일본의 공업화가 진행되면서 도시 노동자에게 안정적으로 쌀을 공급하는 문제가 중요해졌다. 이에 총독부는 (A) 계획을 실시했다.

① 증산된 양보다 일본으로 반출된 양이 많아 우리의 식량이 부족해졌다.
② 수리 조합비·비료대금 등은 일본인들이 제공했다.
③ 우리 백성들은 만주에서 들여온 조, 콩 등 값싼 잡곡으로 연명했다.
④ 쌀의 대량 유입으로 일본 내 쌀값이 폭락하자 (A)계획이 중단되었다.
⑤ 중일 전쟁 이후 일제는 (A)계획을 재개하였다.

**16.** 다음은 1920년대 만주와 연해주 지역에서 벌어진 사건들이다. 시간순으로 옳게 나열한 것은?

> ⓐ 간도 참변　　ⓑ 미쓰야 협정
> ⓒ 청산리대첩　　ⓓ 자유시 참변
> ⓔ 대한독립군단 결성

① ⓒ→ⓔ→ⓐ→ⓑ→ⓓ
② ⓒ→ⓑ→ⓐ→ⓔ→ⓓ
③ ⓒ→ⓐ→ⓔ→ⓓ→ⓑ
④ ⓔ→ⓒ→ⓐ→ⓑ→ⓓ
⑤ ⓔ→ⓒ→ⓑ→ⓐ→ⓓ

**17.** 다음 중 (A)의 활동에 대한 설명으로 옳지 않은 것은?

> 1919년 3·1 운동 이후 상하이에서는 (A)가 수립되었다. 연해주에 있던 대한국민의회와 한반도 내에 있던 한성정부 그리고 상하이 임시정부가 한성정부의 정통성을 계승하는 방식으로 통합을 이룬 형태였다.

① 군자금을 모집하기 위해 애국 공채를 발행했다.
② 대일 선전 포고문을 발표했다.
③ (A)는 국내에서 자금 조달을 받기 위해 비밀 연락망을 가지고 있었다.
④ 『한일 관계 사료집』을 간행했다.
⑤ 조선의용군을 흡수해 한국광복군을 창설했다.

**18.** (A)에 들어갈 내용으로 옳은 것은?

> (A)의 주요내용
> • 정부가 매입하는 농지
> 　– 자경하지 않는 자의 농지
> 　– 가구당 3정보 초과 부분 농지
> • 분배 받은 농지 대금의 상환 방법
> 　– 생산물의 1.5배를 5년 동안 나누어 상환

① 산미증식계획
② 농지개혁법
③ 양전 사업
④ 미곡 공출
⑤ 민정문서

**19. 다음 사건에 대한 설명으로 옳은 것은?**

> 마산에서 발생한 시위로 김주열 열사가 실종된 사건이 있었다. 그의 시신은 눈에 최루탄을 맞은 처참한 모습으로 바다에서 떠올랐다. 이에 분노한 시민들은 다시 의거를 일으켰고, 대학생들이 시위에 가담했다. 4월 19일 전국적인 시위로 확산되면서 결국 이승만 대통령은 대통령직에서 물러났다.

① 3·15 부정 선거를 야기했다.
② 이 사건 이후 허정의 과도 정부가 들어섰다.
③ 이 사건을 계기로 의원내각제에서 대통령제로 통치 구조가 전환되었다.
④ 5·18 민주화 운동에 대한 설명이다.
⑤ 6월 민주항쟁에 대한 설명이다.

**20. 밑줄 친 '이 성명'에 대한 설명으로 옳지 않은 것은?**

> 남북적십자회담을 계기로 남과 북은 남북공동성명을 발표했다. **이 성명은** 분단 이후 남과 북이 최초로 통일과 관련한 사항을 합의해 발표했다는 의의를 가진다.

① 이 성명 이후 남한은 유신헌법을 공포했다.
② 이 성명 이후 북한은 사회주의 헌법을 채택했다.
③ 서울에서 발표되었다.

④ 자주, 평화, 민족적 대단결이라는 3대 원칙이 제시되었다.
⑤ 이 성명을 계기로 남북조절위원회가 설치되었다.

**21. 다음 중 '나'에 대한 설명으로 옳은 것은?**

> '나'는 갈문왕 입종의 아들로 어린 나이에 왕위에 올라 37년간 몸과 마음을 다하여 나라를 다스렸다. 멀리 말을 달려 서쪽으로는 한강 유역을 차지하였고, 북쪽으로는 함흥평야까지 이르렀다. 이제 몸이 늙었으니 부처를 받들고 마음을 닦으며 '나'의 노고를 쉬게 하려 한다.

① 불교를 공인했다.
② 황룡사 9층 목탑을 건립했다.
③ 대가야를 병합시켰다.
④ 독서삼품과를 실시했다.
⑤ 우산국을 정벌했다.

**22. 다음 중 (A)에 들어갈 용어로 옳은 것은?**

> 세조께서 "우리나라 법이 너무 번잡하므로 이를 정리하여 만대를 이어갈 법전을 만들고자 한다"라고 말씀하셨습니다. 이어 신 등으로 하여금 여러 조목을 한데 모아 정리하게 하고, (A)라는 이름을 내려 주셨습니다.

① 경국대전
② 경제육전

③ 대전통편
④ 대전회통
⑤ 석보상절

**23.** 다음 글이 쓰인 시기에 자주 볼 수 있었던 모습으로 적절한 것은?

조선인에게 창씨를 하라고 요구한 것은 너무 가혹하다. 어떻게 조선인의 성을 버리고 일본인의 성을 따르란 말인가. 아! 가슴이 미어진다.

① 조선인이 일제의 전쟁 수행을 위한 작업에 동원되었다.
② 조선공산당이 창당되었다.
③ 진보적인 프롤레타리아 문학 단체가 활동했다.
④ 개조파가 대한민국 임시정부에서 떠났다.
⑤ 대한광복군 정부가 창설되었다.

**24.** 다음 신문 기사에서 설명하는 (A)지역에 대한 설명으로 옳은 것은?

만월대 유적에 대한 공동 발굴 사업이 2015년 6월부터 재개되었습니다. 이곳은 고려의 수도였던 (A)에 있는 왕궁터로 2013년 유네스코 세계유산에 등재된 바 있습니다. 남북 역사학자들은 앞으로도 이러한 공동 사업을 계속 이어나갈 방침입니다.

① 1920년대 후반 총파업이 일어난 곳이다.
② 임진왜란 때 류성룡이 명나라의 원병을 이끌고 수복한 곳이다.
③ 진흥왕이 야이차의 공로를 치하하는 내용의 비석을 세운 곳이다.
④ 강화도 조약으로 개항된 곳이다.
⑤ 남북 경제 협력 사업으로 공단이 세워진 곳이다.

**25.** 다음과 같은 내용을 언급한 인물에 대한 설명으로 옳은 것은?

"강도(強盜) 일본이 우리의 국호를 없이하며 우리의 정권을 빼앗았다… 우리는 혁명수단으로서 강도 일본을 살벌함이 우리의 정당한 수단임을 선언하노라…."

① 『조선사연구』에서 얼을 강조했다.
② 역사를 '아(我)와 비아(非我)의 투쟁'으로 보았다.
③ '나라는 형(形), 역사는 신(神)'으로 설명했다.
④ '조선심'을 강조했다.
⑤ 세계사적 보편성 위에서 식민사관의 정체성 이론을 반박했다.

**1** 정답 ③

**해설** 청동기 시대가 열렸지만 청동제 농기구를 사용했던 것은 아니었다. 청동기 시대에도 농사를 지을 때는 여전히 반달돌칼, 바퀴날도끼 등의 석기를 사용했다. 한편 경기도 여주 흔암리, 충남 부여 송국리, 충남 서천 화금리 등에서 불에 탄 쌀(탄화미)이 발견되어 청동기 시대에 벼농사가 시작되었음을 증명한다.

**2** 정답 ②

**해설**

② 신라와 당의 연합군은 백제 사비성을 함락시켜 의자왕의 항복을 받아낸 후 고구려 평양성을 공격해 보장왕의 항복을 얻어냈다.

③ 웅진도독부와 계림도독부에 대한 설명이다.

④ 당은 백제 땅에 웅진도독부, 신라 땅에 계림도독부를 설치했던 것과 마찬가지로 평양에도 안동도호부를 설치해 지배 야욕을 드러냈다. 위기감을 느낀 신라는 고구려 부흥 운동 세력을 몰래 후원해 당에 맞서게 했다.

**3** 정답 ⑤

**해설** 삼국 문화의 일본 전파는 자주 출제되는 주제이다.

⑤ 심상 스님이 일본에 전해준 불교는 화엄종이다.

① ② ③ ④ 모두 옳은 설명이다.

**4** 정답 ⑤

**해설** 보기 첫 번째 문장에서 '남쪽은 신라와 맞닿았다'라는 표현으로 신라 북쪽에 위치했던 나라임을 유추해낼 수 있다. 신라 북쪽에 위치했던 고구려와 발해로 좁혀진다.

보기 두 번째 문장에는 결정적 단서가 주어진다. 바로 '해동성국'이란 표현이다. 해동성국은 당나라가 선왕 때 전성기를 맞은 발해를 부르던 말이다.

따라서 '발해'의 특징을 찾는 문제임을 어렵지 않게 알 수 있다.

① 동예에 대한 설명이다.

② 낙랑과 왜에 철을 수출한 것은 삼한 중 변한과 그 뒤를 이은 가야 연맹이다.

③ 옥저에 대한 설명이다.

④ 고구려의 동맹에 대한 설명이다.

**5** 정답 ④

**해설**

④ 용장성은 완도가 아니라 진도에 위치해 있다. 강화도→ 진도→ 제주도로의 이동 순서는 아주 기초적인 문제이다.

**6** 정답 ④

**해설**

① ② 권문세족에 대한 설명이다.

③ 개경파 문벌 귀족에 대한 설명이다.

④ 신진 사대부들은 고려 말 공양왕 때 과전법을 실시해 조선 왕조의 기틀을 마련했다.

⑤ 무신 집권기 최우에 대한 설명이다.

**7** 정답 ④

**해설** 고려 성종에게 시무 28조를 건의한 최승로의 주장이다. 최승로는 유교의 중요성을 강조하고 불교 행사인 연등회와 팔관회를 축소할 것을 주장했다.

① 대각국사 의천에 대한 설명이다.

② 광종 때 쌍기의 건의로 과거제가 시행되었다.

③ 해동공자 최충에 대한 설명이다.

④ 최승로가 성종 이전 5명의 왕을 평가한 글이다.

⑤ 무신 집권기 최충헌에 대한 설명이다.

**8** 정답 ⑤

해설  조선 세종대왕의 업적을 묻는 중요한 문제이다. 문제에 주어진 업적 이외에도 다양한 세종의 업적은 본문의 내용을 다시 읽어 확실하게 정리해두어야 한다. 이 문제는 친절하게도 제4대 임금이라는 힌트를 주었기 때문에 업적에 적힌 내용이 헷갈리더라도 세종에 대한 설명임을 명쾌하게 알고 보기를 고를 수 있을 것이다.

② '여민락'에 대한 설명이다.
⑤ 『동국통감』은 성종의 명을 받아 서거정이 편찬했다.


**9** 정답 ④

해설  조선 후기 군적수포의 폐단을 시정하기 위해 영조가 군포 부담을 2필에서 1필로 줄인 균역법의 내용이다. 조선 후기의 수취 제도의 변화는 조세 분야에서는 영정법, 역에 대해서는 균역법, 공납 분야에서는 대동법으로 나타났다는 큰 틀을 이해하고 있어야 할 것이다.

| 조선 후기 수취 제도의 변화 | |
| --- | --- |
| 조세 | 영정법 |
| 역 | 균역법 |
| 공납 | 대동법 |

④ 삼수미세는 훈련도감의 삼수군에게 면포를 지급하기 위해 거둔 세금이다.


**10** 정답 ②

해설
② 『임하경륜』이란 책에서 병농일치 균전제를 주장한 인물은 홍대용이다.


**11** 정답 ③

해설  임오군란 이후 조선 정부는 친청 성향을 띠고 있었다. 친청적 성향의 민씨(명성황후) 정권을 무너뜨리기

위해 급진 개화파 김옥균, 박영효, 홍영식은 일본과 미리 소통해 지금의 종로 조계사 옆에 있는 우정총국 개국 축하 파티에 참석한 민영익을 공격했다. 이를 통해 정권을 장악한 급진 개화파가 발표한 '신정부강령 14개조'에 관한 내용이다.

이 문제에서 갑신정변임을 파악할 수 있는 가장 중요한 단서는 임오군란 때 청에 끌려간 대원군을 돌려보낼 것을 주장하는 지문이다. 다음으로 재정을 호조가 관할한다는 지문으로도 갑신정변임을 알 수 있다. 몇 가지 중요한 역사적 사실에서 재정을 담당한 부서는 명칭이 저마다 달랐기 때문에 문제를 푸는 포인트가 될 수 있다. 갑신정변의 재정 담당 기구는 호조였고, 갑오개혁의 재정은 탁지아문, 독립협회가 주장한 재정 담당 기구는 탁지부였다.

| 재정 담당 기구 | 갑신정변(1884) | 호조 |
| --- | --- | --- |
| | 갑오개혁(1894) | 탁지아문 |
| | 독립협회(1896) | 탁지부 |

그렇다면 갑신정변이 일어난 연도를 알지 못할 때는 어떻게 정답을 골라야 할까?

임오군란은 1882년 신식 군대인 별기군과의 차별에 불만을 품은 군인들이 일으킨 반란이었다. 반란을 일으킨 직후 고종은 흥선대원군에게 다시 한 번 도움을 요청했고, 일시적으로 흥선대원군이 재집권하는 일이 있었다. 청나라가 반란을 진압하고 대원군을 압송하면서 임오군란이 끝났다는 점을 떠올리는 것이 이 문제를 푸는 열쇠이다. 갑신정변 세력이 대원군 송환을 청나라에 요구하려면 그 시기가 대원군이 청에 끌려간 이후라야 맞기 때문이다. 따라서 임오군란 후인 (다)가 정답이다.


**12** 정답 ②

해설
② 군국기무처에서 갑오개혁을 단행하기는 했지만 근본적으로 일본에 의존한 부분이 많아 군사 제도와 토지 제도 개혁에 소홀했다는 한계점을 갖고 있다.

**13 정답 ③**

**해설** 고종 강제 퇴위와 군대 해산에 반발해서 봉기한 정미의병에 대한 내용을 묻는 문제이다.

① 을사조약(을사늑약)은 1905년, 정미의병의 봉기는 1907년의 일이다.
② 을사조약(을사늑약)에 반발해 봉기한 을사의병에 대한 설명이다.
③ 이인영, 허위 등이 13도 창의군을 조직하고 서울 진공 작전을 펼친 것은 정미의병에 대한 설명으로서 정답이다.
④ 고종의 권고로 자진 해산한 것은 을미의병이다.
⑤ 의병은 대부분 유생들이 이끌었다. 평민 출신 의병장 신돌석이 활동한 것은 을사의병에 대한 설명이다.

**14 정답 ③**

**해설** 제시된 자료에서 '양기탁과 함께' 대한매일신보를 발행한 피고인은 영국인 베델임을 알 수 있다. 피고인이 베델이라는 점을 모르더라도 양기탁이 발행한 신문이라는 힌트에서 대한매일신보를 도출할 수 있어야 한다.

① 황성신문에 대한 설명이다.
② 임시정부는 1919년 기관지인 독립신문을 발간했다.
③ 대한매일신보는 국문판과 영문판이 별도로 발행되었다.
④ 황성신문은 일제의 황무지 개간권 요구를 저지한 보안회를 지원했다.
⑤ 한성순보는 100% 한문으로 발행된 우리나라 최초의 근대 신문이다.

**15 정답 ②**

**해설** 1920년 조선총독부는 쌀의 생산량을 늘리는 계획을 세웠다. 조선에서 생산된 쌀을 일본에 보내 일본

도시 노동자의 쌀값을 안정화시키려는 의도였다. 하지만 쌀을 생산하는데 드는 비용인 수리 조합비와 비료 대금 등은 조선인에게 부담시켜 조선 농민들의 삶은 궁핍해질 수밖에 없었다. (A)는 산미증식계획이다.

② 쌀을 증산하는데 드는 수리 조합비와 비료대금 등의 비용조차 조선인에게 부담시켜 조선인들의 삶이 황폐해졌다. 따라서 '일본인이' 비용을 부담했다는 부분이 틀렸다.

**16 정답 ③**

**해설** 1920년대 만주와 연해주에서의 사건은 순서대로 나열하는 문제가 종종 출제되는 부분이다.

| 청산리대첩 | 1920. 10. | • 북로군정서군(김좌진)+ 대한독립군(홍범도) 연합 |
|---|---|---|
| 간도 참변 | 1920 | • 청산리대첩에 대한 일제의 보복으로 간도 용정촌에서 있었던 조선인 학살 |
| 대한독립 군단 결성 | 1920. 12. | • 간도 참변으로 타격을 입고 북만주 밀산부로 옮김<br>• 서일, 김좌진 |
| 자유시 참변 | 1921 | • 러시아 볼셰비키당과 연결된 이르쿠츠크파 고려공산당과 상해파 고려공산당의 대립<br>• 간도 참변으로 타격을 입고 연해주로 옮겨간 독립군 세력을 소탕해 달라는 일제의 요구를 받아들여 러시아 적색군이 독립군을 무장 해제 시킨 사건<br>• 자유시 참변은 독립군 내부의 갈등과 적색군에 대한 일제의 요구가 복합적으로 작용하여 발생 |
| 삼부 성립 | 1924 | • 자치 정부의 성격<br>• 참의부, 정의부, 신민부<br>• 삼부는 각각의 입법부 · 행정부 · 사법부를 구성 |

| 미쓰야<br>협정 | 1925 | • 만주의 조선인 독립운동가를<br>  잡으면 보상금 지급<br>• 총독부 미쓰야와 만주 군벌<br>  장쭤린이 협정<br>• 독립군의 만주 활동에 큰 타격 |
|---|---|---|
| 국민부 | 1929 | • 참의부, 정의부, 신민부를 통합 |

 **17** 정답 ⑤

**해설**

(A)는 대한민국 임시정부이다.

① ③ 임시정부는 연통제라는 비밀 행정조직망을 갖추고 있었다. 연통제를 통해 만주에 위치한 이륭양행, 부산에 위치한 백산상회로부터 군자금을 지원받았다. 아울러 군자금을 모집하기 위해 애국 공채를 발행하기도 했다.

② 1941년 태평양 전쟁이 발발하자 대한민국 임시정부는 대일 선전 포고문을 발표했다.

④ 임시정부는 사료 편찬소를 두고 『한일 관계 사료집』을 간행했다.

⑤ 임시정부는 조선민족혁명당 산하의 조선의용대를 흡수해 한국광복군을 창설(1940)하고 국내 진입 작전을 계획했다. 즉 '조선의용군'을 흡수한 것이 아니라 '조선의용대'를 흡수한 것이기 때문에 오답이다.

★

'조선의용군'은 옌안 지역에서 활동한 조선독립동맹 산하의 군대이다.

**18** 정답 ②

**해설** 제헌의회는 농지개혁법(1949)을 제정했다. 일제와 친일파가 가지고 있던 토지를 몰수해서 다시 우리 국민들에게 불하하는 중요한 문제였다. 북한은 무상몰

수·무상분배를 주장했고 대한민국은 유상매수·유상분배를 주장했다.

=대한민국의 농지개혁법은 농가 1가구당 3정보 이내로 소유를 제한했다. 북한이 5정보로 제한한 것과 다른 이유는 임야와 산림등 비경지를 제외했기 때문이었다. 주어진 자료에서 '정부가 매입하는 농지'라는 표현과 '3정보'라는 표현으로 미루어 대한민국의 유상매수 농지개혁법 내용임을 알 수 있다.

**19** 정답 ②

**해설** 4·19 혁명에 대한 설명이다. 4·19 혁명을 통해 새로 들어선 과도기 정부는 허정이라는 인물이 이끌었다. 허정의 과도 정부는 3차 개헌을 단행해 통치 구조를 대통령제에서 의원내각제로 바꾸었다.

① 3·15 부정 선거를 야기한 것이 아니라 3·15 부정 선거가 4·19 혁명의 원인이다.

③ 대통령제에서 의원내각제로 전환되었다.

**20** 정답 ③

**해설** 적십자회담을 계기로 남과 북이 동시에 서울과 평양에서 1972년 발표한 7·4 남북공동성명을 묻는 문제이다. 7·4 남북공동성명의 3대 원칙이 자주, 평화, 민족적 대단결이라는 것은 반드시 알고 있어야 하는 내용이다.

③ 서울에서 이후락 중앙정보부장이, 평양에서 노동당 부장이 각각 발표했다.

**21** 정답 ③

**해설** 자료가 주어졌을 때 모든 내용을 아는 것은 사실상 불가능하다. 자료를 빠른 속도로 읽어가며 의미 있는 정보를 찾아내는 연습이 필요하다. 자료에 주어진 첫 번째 문장을 읽고 '나'가 누구인지 알아내는 것은 관

련 전공자가 아니고서는 거의 불가능하다. 그렇다면 당황하지 말고 첫 번째 문장을 건너뛴 후 자신의 눈에 익숙한 표현을 찾아야 한다.

두 번째 문장에서 '한강 유역 차지', '북쪽으로 함흥평야에 이르렀다'라는 표현이 등장한다.
한강 유역으로 진출했고, 북쪽으로 함경도 함흥에까지 진출한 사람은 신라 진흥왕이다.
보기에서 진흥왕과 관련된 설명을 고르는 문제임을 알 수 있다.

① 법흥왕에 대한 설명이다.
② 선덕여왕에 대한 설명이다.
④ 원성왕에 대한 설명이다.
⑤ 지증왕에 대한 설명이다.

**22** 정답 ①
**해설** 세조 때 편찬을 시작하여 성종 때에 완성한 '경국대전'에 관한 문제이다.
자료에 주어진 '세조'와 '법전'이 문제를 푸는 키워드이다.

② 경제육전은 조준과 하륜이 지은 조선 최초의 공식적인 법전이다.
③ 정조는 『대전통편』이라는 법전을 마련했다.
④ 흥선대원군이 만든 법전이다.
⑤ 수양대군(세조)이 세종의 명을 받아 소현왕후의 명복을 빌기 위해 싯다르타의 전기를 엮은 책이다.

**23** 정답 ①
**해설** '창씨'라는 표현에서 1939년부터 일제에 의해 강요된 창씨개명에 관한 문제임을 알 수 있다. 일제 강점기를 시대별로 구분하고 비슷한 시기에 일어난 일을 고르는 문제는 언제나 중요하다.
① 1939년 이후 일제의 강제 '징용'에 대한 설명이다.

② 1925년에 조선공산당이 만들어졌다.
③ 카프(KAPF) (1925~1935)에 대한 설명이다.
④ 1923년 임시정부의 혼란을 극복하기 위해 국민대표회의가 벌어졌다. 임시정부 해체 후 새로운 정부를 만들자고 주장한 창조파와 기존 임시정부를 개편하자고 주장한 개조파는 모두 임시정부를 떠났고, 임시정부엔 임정고수파만 남게 되었다.
⑤ 1910년대 연해주 지역에 이상설과 이동휘가 창설했다.

**24** 정답 ⑤
**해설** 만월대가 고려의 궁궐터라는 것은 몰랐더라도 (A)는 고려의 수도였다는 힌트가 친절하게 주어져 있으므로 (A)는 개경(개성)에 대한 설명임을 알 수 있다.

① 원산
② 평양
③ 단양에 세워진 적성비에 대한 설명이다.
④ 부산, 인천, 원산
⑤ 2000년 6월 15일에 발표된 남북공동선언문을 계기로 2003년에는 개성공단이 착공되었다. 개성에 관한 설명으로서 정답이다.

**25** 정답 ②
**해설** 신채호의 '조선혁명선언'에 대한 내용이다. 독립을 위해서는 애국계몽운동과 외교론만으로는 부족하므로 무장 독립투쟁의 필요성을 강조했다. 이는 의열단의 행동 강령으로 채택되었다.

① 정인보에 대한 설명이다.
③ 박은식에 대한 설명이다.
④ 문일평에 대한 설명이다.
⑤ 백남운에 대한 설명이다. 백남운은 유물론에 입각하여 식민사관의 정체성 이론을 반박한 사회경제사학자이다.